# 美国的伤痕

## 独立战争与美国政治的暴力基因

[德]霍尔格·霍克（Holger Hoock）——著
杨靖——译

人民东方出版传媒
東方出版社
博集天卷
CS-BOOKY

**图书在版编目（CIP）数据**

美国的伤痕：独立战争与美国政治的暴力基因 /（德）霍尔格·霍克（Holger Hoock）著；杨靖译．—北京：东方出版社，2019.11
书名原文：Scars of Independence: America' s Violent Birth
ISBN 978-7-5207-1113-5

Ⅰ．①美…　Ⅱ．①霍…　②杨…　Ⅲ．①美国独立战争—研究
Ⅳ．① K712.41

中国版本图书馆 CIP 数据核字（2019）第 163076 号



**美国的伤痕：独立战争与美国政治的暴力基因**
（MEIGUO DE SHANGHEN: DULI ZHANZHENG YU MEIGUO ZHENGZHI DE BAOLI JIYIN）

**作　　者**：［德］霍尔格·霍克（Holger Hoock）
**译　　者**：杨　靖
**特约策划**：黄珊珊
**责任编辑**：王若菡
**装帧设计**：李　一
**出　　版**：东方出版社
**地　　址**：北京市朝阳区西坝河北里 51 号
**邮　　编**：100028
**印　　刷**：北京嘉业印刷厂
**版　　次**：2019 年 11 月第 1 版
**印　　次**：2019 年 11 月第 1 次印刷
**开　　本**：700 毫米 ×960 毫米　1/16
**印　　张**：23
**字　　数**：300 千字
**书　　号**：ISBN 978-7-5207-1113-5
**定　　价**：78.00 元
**发行电话**：（010）59320018

## 各方赞誉

根据定义，战争是关于暴力的，但霍尔格·霍克的精彩著作也许是第一次将暴力作为了解美国独立战争的主要重点。他以扣人心弦（有时也会令人恶心）的笔法强调了一些真正令人震惊的暴力事例，双方都有。所有学习美国革命及其战争的学生都应该读这本书。

——斯蒂芬·康威，伦敦大学学院历史学教授、《美国独立战争简史》作者

将革命战争从浪漫的国家神话中解脱出来是很困难的，但在《美国的伤痕》中，霍尔格·霍克提出了一项重要的修正。这是第一本研究暴力在冲突中扮演了怎样可悲而令人震惊的角色的书。

——安德鲁·奥肖内西，弗吉尼亚大学历史学教授、《谁丢了美国》作者

作为美国人，我们更愿意相信我们的革命本质上与别人不同，更多的是在大陆会议议事厅里雄辩的演讲，而不是暴力和流血。但是霍尔格·霍克表明，我们的国家是通过一场残忍无情、毁坏灵魂的战争而建立起来的。这场长期而血腥的冲突以多种令人困扰的方式决定了美国将会如何发展，《美国的伤痕》对此进行了深具启发性的考察。

——纳撒尼尔·菲尔布里克（Nathaniel Philbrick），《勇敢的抱负》（*Valiant Ambition*）作者

从对商人和海军官员涂上滚烫的柏油，到当众脱掉涉嫌同情保皇派的妇女的衣服，霍尔格·霍克以深入的研究和扣人心弦的文字揭露了美国革命的可怕暴力，颠覆了美国无血诞生的感性神话。

——凯瑟琳·杜瓦尔（Kathleen DuVal），北卡罗来纳大学历史学教授、《独立的失落》（*Independence Lost*）作者

《美国的伤痕》是一部关于革命战争的杰出综合史，强调了这种血腥和破坏性的冲突如何触动了普通男女的生活。霍尔格·霍克关注的不是战争中众所周知的建国者，而是展现出降临在双方士兵和平民身上的暴力和恐怖。这是一本重要的书，所有希望能更好地理解美国独立战争本质的人都应该读一读。

——约翰·费林（John Ferling），《旋风：美国革命和赢得革命的战争》（*Whirlwind: The American Revolution and the War That Won It*）作者

当然，没有读者会把革命再想象成孩童时代看到的那种端着气枪的露天历史剧。霍克明智地认为，考虑到民族解放实际上是什么样的战争，美国人也许应该让自己对建国和民主输出的热情降降温。他向我们展示出，革命远比我们通常所知的更加残酷。

——亚当·高普尼克（Adam Gopnik），《纽约客》

霍克通过令人印象深刻的研究，对美国革命做出了原创和发人深省的贡献。他咄咄逼人地指出，和大众认知中为了争取自由而进行的高尚斗争不同，那个时代充斥着更普遍的身体虐待和心理暴行。通过精雕细琢的历史细节，他揭示了革命中释放的暴力如何广泛蔓延，几乎没有哪个社会能够幸免。

——《华尔街日报》

Preface

# 前言

《美国的伤痕》是一部暴力史。它是首部从暴力的角度叙述和解析美国革命和独立战争的研究作品。因此，它讲述了那些作为暴力的驱动者、见证者以及受害人——那些士兵、俘虏和平民，以及那些知名或不知名的男人和女人的故事。《美国的伤痕》也是关于故事的故事：它讲述了由生理和心理暴力所引发的迫害与受难，野蛮与文明，复仇与和解。遭逢乱世的人们以这样的叙述阐明暴力斗争的必要性，为各自的事业进行辩解。

暴力体验会激发人生理、情感和智力等诸多层面的反应。同时我们也该意识到，对暴行与痛苦的记录本身就是极具感染力的修辞，正如学者雷切尔·克里夫斯指出的那样："目睹暴力……既令人厌恶又让人着迷。"确实，恶言恶语本身便是伤人的利器。因此，在写作过程中，我努力试图找到一种合适的方式来处理这一敏感话题，结果从马尔库斯·雷迪克痛苦而辉煌的历史著作《奴隶船》中找到了灵感。他警告我们无须为剥离了道德与政治语境的"抽象的暴力"感到内疚——相反，暴力应当被理解为具体的现实存在。正如研究战争与暴力的文化史专家韦恩·E.

李提醒我们的："学术很少触及恐惧、饥饿、流血牺牲等战争暴力的话题。另一方面，仅仅讲述故事又很难展现出身处困境之人为何大开杀戒或甘愿赴死。"本书的读者对象既有专家又有普通读者，因此在我的论述中既有抽象分析又有具体事例。本书基于英美两国搜集到的最新档案资料，并非要对革命、战争甚至这一时期的暴力行径做综合而全面的研究。与之相反，我选择聚焦于其中最主要的政治与军事暴力，牵涉到美洲的爱国者与效忠英国的保皇派、非裔美洲人与美洲土著居民、英军与其德国盟友。[1]

两个多世纪以来，这一话题不仅被美化、粉饰，而且遭遇选择性遗忘。战争的亲历者对分裂、纷争和暴行记忆犹新，而后人则沉湎于这一国家诞生的罗曼蒂克神话。为恢复革命年代暴力的本来面目，我们可以从参与双方如何理解这一场斗争以及幸存者与后人如何理解和误解这一场斗争中获得启发。

身为作者，亲手将终稿交付出版社是相当愉悦的一件事。我希望借此机会向曾经对本项目给予大力支持的机构和个人表示衷心感谢。感谢国会图书馆约翰·W. 克鲁格中心授予我克鲁格研究员职位，感谢费城图书公司和费城历史学会授予我巴拉基金会关于美国历史与文化的国际研究员职位，感谢麻省历史学会授予我麻省学会辛辛那提研究员职位，感谢纽约公共图书馆和大卫美国独立战争图书馆授予我研究员职位。此外，还要感谢康斯坦茨大学高研院授予我高级访问学者职位，感谢弗赖堡大学以及 SFB 948 机构提供我访学的机会，以上机遇对我的研究和写作都大有裨益。在上述机构的居留不乏卓有成效且令人愉悦的成果。为此我还要感谢卡洛琳·布朗、詹姆斯·N. 格林、梅格·麦克斯文尼、康拉德·E. 怀特、乌尔里奇·高特、纳德·阿特和拉尔夫·冯·邓·霍夫以及他们各自的团队和助手。本书的第 5、8、10 章部分立论最早分别以"强奸、兽行和美国独立战争中的英军"为题发表在 2015 年的《军事伦理杂志》和以“肢解的尸体：美国独立战争中的暴行”为题发表在 2016 年的《过去与现在》。

大量同事和友人阅读初稿，回答询问，分享观点并提供了建设性建议，他们是：苏珊娜·伯索德、凯瑟琳·波、雪莱·布克斯潘、约翰·布鲁尔、理查德·卡普兰、艾瑞卡·查特斯、约书亚·色文、琳达·科雷、席拉·考德利、马丁·丹通、芭芭拉·冬那干、蒂姆·达根、菲利普·德怀尔、希瑟·E. 尤因、比尔·弗罗斯特、尼克拉斯·弗里曼、彼得·金纳、乌尔里克·戈特、拉腊·赫尔默特、朱莉亚·E. 希基、乔安娜·英尼斯、摩耶·贾萨诺夫、简·卡门斯基、韦恩·E. 李、伊丽莎白·劳登、威廉·罗杰·路易斯、尤尔根·卢、尼诺·卢拉吉、彼得·曼德拉、霍利·迈耶、迈克尔·麦克唐纳、拉纳·米特、布鲁斯·尼科尔斯、马西·诺顿、安德鲁·欧肖内西、埃德·帕彭富斯、萨拉·皮尔索尔、威尔·佩蒂格鲁、托德·里斯、丹尼尔·里克特、罗布·拉克、汉纳·史密斯、斯特拉·蒂利亚德、詹·沃尔德伦以及莫莉·瓦什。斯蒂芬·康威和保罗·韩礼德对本书手稿的重要章节进行了深入探讨。在国会图书馆、约克镇胜利基金会、亨廷顿图书馆、麦吉尔大学以及康斯坦茨大学、牛津大学、匹兹堡大学等地举办的各种讲座和研讨会，也给了我很多启发。

在匹兹堡大学，我有幸先后接触到三位系主任：马尔库斯·雷克斯、雷德·安德鲁斯和拉腊·普特曼，与其他几位富于灵感的同事乔纳森·阿拉克、西·德雷舍尔、贾内尔·格林伯格、迭戈·霍尔斯坦、帕特里克·曼宁、佩妮莱·罗杰、布鲁斯·维纳德和莫利·马什以及诸位 18 世纪美国史研究的领军人物也相处甚欢。对以下各位孜孜不倦的研究助理我深表感激：阿什利·布莱克尼、米雷尔·利克、卢克·马丁内斯、凯蒂·帕克和斯蒂夫·皮特。马尔库斯·雷迪克是学者的楷模，是我的良师益友。他对本书初稿进行了全面阅读并提出建设性意见，自始至终，他对我本人和我的著作都充满信心。在我遇到困难时，他总是慷慨给予帮助和鼓励。我还要特别感谢我的系主任N.约翰·库柏，多亏他的大力支持，为我创造出良好的写作环境，我才得以抛开系务杂事，埋首编辑《英国研究杂志》，同时进行本书的撰写。

我的出版代理人苏珊·拉比勒一开始就是本项目坚定不移的支持者和鼓动者，并最终与皇冠出版社达成协议。与责任编辑阿曼达·库克相处也令我受益匪浅，他的编辑信函充满挑战性的批评和建设性的意见，教我如何去完善修正。爱玛·贝里作为助理编辑，不放过任何一处细节，包括行文的节奏与步调——它们在定稿中已大为改进。我还要感谢皇冠出版社的出版人莫莉·斯特恩对本书出版的大力支持；感谢各位编辑、版面设计和其他人员合力将一本手稿打造成一部精美图书，尤其是克雷格·亚当斯、大卫·切萨诺、乔恩·达加、萨利·富兰克林、埃琳娜·贾瓦尔蒂、伊丽莎白·伦德弗莱舍、安娜·汤普森以及凯文·卡拉哈姆、萨拉·格里姆、雷切尔·罗区奇领导的市场和公关团队，以及阿莱娜·瓦格纳，他们共同负责将本书推向市场，介绍给读者。

最后要感谢在写作过程中与本书作者共始终的两位家人：海伦在我写作和研究过程中给予我无微不至的爱心与帮助，作为心理学家，她从心理学角度为修正本书若干论点提供了宝贵建议。在本书写至一半时，佛罗莱恩·弗雷德里克从天而降，为我们这个德裔家庭增添了一份美国本土色彩。尽管其影响尚未完全显现，但他的到来确实极大丰富了我的生活。本书为他们而作。

2016年7月4日于匹兹堡

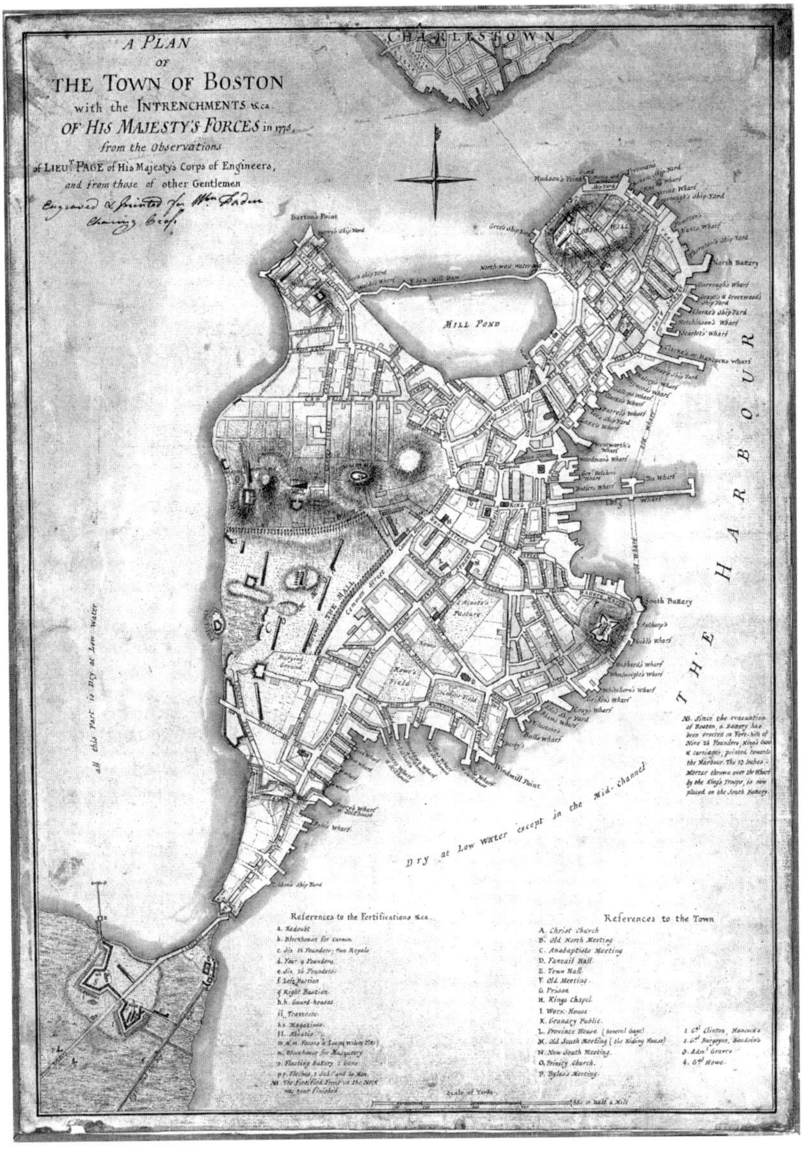


英军驻扎且筑有堡垒的波士顿示意图 作者：托马斯·海德·佩奇爵士。时间大约是1775年，由工程兵部队佩奇中尉以及其他绅士共同绘制。

Sir Thomas Hyde Page, *A Plan of the Town of Boston with the Intrenchments &ca. of His Majesty's forces in 1775, from the Observations of Lieut. Page of His Majesty's Corps of Engineers, and from those of other Gentlemen* ( London, 1777 ) . Pen-and-ink and watercolor. 45 x 32 cm. Library of Congress.

Contents

目录

# Introduction
# 引子

1770年3月5日，星期一，夜幕降临时分，在波士顿的大街上，一队队以灌铅大棒和短刀武装起来的波士顿人开始尾随落单的英军官兵。在城里的其他地方，市民则遭受士兵的威胁和殴打。谣传一名失踪的上士已惨遭杀害，士兵们则将一名牡蛎商打得半死。8点左右，愤怒的民众与驻扎在穆雷军营的英军发生了正面冲突，该军营原为位于德雷珀巷和布拉特街之间的一家糖厂。几十号人在附近的港口广场聚集，这是波士顿老城的商业中心。人群中有许多是挥舞棍棒的水手；有些人从临街的店铺卸下桌腿充作武器。他们向违反抵制英国货禁令的一名进口商家里投掷雪球和冰块，人群所过之处，窗棂簌簌发抖。3月2日，即前一个周五，在米尔克街南边的约翰·格雷制绳工棚门口，数十名失业工人与值勤的士兵由长时间的争执升级至暴力冲突；到了周日，又发生了更大规模的混战。尽管没有人员伤亡，但到了周一，官兵与民众似乎都已拉开架势，伺机而战。[1]

9点一过，满城的钟声敲响——布拉特广场教堂领头，西边老布里克教堂紧随其后，然后是旧南教堂。半夜敲钟通常意味着火灾。无数居民在隆冬的夜晚冲出家门，高举灭火的水龙头和各式盛水的瓢盆，来到冰雪覆盖的大街上——武装的暴民开始在市中心集结。在初弦月光的照映下，在位于东北角的国王街（今日的斯泰特街）和皇家交易所巷交界处的海关，人群迅速膨胀。年轻的本杰明·戴维斯很快察觉："根本没有火情，是士兵在械斗。"

在海关大楼外，好几百号人（越来越多）与 9 名守卫形成对峙：巍峨的砖墙背后是存放海关记录和关税收入的司库。钟声敲响的时候，当值的 40 岁爱尔兰军官托马斯·普雷斯顿上尉正率第 29 步兵团的一名下士和 6 名士兵从附近哨所穿过躁动的人群，紧急增援海关大楼唯一的岗哨休·怀特列兵。休·怀特此前曾用火枪敲打一名假发制造商的学徒，因为这名小男孩胆敢对英国军官起哄。但不久，聚集的人群开始谩骂，并向他投掷雪球，让这名哨兵不免胆战心惊。高大的士兵背靠墙壁围成扇形，他躲在中间，士兵手中的火枪都已经装弹，插好刺刀；暴民当中也有不少人拥有武器，从整夜挥舞的棍棒到他们出门前外套下私藏的刀剑。对峙双方至少有 3 名士兵和人群中的 3 名民众在上周的制绳工棚冲突中已交过手。

这一次重新照面的选址坐落在海关大楼。这本身也是一种象征，表明七年战争[1]胜利后，不列颠对大西洋沿岸 13 个殖民地的横征暴敛遭人憎恨。英国方面希望殖民地不仅要承担驻扎北美的万余名英军的费用，还应该承担部分战争费用以及未来的防御费用。

许多年来，马萨诸塞通过合法和非法途径，扮演了反对帝国新政急先锋的角色。《印花税法案》对印刷的每一张纸强行征税，波士顿人奋起反抗。该法废除后，英国又接着出台《唐森德法案》，要求对进口的商品如玻璃、铅、茶等征收关税，对此，波士顿人同样不买账。他们向皇家总督发出吁请，同时联合其他 11 个殖民地共同采取禁止进口上述产品的

1 七年战争（Seven Years' War），指欧洲列强于 1756—1763 年发动的霸权争夺战。虽然战争以英国一方胜利而告终，但巨额的战争费用令英国不堪重负。英国企图将其转嫁到北美殖民地人民身上，引起当地人民不满，最终导致美国独立战争。本书脚注如未注明均为译者所加。

策略。成群的男女走上街头，砸毁财物，威胁甚至伤害海关官员以及违反禁令之人。就在一个月前，一支千余人的队伍包围了一名海关告密者的屋子，因为他告发同胞违反了大英帝国税收法令。告密者向人群开枪射击，一名 11 岁男孩不幸遇难。[2]

转折点其实发生在 1768 年，当时英国政府派出数千名士兵到波士顿监督税收新政。王室试图像早先在爱尔兰和苏格兰那样炫耀武力，而在波士顿人看来这无异于武装挑衅。在居民人口已达 1.5 万 ~ 1.6 万人的城镇，16 岁以上的白人男性居民数量跟大英帝国士兵的数量几乎不相上下，何况英军当中还有若干爱尔兰人。尤其令人愤怒的是：英军中服役的非洲加勒比鼓号手居然有权对犯过的白人当众施以鞭刑，波士顿人的社会荣誉感和种族价值观由此受到了极大的刺激和冒犯。[3]

英军不仅驻扎在营房，也驻扎在民宅或仓库。在公共建筑四周会加布岗哨，驻军也会视情形增设哨卡盘查行人并搜查马车。醉酒的士兵会寻衅滋事或嫖娼，身着制服的士兵会殴打白人居民，妇女则面临恶意绑架和性侵。休假的士兵会与码头工人争抢为数不多的工作机遇，结果往往会像制绳工棚前发生的一幕那样引发剧烈的纷争。当地居民骚扰身着制服的士兵、朝他们的后背上投掷石块已是家常便饭，军队也无法保全海关官员和告密者。事实上，士兵们一方面竭力展示帝国威仪，另一方面，他们的表现似乎也象征着伦敦权威的逐步瓦解。正如本杰明·富兰克林在最近一次下院听证会上预言的那样："派往美洲的英军不会遭遇叛乱，但他们确实能制造出叛乱。"[4]

3 月初的那个夜晚，来自布莱茵特里的雄心勃勃的律师约翰·亚当斯描述了海关附近叛乱的声响，他 1768 年刚举家搬迁至波士顿："一大群人在叫喊，欢呼，吹口哨。假如大街上只有一个男孩吹口哨，不算什么大不了的事情，但想象一下一大群人同时吹，一定是刺耳的啸叫，像印第安人的叫喊声一样可怕。"暴民们取笑士兵："过来呀兔崽子，你个臭龙虾，大浑蛋，有种你开枪！操——开枪你就下地狱，就知道你不敢！"暴民深知只有地方司法官员才有权下令使用武力驱散非法集会人群。当然他们更知道在目前的政治形势下，波士顿地方官员无论如何也不会诉诸武力。但他们很可能没有意识到，任何士兵在遭遇迫在眉睫的危难之时都有权利开枪自卫。[5]

普雷斯顿上尉竭力想控制局面，枪响的一刹那他正恳请人群疏散。一名士兵突然遭遇某物袭击，或许是一团雪球、一个冰块或一块木头；要不然便是某物误撞了他的枪口。根据大多数后来的报道，他在冰上滑倒了，有人看到他的火枪脱手。他爬起来重新拿起武器，也不知道有意无意，胡乱放了一枪，好像也没有人中弹。有那么一瞬间，人群中的许多人似乎在发呆，等明白过来才去寻找藏身之所。当然也有一些人勇敢地走向士兵，有一两个人甚至与士兵扭打在一起，争夺他们的火枪。一些波士顿民兵的鼓手则号令拿起武器。有人对着开枪的士兵一顿猛揍，厮打过程中，袭击者又用棍棒狠敲了普雷斯顿的胳膊，然后士兵们一齐开火。

等到普雷斯顿严令停止射击的时候，雪地里已躺倒三人，另外两人奄奄一息，六七人受伤。一颗子弹打中制绳的塞缪尔·格雷，“子弹射进他的头颅，脑浆迸裂”，顿时血流如注，据旁观者证实“洞大如手”。47 岁的克里斯普斯·阿塔克斯是兼具美洲和非洲血统的获释的农奴，恰好经过波士顿，不幸身中两枪，其中一枪“洞穿右肺叶并导致肝脏严重受损”。另外两颗子弹射杀了船员詹姆斯·考德威尔。17 岁的学徒塞缪尔·马弗里克被墙上反弹的子弹射中腹部，尽管医生设法取出子弹，第二天早上男孩还是死了。30 岁的爱尔兰移民帕特里克·卡尔是皮裤厂的工人，他很可能是被爱尔兰同胞的火枪射中的。这颗子弹“穿过他的右臂并损伤了他的脊柱和坐骨”。10 天后卡尔也死了。[6]

亨利·普伦蒂斯一开始误以为士兵的火枪并未装填实弹，等到身旁有人中弹倒下，他才意识到自己正在目击“史上最为悲催的一幕……眼看自己的同胞倒在血泊之中，血流成河”。[7]

到1770年春，美洲人对宗主国未经同意的征税以及在和平时期向殖民地派遣军队等举措憎恶至极。从罗得岛往南，殖民者胁迫海关官员并毁损财物的现象时有发生。1768年，波士顿、纽约和费城的商人决定继续施行抵制英国货的政策，随后弗吉尼亚、马里兰和南卡罗来纳也加入同盟。尽管由于抵制，不列颠取消了《唐森德法案》中的部分条目，但茶叶之类岁入较高的商品依然在册。在大英帝国军队抵达前夕，波士顿呼吁召开马萨诸塞所有城镇共同参加的大会，对未经人民同意“招募并维持常备军”的行径严加贬斥。到1770年，波士顿邻近城镇已为酝酿中的危机随时可能升级做好了准备。波士顿发生的一切很快会在整个殖民地得到响应。[8]

3月的那个夜晚，军队向平民开枪射击的消息传遍波士顿，教堂的钟声此起彼伏。市政当局打算召集波士顿及邻近城镇的数千名青壮年与英军展开正面作战。同时，英军的集结号也在全城吹响，士兵们急速奔赴现场。为尽快赶到市中心，有些士兵挥舞宝剑从愤怒的人群中开辟出一条道路；有些人则被怒气冲冲的市民迎头痛击。副总督托马斯·哈钦森匆匆赶到事发现场，最终控制事态，使之不再升级。他呼吁市民们相信法律的公平正义，并请大家自行退场。大多数人随后离开现场，但仍有百余人原地不动直到次日凌晨。与此同时，对本次事件的调查开始了。凌晨3点，普雷斯顿上尉被收押；紧接着，8名士兵也被逮捕并关入监狱。召集邻近殖民地驰援波士顿的烽火一直未点燃，那一夜再也没有仇恨的枪声响起。[9]

事件的参与者和目击者对国王街冲突的严重性心知肚明。接下来的一周里，双方都力图就当晚的事件编织故事，来赢得舆论的同情，为此甚至将当地居民和士兵在法庭上的证词公之于众。市镇当局指控占领军对无辜平民的压迫和暴行导致多人死亡，这一事件很快被定义为“血腥屠杀”。相反，同情英军的一方则强调事件早有预谋，是武装的平民故意挑衅士兵，并迫使军队后撤。果不其然，第二天英军开始撤兵，撤至几英里[1]外的城堡岛营地。殖民地官员安德鲁·奥利佛觉察到了这一事件的诡异之处："很难断定哪一方是侵略者。"奥利佛此刻正饱受痛风的折磨。

《血腥的大屠杀》 作者：保罗·雷维尔。屠杀于 1770 年 3 月 5 日发生在波士顿国王街，制造这一事端的是第 29 步兵团所部。

Paul Revere, *The Bloody Massacre perpetrated in King Street Boston on March 5th 1770 by a party of the 29th Regt.* ( Boston, 1770 ) . Engraving with watercolor on laid paper, 25.8 x 33.4 cm. Library of Congress.

1　1 英里约合 1.61 千米。——编者注

“关于死伤人员的报告，”他思忖着，“在我的脑海中刻画的是一幅内战的恐怖画面。”[10]

枪击事件一周后，3 月 12 日的《波士顿公报》刊载了反英论调言辞最为激烈的单篇社评。评论家宣称：“波士顿目睹了史上最令人震惊的场景，在国王街和商业交易所，我们的同胞血流成河。”通过转载，故事流传到对帝国压迫政策早有不满的其他殖民地，甚至也流传到了英国媒体。该文被置于醒目的黑框内，内容涉及 4 位大屠杀殉难者的葬礼（超过一万民众参加了这场葬礼）。文章配有一幅木刻版画，画面上有 4 副棺材，棺材上刻着殉难者姓名的首字母，此外还画上了他们的头盖骨和骨骼，以及一个沙漏和一把镰刀。[11]

今天的读者可能很难想象《波士顿公报》的行文笔调，但大多数美洲人以及许多英国人对保罗·雷维尔的经典画作《血腥的大屠杀》一定不会感到陌生。这位波士顿银匠兼版画家根据亨利·佩勒姆的报道，创作出栩栩如生的双方冲突的精彩画面，可惜与现实大相径庭。三周后开始售卖的版画将群众刻画成手无寸铁、穿戴体面的清一色的男性绅士（还有一位围着围巾的女人），毫无畏惧地面对 7 名英国侵略者组成的火枪队，而不是确实在事发现场的挥舞棍棒的各色人等：码头工人、学徒、机械工，甚至还包括一些外来移民和解放的奴隶。画中一名狙击手从海关大楼的窗户施放冷枪——如今这座大楼被称作“屠夫的厅堂”。殖民者在版画的复制本上用手工描画英军制服，其红色刚好和从受害人头部、胸部和腹部汩汩而出的血色相配。[12]

英国军方决定将对普雷斯顿上尉及其士兵的审判延迟到秋天，希望届时民众的愤怒能稍稍平息。在“自由之子”[1]的支持下，约翰·亚当斯同意出任被告的辩护律师；他相信，任何人在法庭上都理应受到公平对待。

1 自由之子（Sons of Liberty），美国独立战争期间由塞缪尔·亚当斯创建的著名爱国者团体，领导发起波士顿倾茶事件，俗称“茶党”。

亚当斯辩护的焦点是，当士兵面对挑衅的暴民时，开枪乃是出于自卫；他们的罪过至多是杀人而非蓄意谋杀。他援引了驻军条例中的反暴乱条文：“士兵驻扎在人口稠密的城镇，那里难免存在两方暴徒，而士兵们只消遏制其中一方，便是和平的捍卫者。”普雷斯顿上尉和他的 6 名士兵被免予起诉；犯有杀人罪的另外两个人也受到宽大处理：他们的大拇指被打上烙印，随后被释放。[13]

在以后的岁月里，约翰·亚当斯不时回想起这样一个风云激荡的夜晚。每年都有大屠杀纪念活动，包括朗诵会、遗物展乃至事发现场的游览讲解，一应俱全。在大屠杀三周年纪念日，即 1773 年，亚当斯回忆起作为英军的辩护律师，他当时是何等焦虑。同时，他对能让士兵受到公正的对待也非常自豪，称之为“我一生中最勇敢、最无私、最具英雄气概的一桩伟业”。提供法律援助纯粹出于爱国之心，他认为死刑“令人憎恶，一旦执行会像古代女巫案或贵格案一样成为国家的污点”。他在日记中写道：“证据确凿，判决成立。但这并不意味着将该事件定义为大屠杀有什么不妥。”[14]

亚当斯的想法看似自相矛盾，但它们确乎表明，在未来的几个世纪中波士顿大屠杀具有相当的象征意义：枪击平民事出偶然，但它却是帝国压迫与殖民地反抗斗争的必然结果。对于经历革命和战争的人们来说，那一夜 11 个人所承受的伤痛，也预示着未来会有成千上万人承受同样的伤痛。大屠杀仿佛一个隐喻，代表了美洲殖民地与英国之间被撕裂的关系。对革命者而言，国王街的流血事件是殖民地反抗英国暴政的义举。其实，正如亚当斯当庭陈述的那样，这一论断并不成立，但这一套说辞却深入人心。到 1786 年，当亚当斯作为美国首任大使被派往英国时，他大胆地断言：“那一晚为美国独立打下了基础。”[15]

在 250 年来流行的美国革命话语体系中，波士顿大屠杀是个异数：因为暴力而为人所铭记。但或许我们已经遗忘，暴力乃是革命主题的应有之义，革命的暴力甚至超乎想象，因为它们可以被美化——假如尚未被“信史”全然湮没。尽管自18世纪以来，美国革命的爆发被冠以各种由头，比如最近的例子是“茶党”[1]坚决反对公共医疗改革，而革命隐含的暴力色彩却被极度淡化。其结果是造成对美国本土的这一场战争的叙述过于感伤。譬如华盛顿手下士兵缺衣少食，在福吉谷雪地里行军，双脚冻得通红。这令人怀旧般地忆起圣徒而非你死我活的战场上的战士。当下美国人流行的话语聚焦于伟大的国父们在费城独立厅的雄辩，以及弗农山和蒙蒂塞洛，正如历史学家爱德华·拉金所说：“好像这场战争，这场美国同胞之间滥用暴力的战争，是革命的偶然产物。”[16]

美国人为何要将革命和独立战争打造成理想高远的殖民地人民反抗英国暴政的英雄传奇，其实不难理解：为了表明一个自由的独立的美利坚合众国诞生的过程是何等艰辛。但如此一来，他们也会刻意遗忘其中非正义的以及暴力的因素。要正确理解革命和战争，以及美国的诞生，我们必须直面暴力，将各种形式的暴力记录下来，这是本书的初衷。

我所说的“暴力”是指采用意图不良的物质手段，造成人员伤亡和财产损失。同时它也指心理暴力：通过威胁、凌辱和暴行向受害人施压，进而影响到他们的行为和决定。正是通过一场又一场的恐怖战役，美洲的爱国者向保皇派发起了内部革命。爱国者通过美国本土历时最长的一场战争捍卫了美国独立。为了实现其政治理想，爱国者采用的手段可谓无所不用其极，比如躲在交战区以外的安全区域指责对手的暴行。革命者不仅要赢得地面战争，也要占领道德高地。内战10年后，革命者以胜利者的姿态向对手施加的暴力使得和平时期的建国方略大受影响。战争临近结束，美国人对于使用过度暴力以及暴力的界限依然深感

1 20世纪美国政坛新兴政党，其名称源自独立革命时期波士顿“茶党”。详见第一章有关内容。

困惑，但有一点是肯定的，即他们所施加或承受的生理、心理以及象征性的暴力，对双方根本冲突的性质、结果和经验教训均产生了深刻影响。[17]

大约10年前，在为我的前一部著作《想象的帝国》准备素材时，我对革命时代的暴力忽然产生了兴趣。在查找18世纪艺术的范例时，我看到一座座美国保皇派人士的纪念碑遍布英国天主教和新教的教堂。从乡村教堂的小石板到威斯敏斯特大教堂的大理石棺，尽管外形不一，但它们都具有同一特色。它们都讲述了美国的保皇派被凌辱的故事：被跟踪追击，家产被没收，最后被驱赶，生命危在旦夕。遥想在那样的年代，“几乎……每一座英格兰村庄都不乏美国保皇派的遗骨”。无疑，这些纪念碑最能体现反革命之徒所遭受的生理和心理的暴力。[18]

这些悲伤的过程如影随形，时时刺痛着我，因为它们与主流话语格格不入：后者认定那是一场有节制的、本质上非暴力的革命。由于急于揭开纪念碑幕后的故事，我翻阅档案，发现战争前后关于保皇派的详细记录与我的想法不谋而合。这些报告记载了他们所遭受的侮辱、摧残、折磨，偶尔还涉及私刑，而学者对此类美国同胞相互残害的事例却视而不见。独立战争的参与者将其称为“内战”，但过去的一个世纪里却很少有作者如此定义。恰恰相反，绝大多数美国公众，以及许多历史学家，仍然极不愿意相信革命是一场内战。或许这也毫不奇怪，借此机会正好可以让我们近距离审视美国第一次内战的残酷本质。[19]

随着阅读的深入，我们发现美国的爱国者一方面对野蛮的英军和保皇派、土著居民以及德国盟友的种种暴行义愤填膺，另一方面对于他们对保皇派施以复仇的暴行却三缄其口。他们指控英军烧杀抢劫，无所不为，甚至强奸幼女、凌辱囚犯，并将美国战俘遣送亚洲和非洲，卖身为奴。但他们似乎忘记了自己曾对他人施以同样的暴力。暴力会四处蔓延。

英国政府领导人及军方首脑的报告也证实，美国爱国者对保皇派的暴行的确存在。大陆军对英国士兵及战俘所采用的暴力也有明确记载。

同时，这些报告还披露了内阁大臣及高级将领决定镇压这一场由同宗同源的白人新教徒发动的叛乱之时所面临的伦理困境——在这一问题上，宗主国内部早已四分五裂。英美双方的描述还可以让我们至少是部分理解黑人及印第安人在这场战争中所扮演的重要角色。

在长达7年的战争中，由于不同政见所造成的滥用暴力现象可谓不计其数，其行为之恶劣令人发指。从领袖人物的往还书信、私家日记、政治宣传单、流行读物以及国会纪要中不难发现：战争中的暴力随处可见。就波士顿大屠杀而言，上述来源也可以清楚表明暴力如何重塑故事——由亲历者讲述的革命、反革命以及战争的故事。但奇怪之处在于，无论是专家学者，还是通俗的编年史，对战争中的这一暴力因素皆未做深入研究。

在本书中，我们将追随主人公奔赴战场和军营，探访地下和海外监狱，并走进家园和农场。我们将会发现战争中双方都有人使用恐怖暴力：爱国者对保皇派；英军、保皇派和德国盟友对叛乱分子、战俘和平民；华盛顿大陆军对印第安土著；南方的黑人和白人。我们将仔细审视暴力的证物：血肉模糊的士兵尸体上的刺刀伤口，被士兵强奸的女孩，憔悴不堪、身上爬满虱子的战俘，被砍头示众的奴隶——以此警告其他人充当英国间谍的下场，以及从新英格兰海滨到南方种植园再到易洛魁开阔玉米地四处燃起的烽烟。保皇派、妇女、先前的奴隶和被俘的叛乱分子，每种人遭遇的暴力形态各不相同。他们争相讲述自己的故事，关于迫害和暴行，关于痛苦和牺牲，关于家园重建和复仇，关于如何节制暴力——他们当中有人很成功，有人很失败。

在美国爱国者及其敌人共同经历的革命过程中，暴力既然如此重要，为何会在我们日后听闻的耳熟能详的故事中遭到边缘化？首先，在战后的美国，作为失败者的保皇派，连同他们所遭受的暴力，已被系统性地排除在公共话语之外。正如一个半世纪前 R.R. 帕尔默在他的经典之作

《民主革命时代》中所说："所谓美国人的共识在某种程度上清除了无数一度占据重要地位的不同观点……代之以大一统的国族意识。"其次，英国人对一场前所未有的惨败保持缄默也是部分原因。每 7 ~ 8 名男丁中抽调一名开赴战场，同时也在德国招募大规模后备军，再加上保皇派、印第安人还有释放的奴隶并肩作战，结果仍输掉了战争，这令大英帝国元气大伤。迟至 1883 年，坎布里奇著名历史学家约翰·西利爵士认为美国革命是令英国无比尴尬的一段历史："我们达成共识，尽可能不提及这一段历史。"[20]

随着时间流逝，连革命时代强调的"爱国者为新生的共和国抛头颅洒热血"这一套辞令也奇怪地消失了，取代它的是"这是一场相当温和的非暴力革命"。20 世纪后期以及 21 世纪初期占据美国大学课堂的权威历史学家如伯纳德·贝林、戈登·伍德、T.H. 布林等则聚焦于美国革命的理想与理念，而将亲历者饱受的生理和心理创伤武断地摒除在外。与此同时，有关美国国父的畅销传记则继续神化独立革命这一段的历史。[21]

其实无论是在学术话语抑或是公共话语中，美国人一向不惮于讨论其历史及文化中的暴力，从殖民地史到奴隶制以至于独立革命，对内对外使用暴力似乎已成为当代美国的一个标志——从时有所闻的枪击事件到先发制人的军事行动和隐形战机发动的空袭。但奇怪的是，唯独在美国如何诞生的问题上，美国人对暴力绝口不提。正如共和国初期一位民族主义历史学家宣称的："在美国我们必须深刻理解民族主义与暴力之间的联系，尤其必须理解很少有国家以暴力倾向而著称于世。"[22]

这一盲点与当下关注的热点如战场杀戮、虐待战俘以及内战伤亡人数恰成鲜明对比。确实，承认独立战争中的恐怖行径，在某种意义上，需要编造一个更巧妙、更完美无瑕的概念。"对许多美国人来说，独立革命是他们心中最后一场伟大战争的罗曼司。"学者卡罗尔·伯金写道，因为他们想象中的战争"光怪陆离，而且毫无伤害"，这一形象在"种族灭绝战争和恐怖主义盛行，以及激辩爱国主义究竟为何物的时代"尤其具有感召力。但也恰恰因为我们身处一个不确定的世界：暴乱和内战一触即发，革命半途而废，小国面临破产——唯其如此，美国人更应该直面美国诞生过程中的暴力与混乱。破除美国立国神话，还原其对立冲突，恰逢其时。[23]

将暴力重新写进革命叙事提醒我们，美国独立战争带来的巨大伤害不亚于美国历史上任何一次战争（美国内战除外）。因为照现在的看法，绝对伤亡人数似乎微不足道，因此很容易被人遗忘：大约 6 800 ~ 8 000 名爱国者在战斗中阵亡，10 000 人因各种疾病而死，多达 16 000 甚至 19 000 名战俘失踪。但是如果以今日的人口比例换算，独立战争中爱国者的死亡人数超过 300 万！如果以 1775—1783 年间爱国者总人数来换算，则越发惊人：是第一次世界大战美军伤亡人数的 10 倍，第二次世界大战美军伤亡人数的 5 倍。此外，还有两万名英军和数千名美国保皇派、印第安人、德国人和法国人在战斗中牺牲。战争的另一大恶果是每 40 名美国人中就有一人遭到永久流放，照今日人口换算，即 750 万人。[24]

正如波士顿大屠杀展示的那样，人们对于自己遭受的暴力铭记不忘，但对于他人遭受的暴力往往会有意无意地忽略。因此，我们必须自始至终从多维角度审视独立革命：美国爱国者、美国保皇派、英国人、印第安人、黑人和德国人，他们都是战争的亲历者。这样我们才能超越民族中心和民族主义的叙事模式，从美英双方的叙述中发现他们的夸张、神话以及盲点。这也会帮助我们避免简单化地将某一方面直接归为战争的受害者、叛徒和暴力侵犯者，因为双方视角不同：美国人所说的独立革命在英国人的语汇中是美洲暴乱或美洲独立战争。作为出生于德国的英国历史学家，我对英美两国的国族神话皆不甚了了，但最近 20 年来在大西洋两岸频繁往来，从事授课和研究。唯其如此，我希望能带来全新的视角。[25]

英军暴行下的美军伤亡，以及华盛顿将军在印第安人居住地发动的恐怖战役造成的伤亡，促使我们从多维角度对暴力进行反思。对美国保皇派，也同样需要反思。因为在 18 世纪 70 年代，尽管成千上万的普通人加入了反抗暴政的起义，但仍有五分之一甚至三分之一的白人效忠英国——即使不能付诸行动，至少情感上如此。另外一部分人则在观望，随时准备选边站队。但任何人倘若不是明白无误地宣称自己是爱国者，都有可能被定义为人民之敌而遭受惩罚。一名纽约人写信给其伦敦友人抱怨自己所处的困境，正如他所言："我讨厌内战，但又无法当一名旁观者。"当盎格鲁-美利坚危机升级的时候，爱国者的靶心不仅瞄准保皇派，也瞄准观望者，除了晓之以理动之以情，有时也会采取威胁手段甚至诉诸暴力。跟20年后的巴黎不一样，波士顿、纽约和查尔斯顿尚未发明断头台。但是为了创建新的合众国，必须将黑奴、印第安人以及对革命持怀疑观望态度的欧洲白种人排除在外。抛开高尚的革命理念，其中的暴力事件可谓无处不在（其实即便是一场循序渐进的革命，暴力也在所难免）。尤其是革命中的保皇派，暴力于他们已成为常态。革命双方都借助于战争中体验到的暴力攻击对手，标榜自己。[26]

波士顿大屠杀也表明暴力与讲述暴力的故事密不可分。除了身体因素，暴力还与政治纷争、道德伦理等交织在一起。暴力的叙事如同意识形态，可以巩固忠诚、赢得支持，无论是为独立还是为帝国的事业。痛苦、受难、牺牲的故事使得革命者、保皇派和英国人对这场革命是内战还是殖民地叛乱看得更为真切。正是通过上述故事，双方都试图占据道德高地，以期赢得美国民众及英国和欧洲的舆论同情。除了兵力、补给以及指挥方略，这也是一场话语技巧的战争。它的成败不仅取决于如何从物质上及道义上打赢这场战争，还取决于哪一方讲述的故事更切实可信。[27]

对时代的忠实记录会让我们发现，辉煌的美国革命其实并无特别之处。像其他近现代的革命一样，恐怖和暴力必须不断升级，才能达到保存自己、消灭敌人的目的。从胜利者角度说，享受自由和独立足以补偿美国同胞遭遇的痛苦。同时，华盛顿、亚当斯及其他革命领袖坚信，必须满怀理性和信念与英国作战。所谓的人道主义，照亚当斯的说法，就是当你一对一面对敌手时，能表现得更勇敢、更有素养。当然，现实往往很难达到预期。但在美国诞生之初，国父们确实希望将国家建立在良好的道德基础之上。假如像历史学家戈登·伍德所说，美利坚合众国不是建立在“共同的种族、语言和宗教”基础之上，而是建立在“一整套信念”之上，我们就应该将整个社会公认的核心价值观，尤其是战争年代的价值观包括其中。只在必要时才展示美国的实力是美国国父们奉行的外交原则，这一原则也值得当代领导人牢牢记取。[28]

真切地描绘革命的图景有助于我们进一步认清如何定义残暴，也让我们对革命的最终成果更加珍惜，同时更能辨别复杂的经验教训。整个战争期间，美国人民在如何防范国内外敌人同时又保证不滥施暴力的问题上纠结不已。战后的美国，不同于法国、俄国及其他发生革命的国家，避免了专制主义、军事独裁和内战（1812 年战争除外）。但这一成果也为新生的自由帝国遗留了难以根除的隐患：遭人憎恶的种族隔离、奴隶制的蔓延以及随后不久的印第安人“大迁徙”。当占据绝对优势的白人在内战 10 年后致力于建设一个新国家时，战争的赢家、输家都已饱受战争的恐怖暴力遗留的生理和心理的创伤——如今这伤疤至多偶尔被提及，大部分时候则被掩盖。

此后一代又一代对美国暴力诞生感到困惑的美国人采用选择性遗忘的平衡策略。对创伤绝口不提，对恐怖矢口否认，对暴力竭力美化，似乎如此一来，更能强化“美国例外论”，这一套话语也更符合美国的英雄叙事传统。但只要通过战争亲历者双方的视角，重新审视独立的伤痕，我们便不难发现，在高远的美国道德理想和实际的暴力倾向之间存在着根深蒂固的矛盾。在充斥着内讧、暴乱和战争的当今世界，理解暴力在国族构建过程中的作用，理解暴力所代表的各方诉求及其寓意，对于我们理解这个世界，至关重要。[29]

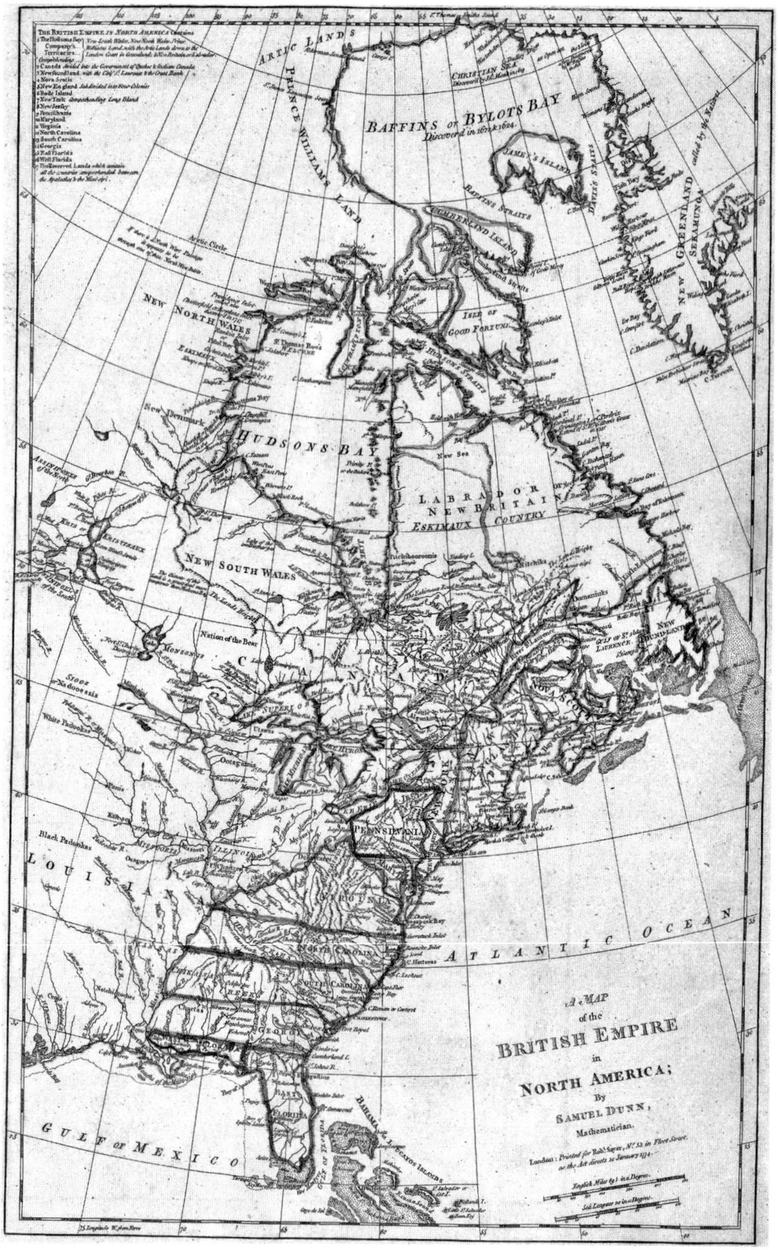


大英帝国北美地图 作者：塞缪尔·邓恩和罗伯特·塞耶。

Samuel Dunn and Robert Sayer, *A Map of the British Empire in North America* (London, 1774). Hand-colored, 48 x 31 cm. Library of Congress.

Chapter 01

第一章

# 捕猎保皇派[1]

1774年1月25日，波士顿的地面上积了两英尺[2]的雪，寒冷刺骨。一位51岁的海关公务员约翰·马尔科姆，正在从他位于波士顿港附近的办公室回家。路上，他突然开始大声辱骂，责怪一个驾着雪橇不小心撞到他的小男孩。这时，一名穷鞋匠乔治·R.T. 休斯走过来，试图保护这个可怜的孩子（4年前他就曾将一位波士顿大屠杀的受难者送去就医）。随后出现一阵喧哗和混战，马尔科姆用手杖击中休斯的头部，后者立刻陷入暂时性昏迷。接着，围观群众也加入了这场战斗。马尔科姆见势不妙，想要开溜，但是人们不可能这么轻易就把他放走。尽管这原本只是一场私人纠纷，但在那天夜里，波士顿人确信他们的反应是体现革命正义的标志性事件。[1]

担任现职之前，马尔科姆曾是大英帝国的海军上尉，还在七年战争中担任过陆军军官，参加过整个北美战区的战斗。1763年，他因债务和

1　本章标题中 Tory，原指英国托利党人，本书统称保皇派。

2　1英尺约合0.30米。——编者注

制假被捕，在殖民地臭名昭著。10年后，他担任审计员，又因渎职和勒索被停职。很多波士顿人都知道他的过去劣迹斑斑，尤其记得他在1771年，帮助时任州长威廉·特赖恩爵士以近乎谋杀的方式镇压北卡罗来纳武装起义[1]，那是一场由偏远地区的农民向殖民地当局和税务官员发起的反抗。

黄昏时分，一大群人聚集在十字街尽头的马尔科姆家门外。马尔科姆夫人没能驱散他们，她的丈夫从一扇窗户里探出身子，用剑击中其中一人，刺破他的胸膛。马尔科姆还挥舞装满弹药的手枪，夸口说他会为了总督的赏金杀死所有对手。当马尔科姆一家躲在二楼房间时，人们带来梯子爬上房屋。袭击者很快就破窗而入，愤怒的民众抓住了马尔科姆，正如他后来声明的那样，他们"使用暴力迫使他离开家，用棍棒殴打他，然后将他放在事先准备好的雪橇上"。

人群中的绅士们现在开始担心事态或许有些失控；他们敦促人们克制愤怒，呼吁采用司法手段解决这场纠纷。然而"已经没有什么能阻止这疯狂的人群"，一名当地商人在日记中写道。现场群众大约有1 200人（可能有些夸大其词），在他们的眼中，马尔科姆"以一种最为反复无常、最具侮辱性和近乎肆意虐待的方式行事"。安妮·赫尔顿刚刚从英格兰来到波士顿，她的哥哥是这里的一名海关官员。她看到马尔科姆受到"残酷的折磨"，感到非常恶心，他先是"在那个冬天最寒冷的夜晚被剥得一丝不挂……在撕扯衣服的时候，他的一只手臂脱了臼"。

那个时代的大多数人应该对马尔科姆所经历的一切非常熟悉，少数需要提醒的人可以参见另一位马萨诸塞保皇派的描述："首先，把一个人脱光，然后把柏油加热至液态倒在裸露的皮肤上，或者用刷子将柏油涂满他的全身，越多越好。"那天晚上，人们轻而易举就从当地的码头捡到一桶柏油。"之后，趁着柏油还热的时候，把尽可能多的羽毛粘在柏油

1 指"自订约章者运动"，详见本书第十章有关注释。

《约翰·马尔科姆》 作者：弗朗西斯·哥德弗里。在这幅法国人的画作中，约翰·马尔科姆被塞进一辆马车，来自社会各阶层的民众驻足围观。

François Godefroy, *John Malcom (Paris, [1784]). In Nicolas Ponce, Recueil d'estampes representant les différents événemens de la Guerre qui a procuré l'indépendance aux Etats Unis de l'Amérique* (Paris, [1784]), plate 2. Library of Congress.

上。”马尔科姆的施虐者们刚好在晚上出门的时候带了他们自家的几个枕头。“接着，举一根点燃的蜡烛靠近羽毛，尝试把羽毛全部点燃，如果它们真的能燃烧起来就再好不过了。但是由于此项试验通常在寒冷的天气中进行（正如那个 1 月的夜晚），很可能不会成功。所以也可以拿一根缰绳，套在那个人的脖子上，然后用车拉着他游街。”

把马尔科姆套上车之后，袭击者们就把柏油从他的头顶浇下，覆盖了他的大部分身体。柏油灼穿他的皮肤，一直烫到他的肉。接着，人们在他身上粘满羽毛，把车拉到镇上那座联排的建筑物之前——即雷维尔在他波士顿大屠杀画作的正中心处描绘的总督官邸、立法机关和法院所在的位置。人们在从总督官邸到老南聚会所的一路上狠狠地鞭打马尔科姆，命令他诅咒托马斯·哈钦森——此人当时是马萨诸塞湾省令人憎恶的皇家总督，他的房子曾在1765年被反《印花税法案》的暴民们拆除。马尔科姆拒绝这么做。他随后被带到"自由树"下，这是长在埃塞克斯镇角落里的一棵榆树。在这里，他再一次勇敢地（也可以说是鲁莽地）拒绝辱骂总督。于是，他被拖到市政绞刑架下，脖子上的绳子预示着他即将面临的命运，但他依然拒不屈服。"能不能不要再继续折磨了，给我一个痛快的了断？"马尔科姆此时苦苦哀求。人们把他的双手绑在身后，把他捆在绞刑架上，绳子的另一端在横梁上绕了一圈，并继续用绳子和棍棒殴打他。据说，他们还威胁要割掉他的两只耳朵。接着，那些施虐者再次命令马尔科姆诅咒国王和总督，他不仅没有屈服，反而挑衅地骂遍所有在场的叛徒。最后，当被柏油覆盖着的僵硬的身体变得瘀青时，马尔科姆再也承受不住了，只好听从他们的号令。

在马尔科姆遭受污蔑和羞辱之后，迫害者们又增加了一项新的侮辱。他们逼迫他吞下一大碗茶，并发表一番致国王和王室其他成员的"祝茶词"。马尔科姆勉强咽下茶汤，但是他的脸色变得苍白，然后他们就"重新填满了他刚刚喝干净的碗"。人们一路殴打他，回到海关大楼，又一直打到考普山，一路上不乏"恐怖又戏谑的残忍场面"，据安妮·赫尔顿叙述，这一过程整整持续了5个小时。乔治·R.T.休斯始终没有参与这些街头暴行（在波士顿大屠杀那一晚他也手无寸铁），他循着人群的行迹，为此时已经体温过低的马尔科姆盖上一条毯子。临近午夜，人们终于回到马尔科姆家门前，解开了他的绳子，"（马尔科姆）像木桩一样从车上滚了下来"。据赫尔顿说："医生当时认为这条可怜的生命活不了了。他们说他的肉成块地从背上掉下来。”

马尔科姆还是活了下来。身体恢复的过程会很缓慢，从刮掉身上的柏油开始。这可能要用到松节油，像其他经历了涂柏油和粘羽毛的受害者那样，皮肤会露出来，或许一部分皮肤还会跟着柏油被扯掉，从伤口处直接露出肉来。马尔科姆要等上很多个星期才能下床，而且注定要用一生的时间背负这次折磨留下的创伤。

对马尔科姆的折磨发生在波士顿大屠杀的 4 年之后，事发的这座城镇再一次成为北美殖民地和大英帝国主义斗争的中心。在英军撤出波士顿、王室废止《唐森德法案》大部分条款之后，人们度过了平静的 3 年。但到了 1773 年，局势再度变得紧张。英国政府决定从剩余的茶税中支付

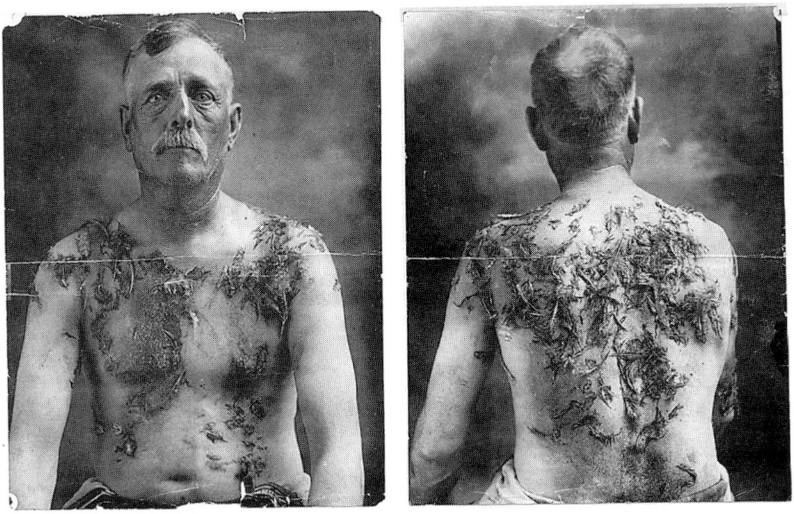

约翰·蒙斯摄于第一次世界大战期间，图为一位因不支持战时债券而被涂柏油、粘羽毛的美国人。图片展现出他所遭受的残酷创伤。

National Archives at Kansas City, Record Group 21, Records of the District Courts of the U.S. U.S. District Court for the Second (Mankato) Division of the District of Minnesota. Law Case Files. National Archives Identifier 283633 and 283634. *John Meints v. O.R. Huntington, et al.*, 1917–1918.

马萨诸塞殖民地总督和法官的薪水，以此绕过殖民地议会。此外，英政府当年颁布的帮助东印度公司偿清债务的茶叶法案，使少数被叫作“茶叶收货人”的商人垄断了美国茶叶的销售权。很快，失去了生意的一帮波士顿商人、工匠和政客，瞄准了茶叶收货人和他们的仓库。1773 年 12 月 16 日，商人、工匠、学徒和当地青少年约 100 人，其中还包括鞋匠休斯，在格里芬码头登上收货人的三艘船，把船上的 46 吨茶叶扔进海里，以阻止其被出售。[2]

英国政府直到 1774 年 1 月才获悉波士顿茶党的举动。当时的英国首相诺斯勋爵谴责该城镇是“美国暴力抗法的首领”。在接下来的几个月中，议会通过了严厉的法令，以惩罚波士顿毁坏私人财产并且抵制帝国统治。《波士顿港口法案》勒令关闭港口，直到英国政府得到全额赔偿。马萨诸塞的宪章修正案允许总督任命议员、法官和警长。其中的一项规定称，任何被判死刑的皇室官员或士兵都可以不在当地受审，而转去英格兰受审。另一项法律则规定，帝国军队现在可以驻扎在无人住宅之中。与此同时，《魁北克法案》将殖民地的边界延伸到了南方，以此保护法国天主教徒的生活方式，同时也限制了美洲殖民地向西的扩张。

这些《强制法令》(按反叛者的说法就是“无法容忍的法令”)，并未能如英国政府预期的那样制止美洲早期的叛乱，反而使得不同殖民地达成了一致意见，众志成城。从新罕布什尔到弗吉尼亚，殖民者们都在进行茶抗议活动；在 1774 年的春夏之交，他们还准备采取协调一致的政治行动。9 月，12 个殖民地（只有佐治亚弃权）的立法机构派出了 56 名代表，聚集在当时北美最大的城市费城。他们平均 45 岁，大多非常富有，其中还有几十人是资深的殖民地立法者。他们在卡彭特大厅举行了长达 7 周的会议。这次史无前例的大陆会议最重要的成就，就是通过了大陆联盟，为不进口、不消费、不出口英国货物订下了抵制协议。代表们希望，通过挫伤英国的制造商和商业收入，这项抵制行动能够迫使英国废除“奴役殖民地计划”的立法。借鉴早期更分散的经济抵制的经验教训，大陆会议组建了新的大陆联盟，覆盖了所有殖民地，并涉及社会各阶层，而不再仅仅是商人。为了实施这一雄心勃勃的计划，这次会议制定了一整套的监视和迫害制度，这无异于命令美洲人监控并审查其同胞的言行。[3]

为了执行联盟协议中规定的抵制行为，大陆会议要求每个殖民地的“每个县、市、镇选举一个委员会，密切观察所有涉及联盟协议的人的行为举止”。如果一个人被发现违反了协议，他（偶尔也可能是她）会在报纸上遭到谴责，这样一来，“英属殖民地人民的所有敌人都会被公开，并且被蔑视为美洲自由的敌人”。很容易设想，这样的措辞会对立场不坚定者产生多么不利的影响，更不用说那些反对派了。而且，大陆会议只给这些委员会的工作提供极少的具体指导，几乎每个委员会都可以随心所欲制定附加的规定。当时，没有人能预料到这个基层执法实验究竟能发挥多大的作用。

在很短的时间内，整个殖民地的各个社区中都成立了“安全委员会”——这一名称乃不祥之兆，与 17 世纪英国内战期间成立的类似团体的名字遥相呼应。到 1775 年春天，约有 7 000 名男子加入安全委员会。保皇派的中尉詹姆斯·穆迪认为，反叛者和他们的委员会“在这个国家的几乎每个地方都非常疯狂”，威胁每个人“加入或死亡”！委员会仔细地审查并训斥那些涉嫌违反联盟协定之人，任何被认为不忠于美洲殖民地事业的人现在都有遭受迫害的危险。这些委员会在美国的各个乡镇滋生出一种危险的倾向，在身心两方面威胁着那些被革命党人贬损为“托利党”的人——如今他们被叫作保皇派。[4]

根据长期以来的刻板印象，保皇派主要是白人，而且是富裕的圣公会精英。然而，保皇派不仅包括帝国官员和大地主，还有商人、农民、小商店的老板、面包师、裁缝、贫穷的工匠和劳动者；有圣公会教徒，也有贵格会、卫理公会派、法国胡格诺派和爱尔兰罗马天主教徒。历史记录为我们提供了如下的人口特征：马萨诸塞迪尔菲尔德的男性居民中，有三分之一到二分之一被确定为保皇派，其中约 40%是商人、酒馆老板和工匠，30%是农民，还有 15%的专业人士，每个社会阶层和地理区域都有保皇派。因此几乎可以得出结论，在 1775 年，每个白人殖民地的美国人都认识一个保皇派。[5]

爱国者们经常嘲笑保皇派在个人物质生活上的强烈欲望，他们说，在其办公室和财富、声望、影响力的背后，保皇派其实感到非常不安。但正如动机复杂的革命党人一样，保皇派也是从原则和实用主义出发的。历史学家玛雅·亚萨诺夫曾说，保皇派与爱国者“对占据土地、维护奴隶制和管理殖民地贸易的看法”几乎一致。直到 1775 年，两个阵营中的大多数人都表现出对英国王室的忠诚。保皇派深信宪法捍卫个人自由，他们中的许多人也同意爱国者们的看法，即英国的具体政策是不受欢迎的，甚至是无法接受的。然而，与最终寻求共和国独立的革命党人不同，保皇派仍然是乔治三世的忠实拥护者，并希望能在现有宪法的框架内解决所有分歧。对他们来说，与母国叛离会导致经济混乱，破坏人际关系。尽管也有许多人相信，美洲或许能赢得这场与强大的大英帝国之间的战争。[6]

除了意识形态和信仰之外，保皇派也遵循个人和团体的利益。战争期间，许多美国人会考量哪支军队最能保卫家族和财产，还经常会随着当地军事形势的转变而重新评估自己的选择。诸如北卡罗来纳的苏格兰高地人、新英格兰的圣公会教徒、宾夕法尼亚的德国移民以及新泽西的荷兰农民等少数人口，倾向于站在他们认为更宽容的大英帝国一边，而不加入对他们来说可能更具压迫性的美洲殖民地的多数人一边。与之类似，几十万逃亡的奴隶加入了英国一方，还有许多美洲的土著人口，例如 6 个易洛魁人联邦中的 5 个。或许他们希望，多元化的大英帝国在取得胜利之后，能够比白人化的殖民地政权更公平地对待他们。[7]

随着爱国者和保皇派之间的界限日益分明，很快就分裂了各个社区，甚至是家庭。最著名的例子就是费城的富兰克林一家：本杰明直到1774年还是帝国在美洲殖民地最好的朋友，最终却成为其最愤怒和无情的敌人之一；而他的儿子威廉，作为新泽西的最后一任皇家总督，逐渐变为死心塌地的保皇派领袖。革命还分裂了许多并不那么为人所知的家庭，既有白人，也有非洲血统的后代，比如怀特卡夫一家。本杰明·怀特卡夫是一个黑人自由人，曾在英国陆军和后来的英国皇家海军中服役。他的父亲也是自由人，务农的同时还是一名与爱国者并肩战斗的军士，本杰明的哥哥也是爱国者。本杰明两次被俘，两次都侥幸逃避了绞索，他的父亲和兄弟则都在战争中丧生。[8]

家庭关系并不一定会软化心灵。约翰·亚当斯就曾宣布，如果他的兄弟是一个保皇派，他会亲手将其送上绞刑架。他能这么轻易地说出这句话，是因为他与其他人不同，实际上并没有身处政治鸿沟另一边的兄弟姐妹。纽约维斯切斯特地区的国会代表古弗尼尔·莫里斯就不同了，他仍然与自己的两个保皇派姐妹保持着密切联系，他的母亲和大部分异父的兄弟也都是保皇派。尽管如此，作为针对保皇派的公诉人，莫里斯倡议将其公开处决：恐怖会让首鼠两端之人魂飞魄散，并激励人们为美洲殖民地的事业而战。[9]

安全委员会以各种方式了解可疑人员：邻居相互告发，有时则是匿名举报。如果一个委员会决定采用目击证人的证据或传闻，他们通常会询问嫌犯，听取证人证言，然后可能拦截被告的邮件，或搜查他们的家中是否有犯罪的证据。当大多数委员认为针对某人的指控合理时，他们经常会迫使罪犯公开认错并道歉。如果这时犯罪嫌疑人不愿意按要求进行道歉并重新融入社区，委员会通常会公开羞辱他们，并要求其所在社区与之切断所有联系。一位作者曾写道，被宣布为自己国家的敌人是"一种耻辱……对于一个自由人来说，这比绞刑架、拷问台或一顿棍棒更可怕”。在美洲殖民地早期那样一个紧密团结的社会中，这些公开谴责远非无关紧要的言辞：它们可能会彻底破坏邻居和商业伙伴之间的信任，威胁受害者的声誉，从而影响他们信贷甚至是谋生的能力。当放逐某人足以产生如此严重的后果时，在社区内宣布某个人社会性死亡，这本身就是一种暴力。[10]

一些委员会更积极地监督所在地区，他们要求普通大众举报周围有保皇嫌疑的人，即使这意味着鼓励人们借此解决私人恩怨。1775 年春，北卡罗来纳威尔明顿的安全委员会走访每个家庭，要求户主签署联盟的支持书，或说明拒绝的理由。当所有的邻居就站在家门口观望时，几乎没人能做到拒绝签名。然而还是有 11 位威尔明顿人拒绝签字，这些异议者随后果然被无情地排斥，并且为了能直接点出他们的名字，委员会还专门创立了一份叫作《恐怖角信使》的小报。[11]

执行大陆联盟协议的法外委员会以破坏性的方式影响着美洲殖民地人民的生活，有时还辅以暴力。委员会对诸如糖和牛肉等各类商品实行价格管制，他们检查商家的发票和账本，监视海关大楼，并查验船舶运输的货物。在很多殖民地内，当船只运输违反新规定的货物，尚未抵达港口就已经违反了联盟的协议。一次，在马里兰安纳波利斯，一艘名为佩吉・斯图尔特号的货船刚刚靠岸，船主就根据《茶叶法案》被带去付税，而船只则被愤怒的当地人直接烧毁。整个东部沿海地区，所有被发现进口或出售抵制货物的商船和船主，都经历过涂柏油和粘羽毛的折磨，或者至少受到了上述威胁。[12]

在新的消费准则下，人们开始对一些看似无害的行为持谨慎态度，例如给邻居或疲倦的路人递上一杯茶——也就是那些爱国者口中的“瘟疫草药”。保守派作家指出了其中的虚伪，他们强调爱国者是在借自由之名建立一个越来越暴虐的政权。正如一位诗人所说：“人们因没有违反法律而受到制裁？ / 涂柏油、粘羽毛和拉马车只为一杯红茶？ / 用武力和镇压来迫使人们自由？”保皇派和英国官员很快就意识到，委员会制度形成了一种怀疑、恐惧和惊悚的气氛，有些人说，这种气氛很像曾经的西班牙宗教裁判所。[13]

语言也能使你在联盟成员那里惹上麻烦，而且丝毫不亚于手势和行为。很多人就是因为某个词被误解为不忠，因此落入陷阱，即使有时明显受到酒精的刺激，或者正如一位保皇派所说的那样，他们只是“没想到这些词也会被注意到”。那些知道自己已经被审查的保皇派，或者已经有家庭成员被捕的人，提醒自己的亲人要时刻谨慎用词。在爱国者截获的一封信中，保皇派的克里斯蒂娜·泰斯向她的丈夫保证：“妄图通过观察我的外在行为，得知我的内在忧虑，那些反叛者永远也别想从我这儿得到这种乐趣。”而那些不够谨慎的人则时刻冒着被调查的风险：别人可能会听见他们批评当地的委员会，或者向王室祝酒，把《天佑国王》唱给错误的人听，抑或是对美洲殖民地反抗英国的能力表示怀疑，等等。[14]

委员们并不是忠诚的唯一执行者：革命时期也是暴民滥用暴力的时代，委员会与当地的暴民合作，有时甚至与他们竞相迫害政治犯。这些大众行为植根于当时的政治文化。殖民地初期，叛乱的民众和暴徒曾在一系列经济和政治争议中发挥了突出的作用。在这种传统的影响下，18世纪70年代的许多社区在“平民哨兵”的帮助下，解决了很多被揭发怀疑不支持美洲殖民地事业的人，从而强化了政治忠诚。[15]

也有些地方委员会试图限制暴民的规模。1775年年初，新罕布什尔北安普敦的委员会，在一次激烈的反对当地保皇派的民众行动之后，试图安抚民众的情绪。该委员会呼吁团结，强调大陆和省议会也曾敦促和平手段，并且声明，一些保皇派遭受了“违反人性原则和宗教戒律”的对待。有时，当地委员会没有社区希望的那么严苛。当纽约坎布里奇的委员会试图阻止当地民众鞭挞一名保皇派时，人群让委员们也受到了夹道鞭笞的刑罚，“一条长长的道路两侧站满了人，每人手里都举着鞭子”，以此来迫使委员会满足他们，采取更强硬的反保皇派措施。[16]

还有许多委员会默许了相当数量的社区自发行动。事实上，暴民和委员会之间的界限相当模糊。一些委员会非常明显地依赖自由帮派来扩大其权力范围，比如“自由之子”，一个由工匠和劳工组成的武装组织，最早为反对《印花税法案》于10年前成立。而且他们知道，暴民在恐吓嫌疑人和惩罚罪魁祸首时，其手法极具原创性。把受害者扔进河里和村里的池塘中，再放鲱鱼进去吃掉他们的肉；把他们放在冰面上，以此冷却他们错误的忠诚；在地主身上悬挂标牌，还在边上留下一只死掉的山猫（一种野猫），以此告诫其同党；给奴隶戴上手铐，以此来羞辱“这些蠢牛”；还有，鞭打或殴打他们，直到肋骨被打断。还有一些人的脸上被烙上了印记，例如彼得·圭尔，他的额头上被烙印了象征王室的字母“G. R.”，即乔治王。[17]

很显然，委员会对待民众的暴力行为不仅仅是宽容，某种程度上也是故意放纵。因此，为恢复秩序，1774年下半年，王室开始任命所谓的“王命议员”。马萨诸塞爆发了许多针对这些新任官员的示威活动，委员会对这些示威进行幕后操纵。在许多地方，民众迫使他们拒绝接受任命或辞去职务。一位获任的官员就曾被自己的朋友警告，不要回家，因为敌人们正“渴望着你的鲜血”。出于对王室任命的官员的恐惧，人们开始进行有组织的抗议，而这最终伤害到了像马萨诸塞布里奇沃特的杰西·邓巴这样的普通人。邓巴的罪行是从马什菲尔德的一名王命议员那里购买了牲畜。邓巴刚刚把一头牛屠宰好，剥好皮准备出售，就受到了与“自由之子”联合在一起的叛乱分子的袭击。他们抓着牛的尸体，逼着邓巴爬进剖开的牛腹。当地成群的暴徒用马车拉着他狂奔数英里，甚至要求他一次次地重复这个过程。到达达克斯伯里之后，那些折磨者用牛的内脏擦他的脸，还不停抽打他。等到他们最终饶过邓巴时，他已经满脸是血，陷入深深的惊恐和耻辱之中。[18]

像邓巴这样的殖民地平民，仅仅因为与王室任命的官员做生意就遭此迫害，显然，人们对待保皇派时采取的暴力正在升级。据一位保皇派称，康涅狄格东哈德姆的阿布纳·碧比医生就曾经历过一次更为恶劣的涂柏油和粘羽毛。碧比医生曾抱怨过暴徒虐待他的叔叔，还表达过自己亲英的观点；在这之后的一个夜晚，他也遭到了暴民的袭击。他们把这个既是医生又是磨坊老板的男人涂上柏油，粘上羽毛，然后把他带到一个猪圈前面，在那里，他们把粪便揉进他的眼睛，塞进他的喉咙，还拉来很多女人围观。暴徒袭击了碧比的房子，捣毁他的磨坊，让他的孩子“陷入困境”，并最终指示社区中断与他的所有联系。正如历史学家安·威辛顿所说，这种公开的惩罚仪式“首先把受害者定义为不正常的、道德败坏的，然后使他们显得荒谬、卑鄙，最终在社区内孤立他们”。爱国者们就是这样贬低、侮辱并异化着他们的保皇派邻居。[19]

革命时代的历史学家们总是强调，法外委员会高度重视解决当地社区内部的分歧，并且“尽可能地避免肢体暴力”。然而，即使许多委员会确实推动了和解与致歉，即使他们对于程序的正当与否至少表示过担忧，我们也需要认识到，一个团体的团结总是以排外为代价的，而且通常是通过暴力手段。尽管许多历史学家不断强调委员会行为上的克制，但他们也承认，团体的建立“当然不是一种出于真诚的活动”。如果只把虐待和暴力当作“不愉快的例外”，我们很可能就没办法正义地审视革命时期美洲殖民地的一系列事件。[20]

异化敌人，是爱国者们常用的手段，不久后，他们也将这样对付英国人和他们的德国盟军——那些“暴虐无情的大猩猩”；反过来，英国官员则谴责反叛军是“爬行动物”。在大陆联盟协议签订的几个月后，起初的言语争执演变为武装冲突，然后是全面战争，保皇派面临的结局可以预见：相当严峻。[21]

### 卑鄙的禽兽

1775 年 4 月，英国红衣军在列克星敦和康科德尝试收缴反叛军的武器，因此与民兵发生冲突。这些在马萨诸塞乡村发生的暴力冲突，将成为美国革命战争的第一场战役。不久之后，6 月的波士顿围城战期间，英国在邦克山战役中取得了一场胜利，但付出的代价极大。随着与英国的冲突升级，革命党人加强了对内部敌人的监视。恐怖加剧的一个明显指标，就是革命党人用来形容政治异见者的语言："非联盟者"变成了"该死的流氓"和"可怜的臭虫"，或者是"短命的秃鹫"和"卑鄙的禽兽"。革命党将保皇派定义为"头在英格兰，身体在美国，脖子应该被拉断的东西"，保皇派则把迫害他们的反叛者称为"横冲直撞又心狠手辣的怪物，呼出的气息含毒，可以和路因碱混合引起爆炸，不仅是伤害几个人，而是会危及整个帝国"。相互攻讦的言辞在暴力冲突中起了很大作用，正是这些言辞促使美洲殖民地人民在手足同胞之间自相残杀。[22]

列克星敦的消息使整个殖民地的爱国者变得愈加放肆。在马萨诸塞的塞勒姆，一位 60 岁的保皇派商人塞缪尔·柯温发现他的邻居们都在搬家，他自己也意识到家园已非久留之地。1775 年 5 月，柯温"再也无法忍耐那些他本不该遭受的责备和威胁，以及随之而来的时时刻刻的自我谴责"，于是前往宾夕法尼亚寻求庇护。在当时，保皇派呼声最高的地方就在费城，在特拉华和萨斯奎汉纳河周边县城的商人和农民们中间。但是，即使只是在费城找一间房子住，对于柯温来说也非常困难："因为担心我像该隐那样，脸上带着令人沮丧的标记，或是明显的保皇派特征，所以几乎没有住处肯冒风险收留我。"费城的"完全美国化"使柯温受到了打击，他准备逃往英格兰。接下来的一个夏天，他祝贺一位被流放到安提瓜岛的朋友："你成功地从一片压迫和暴政的土地上撤退了。"不久之后，逃亡、流放和离散成了保皇派的主题，这反映出受爱国者迫害的难民们在英军占领区的经历。[23]

同样在列克星敦和康科德的战事发生之后，纽约城的"自由之子"从市政厅偷走了 500 支火枪和各种火药。约翰·韦瑟赫德是纽约城一名出生在英国的富有进口商，他觉得马萨诸塞的警报"使人们的暴力程度较以往迅速地增长了 10 倍不止”，暴徒抓捕并殴打所有拒绝诅咒国王的人。韦瑟赫德自己后来也受到了攻击，于是他把家人带到长岛，侥幸摆脱了暴徒的叫喊声：“他该死，抓住他，把他淹死！”在更远的南方，弗吉尼亚的达切斯县，一位民事诉讼法庭的法官把一个没收当地保皇派武装的委员会成员送进了监狱。人民于是决定把正义掌握在自己的手中。当地人先解救了囚犯，然后给法官涂柏油和粘羽毛。很快，这场与英国之间的矛盾，看起来似乎已经从一场政治争端转变为军事冲突，全美的爱国者都开始加紧迫害他们不可靠的邻居。受影响最大的，就是那些持有不同意见又具有公众影响力的人物。[24]

1775 年春天，一群新泽西新不伦瑞克人将纽约一位出版商的肖像吊在了一棵树上。这位出版商就是詹姆斯·里文顿，他随后在自己的报纸《里文顿纽约公报》4 月 20 日的一期中，用木版画阐释了这次事件。看到自己的肖像“仅仅因为忠于自由出版人这一职业”被吊死，里文顿将他对新闻出版自由的承诺，与敌人妄图“建立一种最为残酷的暴政”的目的进行了对比。里文顿本是大英帝国声势显赫的出版商后裔，因为赌博而倾家荡产，随后又在美洲殖民地重新起家，于 1773 年创立《里文顿纽约公报》。他最初对于自己不偏不倚的出版策略极为自负，并在报刊首页上写道：“印于一家开放公正的出版社。”里文顿指责爱国者“要把每一个敢在这场战争中自由表达想法的人的脑子都打爆”。尽管里文顿仍在印刷两党的材料，并且将他表面上公平的出版策略与自己的双重身份联系起来：“生而为英国人……选择成为美国人”，《里文顿纽约公报》还是广泛被视为一份保皇派报纸。每期约 3 600 份印刷品（对于当时的报纸来说是一个不小的数字了）发行于大西洋沿岸所有殖民地，大部分西印度群岛，以及英国、爱尔兰甚至法国的主要城市。在 1775 年 4 月，里文顿被任命为王室出版商后，爱国者更直接地谴责他是“一个最可怜、最邪恶的雇佣者、煽动者”。后来，覆盖至南卡罗来纳的所有爱国者委员会，均下令抵制里文顿的出版物。一些社区甚至搜查邮包，以防报纸到达城镇。其他地方，凡是读过这份报纸的人都被言语甚至是肢体警告下不为例。[25]

随着爱国者越来越激进地监视着保皇派，新闻出版自由受到了越来越大的压力。《新罕布什尔公报》刊登的一篇文章抨击了恐怖和镇压的气氛，当出版社拒绝给出这位匿名作者的名字时，革命当局立即将其关闭。其他地方的出版社则受到欺压，只得撤回有争议的文章。很多情况下，爱国者抓住并摧毁了所有他们认为危险的小册子的出版方。除了焚书之外，抓住某些小册子的出版者还有现金奖励。在这种不断升级的暴力事件中，保皇派发现他们越来越难以发出自己的声音。[26]

继里文顿的办公室遭到反复骚扰之后，1775 年 11 月，激进的纽约爱国者埃萨克·西尔斯率领一支约 80 人的武装小队袭击了他的出版社，队伍中包括“自由之子”和来自康涅狄格的志愿者。他们摧毁了里文顿的房屋，还带走了他的印刷设备。里文顿没有受伤，幸免于难，逃上一艘英国军舰，得到了庇护；他还讽刺地为自己违反不出口协定而请求豁免权。这种封杀具有争议性的出版社的举措一直持续到战争年代。[27]

正如爱国者们密切地关注保皇派小册子发行人和像里文顿这样的出版商一样，他们现在也将注意力放在身边的英国圣公会牧师身上。可以肯定的是，无论神职人员还是信徒，并不是所有的英国圣公会成员都是保皇派，但其中有一些人对于殖民地抵抗的反对意见直言不讳，一些最有影响力的保皇派小册子的发行人也是神职人员，布道坛为他们提供了一个有力的平台。作为美洲殖民地事业的一大威胁，这些反革命分子需要被监视，必要时则应直接被叫停。直到 1775 年夏天，反叛者依然经常性地威胁保皇派圣公会神职人员。

康涅狄格斯坦福的埃比尼泽·迪布尔牧师，因“害怕无法无天的暴徒和无政府的武装”，而处于“夜以继日的恐惧”中。在一次去葬礼的路上，他“遭到了伏击，差点死掉”。迪布尔的家人在爱国者士兵驻扎期间不胜其扰；他哀叹道，他的女儿因为恐惧而“完全疯掉了”。理查德·曼斯菲尔德牧师来自康涅狄格的另外两个城镇德比和牛津，他对大陆会议发表了不敬的言论。和许多神职人员一样，“他如果不是直接被干掉，最好赶紧奔赴流放地，以逃避暴力和监禁”。曼斯菲尔德把自己的13个孩子留给了仍然绝对忠诚的会众照顾。牛顿和东雷丁的约翰·比奇牧师拒绝了叛军对他提出的不再为国王祷告或者关闭教堂的要求——“除非割掉他的舌头”。因此一群爱国者在一次教会活动中将他逮捕，并威胁要切除他那个宣传反革命的器官。比奇从他自己的教堂被当众拖拽出来，爱国者允许他跪下并做出最后的祷告。最后，他的折磨者还是放过了他——虽然没有身体伤痕，他无疑陷入了极度恐惧之中。[28]

爱国者们砸碎了圣公会教堂的窗户。他们清除了礼拜堂的内部装饰，并将成瓶的朗姆酒倒入圣坛。牧师们从讲道坛上被拖走，或者在布道时被扔东西，甚至被枪击。一些暴徒对牧师涂柏油、粘羽毛，用一个“浸满粪便的拖把”在他们身上画上十字架，以表明他们“忠于一位设计把所有美国的好人都钉在十字架上的国王”。许多神职人员最终被放逐，财产被没收，或被监禁数月甚至数年。到1776年，几名神职人员因在爱国者手中受到虐待或监禁条件恶劣而死亡。除了圣公会的牧师，还有南卡罗来纳查尔斯顿的一位持异议的牧师约翰·罗伯茨。在他被涂上柏油和粘上羽毛之后，一个叛乱暴民将他送上绞刑架，随后用篝火点燃了他的尸体。这种刑罚通常是为异教徒和女巫，以及在美洲殖民地的奴隶准备的。[29]

不仅出版商和牧师持续忍受着系统性的审查、心理压力以及经常性的人身攻击，革命委员会还在越来越多地利用效忠宣誓来驱赶殖民地中的普通异见分子。从1775年中期起，拒绝宣誓的个人不仅冒着被排斥的风险，而且还会遭到逮捕、监禁、财产没收和流放。与之前的要求一样，毫无疑问，无数男性许下了效忠爱国者的誓言，这的确是一种很便捷的自保策略，以此避免拘留、逃过惩罚或得以在农场悄然安度余生。然而，不久以后，口头承诺已不足以帮助革命党人为全面战争做准备。为了证明自己的忠诚，现在每个男人都必须与民兵一起训练，并做好举起武器捍卫美洲殖民地事业的准备。到 1775 年秋，爱国者清除了旧的殖民武装之后，从新英格兰到北卡罗来纳的委员会命令每个能够搬运武器的白人集结时都必须全副武装，并选择他们的军官。在马萨诸塞，与英国的战争已经产生了首批军事伤亡，省议会指示地方委员会解除所有不可靠的人的武装。起初完全自愿的民兵制变成了强制行为，如果拒绝，将会被课以罚款，或遭受惩罚。[30]

随着爱国者的军事化，保皇派也在进行军事化，从康涅狄格、马萨诸塞到南部诸殖民地，到处都形成了对立关系。当爱国者自 1775 年 4 月起在纽约维斯切斯特县开始进行动员时，400 名保皇派也举行了集会，其中一些人成立了一个协会来捍卫帝国秩序和他们自己的生命、自由和财产。爱国者的活动加强了，保皇派成员则相对地成立了秘密军事部队。但在其他地方，爱国者联盟完全压制了保皇派：同年 4 月，约 2 500 名马萨诸塞爱国者士兵将 300 名保皇派缴了械——这些保皇派一直与弗里敦保持联系，并仍在试图保证“所有社区服从国王权威”。[31]

在一次极其残酷的革命暴力事件中，一位来自南卡罗来纳的贫瘠之地——新里士满镇的种植园主托马斯·布朗险些被杀害。他刚从英格兰来到这里，拒绝支持爱国者联盟，而且加入了保皇派反联盟的准军事组织。然而当他遭受爱国者的迫害时，却没有一个保皇派站出来救他。1775 年 8 月的某一天，约 130 名反叛者在他家中抓住了他，把他打倒在地，还用步枪的枪托不断击打他的头骨，把他“像小牛一样横放在马背上”带走，在他神志不清时将他绑在一棵树上，给他的双腿涂上柏油，点燃了他的双脚，以致他失去了两只脚趾，还烫伤了一部分皮肤。人们用马车把布朗带到各个地方，迫使他向联盟做出保证，直到他们最终把他扔在佐治亚的边界——在佐治亚殖民地，保皇派可能占据多数。[32]

布朗从折磨中幸存下来。他背叛了自己本就违心的爱国者誓言，创立了效忠国王的游骑兵，在战争的大部分时间里作为武装保皇分子的领导者进行战斗。但像布朗原先所在的保皇派反联盟这样的组织，其实根本上处于劣势。因为，虽然保皇派的人数相当可观，但他们在整个殖民地和地区间分布不均，这就使得他们难有作为，而这一情况又因其人口多样性而加剧。由于没有跨殖民地的领导来协调他们，保皇派尤其容易受到爱国者的暴力胁迫。实际上，到 1775 年秋，爱国者军队已开始迫使康涅狄格和纽约的保皇派反联盟走向瓦解。[33]

随着保皇派反联盟的崩溃，爱国者安全委员会和民兵组织改良了他们欺压和恐吓国内敌人的方法。珍妮特·肖在她的日记中描述了这些细节。肖是一名约 40 岁的苏格兰妇女，她于 1775 年访问了肖氏庄园，也就是她的保皇派哥哥在北卡罗来纳威尔明顿附近的种植园。像她哥哥这样的保皇派面临一个困境，她写道：“另一条路已经摆在了你的面前：加入我们，这样你的人员和财产就都是安全的；你每天还能拿到一个先令；而你的职责，仅仅是每月在威尔明顿的军队露一次脸。但是，如果你拒绝，我们会直接砍光你的玉米，射杀你的猪，烧掉你的房子，抓住你的黑人奴隶，你自己则可能会被涂柏油和粘羽毛。”应大陆会议和州议会的要求，民兵组织当时尤其要逮捕激进的保皇派，特别是在军事敏感地区。在英格兰被视为武装公民的群体，在美洲殖民地已经成为一股革命的警察力量，如果有必要的话，这些人会利用暴力来控制住一切公开的反对意见。[34]

珍妮特·肖基本上担任了一个观察员的角色。最初，大多数女性还与革命热情相隔绝。她们不受效忠宣誓或其他迫害，因为反叛军认为妇女是非政治性的。但不久以后，爱国者就意识到，许多女性实际上很有思想，对于自己的政治权利也表现得相当活跃。毕竟，革命期间女性的同情扮演着越来越重要的角色。她们对执行消费者抵制行动至关重要，并且很快就开始通过向士兵提供衣物、食物、护理和清洁来支持军队，实际上还充当了快递员和间谍。与之相对，随着与英国的冲突升级，革

目前没有证据表明美国革命时期有女性经历了涂柏油和粘羽毛，但显然人们曾有过这样的想法。在上面这幅刊载于伦敦的匿名画作《用于涂柏油和粘羽毛的汉考克仓库》中，这些女人被指控非法进口茶叶，图左的女人被浸入柏油桶中，图正中的女人则被脱光衣服塞进一个袋子里，图右的女人已经全裸，她在尽力挡住自己的私密部位并且羞愧地把脸埋进手心。这张图片中对待女性的方式，足以使文明人感到震惊，并可以据此考量当时社会的文明标准。

*Hancock's Warehouse for Taring & Feathering* (London, [1778]). Etching, 15 x 10.2 cm. Courtesy of the John Carter Brown Library at Brown University.

命委员会开始审问有政治嫌疑的妇女，并且也命令她们宣誓。有时候，爱国者挟持或软禁妇女，以此勒索她们的保皇派丈夫改变政治阵营。后来，那些逃离迫害的保皇派这样描述爱国者：后者不仅没收了他们遗留的资产，还把他们的妻子和孩子脱到只剩背上的一点布料，扔在街上。[35]

### 忠诚者之墓

爱国者除了暴力驱逐保皇派人士之外，还囚禁革命的反对者。从反叛者的魔爪中逃脱的幸存者们，讲述了他们在前往各种监狱途中遭受的虐待。他们被迫背负着重铁游行数十英里，路上还被警卫无情殴打，在城镇街道上游行："用我们的惨状来警示保皇派或其他英格兰的残留分子，提醒他们可能的下场。"有些人直接或间接地死于这种游行。其他人则忍受了数月的欺凌，甚至遭受了拘捕者的各种折磨。他们被囚禁在肮脏、酷热或苦寒的监狱中，许多人染上高烧、伤寒和其他疾病。[36]

一位病弱的囚犯描述了纽约金斯顿的一所监狱的状况：一间面积为14 英尺见方的房间，里面有一张很小的稻草席供囚犯睡觉。房间的一面被他讽刺地评论为"优雅之家必需的一半"，也就是厕所。另一面没有任何隔断，而且同时给相邻的其他 9 个囚犯一起使用。医学专家认为，过度拥挤会导致监狱成员集体发烧。他们说，即使拥有"最不人道的灵感"的人，也不会这样安排。省议会坐落在监狱正上方的法院里，允许成员吸烟，以此抵消从下方监狱散发出的具有威胁性的"令人恶心和不快的垃圾气味"。保皇派俘虏与外部世界完全隔绝，除偶尔到访的医生外不允许有任何访客，陪伴他们的只有虱子和跳蚤。[37]

确实，这一时期囚犯的生存条件往往极其恶劣，而且超常规的政治犯和战俘数量还给可用空间带来了额外压力。但即使艰苦如金斯顿监狱，与位于康涅狄格西姆斯伯雷的地下监狱相比，在恐怖程度上不免黯然失色。这座地下监狱设立于一个废弃的铜矿之中。王命议员之一的阿拜贾·威拉德上校曾被爱国者定为叛徒，于是一群人押着他朝着那个可怕的地方游行了几英里。只是想象一下那个监狱，就足以使威拉德屈服于爱国者的“怒火和暴力”，签署他们的誓词，并乞求他们的宽恕。英国报纸的读者也瞥见了那个据说“有无数保皇派被活埋”的地方。19 世纪初一个英国人来此访问，他记得这个恐怖的地方是“惊悚的象征”。[38]

对矿井监狱的详细描述已经很难找到了，但从残存的碎片中，我们可以隐约地体会到被监禁在那里时可能产生的感觉。1824 年，《纽约镜报》详细记录了一次革命时期的政治审判。一个名叫爱德华·亨廷顿的人被指责为保皇派领袖，他还始终坚称自己是“英国人”，因此，按“文明战争法”的要求，他应当被视为战俘。庭审现场，尽管法庭上的围观者不停地呼喊：“和那些叛徒一起——把他和保皇派一起关到矿里去！”亨廷顿依然拒绝承认法庭的权威，他声称：“我的父亲是一个英国人，一个忠诚的、爱国的英国人。”虽然他本人是在一个“外国殖民地”出生的，但他仍然坚持：“我永远不会忘记我是一个忠诚家族的后裔。”紧接着，他开始和法官比赛嗓门大小：法官要求亨廷顿承认法庭的权威。“服从！”亨廷顿反驳道，“哈！你自己就是一个反叛者，有什么资格要求别人服从？”法官安排警卫看押亨廷顿，以保护他免受愤怒人群的骚扰。最终，亨廷顿的罪名是领导了一支保皇派小分队。对他的判决如下：判罚他在 60 ~ 80 英尺的地下，在一个阴暗潮湿、幽闭恐怖的墓穴中度过余生。[39]

亨廷顿到达西姆斯伯雷监狱后，首先被带着通过警卫室，然后走进一扇地板门，进入到一个部分处于地下的空间：“在楼梯的尽头，另一扇更大的覆盖着铁棒和螺栓的地板门敞开着，他们称之为‘地狱之门’。”爬下一段 6 英尺高的梯子，亨廷顿走到了一扇“大铁门前，也可以说是一个沉在岩石之海里的舱口，被一根直径约三英尺的杆子锁了起来”，而且一直通到“无底洞”。他下了另一个梯子，爬了约 38 英尺后到了一个

看守室和西姆斯伯雷矿井（现在被叫作纽盖特监狱），康涅狄格保皇派的监狱。西姆斯伯雷监狱原本是一座铜矿，矿口处的小木屋后来变成监狱看守们的坚固堡垒，挡在主要通道的一头，另一头则是阴暗无光、空气封闭、令人憎恶的洞穴，里面临时关押着当时的平民囚犯、政治犯和战俘。这幅示意图摘自一份英国的刊物，图中，地表上的部分连接着地道、平台和梯子等构成的一整套系统。

*A View of the Guard-House and Simsbury-Mines, now called Newgate–A Prison for the Confinement of Loyalists in Connecticut* (London, 1781). Etching, 15.2 x 12.1 cm. *The political magazine and parliamentary, naval, military, and literary journal* (London, Oct. 1781), 596–7. Library of Congress.

着陆点，然后又爬了30多英尺，黑暗吞噬了他，最终他到达了一个由甲板或木板制成的平台。[40]

除了最矮的囚犯外，其他人都无法在此直立，因为这个洞穴的天花板只有5英尺高。这个封闭的区域有25～30度向东倾斜，这一点为这段本就令人迷惑的经历增添了几分神秘色彩。进入洞穴约60英尺远处，空间非常狭窄，宽度从6英尺到20英尺不等，向东则又变得开阔，宽度80～100英尺。洞穴总长度不超过165英尺。不知道亨廷顿是否读过爱国者报纸上的文章，上面写道，这些“阴郁大厦里的地下公寓”是“最适合黑暗之子居住的地方”。“黑暗之子”就是指他这样的保皇派。[41]

在这里，亨廷顿不仅受到其他英裔美洲人的欢迎（他们的唯一罪行就是忠于帝国）；还受到了很多暴力罪犯的欢迎（他们因盗马、严重的入室抢劫、拦路抢劫、性侵犯以及谋杀服刑一年以上）；也有几个被军事法庭判决的大陆士兵。华盛顿将军认为这些囚犯是“异常臭名昭著的残暴恶棍”，只有这所监狱可以遏制他们。据我们所知，保皇派囚犯中仅有少数人被判处一至两年有期徒刑，其他人，如亨廷顿，都被判处终生服刑。毫无疑问，许多人认为他们将在整个冲突期间被关押。[42]

不是所有的人都被要求一直深藏在地下的洞穴中。许多重罪犯都曾在白天被押送到地面强制劳动，主要是制作钉子。黎明时分，武装警卫一次把两三名囚犯带到矿井上方的建筑物里，那里有他们的工作台。他们的脚被拴在长椅上，有些人的脖子还被套上铁链，绑在梁上。目前尚不清楚保皇派的囚犯是否也经常被强制劳动，但是其中之一的亨廷顿提到，在早期的监禁期间，守卫一度曾为他减免苦役。后来的记载表明，至少有些所谓最危险的囚犯被永久关押在地下，并且他们确实被用“咬进肉里”的铁链绑在岩石上。[43]

在地表深处，亨廷顿可以找来一些干草或稻草躺在上面，但是这些远不足以使坚硬潮湿的岩石变得柔软。虽然设法从洞穴的墙壁上抓下了一块简陋的木制床板，但他后来发现，湿干草的环境分外适宜跳蚤的苗壮成长。一位英国的游客后来讲述了雨水是如何透过岩石的裂缝，最终渗入洞穴的：

通道里的潮湿蒸气大量地附着在阴沉地牢的腐烂木材上，苔藓和饱和松弛的霉菌聚集在两侧，水流沿着坚硬的墙壁滴落，还有脏绿色的铜锈，使本就死寂的洞穴变得更为阴森。[44]

监狱很快就被填满，同时要容纳数十至上百名囚犯。在这样一个狭小的空间里，空气流通非常有限，没有自然光，散不去的湿气，有限的洗澡机会，常常被用作厕所的公共浴缸，无疑为包括发烧、流感、呼吸系统疾病、痢疾和伤寒在内的许多疾病提供了良好的温床。有时候，囚犯们只好想方设法备上一盆燃烧的木炭，以此来清除有害的气体。

在西姆斯伯雷监狱，人们在心理上经受的挑战并不亚于肉体上的磨难。爱德华·亨廷顿写道，当他“坠入黑暗的深渊时，似乎所有的希望女神都离他远去”。他的精神状态体现了环境的沉闷，因为他的灵魂似乎“正屈服于绝望之神带来的消沉影响”。晦暗的洞穴吞噬了“落在不幸之人身上的微弱光芒，他们被囚禁在这里，浑身污秽不堪……几乎无法辨别他们还是不是人类”。这里的囚犯很可能患有眼球震颤，这种病会伴有不自觉的眼球运动，是长时间盯着暗淡光线造成的。声波在岩壁的环绕下回响，“赋予所有的话语一种无法复制的类似外星金属感的音色”。在这个“忠诚者之墓”里，保皇派牧师塞缪尔·彼得斯写道：“太阳之光同福音之光一样，被殉难者拒之门外，他们若能复活，将会使拉撒路复活的奇迹黯然失色。”[45]

只是地下监禁似乎还远远不够。和许多其他监狱一样，西姆斯伯雷监狱也有一个特别的牢房，用于单独监禁那些特别麻烦的囚犯。这个地方靠近通道的一端，大约 20 英尺见方，一片漆黑，四周都是光秃秃的岩石，中间有一块稍微凸起，上面有一个铁栓，用以锁住囚犯的单腿或双腿。无论是否在禁闭室里，对任何保皇派来说，违背自己的意志，与重罪犯和军事犯一同囚禁在地下深处，而且可能永远都不会被释放，这一定是一段非常可怕的经历。正如一位早期的历史学家所说的："犯人完全与现实世界隔绝，他们一致认为，这里和但丁笔下的'炼狱'如出一辙。"[46]

绝望的囚犯策划了冒险的越狱。一次，俘虏们偶然挖到了一个废弃的矿井，里面堆满了岩石和碎石。后来石头塌陷，至少有三人被埋在了瓦砾之下。他们到底有没有设法挖出一条出路，至今仍不清楚。还有一次，囚犯们秘密地清理了一条废弃的排水隧道。他们制造了一场火灾，希望能以此松动一些他们无法移动的大石头：至少有一人在烟雾中窒息而死。囚犯们还一再纵火，试图烧毁井道顶部的警卫室，从而得以大规模逃跑。他们不止一次地在逃离之前制服守卫并将他们锁住；有时候狱警还接受贿赂让囚犯们逃跑。[47]

矿井里的监狱于 1777 年春季暂时关闭（囚犯被转移到了 18 英里外的哈特福德监狱），于 1780 年重建，安保性得到加强。到了 1781 年，一名中尉和一名中士指挥 24 名装备精良的士兵入驻。我们的英国来访者得出结论说："监狱中的囚犯就像动物园里的老虎一样，人类技艺所能达到的程度，就是在这种情况下，激怒受害者，让他们兽性大发。"因此，难怪囚犯们养成了"凶猛的性情"，而这也正是狱警害怕的东西。这些囚犯中有多少人暴死狱中，又有多少人在囚禁之后留下了永久性的创伤，仍然不得而知。[48]

在美国第一次内战期间，心理折磨和肉体暴力在抑制异见方面发挥的作用比大家普遍认为的要大得多。爱国者经常大肆庆祝的开创性的革命基础设施——社区、地区和殖民地委员会，的确代表着政治动员的重大成就。但它们对于保皇派来说，却是压迫和恐惧的手段。[49]

在错误的时候说出大意的话，或者友好地端出一杯茶，很可能会导致放逐；委员会身边的异见者会被拖走，或被武装警察抓获；搜查小队可以随意入侵仓库、卧室，侵犯他们的隐私，而这时的美国人早已生活在信任缺失和自我审查并存的恐惧气氛中。无数个人受到了隐性或公开的威胁，有时在胁迫甚至是折磨下做出决定，他们被要求在自己的政治理想，和自己、家人、财产、生计的安全之间做出权衡。

大多数现代史学家都强调，美国革命并没有比许多其他的革命更暴力。但保皇派，作为受到威胁和虐待的一方，也许并不能从这种比较中得到安慰。有些人目睹了爱国者恐吓他们的邻居，也有人在报纸上看到或者从其他消息渠道听说了保皇派的朋友和家人遭受的迫害或死亡，这一比较也并不会减轻他们的痛苦。

我们永远无法量化当时在美洲的保皇派所忍受的暴力。但是，当人类想象自己或其他同类遭受的暴力行为的可能性和性质时，暴力程度在身体上的体现不亚于精神层面。即使只有少数保皇派直接遭受了虐待，这些美国革命时期的事件，也足够广泛和充分，使矢志不渝的保皇派、对当时的美洲殖民地事业有不友好嫌疑的个人以及各地犹豫不决的人感受到恐惧。它们令人恐惧的不可预测性，只会持续地增强潜在的危险感。革命党人就是这样依靠恐怖，依靠暴力行为和暴力威胁来打击异见的。

在波士顿国王街、列克星敦草原和邦克山留下的一系列伤痕，时刻提醒着爱国者们，与英国断绝关系是一个血腥的过程。然而，要想在国内建立一个新的爱国者社区，则必须从本就不支持的人开始对此进行美化——必要时采取暴力行动。这场以自由之名开始的革命，在大多数爱国者认真考虑独立之前，就已经开始迫害、殴打和折磨保皇派，还有一部分人被判处地下监禁。此外，美洲的这场反叛还为其国内的敌人准备了什么样的酷刑呢？所有忠诚于大英帝国的美洲人遭受了如此痛苦，国王和大英帝国又如何才能对他们加以拯救？

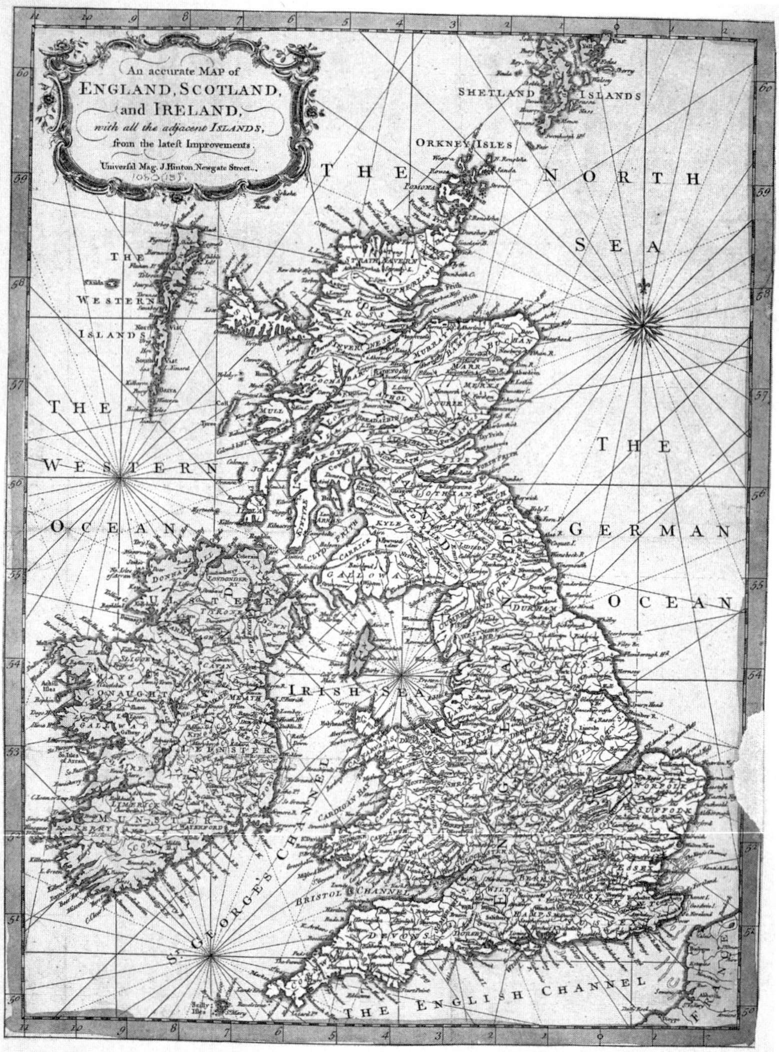


英格兰、苏格兰、爱尔兰及其附属岛屿等的精确地图。

*An accurate Map of England, Scotland and Ireland, with all the adjacent Islands, etc.* [London, 1761]. BL Maps 1080 (13). © The British Library Board.

Chapter 02

第二章

# 不列颠的困境

1774 年 1 月，海关官员约翰·马尔科姆在波士顿惨遭殴打。人们还往他身上泼柏油，并粘上羽毛。之后，他便卧床不起，在极度痛苦中挨过了两个月。等马尔科姆身体恢复一些后，他急忙与妻子萨拉和 5 个孩子告别，赶往英国。那时候他的皮肤仍未愈合，羽毛结在了痂上，浑身散发出腐烂的气息。同年冬天，马尔科姆在寄给英国政府和议员的请愿书里，随信附上了他脱落的片状皮肤，以如此荒诞的方式来证明他的忠诚。1775 年 1 月，在圣詹姆斯宫的一次招待会上，马尔科姆上演了一出闹剧，他要求乔治三世任命他为“独一无二的塔尔骑士”：“因为我喜欢焦油的味道，所以我愿被它覆盖。这样的称号将在北美给我带来巨大的殊荣，并在很大程度上补偿我遭受的损失和痛苦。”[1]

远隔重洋 3 000 英里，使得有关殖民地的消息滞后数个星期到达伦敦，英国平民阶层可能认为他们置身于殖民暴力之外。但早在马尔科姆抵达英国前，报纸就已经刊登了图文并茂的文章，生动的描述足以激发公众的想象。在帮助读者感受马尔科姆的伤痛、了解大西洋彼岸这一重大事件的过程中，伦敦媒体起到了助推作用。“任何一个人都可以坐在自家的火炉旁，家人环绕其侧，共同分享这不幸之人所承受的遭遇，”一位作家建议道，“让每个人设身处地，感受他人遭遇，进而让他们思考那群待人野蛮的波士顿恶棍该接受何等惩罚。”不幸的是，“如此残暴、野蛮的行为”在波士顿并不少见，毕竟波士顿是早期殖民地抗议的温床。[2]

1774年秋天，除了新闻报道，在伦敦出版的三种版画描绘了同年早期马尔科姆在波士顿悲惨经历的不同阶段。在版画《波士顿人给予收税官的是钱，还是焦油和羽毛》中，一个水手、一个商人、一个穿着牧师服装的男人以及另外两个人在一棵带有套索的“自由树”下强迫一位海关官员饮下汤药。而大背景中，以蒙太奇手法提供的视觉线索暗示观众英美冲突在过去10年间的演变：标有《印花税法案》的海报被倒置在树上，以此显示该法案于1766年被废除；装扮成美洲原住民的男人们正在向港口倾茶。卡林顿·鲍尔斯创作的《波士顿的新式纨绔子弟制造法》暗示了马尔科姆在被强制饮下茶汤之后，即将面临的绞刑。[3]

1774年年末，英国人越发觉得将马尔科姆的案子作为一个不幸的意外从人们的记忆中抹去很困难。因为马尔科姆作为大英帝国的低级官员，行为一向不甚检点，尤其是暴打男孩一事，激起了众怒。其实在那个时候，英国高层已经有可靠的证据表明，美洲人正在为全面战争做准备。马尔科姆声称自己是美洲第一个由于对仍处于酝酿阶段的叛乱采取反对立场而受到涂焦油、粘羽毛惩罚的人。在接下来的几个月里，随着殖民地危机不断升级，越来越多有关革命党的暴力事件开始在伦敦流传开来。对于那些希望在美洲坚持英国领导的人来说，叙述中相关受害人身份的问题让他们深感不安：不仅包括从事帝国有争议生意的海关官员或者他们在当地的线人，还包括了印刷工人、英国圣公会牧师，甚至越来越多来自英国的普通美洲民众。在谈到波士顿等一些城市的动荡局势时，国会议员主张采取更为严厉的措施，从而使殖民地居民回归理性。在那些城市，任何持不同政见者都有可能受到涂焦油、粘羽毛的惩罚，或者他们的房子会被乱涂乱画，涂满焦油，泼上排泄物。英国首相诺斯在下议

（左）《波士顿人给予收税官的是钱，还是焦油和羽毛》
作者：菲利普·达韦。
Philip Dawe, attr., *The Bostonians Paying the Excise-Man, or Tarring & Feathering* (London, Oct. 1774). Mezzotint, 35.6 x 24.1 cm. Library of Congress.
（右）《波士顿的新式纨绔子弟制造法》　作者：卡林顿·鲍尔斯。在18世纪中叶的英国，"macaroni"代表一类过分讲究举止、衣着和发型的纨绔子弟。
Carington Bowles, *A New Method of Macarony Making, as practised at Boston* (London, Oct. 1774). Mezzotint, 24.1 x 32.4 cm. Library of Congress.

院推出《波士顿港口法案》时，将马尔科姆描述为忍受了"比以往任何时候都要残忍的暴行"的人。[4]

到了1775年，英国领导人和消息灵通的群众都清楚，美洲的保皇派陷入了困境。他们怀疑（就像我们也会怀疑）各种关于殖民地的新闻来源，即官方电文、政府截获的情报、目击者的陈述以及英美媒体的报道并不总是值得信赖。但是，随着诸如约翰·马尔科姆等最新事件闯入英国人的视线，保皇派岌岌可危的处境很快就受到了来自帝国最高统治者的关注。1775年8月，乔治三世终于宣布美洲叛乱分子正处于公然反叛的阶段，他特别谴责叛乱者对于"我们忠诚臣民的压迫”。此外他还说，使保皇派免受“暴力洪流”的侵袭，是王室与生俱来的使命。[5]

若想要重塑英国在美洲的主导地位，保护忠诚的美洲人将成为一切战略的关键核心。英国国王和大臣们过分相信英国政府官员和早期流亡于伦敦的保皇派传来的简报。简报上显示的都是乐观的景象：绝大多数美洲人仍然忠于英国，并将采取行动，帮助入侵的英国士兵击败叛乱的少数分子。英国领导人有理由去关心美洲忠诚子民的安全和福祉。因为越来越多的证据表明爱国者们正在加紧他们的监视网。[6]

事实上，英国的政治阶层正迅速意识到殖民地的政治暴力正以新的形式和强度出现。伦敦的政客们已经注意到“在整块欧洲大陆，许多值得尊敬的人被迫放弃了他们的家园，以避免受到禁闭、没收财物或人身伤害”。流亡的保皇派们感到恐惧，他们目睹爱国者对国内敌人发起暴力行为，且发生频率越来越密集。打开美洲贸易伙伴的信件，英国商人读到了他们的不安，以及雷同的暴力故事。各阶层的英国人都能接触到美洲殖民地的保皇派，这些人在战争前夕自愿来到英国，现在对留守的家人倍感忧虑。20 岁的波士顿人玛丽·默里当时正在英国游览，她听说一些亲戚被剥夺财产，有些甚至被投进监狱，“某个邪恶暴徒发起的暴力行为”使得她的一个叔叔成为牺牲品。她努力与散布在马萨诸塞与佛罗里达各地的家人保持联系。[7]

对于那些无法通过个人渠道得到信息的人，英国报纸转载了美洲保皇派报刊上的文章以及致编辑的书信。在转载的报道中，我们可以发现反叛者们犯下了闻所未闻的残忍罪行。读者们浏览到大量帝国官员、牧师和普通保皇派受到伤害的报道——从毒杀他们的宠物到“通过各种酷刑，使他们公开转变信仰”的做法。南方有些殖民地早就开始公开处决一些保皇派。在其他一些传闻中，拒绝支持大陆联盟的个人将受到身体伤害、财产剥夺，甚至是活埋的威胁，虽然最后这一点有可能是虚构的。[8]

在马尔科姆的案例中，为帮助英国民众更好地想象紧张的政治气氛如何影响殖民地的各行各业，漫画也参与其中。《纽约爱国者理发师》于1775年2月在伦敦出版。漫画中的理发师在得知顾客身份为约翰·克罗泽上尉，英王陛下“俄罗斯女皇号”运输船的指挥官后，拒绝为其理发。在后面的墙上，悬挂着爱国英雄的肖像，其中包括英国前首相查塔姆伯爵威廉·皮特。肖像四周贴满了查塔姆的演讲稿和联盟章程。

1775年早期，诸如《威廉斯堡的抉择》等印刷品在伦敦流传开来。这样的印刷品显示，革命党运用威胁和恐怖来进行统治。在《威廉斯堡的抉择》中，一位来自弗吉尼亚的保皇派在胁迫之下，于威廉斯堡的国会大厦签署了一份文件。这份文件可能关于忏悔和致歉，也有可能是由威廉斯堡会议授权发布的一份忠诚宣言。一群自命不凡的人凶神恶煞地挥舞着棍子。在左侧，一个男人正被移至绞刑架，绞架上写着“治疗桀骜不驯之徒”，两侧还分别悬挂着一袋羽毛和一桶向外渗漏的焦油。绞刑架在背景中格外突出。这幅印刷品选取受人尊敬的英国政治家——弗吉尼亚新任皇家总督，即第四代波特多特男爵诺伯恩·伯克利，以及被称为老烟枪的伦敦激进市长约翰·威尔克斯的雕像作为原型。[9]

关注报纸的细心读者了解到，美洲殖民地的不同地区拥有各种各样独特的凌辱方式。在纽约，有这样一种常见手段：暴徒们用栅条抬着保皇派，游街示众。1775年年初，一家伦敦报社用图解生动形象地向读者描绘了栅条骑行到底意味着什么：

叛乱者将一个男人的双腿固定在横杆两侧，横杆上布满尖刺。之后，他们上下晃动横杆，那个男人也随之上下晃动，他那最柔软的下体受到极度的疼痛与折磨，他无法坚持下去，直至半死不活。我曾见过这个男人。他几乎不能行走；他的遭遇令人震惊，受到凌辱的下体异常骇人。他的妻子失声痛哭：即使他还能活下去，也只是个废物了。这种异常残酷的折磨、极其可憎的恶行，却被起义者奉为一种了不起的业绩。[10]

整个栅条骑行还包括一些其他羞辱手段：受害者可能被剥光衣服，

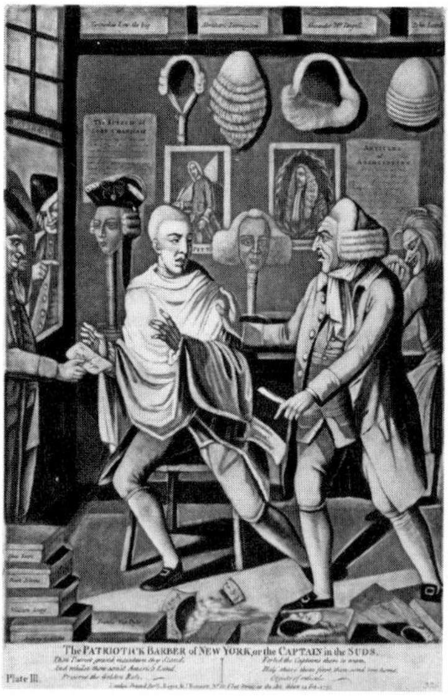

（左）《纽约爱国者理发师》 作者：菲利普·达韦。
Philip Dawe, *The Patriotick Barber of New York, or the Captain in the Suds* (London, 1775). Mezzotint, 35.3 x 25 cm. Library of Congress.
（右）《威廉斯堡的抉择》 作者：菲利普·达韦。
Philip Dawe, *The Alternative of Williams-Burg* (London, Feb. 1775). Mezzotint, 25.4 x 32.4 cm. Library of Congress.

被扔石头、鸡蛋或者垃圾，有时还要被迫吞下大剂量的茶汤。最后施暴者会释放大部分受害者，只是释放地点奇特：受害者时常被扔进河流或者港湾。与那些受到涂焦油和粘羽毛刑罚的受害人一样，在经历这些极具痛苦和创伤的屈辱之后，鲜有受害者再回到原来的社区继续生活。[11]

英国政府即将做出关乎政治战略的决策，这些决策影响深远，不久之后很有可能关乎战争，所以殖民统治者、私人公民以及印刷媒体虽然不是最佳情报来源，但也是很重要的。1775 年春天，政府下令秘密拦截来自纽约和查尔斯顿的所有私人信件。邮政总局雇佣了开封员、解密员、翻译人员和文案人员。这些人之前都经过训练，能够破开封条、快速抄写大量信件，并将重新密封的信件转寄给原来的收信人。英国档案馆中保存下来的这些拦截情报鲜为人知，这也传递出在殖民地逐渐扎根的怀疑与紧张的气氛。当政府通过暗中监视人民获取信息时，大西洋两岸的人民已经敏锐地意识到起义者也会开始截获信件。有些人采取了预防措施，例如不签署信件，雇佣私人信使去传递较敏感的信息，或要求通信者自我审查信件内容：“另，保险起见，请确保你写的内容无违碍之处。”等到 1775 年 9 月，负责协调拦截工作的主管人员认识到“写信人过于小心谨慎”。但是一名男子的未署名信件证明报刊上令人恐慌的新闻并非危言耸听，他直言不讳地在信中谈到席卷殖民地的暴力：“可怜的保皇派失去了权利，就像待捕的野兽，忧心忡忡，担心被猎杀。”[12]

伦敦方面，保皇派的英国人和美洲人生活在日益增长的胁迫之下。除非英美之间的紧张关系能迅速得到缓和，否则英国可能需要军事干预，从而保护一群（忠诚的）人民免遭另一群（反叛的）人民的暴力对待。因此英国的领导者面临着两难境地：他们需要镇压在已严重分裂的殖民地兴起的叛乱，但是镇压方式要能最大限度地提高殖民地在帝国主义保护之下重新融合的概率。

但是，选择开战，将会把英国暴力的等级推向风口浪尖——无论是在其领导人的审议，还是在关乎英美危机的广泛的公众辩论中。英国的政治决策者们能采取哪种暴力策略，执行到何种程度？广大民众能够容忍哪种战争方式？当冲突结束后，充满仇恨的英国人与美洲人群体，在日渐疏远后，要如何恢复和谐？任何战略在考虑赢得战争的前提下，也必须思考如何最佳地获取可持续的和平。

用英国军事历史学家迈克尔·霍华德爵士的话来说：“战争是一种高度社会性的活动，涉及两个或两个以上的社会团体。根据整体规划，团体之间相互使用武力……以达到某一政治目标的实现。”用于战争的武力是“暴力、有目的性、蓄意的和合法的”。到了 18 世纪末，欧洲的律师和官员分别从法律、政治和道德层面，对战争中武力使用的范围有了一致的理解。这些“战争守则”区分了合法以及非法的发动战争的方式，禁止对敌方战斗人员、俘虏和平民采取过度暴力及残忍暴行。因此，对投降的敌人进行宽大处理的要求，以及关于敌国囚犯待遇的规定都开始出现了。[13]

英国人是如何看待英美冲突的？他们觉得对敌人使用何种程度的暴力是正当的？他们所承认的战争守则在很大程度上取决于他们如何回答一个特定的问题：美洲人到底是谁？从宪法、文化、经济、意识形态和情感层面，美洲人的身份是一个非常复杂的问题。直到 18 世纪中叶，英国人视美洲殖民者为英国同胞，他们的“语言、宗教、礼仪和习俗都相同，起源于同一个民族，由血缘和亲属关系交织在一起”。大多数殖民者也认为自己是顶着“美洲人”称号生活的英国国民（“美洲人”这个称号在 18 世纪末流行起来），或者是作为殖民地居民，生活在大英帝国的北美地区。因为他们所共有的王国政府和流传下来的政治权利可以追溯到《大宪章》、英国习惯法和英国 17 世纪革命，所以他们觉得自己与英国紧密地联系着。繁荣的贸易巩固了这些纽带；而在精英阶层，这些纽带又被英国的儒雅风尚和消费文化所加固。从巴斯到波士顿，饮茶仪式和用来装饰客厅的陶器和银器是这种文化的缩影。[14]

与此同时，许多英国人逐渐注意到差异。作为一个边疆民族，殖民者似乎没有那么光鲜，教育程度较低，游历不广。不管是从不列颠群岛运送罪犯，从其他国家大规模移民，还是 25 万非洲奴隶的存在，都在削弱殖民地的英国化。在取得七年战争的全球胜利之后，英国宣扬一种更为排他的爱国主义。一位高级官员称，英国人“虽然视美洲人为英国国民，但美洲人仍旧是外国人”。历史学家斯蒂芬·康威写道：“现在的美洲人几乎不被认为是住在遥远地区、属于同一个国家的人，而更多地被认为是受到统治的另一群人。”这种高人一等的态度有助于英国人形成分裂思想，并支持对殖民地叛乱采取强硬态度，同时这也助长了相互对立的情绪。但是，无论他们强调相似还是差异，殖民者以及保皇派和英国人作为两个团体，分别直到1776年和1783年还承认美国革命是大英帝国的一场内战。[15]

因为触及了如此敏感的身份问题，美洲危机作为英国在18世纪遇到的最具分裂性的问题之一，这一点也就不足为奇了。仅在1775年，就有40 000多人在向国王递交的呈文中签字，并向议会提交反对或赞成在美洲使用武力的请愿书。此外，在呈送此类请愿书的县和区中，近半数一并提交了文件，支持或反对镇压叛乱。党派报纸扩大了这些分歧。非英国圣公会新教徒，以及城镇的店主和工匠，倾向于同情美洲的反叛者，并且他们同新教爱尔兰人一样，反对开战。但是，同大多数苏格兰人和英格兰北部各县的居民一样，大部分圣公会神职人员、律师、海关和税务官员，以及居住在城市内的其他专业人士和绅士，都赞成使用武力。[16]

美洲危机甚至分裂了英国军队。大部分受命在美洲服役的军官，其中还包括一些政府强硬政策的批评者，最终还是屈服了。面对艰难的抉择，对王室的忠诚似乎压倒了个人的政治偏好，至少在大部分贵族军官队伍中是如此。但是，在国王手下的一些军官，包括贵族后裔、职业军人以及政治改革者都认为，他们难以协调其作为军官和英国公民的两种职责。按比例计算，在美国独立战争伊始，辞职的军官人数是七年战争时的两倍。[17]

其中一位军官做出辞职的决定激起了巨大的波澜。埃芬汉伯爵志向远大，是一名来自军人家庭的职业军官。他在1775年4月接到其军团被调至美洲的命令后，立即辞职。埃芬汉强调自己对国王的耿耿忠心以及做出的巨大个人牺牲。另外他又解释道，他的良心不允许其拿起武器，去“对付美洲的同胞”。当他作为士兵和公民的职责发生冲突时，后者永远都会战胜前者。只有碰到一场对抗英国“真正敌人”（即英国的世敌——法国）的战争，两种职责才能再次得到和解。在个人角度，埃芬汉强烈感受到英国面对的战略与道德困境；他通过拒绝卷入帝国内战来解决这一难题。当埃芬汉的决定在英国大西洋世界中广为人知后，他立刻成为美洲爱国者的偶像，后者以他的名字命名武装船只。他还赢得了英国战争批评家的夸赞，他们在公开场合大肆宣传，感谢作为英国人的埃芬汉勇敢地采取富有原则的立场，拒绝“让双手沾满同胞的鲜血”。[18]

在分歧不断加深的背景下，处在伦敦核心圈子的决策者们面临着重大决策。一方面，强硬派主张使用极端的惩罚性武装镇压殖民叛乱，同英国（或其他欧洲大国）对早期叛乱的回应方式保持一致。另一方面，领导人提出和解，而非战争，或建议部署最低限度的武力迫使殖民者谈判解决问题。后者是出于政治上的权宜之计和人道主义精神，认为只有在军队考虑平民利益时，才能得到效忠者永久的支持，赢回受到蒙骗的反叛分子。[19]

对大英帝国来说，风险极其巨大。国王乔治三世关心王室的尊严，极其认真地对待他的皇家职责——保护在海外受到胁迫的忠诚国民。他还与其他英国领导人共同履行对议会主权原则的承诺。此外，还要考虑英国的国际地位和财富。这位君主和许多大臣都担心，丧失美洲不仅会给英国权益带来毁灭性的打击，而且可能会减弱英国对爱尔兰和英属西印度群岛的控制。最后，一旦领导人开始策划军事行动，大英帝国人道文明的声誉就会受到考验。如果英国人想要在欧洲保持他们存在的合法性，就需要奉行一贯的原则：节制与文明，即使——或者说尤其是在战争中。[20]

## 木已成舟

23 岁的乔治三世于 1760 年登上英国王位，统治前 10 年异常艰难，经历了政府的持续动荡。等到了美国革命前夕，乔治已经成长为一位经验丰富的政治家。这位国王头脑沉稳，有着强烈的皇家责任感和良好的职业道德，并受到明确的基督教道德指引。作为统治者，乔治对外交政策和军事事务非常感兴趣。他会密切关注美国战争的筹划和实施。在危机升级的早期阶段，乔治三世柔化了其大臣提出的一些较为极端的提议。但是，在叛乱分子于 1773 年波士顿倾茶事件中摧毁私有财产后，国王采取了更具惩罚性的处理方式。[21]

在个人层面，也许没有人比乔治更能强烈感受到存在于英国与殖民地之间不断扩大的裂口。在政界，我们经常听到这样一句话：国王是臣民、大英帝国和殖民地的父亲。他掌管着他们的福祉；作为孩子，他们也应以爱与服从回馈国王。早在 18 世纪 70 年代初，革命前的美国就表现出了对保皇派仪式和象征的高度重视。这一点在庆祝国王生日的时候得到了充分彰显。在这样的背景下，叛逆的殖民者在国王面前就像一群被宠坏的忘恩负义的孩子。反过来，革命者指责国王阻碍了他们的茁壮成长：对他们来说，仁慈的父亲正转向残酷和专制。[22]

乔治三世把国家看作是一个以他本人为首的大家庭。对他来说，这种想法远不只是一个政治隐喻。作为擅长国王心理分析的现代传记作家，斯特拉·蒂利亚德说：

> 对孩子和他的兄弟姐妹来说，只要能够保持尽职和忠诚，乔治就是他们慈爱且温柔的父亲。在乔治的内心，他为家族每个人都设计了一套他认为最适合其生活的方式。但如若他们想要以与他的设计相左的方式生活，乔治绝不会与他们谈判，更不会妥协。他对待美洲臣民的态度也是如此。作为他的孩子，他们就要和他真正的孩子一样，必须承认乔治作为父亲和国王的权力。如果道义不能使他们回归祖国，那么就必须采用武力。

就在国王的兄弟反抗乔治作为王室首领的权威时，美洲危机升级了。“因此，当身为家庭成员的美洲人拒绝他的慈爱和保护时，”蒂利亚德总结道，“这几乎让他崩溃。”同时，对于那些忠诚的保皇党，乔治的责任感变得更加强烈了。[23]

自 1770 年起，弗雷德里克·诺斯就作为首席大臣为国王服务，他

《乔治三世像》作者：本杰明·韦斯特。出生于宾夕法尼亚的本杰明·韦斯特是皇家艺术学院的创始成员，后来任院长。在整个美国独立战争期间，他与他的皇家赞助人保持着良好的专业和个人关系。战争进行到一半，很可能是在汉普顿宫的谒见室，韦斯特把国王描绘成一个穿着军服的军事指挥官，佩戴着嘉德勋位的勋章和腰带。皇冠、宝球和权杖放在左边的桌子上。远处的背景是海边的军事营地；皇家乔治号在向他鸣枪致敬。

Benjamin West, *George III* (1779). Oil on canvas, 255.3 x 182.9 cm. Royal Collection Trust © Her Majesty Queen Elizabeth II 2016.

是英国最有经验的政治家之一，被称为诺斯勋爵。诺斯比国王年长6岁，享有国王的信任与友谊。虽然诺斯明确知道需要维护议会主权原则，但他对以何种方式最好地实现这一目标却不太确定。许多旁观者认为，具有温和气质的诺斯在捍卫议会多数派的同时，也在坚持和妥协间寻找着平衡。不过，往好了说，反对者称他为优柔寡断；往坏了说，他就是缺乏原则和连贯的计划。他是一位高效、机智和惯于表演的演说家，在担任首相的头4年里发表了几百次议会演讲，还擅长管理下议院。诺斯能主动承认自己不适合当战时领导人，这在历史上实属罕见。[24]

就在首相还在抓紧最后一根和解稻草时，国王仍继续推进高压政策。"现在只能破釜沉舟，"乔治在1774年9月对诺斯说，"殖民地要么屈服于我们，要么取得独立。我也不愿采取更加严厉的措施，但我们不能后退。"1775年1月底，国王政府收到情报称，美国叛军正在进行武装，准备进攻波士顿，于是政府向英国驻北美总司令托马斯·盖奇中将发出了新指令。托马斯·盖奇于此前取代哈钦森担任马萨诸塞省总督，如今他身后有大量援军。如果马萨诸塞省议会再次召开会议，他将逮捕议会领导人。此外，他被授权使用必要的军事力量来镇压英联邦以及邻近的康涅狄格和罗得岛的叛乱。但实际上，盖奇的下属认为，他们的指挥官"嫁给了"一位来自新泽西的非常有门路的女人，并不适合此次结束叛乱的任务。2月份，大约在政府指派的法官裁定马萨诸塞省议会犯有叛国罪的同时，乔治三世亲自挑选了几名高级军官，令他们奔赴美洲驰援盖奇。这些官员也是议会议员，因此，他们对帝国应如何处理叛乱殖民地，持有各自的政治观点。[25]

乔治三世为盖奇将军挑选的副手威廉·豪将军，很快接任英国驻美总司令，这表明英国最高领导层在这一问题上举棋不定。豪的父亲豪子爵二世是爱尔兰贵族兼殖民地总督，母亲夏洛特拥有王室血统（私生子），豪是他们第三个儿子。父亲的贵族血统和母亲的王室血统相结合，赋予其后代特权，在生活中时刻先人一步。但历史学家大卫·哈克

巴斯的威廉·豪爵士，大英帝国驻美总司令。

*The Hon. Sir Willm. Howe Kt. of the Bath, Commander in Chief of all his Majesty's Forces in America, illustration in An impartial history of the war in America, between Great Britain and her colonies, from its commencement to the end of the year 1779* (London & Carlisle, 1780), i: 204. Engraving, 19 x 11.2 cm. Library of Congress.

特·费舍尔描述威廉的哥哥理查德，“他的机会来自特权，但他的成就是靠功绩赢得”——在后文我们很快将能读到理查德成为英国新任首席海军司令；而这句话也同样适用于威廉。两兄弟都长得很高，体格健壮，肤色黝黑，都以沉默寡言著称。这两人都拥有骄人的战绩，在七年战争中，表现英勇，战功赫赫。通过北美和加勒比的帝国战争，两人获得了前线作战的丰富经验。理查德一跃而上，成为海军最年轻的上将。由于他关心海员福祉，还获得了人道主义者的声誉。同时，无论是在设计船只和武器还是指挥和控制方面，理查德都是一个创新者。威廉开发了轻型步兵战术。这项战术针对北美地形设计，所以具有独特的价值。理查德专注于改革创新，而威廉主要负责改进训练和强化纪律。[26]

在七年战争中，理查德和威廉的长兄乔治·奥古斯塔斯·豪子爵三世，于 1758 年在泰孔德罗加战死。马萨诸塞议会准备为他修建一座纪念碑。理查德成为子爵四世，监督纪念碑于威斯敏斯特大教堂完工。在随后的几十年里，理查德和威廉对殖民地，特别是对马萨诸塞的人民始终保持热爱，以此纪念他们的兄弟。豪氏两兄弟分别于 1757 年和 1758 年进入议会。进入议会之后，他们对待美洲的立场异常矛盾。一方面，他们坚决支持议会的绝对主权和英国的帝国使命。同时，他们又反对通过强制法，即针对波士顿茶党的惩罚性立法，正是这一立法最终促使大陆联盟建立。他们实则倾向对殖民地采取和解措施。直到威廉被任命为美洲殖民地陆军副司令，理查德还在伦敦促成与本杰明·富兰克林的秘密会谈。1774 年的冬天，所有迹象都指向战争，兄弟俩再一次选择为国王服务。1774 年夏末，威廉（现为豪少将）在索尔兹伯里平原进行了高强度训练，并部署了几个轻步兵连。为乔治三世特别安排的军事演习无疑让豪的君主再次对豪印象深刻。[27]

像豪一样，乔治三世在 1775 年初选任的第二位少将在面对国王的任命时，心情也异常复杂。约翰·伯戈因于 1761 年首次进入议会（紧跟在豪之后），随后他反对废除《印花税法案》，支持《公告法》和《强制法

《约翰·伯戈因将军像》作者：乔舒亚·雷诺兹爵士。同时代的人经常讽刺高大英俊的伯戈因。伯戈因的身份多样，是军官，是政治家，也是剧作家。他在公共场合丝毫不掩饰自己对赌博、喝酒和女人的热爱。在这幅画中，伯戈因处于他早期职业生涯的顶峰时期，他穿着第16轻龙骑兵军团的制服。直到今天，他仍因于1777年在萨拉托加率领一支英国军队向美军投降而受到人们的纪念。

Sir Joshua Reynolds, *General John Burgoyne (circa 1766)*. Oil on canvas. 127 x 101.3 cm. Copyright The Frick Collection.

令》。在18世纪70年代初，伯戈因的这些做法都与乔治三世的想法如出一辙，即将美洲看成“因英国不合时宜的纵容以及‘宽厚和温柔’而宠坏的孩子”。不过，直到1775年，伯戈因仍倾向于通过谈判解决问题。[28]

但伯戈因也是一个雄心勃勃的人。作为一个天生的军人，他和豪家族一样，在七年战争中为自己赢得了声誉。1772年，伯戈因（像威廉·豪一样）晋升为少将，乔治三世将伯戈因统领的团提升为皇家部队，即王后的轻龙骑兵军团——这是天赐的荣誉。当政府要求伯戈因在美洲问题上服从命令时，他起初犹豫不决，但当被告知是国王亲自选中他时，他就动摇了。

在前往美洲之前，伯戈因做了一件其他高级指挥官谁都不敢做的事：利用自身军官和国会议员的双重身份，在下议院为英国对美洲的使命，进行辩护。伯戈因向议会和广大公众保证，他们不必担心英国驻美指挥官“可能会被支持暴力的煽动性言论或支持屈辱性让步的倡议所影响”。他将把“勇敢和同情”合二为一。是的，军队“不可避免地会成为惩罚的工具”，但他认为军队不应该肆意沉浸于“激情和复仇的一时冲动”。如果必须使用武力，那么如何证明它的正当性以及如何调节它的力度是至关重要的。然而最终，“当我们意识到自己是在与兄弟和其他国民斗争时，我们也必须同时记住，这场危机中的我们也是在为大英帝国的命运而斗争”。与对外战争不同，内战牵扯了整个国家，而不仅仅是领导人。在暗示美洲问题上不断加深的分歧后，伯戈因警告说，美洲的总司令不仅需要“一流的才能加上非凡的决心”，而且需要“来自国内坚定的支持”。[29]

也许威廉·豪应该像约翰·伯戈因那样在议会中为自己辩解。豪之前曾向诺丁汉选民保证，他永远不会参加反对美洲殖民者的战争。在豪接受任命不到一周的时间，诺丁汉的一个杂货店老板塞缪尔·柯克就告诉豪，自己对他很是失望：“你能给我最可信的借口就是：国王让我去，我能怎么办？”事实上豪的确以爱国义务作为辩解，但是反对豪的人远不止杂货店老板一人。一位匿名作家在显眼的警语中告诫道，豪家族的荣誉正受到威胁。如果英军打了败仗，豪将“在其兄弟誓死捍卫的战场上，屈辱地倒下”，之后“豪的名字在美洲将在叹息中被提及”。更有甚者，如果豪“用鲜血清洗美洲大陆”，那么他将因违反天性和人道，在来世赎罪。[30]

后来，副司令也因接受国王的委任在美洲服役而受到公开谴责。还有一些海军和军事官员冒着职业生涯的风险，卷入美洲问题。这一阶段政治上的断层明显加深。英国各党派可以求同存异、达成一致的是：兴起的冲突似乎是“反常的”。王室中的支持者主张采用国王的强制手段，认为这像是一场反常的叛乱；而在支持和平调解的拥护者看来，这是一场反常的内战。事实上，正如一位历史学家所言：“这是现代历史上第一次出现这样的情景：受教育群众对政府使用军事力量作为公共政策工具的行为，进行了广泛批评。”这一问题的分歧使英国决策者在美洲问题上陷入更深的两难处境。国王和他的一些顾问青睐采取强硬的平乱策略，但这些策略很难保证国内团结；反过来，国内冲突也会影响国外战争。[31]

## 嗜血的内战

1775年的春天，英国领导人和广大群众意识到，美洲叛乱分子不仅开始与英国军队交战，而且在交战过程中显然违反了文明战争的准则。直到5月底，英国人才首次了解到，4月19日在波士顿郊外的列克星敦和康科德，红衫军和美国叛军之间发生了小规模冲突。最终的结果众所周知：73名英国士兵和49名殖民地民兵丧生，数百人受伤。[32]

跟5年前波士顿惨案发生后一样，激烈的口水战将持续伴随接下来的每一起暴力事件。在列克星敦和康科德事件之后，美洲殖民地叛军四处散布各种关于英国对美国民兵和平民实施暴行的指控。鉴于英国部分报纸曾对早期未经核实的暴行进行了报道（斯坦福德《水星报》甚至声称发生了大屠杀），反叛者可以声称他们在论战和政治上都取得了成功。伦敦宪法协会为一些寡妇、孤儿和年迈的父母进行广告捐款，其口号是："我们亲爱的美洲同胞忠于英国人的品性，宁死也不愿当奴隶。正因为这样，国王的军队惨无人道地杀害了他们。"该广告语涉嫌诽谤——这也是战争期间英国唯一的一起诽谤罪。[33]

围绕这场冲突，首场争取民意的大战开始了。与此同时，英国首相诺斯领导下的英国政府开始加速全面战争的准备工作。1775 年 7 月初，海军部向驻扎在美洲的英国中队发出了新的指令。海军奉命与陆军合作，镇压叛乱，保护保皇派及其财产。对那些早就背叛英国王室及政府官员的城镇，英国军舰准备开始打击报复。同时海军被授权摧毁叛军的商船和军舰。叛军水手被皇家海军强征（即被迫入伍），并按要求征用其补给品。等到秋天，第一批美国沿海城镇将受到炮火洗礼。[34]

但早在英国指挥官接到海军部命令之前，6 月 17 日英国在波士顿邦克山付出极大代价才取得胜利的消息已经抵达伦敦。那是 7 月 25 日，议会休会。内阁成员从乡村赶往首都会面。豪将军在信中谈到自己看到这么多军官在邦克山牺牲，感到非常惊恐。部长们读到豪将军这段话，也十分震惊。事后算来，在整场战争中阵亡的英国军官中，确实有超过八分之一都死于邦克山战役，或者因当天受伤而最后牺牲了。虽然关于火枪内有毒子弹的谣言还没有得到证实，但美国人似乎确实用旧钉子和其他铁片作为火枪弹药，对准英国敌人的腿，以使他们致残。亨利 · 克林顿将军指出："如果这样的胜利再有几次，很快就会结束英国在美洲的统治。"另一位英国官员说："卢比孔现在已经被攻克，事态真的很严重。"[35]

夏末，大约 200 名邦克山幸存者在英格兰南部海岸登陆。这也是英国人首次在国内看到平叛的残酷现实。报纸对退伍军人的归来进行了报道："他们有的没有腿，有的失去了胳膊；他们的衣服像宽松的晨袍挂在身上，因疾病和缺乏应有的营养而异常消瘦。”退伍军人从军舰上走下来，每个人都散发着刺鼻的恶臭，这真是“令人震惊的景象”。根据一些旨在鼓舞士气的报道，那些受伤的英雄们都迫切希望“再次挥舞四肢，以对付他们心中的恶棍，即最不人道的敌人——美洲人”。[36]

在英国强硬派的眼中，列克星敦和邦克山发生的暴行强化了对殖民地军队的长期偏见。英国军官和军队认为，美洲叛乱分子正在用不公平且粗鲁的战术进行作战：以墙和篱笆作为掩护，瞄准并射击哨兵和军官，还包括假投降。任何文明国家都无法接受这样的行为。这些行为使这场战争无异于一场“不讲道义、臭名昭著的战争。一种不寻常的谋杀和残酷精神似乎驱使着他们的行动”。简而言之，英国人并不将殖民地士兵归为历史学家斯蒂芬·康威所说的“欧洲武装”。“欧洲武装”属于一类欧洲常备军，他们拥有相似的军衔、武器、战术、衣着以及对战争准则的承诺。如今，叛军让人难以接受，不仅因为他们处置美洲保皇派的方式，而且因其对红衫军使用的非法暴力手段。与此同时，革命派将所谓英国人的野蛮行为进行妖魔化，称之为“乔治国王肆意谋杀、抢掠的军队”。[37]

随着形势的日渐明朗，公开发表的唇枪舌剑以及截取的信件表明，大西洋两岸的普通公民对于这场反常的内战，已产生了“血海”等末日般的幻想。如果英国政府继续“实施报复，对殖民地进行炮弹和刀枪的洗礼”，美洲和大英帝国都将承受可怕的后果。然而，在列克星敦和邦克山战事之后，美洲记者们也开始强调另外一些东西，即英国的侵略似乎促成了一个联合体，包括从新英格兰到南卡罗来纳的大片地区。一位纽约人说道：“你在英属北美洲的任何一个角落，都可以听见这样的声音：除了团结一心的信念和勇往直前的斗志之外，我们无所依赖。现在时机到了，战争会决定我们最终是享受自由还是沦为奴隶。”[38]

英国派驻殖民地的总督和早期流亡的保皇派继续为伦敦政府提供有关美洲人极端忠诚的报道。但是政府自身秘密截获的情报却展示了关于殖民地实际情况的另外一幅画面。因此，内阁大臣们通知盖奇将军，如果要放弃对波士顿的统治，国王要求其“保护官员和政府支持者，不能让他们受到来自反叛者的暴力和侮辱。这群反叛者已经丧失底线，他们的暴行毫无节制”。1775 年秋天，英国领导人发布了一项公告，公告授权展开一场不同类型的战争，其暴力程度甚至超过欧洲国家间的武装冲突。这项公告进一步加剧了冲突。[39]



### 公然的叛乱

在美洲叛乱分子心里，他们是在合理地抵抗帝国暴政；而对他们的君主来说，这就是叛国。早在 1773 年年末发生波士顿茶党事件之后，英国的一些政客就已经呼吁要进行问责。英王室的一位贵族建议：“处以绞刑，绑在囚车上拖往刑场，将他们对半肢解。”大陆会议在 7 月份向乔治三世发出最后一次避免战争的和平请愿，而于 1775 年 8 月 23 日，乔治三世拒绝接受该请愿，并且枢密院发布了一份关于“镇压叛乱和暴动”的公告。公告里宣称，美洲人现在“处于一场公然的叛乱之中，……他们正在筹备和部署，准备叛国，并将发动对我们的战争”。当美洲叛乱分子得知国王拒绝接受他们忠诚的请愿书，反而宣布他们为叛军后，一群更为激进的人开始全身心地投入脱离大英帝国的任务之中。[40]

温和派仍然对英国人民发出呼吁。在向国王请愿的三天后，大陆会议还代表“美洲同胞”向大不列颠居民发表讲话。殖民者表达了他们对宪法和经济的不满，以及他们对于受专制政权奴役的恐惧，向他们的英国同胞诉说恳求。难道不是共同的祖先、政治自由传统，以及先前为保护帝国的战争中流下的血汗，将他们联系在一起吗？难道不存在这样的危险：“那些刺穿美洲兄弟们的士兵”下一次会将刺刀转向国内的同胞？恰恰是一年后，大陆会议将在为美国迈向独立辩解时，向英国人民发出相同的徒劳的呼吁。[41]

国王官方声明的含义非常明显，将叛乱的战士和俘虏同适用于英国与外国敌人的战争公约脱离开来。叛乱者将在法庭上受审，如果被判有罪，就会因叛国罪被处决。盖奇将军预料到国王的声明，在之后与新任命的美军总司令乔治·华盛顿将军的交谈中提及这部公约的内容：根据法律，被英国关押的敌人，不是战俘，而是叛军，因此必须绳之以法。[42]

在英国人的记忆中，关于叛乱最恰当的例子应属1745年詹姆斯党人[1]的叛乱。詹姆斯党人是被放逐的斯图亚特王朝的支持者。斯图亚特王朝在17世纪末从英格兰和苏格兰的王位上被赶了下来。在1745年镇压叛乱之后，英国军队逮捕了数千名詹姆斯党人，将其中数百人绳之以法：80～120人以叛徒的身份被绞死或斩首；一些人被绑在囚车上拖往刑场，受到对半肢解；还有一部分是在监狱和囚船中死去。对乔治二世的军队来说，高地詹姆斯党人不仅是叛军，也是野蛮人。这种成见使这场战争变得正当，其目的在于引发敌人的恐惧。战争守则惯例被中止，从而使暴力不受拘束：摧毁房屋、农场和牲畜的计划，旨在使叛军挨饿的粮食禁运，逮捕高地部族首领的赏金，以及对妇女和女孩的性侵犯。[43]

早在30年前，几位卷入18世纪70年代不断升级的美洲危机的英国领导人就协助镇压了这些詹姆斯党人。这些人中包括托马斯·盖奇将军和查尔斯·格雷将军，以及不久后成为英国新任美洲事务大臣的乔治·杰曼勋爵。曾直接参与英国王室处置叛乱的苏格兰人，在英国军队中所占比例高得惊人，其中包括大量革命期间在北美服役的军官。有无可能在北美效仿镇压1745年叛乱的战略模式？虽然结果可能也会很残酷，与种族灭绝不相上下。答案在一定程度上取决于目标是通过调解实现和

1　指支持斯图亚特王朝君主詹姆斯二世及其后裔夺回英国王位的一个政治、军事团体，多为天主教教徒组成。

平抑或是通过恐怖和破坏实现和解。美洲人不是高地人。他们与英国人在文化上更加相似，叛乱动机与詹姆斯党人也非常不同，并且他们的武装也更先进。尽管如此，一些在美洲服役的英国强硬派官员仍要求英国“对这些卑鄙的人施行表面上的人道待遇”。他们想要英国“通过使北美沦为荒芜之地或几乎消除存在的反叛种族，恢复对北美区域的统治”。最终，甚至像诺斯勋爵这样的调解人也坚持要镇压叛乱，就如英国王室几个世纪以来在苏格兰和爱尔兰所做的那样：“内战在这个国家并不新鲜。在1690年的叛乱中，爱尔兰人不是我们的同胞吗？在1715年和1745年的叛乱中，苏格兰人不是我们的同胞吗？有没有人把叛军是我们的同胞，作为这些叛乱不应该被镇压的理由？”[44]

1775年秋天，乔治三世不为所动，无情地平息叛乱。10月底，他在国会发表了一次决定性的演讲，阐述其强硬的立场。国王分析了美洲的情况，那儿的叛乱分子“正公开宣扬他们的起义、敌意和叛乱”。他们组建军队，征税，篡夺“立法权、行政权和司法权”。作为回应，君主表现出坚定不移的使命感：他将使殖民地回归臣服状态，并将把忠诚的美洲臣民从叛乱分子的暴力压迫中解救出来。乔治三世还在陆路和海上都增加了武装部队。同时他的特使正与其他国家磋商战争公约。在18世纪70年代，英国会雇佣外国军队作为辅助武力，帮助其海外作战。这种做法在镇压靠近本土的叛乱中由来已久。这其实是非常必要的，因为英国宪法不允许君主在和平时期维持一支庞大的军队。所以，为了在战争伊始就能迅速调动大量部队，君主需要将目光投向英国海岸线以外的地方。1775年，英军只能召集约36 000人，而其中8 000人在北美；等到战争结束时，人数已达100 000人。乔治三世的使节早在1774年冬天就与德国代表进行了秘密谈判，这表明王室早在列克星敦战役前就认真探索了如何使用军事力量。[45]

但是，乔治三世一边将国家置于战争边缘，另一边又向议会保证，他将以宽宏大量的方式，以军事行动作为辅助来对付叛乱分子。他们的

《乔治·杰曼勋爵像》 作者：约翰·雅各布。负责美洲殖民地的英国大臣乔治·杰曼勋爵是国王陛下的主要国务大臣之一，他身高6英尺，异常聪明，传达着皇家的命令与尊严。就像他的君主一样，杰曼也相信要用严厉的反叛乱来回应叛乱。

Johann Jacobé, *Lord George Germain, one of his Majesty's Principal Secretaries of State* (London, 1780). Mezzotint, after George Romney. The Colonial Williamsburg Foundation. Gift of Mr. James Lewis.

国王父亲将以“温柔和仁慈”接受所有悔改的殖民者。然而，反对派政客们却愤怒地回应：“作为英国人、基督徒和具有人性的人类”，他们反对“实行残酷的内战，因为内战绝对得不到正义的支持”。尽管出现了如此强烈的反对意见，政府仍以绝对多数支持国王的演说。[46]

乔治三世在国会发表激进演讲的两周后，也就是在 1775 年 11 月初，他策划了一次影响深远的内阁重组，以期将其转变为更强硬的政府。更重要的是，这位君主把乔治·杰曼勋爵提拔到了美洲事务大臣的关键位置。要知道，乔治·杰曼勋爵以对美洲叛乱分子的强硬立场而闻名。所以当乔治三世试图将和解派的达特茅斯伯爵撤职时，他选任早在列克星敦战役前就极力主张以“罗马式残酷”[1] 来镇压叛乱之人，也就不足为奇了。杰曼现在担任着最重要的内阁职务，负责指挥一场重大的英国战争。杰曼一出生就成为乔治·萨克维尔勋爵，是第一代多塞特公爵的第三个儿子。在 15 年前，他极其屈辱地见证了自己辉煌军事生涯的坍塌；而现在他又不可思议地东山再起了。[47]

“杰曼的正直值得尊敬，他的能力受到赞扬；但他却不懂得怎样赢得人心。”这是他的一位仰慕者所言。一开始，杰曼就让他的先辈感到骄傲。他曾在都柏林威斯敏斯特学院和三一学院工作，于爱尔兰经历了一些行政工作之后，在 1737 年参军。镇压詹姆斯党人叛乱期间，在奥地利王位继承之战中受伤的他在残酷镇压国内叛乱方面获得了第一手经验。1746 年卡洛登战役结束后，土著居民突袭了他的辎重列车，他下令手下士兵对下一个定居点进行报复：妇女在丈夫、父亲和儿子眼前被强奸。之后，杰曼又在已受重创的妇女面前，枪杀或刺伤了她们的亲人。尽管犯下如此暴行，杰曼的事业仍在蓬勃发展。10 年后，他与豪兄弟一道出色地参加了七年战争的揭幕战；到了 1757 年，他已晋升为中将并兼任皇

1 “罗马式残酷”（Roman Severity），四处攻城略地的罗马军团以残忍暴虐而著称，其酷刑包括割喉、剖腹、活剥、肢解等。

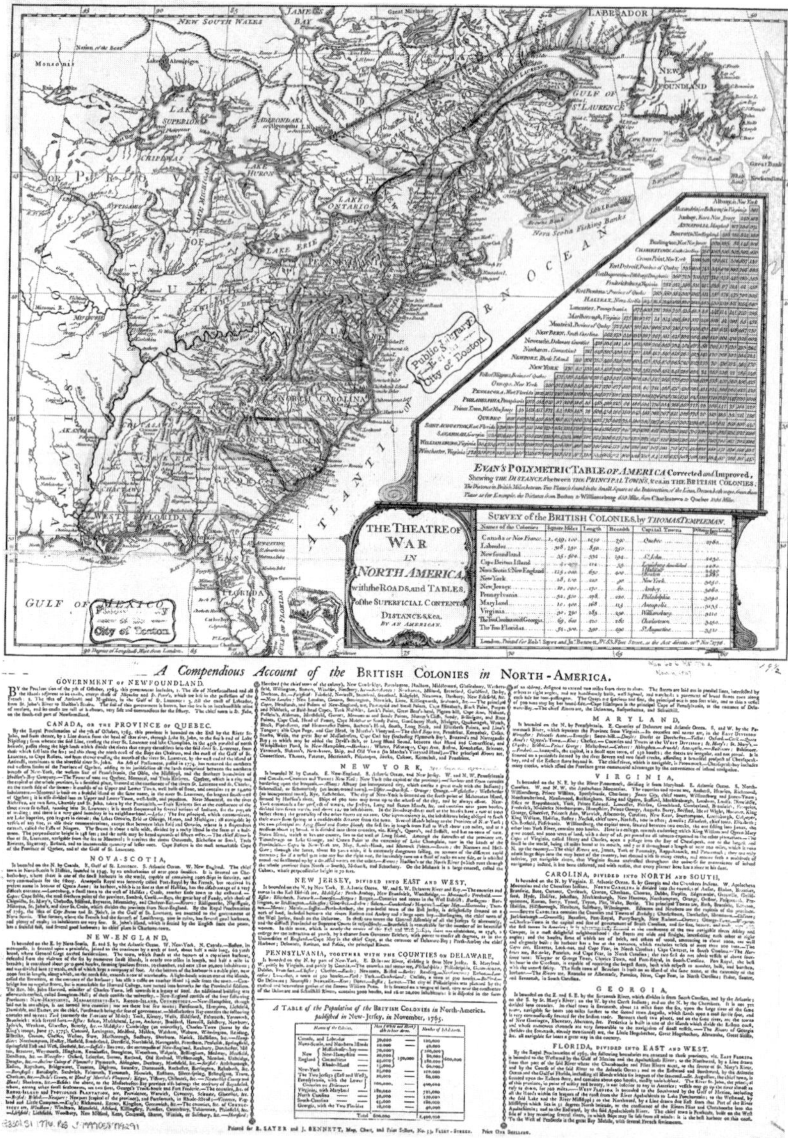


北美战区图　作者：罗伯特·塞耶和约翰·班尼特。图中标有路线并附有表格，大致介绍了战争的内容、进展以及其他一些信息。

Robert Sayer and John Bennett, *The Theatre of War in North America, with the Roads and Tables, of the Superficial Contents, Distances, &ca. By an American* (London, 1776). Copper Engraving, 42 x 50 cm. Map Reproduction Courtesy of the Norman B. Leventhal Map Center at the Boston Public Library.

后湾总管，并有望成为军队的下一任统帅。[48]

然而在1759年，在从北美到印度的战场上，英国战胜法国，取得全球意义上的胜利，杰曼却遭受了毁灭性的打击。在德国北部的明登战役中，杰曼被控不服从上级军官的命令。尽管他请求军事法庭澄清他的罪名，但最后的审判结果是驳回其申诉，这让他名誉扫地。法院宣布杰曼不再适合以任何军事身份为国王服务，并应乔治二世的个人要求，在枢密院议员名单上删除了他的名字。作为一名绅士，他受到了羞辱，但之后他顽强地在政坛东山再起。乔治三世在1760年登基，杰曼没用几年就再次进宫。不久，他就开始担任一些级别较低的行政职务，后来又恢复了枢密院的职务。在议会中，他塑造了一个坚定支持以强硬手段处理麻烦不断的殖民地的形象。到了1774年，杰曼的做法显然与他的君王高度一致。不久他被提升为国务大臣，担任此职直到1782年。这位主张残酷镇压詹姆斯二世党人的政坛老手坚持认为，必须果断镇压美洲的叛乱。以“柔性化作战”打击武装叛乱分子将“达不到预期的效果”。[49]

当政府最核心的圈子接纳杰曼时，逐渐升级、强化的侵略与暴力形式——帝国的压迫，殖民地的反抗，反保皇派的恐怖行动，第一次英美军事冲突，国王公开宣布叛乱，所有这些把各方推向了全面战争的边缘。随后的几年，对于镇压殖民地叛乱的形式和强度，英国在战略和伦理的两难中越陷越深，同时杰曼也在其中苦苦挣扎，勉为其难。战争中期，他协助策划，进而使得冲突急剧升级。但事实上早在1775年秋杰曼进入内阁之前，皇家海军就已开始让美洲人品尝到“罗马式残酷”了。

Chapter 03

第三章

# 卢比孔河[1]

1775 年 10 月 6 日，41 岁的上尉亨利·莫瓦特乘坐坎索号武装舰船驶出波士顿海港。莫瓦特指挥着一支小型皇家海军舰队，其中包括他自己的舰船，船上配备 8 门大炮；还有哈里法克斯号，一艘纵帆船，船上配备 6 门大炮；另有两艘武装运输船，运送大约 100 名士兵。他们的使命是负责惩处马萨诸塞、新罕布什尔及缅因的 9 个沿海城镇，炮轰他们的定居地，摧毁其港口船只。这些海港既是殖民地抵抗运动的温床，又是叛乱私掠者们的避难所。历时三个月，英属美洲舰艇部队指挥官、海军中将塞缪尔·格雷夫斯才收到海军部发出的严厉指令。该命令授权格雷夫斯警告沿海城镇，立即停止所有针对保皇派和英国官员的暴力行动。如若不从，格雷夫斯将采取最有效的方式，控告上述各城镇公开反叛英国。[1]

格雷夫斯老早就想惩罚一下这些沿海城镇了，他知道那是袭击他舰

1 意大利北部河流。公元前 49 年，恺撒在此与庞培决战，取得胜利。英文“渡过卢比孔河”意为破釜沉舟。

船的美洲私掠者们的老巢。随着局势越发紧张，格雷夫斯亲眼目睹“国王的子民有的惨遭杀害，有的沦为阶下囚，灯塔被毁，商业中断，各个城镇每天都在进行作战准备”。该是时候来给他们点颜色瞧瞧了。但是，派莫瓦特来执行海军部的命令将可能会造成过高的人力资源消耗，酿成重大的政治和道德后果。[2]

莫瓦特最初的目标是轰炸马萨诸塞的安角，得知轰炸效果不佳时，他转而将矛头对准了法尔茅斯（即现在缅因州的波特兰）。作为一个拥有2 000人的港口城市，法尔茅斯木材贸易发展繁荣，它那宽广幽深的港口使得舰船能够近距离地轰炸山坡上那些两层和三层的木质建筑。该城镇也爆发过激进的叛乱，时间可追溯到18世纪60年代中期，那时，当地居民烧毁官方文件，袭击海关官员，抵制东印度茶。1775年春，莫瓦特甚至遭到当地叛军的短暂俘虏。于莫瓦特而言，法尔茅斯之战不仅具备战略上的优势，还是一个绝佳的复仇机会。

10月16日下午，莫瓦特舰队停在海上，他委派自己的僚属向聚集在当地教堂的会众发表讲话。他们宣告，因居民们“犯了最不可宽恕的叛乱罪”，如今，国王的舰队将来此“执行公正的惩罚”。开始轰炸前，莫瓦特将会短暂停止行动，给当地居民留点时间撤离。人们明白了这种警告，于是，“会堂里充斥着一种可怕的恐慌感，每一个人都心生恐惧，每一张脸都变了颜色，片刻过后，一种深深的沉默便随即而来”。次日早上9点40分，皇家海军只用两艘小型舰船就造成了严重破坏，当时，仅有部分居民撤离了该城镇。[3]

“没有比这更美好的秋日了，”一位目击者回忆道，“万里无云，风和日丽，就连空气都充满了活力。”然而，就是在新英格兰这样一派田园般如诗如画的景色中，在城镇人口密集区，“炮弹、炸弹、实弹、霰弹还有那些小型武器的子弹如雨点般纷涌而下，一时间尸横遍野”。旁观者经历了那次可怕的极端轰炸：“倘若不是炮弹造成的肆意破坏随即而来，那没准儿将会是一件趣事呢。它们撞毁仓库、碾坏街道、砍断树枝、击沉渔船、烧毁民居。对于目击者而言，这些残忍的毁灭者就如同魔鬼一般，它们尖叫咆哮，载歌载舞，就像诸多恶魔，为自己制造的这场浩劫而欢欣鼓舞。”还没逃离镇子的难民们发现，硝烟弥漫，枪声四起，此情此景“吓坏了牛群，它们拉着满载财物的货车在路上奔跑，所有东西都碎了，街道上还散落了许多物品”。莫瓦特看到城南的建筑还没着火，便派登陆部队去烧毁码头和仓库。伴随着午后微风吹拂，火势不断蔓延。巴顿夫人的丈夫应征入伍加入了大陆军，“炮弹开始落在她家附近，旁边几幢建筑都着火了”。家里就只剩下她和小儿子了。他俩只拿了几件衣服，赶紧逃到一英里外，勇敢面对这无休止的困境。好几次，冒着烟的炸弹都落在了她身边。[4]

就在攻击进行得如火如荼时，一群爱国者民兵正悄悄溜进法尔茅斯，

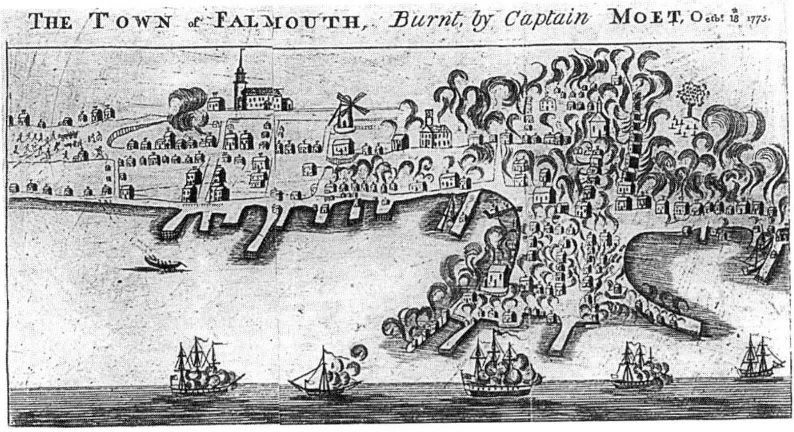


《1775年10月18日，莫瓦特上尉烧毁法尔茅斯》 作者：约翰·诺曼。1775年秋，皇家海军怀揣着一项惩罚性指令摧毁了现在波特兰（缅因州西南部港口城市）的大部分地区。作为战争早期历史的卷首插画，这幅虽十分粗糙但极为传神的版画得以出版。当时，美洲差一点就在这场冲突中取得了胜利。鸟瞰这场轰炸，它记录着英国早期战争的惨无人道。那场战争激起了大西洋两岸战争批评者们的愤怒之情。

John Norman, *The Town of Falmouth, Burnt by Captain Moet Octbr. 18th 1775* (Boston, 1782). Engraving, 13.3 x 28.6 cm. Library of Congress.

他们来自周边的不伦瑞克和斯卡伯勒。这些民兵嫉妒该城镇的商业财富，对其混杂的政治格局感到沮丧，因此掠夺了那些保皇派可疑分子的财产。尽管格雷夫斯已向海军部做出保证，他已命令莫瓦特前去“保护保皇派们的人身以及财产安全”，但是英国炮弹攻击时才不管谁是爱国者、谁是保皇派呢。[5]

在长达9小时的混乱中，3 000多枚炮弹击中了法尔茅斯，每11秒就会有一枚炮弹落下。轰炸摧毁了11艘舰船；此外，莫瓦特还在港口捕获了4艘舰船。次日，据坎索号攻击舰的日志记载，该城镇的大火仍在持续燃烧。一切都结束时，城镇里约四分之三的建筑物化作了灰烬，其中包括圣公会教堂、新法院、旧会馆、酿酒厂、大多数码头和几乎所有商店。寒冬来临，160多个家庭却无家可归。[6]

流言传来，一些大小相似的舰队正朝新英格兰海岸的各个城镇奔来。本杰明·富兰克林想着要保护自己的著作和报道，还建议远在费城的女儿一家赶快撤离。但是，皇家海军还没来得及摧毁更多城镇，英国愈演愈烈的暴力行为立即在美洲本土及英国国内遭到了强烈抵制。美洲爱国者谴责莫瓦特是个魔鬼。法尔茅斯宣布支持独立——之后历时整整9个月，独立才成为现实。早在10月19日，《新英格兰纪事报》就写道：“我们的敌人在放火烧毁法尔茅斯时所暴露出来的野蛮和残暴，证明英国下定决心要纵火、烧杀、摧毁、奴役整个美洲人民，让我们流落街头，沦为乞丐。因此，我们预计不久就会切断与英国的种种联系，组成一个美洲殖民地大共和国。”事关这种局部地区高强度攻击的消息迅速传开。当时，约翰·亚当斯在费城国会任职，他收到了许多来信，写信人将摧毁法尔茅斯解读成是一种宣战，或者说至少这一行为清晰地表露了“英国野蛮人”的恶毒意图。[7]

乔治·华盛顿将军对法尔茅斯事件很感兴趣。就在4个月前，大陆会议选举这位弗吉尼亚代表为美洲军队的总司令。华盛顿本人多次称自己从未人为地谋求过这项任命，选他当总司令倒不足为奇：殖民地人既没有他那样的军事经验，也没有他在军事领域凭才华与勇气而享有的盛名。鉴于叛乱早期新英格兰地区所受到的不均衡影响，他当选的一个主要原因是此时需要一个南方人来将这场美洲斗争推向全国。当然，华盛顿本人的性格及其个人价值观也至关重要。同辈人这样形容他：性情温和、认真严谨、威严高贵。约翰·亚当斯口中所谓的“伟大、富于男子气概、好战的美德”在华盛顿身上体现得淋漓尽致。未来《独立宣言》签署人本杰明·拉什医生说：“全欧洲所有的国王站在他的身边都像是随从一样。”[8]

大陆会议命令华盛顿“依据战争规则和战争纪律从各方面规范自身行为”。这会儿，华盛顿正在大陆军的坎布里奇总部听取关于法尔茅斯战况的报告，他谴责“这种暴行，这种在文明国家里所实施的超越野蛮与残忍的敌对行为”。要是其他公共通信和私人信件是一种迹象的话，那么这次袭击似乎更加坚定了叛军反叛的决心，给他们的斗争注入了一种新的紧迫感，同时还增添了一种政治色彩和精神力量。“敌人的暴行竟然使我们如此有效地团结在一起，这闻所未闻，”一个人这样写道，“我相信，如今朴次茅斯的大多数人都认为反抗英国暴政的行为是合乎情理的了，不赞成的不会超过 4 个人。”帝国的暴行非但没有使叛乱的殖民地人民屈服，反而似乎助长了叛乱的火焰。[9]

英国政府里那些直言不讳的评论家也深有同感。其中最有先见之明的一位便要数国会议员埃德蒙·伯克了，他智慧超群、言辞卓越，在下议院时有惊人之论。伯克生于爱尔兰，1775 年 3 月，他发表了一篇著名演讲，倡导与殖民地和解，还说明了在美洲实行的所有胁迫政策都必然失败的原因：一方面是因为殖民地人民是崇尚自由、信奉新教的英国人后裔，另一方面是因为他们与中央政府相隔甚远。但是，伯克所有令人信服的理由都未能减缓这一势头。到了秋天，伯克将自己的注意力转向了所谓的毁灭性战争所带来的危险上。毁灭性战争是指惩罚性袭击那些易受攻击的军事目标和平民，掠夺他们的财产，其目的则是迫使敌人屈

《乔治·华盛顿像》 作者：查尔斯·威尔逊·皮尔。作为大陆会议主席，约翰·汉考克委任画像中的华盛顿为总司令。该画像的创作者皮尔是其同辈中政治参与度最高的艺术家之一。1776年，他加入了宾夕法尼亚的民兵组织；次年参加普林斯顿战役。革命期间，皮尔曾在30个委员会里任职，既是费城那些财产遭到没收的保皇派的代理人，也是州立法机构的代表。玛莎·华盛顿请皮尔为其丈夫画一幅微型肖像时，他便以此为摹本。

Charles Willson Peale, *George Washington* (1776). Oil on canvas, 111.7 x 97.3 cm. Brooklyn Museum, Dick S. Ramsay Fund, 34.1178.

服。对于强硬派来说，这是镇压叛乱的必然选择。但是伯克质疑这种做法的合理性：即使在最好的情况下，“这场掠夺，或者说这场因苦难而引发的战争”也只可能会激怒对手，却无法诱使他们接受侵略者的统治。伯克坚持认为，这种战略只会更加坚定殖民地人民反抗的决心，拉长这场冲突而已。[10]

伯克和他的议员们还不知道，远在大西洋彼岸，毁灭性战争已然顺利展开。轰炸消息一经传出，国内外的反应都证明了伯克的分析才是正确的。英国国内持怀疑态度的报纸发出警告称：“对美洲人民所采取的这种胁迫和血腥的措施……只会结出毁灭和痛苦的苦果。”一位笔名为“老水手”的作者指责海军部部长桑威奇勋爵轻率下令纵火焚烧法尔茅斯，“玩弄人类的苦难”，认为他一直在等待冬天来临，这样一来，那些流离失所的“年迈的父母以及无助的孩童就会感受到那刺骨的严寒”。纵火焚烧法尔茅斯在美洲爱国者和英国调停者中引起了巨大轰动。法国是英国的劲敌，其外交部长和埃德蒙·伯克一样，要比英国其他领导者更有远见，他将法尔茅斯事件描述成“一个开明进步国家所做出的荒谬野蛮行为”。确实，法尔茅斯似乎成了英国公共关系的第一大灾难。[11]

海军炮轰过后，国王的很多子民都离开了法尔茅斯，前往英国、哈里法克斯或是波士顿。在次年春天，英国军队将撤离该城镇，届时，他们迫于无奈又得再次搬迁。法尔茅斯事件过后不久，海军上将格雷夫斯受控腐败无能而遭撤职。但他仍然坚持认为，对那些忘恩负义的叛乱分子仁慈只会引发他们“更多的暴力行为”，所以必须对那些家伙“严惩不贷”。与此同时，另一位帝国指挥官此刻正准备毁掉这个美洲殖民地的最大城市。在叛乱者看来，这一次英国不仅将暴力犯罪行为升级，还将逃跑的奴隶武装起来。英国的主动以及美洲的巧妙反应都将会改变此次冲突的发展动向：事实证明它是公众舆论的转折点，有助于增强爱国者的决心。[12]

## 唇枪舌剑

诺福克位于弗吉尼亚，是一个繁荣的沿海城镇，就在革命前夜，该城镇还有 6 000 多名居民。它既是跨大西洋贸易网的关键枢纽，也是当地的造船中心。许多诺福克的烟草商人虽然出生于苏格兰，却与当地的弗吉尼亚商人和烟草种植户有着密切联系。然而，1774 年大陆联盟成立以后，许多记录在案的违反政策者都是苏格兰人，他们瞄准时机公开宣称自己成了保皇派；而大多数弗吉尼亚本地人则屈从于叛军的新政权。[13]

约翰·默里是邓莫尔伯爵四世，也是弗吉尼亚总督。美洲危机期间，他和其他英国领导人一样，早有过叛乱经历：1745 年其父支持在劫难逃的詹姆斯二世党人起义，带着他这个小儿子一起并肩作战。凭借着约翰的叔父在乔治二世宫廷上的人脉关系，他父亲的判决才从死刑减为终身监禁。[14]

1775 年 4 月 20 日，英国北方部队在列克星敦和康科德后方再次驻兵，当时，邓莫尔正命令海军陆战队从威廉斯堡的弗吉尼亚政府军火库调用火药。那时，奴隶叛乱所带来的威胁令白人奴隶主们忧心忡忡；此外，眼见自身的防御能力日益削弱，他们又倍感脆弱。随着与当地叛军冲突加剧，邓莫尔也担心起自己的人身安全。他将家人送回苏格兰。到了 6 月，恰好赶在叛军掠夺其官邸前，他索性逃离他那宛如宫殿的豪宅，住进一个临时指挥所，该指挥所设在远离诺福克的一艘舰船上。[15]

10 月，邓莫尔的突袭部队在诺福克和安妮公主县缴获了叛军武器。现在，爱国者首领正公开商讨该如何抉择：是加强诺福克的防御力量，抵抗英国进攻呢，还是彻底摧毁该地，切断英国前往保皇派根据地、重要要塞及其贸易基地的通路？托马斯·杰斐逊建议选择后者："Delenda est Norfolk"——必须摧毁诺福克！这一口号改编自罗马元老院加图的名言。该建议不仅获得了一些当地安全委员会委员的赞同，而且也得到了弗吉尼亚最高军事指挥官威廉·伍德福德上校以及他那位年长的同事罗

《约翰·默里像》 作者：乔舒亚·雷诺兹爵士。约翰·默里是邓莫尔伯爵四世。从苏格兰高地到弗吉尼亚低洼海岸，邓莫尔家族都深深地卷入了大英帝国叛乱与镇压叛乱的历史旋涡中。此画出自卓越的肖像画家乔舒亚·雷诺兹爵士之手，画中的邓莫尔身穿帆布夹克和苏格兰短裙，正在风中昂首阔步。他的身后是一截树干，或许那象征着在他青年时期曾遭受破坏的苏格兰高地。之后，他掌管纽约和弗吉尼亚。为推动西部土地开放，他远征肖尼族印第安人；为支持英国镇压美国革命，他又解放了叛乱地区的奴隶。

Sir Joshua Reynolds, *John Murray, 4th Earl of Dunmore* (1765). Oil on canvas, 238.1 x 146.2 cm (framed: 269 x 176.3 cm). Scottish National Portrait Gallery, Edinburgh.

伯特·豪上校的认可，当时罗伯特·豪是大陆军北卡罗来纳第2团的指挥官。但是，弗吉尼亚革命组织的文职首领却一再拖延，迟迟不肯摧毁诺福克。与此同时，该城镇中那些来自不同政治派别的居民开始在周边地区寻求庇护。[16]

自春天以来，谣言四起，传说英国政府正考虑武装奴隶或煽动叛乱。奴隶们再三向波士顿的盖奇将军请愿，想要服兵役——相应地作为回报，就要还其自由。伯戈因将军向乔治三世提议，北美印第安人可有助于给南方奴隶输送武器。与此同时，国务大臣杰曼收到了一份提议，邓莫尔勋爵希望“提拔整个切萨皮克湾最勇敢、最机灵的黑人奴隶”，因为不像“西印度那些生在非洲的黑人……那些最低劣之人”，生在弗吉尼亚或马里兰的黑人都“充满智慧和勇气”。在南卡罗来纳，紧张不安的白人统治者精英下令杀害托马斯·杰里迈亚。他是一位自由的黑人渔民和舵手，因涉嫌意图帮助英国人而被判处绞刑和火刑。一个名叫乔治的黑人因宣扬“少年王”将“释放黑人”而被处死。对于南卡罗来纳长官威廉·坎贝尔勋爵而言，他们的处决虽合法却不公正，就像是“一群野蛮人所实施的谋杀，比史上所记载的最残忍的野蛮人还要残忍”。与此同时，卡罗来纳和弗吉尼亚的种植园主们也加强了对奴隶的巡逻，控制他们出入种植园。[17]

起初，邓莫尔拒绝了那些向他寻求保护的逃奴。但是因为他之前就曾提出可能会解放奴隶，南方奴隶主们一直怀疑其动机。与此同时，南卡罗来纳和牙买加前任总督威廉·亨利·利特尔顿在英国下议院中接连提议英国应积极鼓励奴隶叛乱。大多数人都反对他的提议，认为那是“可怕且邪恶的”。更令南方种植园主寝食难安的是，他们获悉有超过四分之一的下议院议员实际上是支持利特尔顿的。奴隶们发现，他们雇主的焦虑很快便转化为暴力。1775年，一批奴隶逃向邓莫尔，在这第一批逃奴中，有一位年仅15岁的小姑娘，她还没到达这位总督的府邸就惨遭抓获，对她的惩罚先是用鞭子抽打80下，“接着便是将灼热的火苗泼到她那伤痕累累的背上”。显然，惩罚她的目的就是为了吓唬那些可能正盘算着逃跑的奴隶。[18]

一些奴隶，其中包括托马斯·杰里迈亚和乔治，似乎有一种错觉，认为英国入侵南方殖民地是为了解放该地区的奴隶。虽然英国人总是不厌其烦地强调那些一边拥有奴隶一边又谈论自由的叛乱分子是何等虚伪，但对于英国人而言，武装奴隶终究只是战时的权宜之计。如何招募充足的士兵，尤其是在战争初期，是英国这架庞大的战争机器反复面临的挑战。确实，盖奇将军作为总司令，从他自身的有利位置来观察，注意到新英格兰的叛乱已成燎原之势，并认为如今的英国的确需要尽其所能地招募士兵，这一点毫无疑问。除了武装黑人外，盖奇还敦促政府在欧洲雇佣盟国援军。他还建议运送备用武器，武装美洲保皇派，这一战略在整个战争中将变得越发重要。[19]

到了 1775 年 11 月，邓莫尔数月都没收到来自伦敦的指令。他意识到自己不能再等下去了，于是发布了一份解放宣言，承诺“所有能够且愿意携带武器加入皇家军队的仆人、黑人或与叛乱分子有关的其他人都将被给予自由”。大英帝国偶尔也会武装那些黑人奴隶，尤其是加勒比地区的黑人奴隶，有时还会给予那些特别优秀的黑人士兵自由。而邓莫尔的解放宣言更为彻底：他向奴隶这个群体承诺自由，以此换取他们为帝国征战。尽管这一解放宣言只适用于爱国者奴隶主们的那些符合服役条件的男性奴隶，实际上邓莫尔也武装了一些保皇派的奴隶；他还庇护了一些黑人妇女、孩子和老人。[20]

邓莫尔的疯狂之举更多是受军事战略的刺激而非出于人文关怀。用一位历史学家的话来说，尽管很大程度上解放奴隶是为了增强人力，但是它也被视为“一种恐吓手段，尽管这种观点有失明智”。它的确证实了拥有奴隶的爱国者们所怀有的深深恐惧。“地狱本身都不可能释放出比解放奴隶还要邪恶的计划。”费城的一位观察员对一位海外朋友这样说道。

与此同时，爱国者们无论是在公开声明中还是在个人沉思时，都指出邓莫尔的解放宣言具有军事动员和团结统一的效果。该宣言重申那些叛乱分子的处境，并使得那些中立者甚至是保皇派转而反对州长、国王和帝国统治，至少他们是如此希望的。正如一位研究美国黑人史的学者所写："邓莫尔宣言可能要比英国采取的其他任何措施都更能刺激那些不受约束的美洲人加入叛乱阵营。"[21]

到12月初，出现了约800名男性奴隶，他们有的来自切萨皮克湾和弗吉尼亚低洼海岸，有的来自卡罗来纳、佐治亚以及马里兰，甚至遥远的纽约。他们主要乘坐独木舟或是小船，巧妙地避开了爱国者们的重重围捕。他们公然藐视爱国者的威胁——爱国者威胁着要惩罚他们在铅矿中做苦役，还有报复他们的家人，甚至要处死他们。在此之后，便有妇女和孩子随着男性逃奴一起抵达。奴隶们"朝他蜂拥而至"，惊慌失措的爱国者们低声说道，整船的奴隶都到那个"魔鬼，我们的恶魔邓莫尔那里去了"。大多数没有记录在案的奴隶虽然历尽艰辛，却没能抵达邓莫尔的水上避风港。邓莫尔组织约300名黑人加入所谓的埃塞俄比亚兵团；他们的制服展现了"奴隶自由"这一座右铭。其余的人有的成了舵手、矿工，有的则成了抢劫犯或间谍，他们的妻子有的成为洗衣女工、厨子、保姆，有的则成为军官的用人。与此同时，爱国者们也扣押并拍卖了邓莫尔留在自己府邸的大多数奴隶。[22]

抛出解放奴隶的挑战后，邓莫尔在诺福克举起了皇家旗帜。他要求每一个白人都要宣誓效忠王室，作为忠诚的象征，白人们还要系上一根红布条。邓莫尔和保皇派刚回来掌管诺福克，12月9日，爱国者民兵便在弗吉尼亚大桥，即通往该城镇的南部高地，击败了一股由约600名英国正规军、保皇派以及曾经的奴隶组成的武装力量。邓莫尔的士兵打了败仗撤回到他的临时基地；弗吉尼亚的爱国者军队重新夺回了诺福克。在他们抓到的受伤士兵中，有两名士兵以前是奴隶，一名叫詹姆斯·安德森的士兵"前臂的骨头都碎了，血肉模糊"，一枚炮弹击中了另一名叫凯撤的士兵，他“身中 5 发子弹，其中一发在大腿上”。所有向爱国者请求赦免的武装奴隶都被关押起来，把他们作为财产，送到西印度或洪都拉斯服苦役。[23]

到了年底，诺福克的政治界限已泾渭分明。在过去的几个月里，因该地不断易主，双方所带来的威胁和监禁造成整个社会分歧越来越深。如今，很多苏格兰商人将其家人和动产都撤到邓莫尔的临时指挥所那里（他的运输船只总数达到了 100 艘），只留下房子和其他不动产任由叛军处置。与邓莫尔一起的大概有 1 000 名当地白人居民、1 000 ~ 1 500 名逃奴、约 140 名英国军人，还有一批欧洲人、加勒比海人、非洲船员及平民。叛军设了一条警戒线控制人员货物进出诺福克。[24]

为了给自己的水上城镇（临时指挥所）提供食物以及生活必需品补给，邓莫尔密切注视地面突袭部队和负责捕获敌舰的海军的一举一动。同船的那些保皇派请求准许其上岸去取新鲜食物和水时，爱国者们趁机提出了让人难以接受的条件：妇女和小孩必须留在城镇里；男人们要被逮起来接受审讯。因为当地爱国者经常会向邓莫尔的船队开火，士兵们变得躁动不安。圣诞节时，邓莫尔舰船上一位不明身份的“绅士”这样写道：“我希望这一天会很快到来，届时，这些造反的野蛮人会因其罪行而受到严惩。”该地大约有 2 000 名保皇派，他忧心忡忡地接着说道：“他们遭受了残忍的暴力。”他还推测英国的战舰很快将摧毁这个城镇。[25]

1776 年新年那天，爱国者军队当着整个舰队的面在诺福克街头列队游行，公然违抗英国的警告。邓莫尔的军官们忍无可忍。当天下午 3 点 15 分左右，英国舰船动用 100 多门大炮向该城镇开火。后来，邓莫尔强调说，他们事先就给予了警告，这样一来，妇女和小孩才能得以撤离。与此同时，邓莫尔派先遣登陆部队放火烧毁滨水区附近的码头以及建筑物，清除美洲步枪手的掩体，以免他们对舰船不断进行骚扰。大火在许多木质房屋中迅速蔓延。一位站在岸边的英国军官十分享受这场浩劫，他写道：“看着这城镇还有这些船只都葬身火海是无比光荣的。屠杀这些叛乱分子，我感到欢欣鼓舞。”[26]

英国舰船上的很多人可能还没意识到，轰炸期间，爱国者军队已潜入诺福克，在那里，他们掠夺仓库，抢劫私宅，还烧毁了很多建筑物。托马斯·牛顿亲眼目睹了自己的两座豪华大厦、9 栋公寓、10 个仓库以及一间店铺都毁于一旦。爱国者上校罗伯特·豪似乎很放任那些劫掠者。即使他收到报告称，爱国者的财产和保皇派的财产一样遭到了破坏，比如牛顿这样的，他也选择不加干预。

一切结束后，上校豪向弗吉尼亚代表大会递交了一份报告。他曾见过“妇女和小孩在枪林弹雨中逃离该城镇，其中一些妇女怀里抱着小孩；恐怕还有一些已经惨遭杀害了”。尽管炮火如此猛烈，“我们的士兵无一人阵亡，只有几个负了伤”。豪没有透露，诺福克所遭受的大部分物质毁坏事实上不是由英国的炮火造成的，相反，却是由爱国者军队造成的，他们在海上温和且有效的轰炸掩护下抢劫并烧毁房屋。之后，豪和伍德福德隐瞒了爱国者军队的行径，并包庇他们自己的同案犯。他们向上级行政长官报告说：“风成了英国人计划的帮凶，我们一直以为火势会变小的。”[27]

邓莫尔接受了爱国者们的挑战，加入到论战当中。他用自己舰船上的印刷机，发表了自己关于此次事件的看法。正如爱国者们所做的那样，邓莫尔利用气象数据作为论据，将此次破坏大部分归咎于叛乱分子：

> 因为风是温和的，而且来自岸上，人们可以判定，战火将不会殃及该城镇的那些滨海地区，也就意味着只有皇家舰船会遭遇大火，这一点是确定无疑的；但是，那些叛乱分子却在街道上纵火焚烧房屋，残忍且毫无必要地毁灭了整个城镇，要知道，那些房屋本来是不受大火影响的。[28]

安全委员会对这两份互相矛盾的报告深感困惑，于是展开了一番调查。唉，什么证据都没发现——负责此番调查的那个人正是上校豪。我们仅知道，就在邓莫尔舰船实施初次轰炸后，代表大会下令撤离诺福克剩余人员，随后，就背地里授权毁灭该城镇余下地区，如若军事指挥官认为行动可取的话，还要拆毁附近的朴次茅斯。2 月初，豪的确将诺福克余下的 416 栋建筑物夷为平地：“我们已经撤离诺福克啦，谢天谢地！感谢老天，该城镇完全毁掉了。”[29]

与此同时，邓莫尔在前往纽约时，抛弃了约 1 000 名因感染天花或其他疫病死去或是濒死的非裔美洲人，弗吉尼亚海岸边“全是死尸，主要是黑人”。爱国者们指责他将染疾的黑人抛弃在岸这一行径简直令人发指。[30]

1777 年，弗吉尼亚的立法者重新讨论究竟是哪一方造成了此次破坏、双方又各自造成了多大的破坏这一未解之谜。一个调查委员会费尽千辛万苦收集证词，并对遭受毁坏的财产进行专业估价。官方结论为“敌军损毁的房屋实为少数”，确实，大多数着火的房屋本可以得到挽救。相反，爱国者士兵“肆无忌惮地焚烧了该城镇的大部分房屋，这些房屋所在的区域敌军都没打算接近，甚至都不可能进入”。美洲军队总共摧毁了 863 座建筑，价值超过 11 万英镑。英国摧毁了 54 座建筑物和价值略高于 5 000 英镑的私人财产。换句话说，只有不到 6% 的建筑物和占总价值 4.3% 的损失是由英国人造成的。革命分子因战时原因封锁了这份会招致麻烦的报告；事实上，直到 1836 年这份报告才首次公开。因此，爱国者们不仅实现了他们自己的最初目标，即阻止英国人建立一个极具战略意义的海军基地，而且还惩处了当地保皇派，此外还成功地将责任完全归咎于英国人。[31]

1776 年年初，爱国者们认为诺福克焚烧事件可以用来激起支持美洲事业的公众舆论，并抓住了这个机会。诺福克未能幸免于难，摧毁法尔茅斯后紧接着便轮到诺福克了。塞缪尔·亚当斯认为，相比于“一连串的说理”，此次攻击更有助于人们下定决心支持革命。对于约翰·汉考克这位大陆会议主席而言，此次攻击证实，英国选择了残忍野蛮的行为，并且有证据表明“这种不人道的行为有悖于战争规则，而长期以来，所有的文明国家却在助长这一行为”。叛乱分子快速抢占了道德制高点，声称欧洲式的战争准则才是他们的道德基准，并且控告英国违反了这些准则。与此同时，他们以一种艺术家式的夸张手法来演绎心理战和宣传战。乔治·华盛顿收到汉考克的来信，他希望法尔茅斯和诺福克的摧毁事件以及对其他城镇的类似威胁，将“使整个国家团结起来……抵抗一个差不多丧失了所有道德感、丧失了那些将文明人和野蛮人区别开来的观念的国家”。这样一些激昂的言论将鼓舞美洲人民接受独立。暴力，特别是当它利用得当时，能够起着一种强有力的团结效果。[32]

在英国，那些支持镇压叛乱的人信心十足地认为他们的军队和海军“将使那些受蒙骗的人毛骨悚然”。相反，反对加剧此次冲突的人则抓住诺福克事件，哀叹帝国发动全面内战的前景：“那会带来残暴，引发公民愤怒，还会造成人类史上前所未有的大破坏。”杰出的反对派贵族里士满公爵强调说，制造战争，“还是以一种这样的方式，烧毁房屋，让那些可怜的居民在饥寒交迫、衣不蔽体中慢慢走向死亡，将使那些最野蛮的国家也为之一震”，它伤害的不仅仅只是英国的敌人，同时也会伤害英国的忠诚子民。[33]

随后，邓莫尔决定加剧此次冲突，这为爱国者们加紧暴力镇压保皇派异见提供了掩护，在此过程中又牺牲了美洲的一个繁荣的港口城市。美洲的新任领导人，包括亚当斯以及华盛顿在内，起先还不知道谁才是此次事件的真正罪魁祸首。不过，豪和伍德福德成功地掩盖了爱国者的行径，他们本没期望会在言论战中取得更大胜利。英国进退两难的局面已经得到了极大缓解。这种“焚烧与杀戮”的方法，这种继法尔茅斯事件后开始困扰着英国人的方法，这种在诺福克给了叛乱分子完美的借口来实施他们自己战术性暴力行为的方法，真的已然声名狼藉了吗？还是说，在叛乱尚未变得势不可当时，坚持运用最大的武力就能摧毁这场叛乱呢？[34]

1776年春，一支庞大的舰队聚集在英国海岸，准备发动欧洲历史上最大规模的海外入侵。成千上万的士兵中不仅有英国人，还有大批德意志人。因为，按照乔治三世近期的承诺，1776 年年初，王室已与黑森－卡塞尔、黑森－哈瑙以及不伦瑞克的统治者签署了第一份盟国援军条约。战争期间，英国雇佣了 36 000 名德意志士兵。部分由于黑森－卡塞尔提供了一半以上的部队，因此人们通常称德意志援军为"黑森人"。黑森人不仅是一支强大的军事力量，而且是一种潜在的恐怖武器，这也是雇主不太乐意雇佣他们的原因。黑森人无论在美洲还是在英国都被普遍认为是勇猛的战士，他们在专制的国家里长大，对冲突不感兴趣，对英国也没有真正的忠诚。"外国人要在美洲屠杀我们那些饱受压迫的同胞，"一位英国评论家抱怨道，"英国人太高尚、太慷慨、太勇敢、太仁慈了，他们没法杀害自己的同胞。"尽管国内有一些人公开表示反对，但是英国政府雇佣外国军队的决策还是一如既往地得到了国会强有力的支持。随后，英国开始派遣数千名黑森人前往殖民地。到了战争后期，由黑森人组成的军队将占北美战场上英国领导军队的三分之一。他们的所作所为依旧是大西洋两岸双方的争论点。[35]

那年春天，强大的英国舰队蓄势待发，当时，费城的大陆会议上不断传来坏消息。直到 1775 年，革命分子一直试图说服英国改变其政治路线，与国会以及国王的大臣们争论不休；对于大部分美洲人来说，和解要比全面内战更为可取。迄今为止，美洲的叛乱分子依旧宣誓效忠于王室。但是，英美关系正迅速转变。国王宣布他们叛乱后，下令自 1776 年 3 月起关闭美洲所有的港口。皇家海军获得授权，扣押所有美洲船只及其船员和货物，就像是美洲人属于那些国王公开宣布的敌人一样。人们一直在收集英国入侵的证据：邓莫尔武装南方奴隶并摧毁诺福克后，本尼迪克特·阿诺德领头袭击魁北克据点，英国挫败了这一场美洲袭击。5 月，大陆会议的代表们发现英国正在雇佣黑森人，这是迄今为止最令人震惊的证据之一，表明国王正在抛弃他们。约翰·汉考克推断："英国快走到穷途末路的地步了。"新罕布什尔代表乔赛亚·巴特利特正在做着“今夏，要和英国人、黑森人、汉诺威人、印第安人、黑人以及其他那些仁慈的国王雇来讨伐我们的刽子手一起接受严厉审判”的准备。[36]

与此同时，英国炮轰沿海城镇，调用他国军队，将战争升级，因此，帝国权威在整个殖民地轰然倒塌。爱国者委员会和民兵组织挺身而出，加固地区防守。他们不仅监管着硝石的生产，买断火药、铅、弹药以及武器装备，而且禁止出口殖民地作战所需物品。此外，他们还封锁水道，防止英国突袭或入侵。特别是在南方，他们成立奴隶巡逻队，并解除了黑人武装。到了6月，大陆会议正忙于起草一部《叛国罪法案》，并商讨如何争取外援。内战在美洲内部酝酿数年之久后，宣布独立将在大英帝国引发一场内战。[37]

## 屡遭重创

虽然雅各布·邓纳姆医生年纪大了，不过，他仍然记得大概在自己9岁时，《独立宣言》传到了他的家乡，即新泽西州的中部城市新不伦瑞克。时间是1776年7月9日或10日，邓纳姆的父亲阿扎里亚·邓纳姆上校既是一名活跃的爱国者，又是殖民地安全委员会成员，还兼任该县通讯委员会以及当地检察和观察委员会成员。县和城镇委员们决定应在白厅酒馆前的奥尔巴尼街上宣读此宣言。约翰·尼尔森上校被选为宣读者。新不伦瑞克的爱国者们意识到该地政治派别不一，他们自己不愿以身涉险。这两个委员会让委员们把“肯定支持独立的人”聚在一起，震慑那些心怀不满的保皇党，阻止所有意图妨碍该仪式的行为。正如小邓纳姆回忆的那样，保皇派人数虽然不多，但是其中不乏“腰缠万贯以及富有影响力之人，他们还十分活跃”。总之，“一听到这个消息，整个城镇的人都感到无比兴奋，大多数人都为他们的自由与独立而欢欣鼓舞，然而，也有少数人看起来对此十分不满”。令人惊讶的是，邓纳姆只记得当时的政治场面是何等壮观激烈，爱国者则认为精心组织大家积极接受该宣言很有必要。但美利坚合众国诞生的可行性还远远没有保证。[38]



那年 7 月，在新不伦瑞克以及英国叛乱殖民地的数十个地方，很多人都聚集在公共广场、法院、教堂以及市政厅里；还有民众和军队游行；钟声响起，烟花、篝火以及灯光均在筹备中。尼尔森上校以及其他地区的宣读人员宣布，听众们将要听到的会议文件标题为“美利坚合众国 13 州一致通过的独立宣言”。尼尔森宣读了前言，其中包含了这一前提：如若一个民族要脱离另一民族，应说明其原因。第二段包含了众所周知、不言而喻的真理：人人生而平等，造物者赋予他们若干不可剥夺的权利，其中包括生命权、自由权和追求幸福的权利。[39]

那时，人们讨论最多的要数宣言中间篇幅最长的那部分内容，但是今天，大多数美国人几乎不记得这个部分了。然而，正是这一历数英王乔治三世的条条政治罪状的部分帮助我们得以理解，在爱国者眼中，英国的暴行是怎么证明殖民地人民寻求独立并为之采取严厉手段是合乎情理的。为了说明其所受的种种冤情，该宣言坚称：“当今大不列颠国王的历史，是接连不断的伤天害理和强取豪夺的历史，这些暴行的唯一目的，就是想在这些州建立专制的暴政。”紧接着便是一连串的指控，从英国国王过度干预 12 项殖民地事务开始，诸如英王否决殖民地的法律、阻止移民、干涉司法自由、反对质疑国会权威，还引入一支常备军。此外，英王还批准国会制定那些损害殖民地利益的法律：切断贸易；将案件移交“海外”进行审判；在“邻省”（魁北克）废除“英国的自由法制”；等等。[40]

宣言中有一部分讲述英王对殖民地所实施的过分暴行，而冤情陈述在这一部分中达到高潮：“他在我们的海域大肆掠夺，蹂躏沿海地区，焚烧我们的城镇，残害我们人民的生命。”此外，英王还调用了那些让人难以接受的他国作战部队：

他此时正在运送大批外国雇佣兵来完成屠杀、破坏和肆虐的勾当，这种勾当早就开始，其残酷卑劣甚至在最野蛮的时代都难以找到先例。

1776 年 7 月 4 日，美洲殖民地及其各省宣布脱离英国独立，当时汉密尔顿也在场。该版画描绘了这一段英国历史，战争结束时才得以出版。画面中，一位骑手正在宣读《独立宣言》，他的四周紧紧围绕着一群听众。左边的墙上张贴着一份通告，上面写着“1776 年，美洲独立”。

Hamilton, *The Manner in which the American Colonies Declared themselves Independant [sic] of the King of England, throughout the different Provinces, on July 4, 1776* [1783]. Mixed method engraving. Edward Barnard, *The new, comprehensive and complete history of England* (London, [1783]), 689, Library of Congress.

他完全不配作为一个文明国家的元首。

……

他在我们中间煽动内乱，并且竭力挑唆那些残酷无情、没有开化的印第安人来杀掠我们边疆的居民；而众所周知，印第安人的作战规律是不分男女老幼，一律格杀勿论的。

到目前为止，对于谁该为帝国压迫负责，美洲城镇广场上那些聆听宣言的人已毫无疑虑："他""他""他"——拒绝、禁止、阻挠、推卸责任、兴奋、掠夺、蹂躏、纵火、毁灭。

大陆会议宣称，从其具有侵略性且不道德的行为可见，英王将他那身处殖民地的子民移出了"他的保护圈"。乔治三世采用非法的暴力行为，有效地将殖民地人民弃置于"战时文明行径之外"。《独立宣言》的起草者们使用这种语言也是为了让更多国际听众了解。爱国者们请求改善二者关系，英王屡次予以拒绝，爱国者们最后的控诉以这样一句话结尾："一个君主，当他的品格已打上了暴君行为的烙印时，是不配做自由人民的统治者的。"[41]

严厉指控过后，倒数第二段则提醒美洲人民，他们曾经向英国人提出的那些毫无结果的请求。他们最后一次唤起了自己与英国社会相联系的历史和情感纽带。殖民地寻求改善的尝试失败了，只能宣布独立，除此之外，已别无选择。《独立宣言》的最后一部分是告别篇，宣称"这些联合一致的殖民地从此是自由和独立的国家，并且按其权利也必须是自由和独立的国家；它们取消一切对英国王室效忠的义务"，因此，它们享有所有合法主权国家所享有的一切权利，包括缔结商业联盟、发动战争以及宣示和平的权利。[42]

该宣言也以印刷形式流通。早在 5 月份就出现了一个大致版本；6 月份，各大报纸开始发表此宣言。到了 19 日，7 个殖民地都印刷了此宣言。7 月末，它已经出现在 30 多份报纸上了。正是这些公开读物，这些邓纳姆在将近 60 年后仍记得的读物，立即引发了最强有力的反应。[43]

整个殖民地里，美洲人民开始毁掉那些象征着君主政治的明显标志，以实际行动表明他们要脱离母国。人们撤走了法院、教堂以及其他公共建筑里的盾徽。他们撕毁咖啡馆和酒馆里国王的画像。在特拉华州的多佛，安全委员会主席一把火烧了乔治三世的肖像画："所以，我们甚至连国王的影子都毁掉了，他拒绝统治一个自由的民族。"在长岛的亨廷顿，人们吊起一座国王的雕像并将其烧毁，雕像上，"国王的脸黑得就像邓莫尔的弗吉尼亚兵团，头上还戴着一顶木头做的皇冠，皇冠上缀满羽毛，就像是个……野蛮人，斗篷里还揣着火药"。在下曼哈顿区，百老汇大街下面的博林格林公园里有一座乔治三世骑马的雕像，纽约人和大陆军士兵推倒了这座雕像。还没来得及带着这座雕像、伴着《罗格进行曲》的旋律（这一旋律通常适合诸如涂柏油、粘羽毛这样的集体惩罚）在夜间游行，他们就朝着雕像的头部"开了枪"。爱国者和保皇派竭尽全力争夺雕像各部分的保管权，随后，爱国者将大部分雕像运往康涅狄格州，那里的女志愿者们将这座"支离破碎的国王"雕像转而制成 42 088 枚子弹，以备向国王的部队开火。之前，那里的美洲人民一直都在游行、喝酒、燃放烟花，庆祝他们国家的诞辰；如今，他们的火药、酒精和激情却用于一场仪式，他们以这样的方式宣布和美洲最后一位国王断绝关系——而此时乔治三世的部队正要发动一场入侵。[44]

## 犹豫不决的入侵

1776 年 3 月和 4 月，乔治·华盛顿从波士顿调动了大部分大陆军到纽约。该市是美洲地缘政治的关键，预计很有可能成为英军进攻的主要目标：如若占领了纽约，英军就会控制哈德逊河的一端，而他们来自加拿大的北方军队就会控制另一端，这样一来，他们便能够切断新英格兰地区与余下几个殖民地的联系。近几个月来，华盛顿的士兵、平民工人们以及奴隶们在曼哈顿岛和长岛的部分地区建立了军事要塞，筑起了堡垒，还设置了路障。就在大陆军严厉打击那些保皇派可疑分子以及动摇者时，成千上万的纽约人逃离了该市：这座城市先前还有 25 000 人，但是到 1776 年 9 月，减少到仅有 5 000 人。[45]

6 月 29 日，纽约附近首次发现了威廉·豪将军的入侵舰队：110 艘舰船上乘载了 9 000 名士兵。对一位叛军放哨员而言，这就像是一块“修剪过的松木”，仿佛“整个伦敦都浮在水面一般”。7 月 2 日，英军在斯塔顿岛登陆。这时间点倒是十分巧妙，就在同一天，费城的大陆会议投票决定解除与母国的关系。接下来的几个星期里，《独立宣言》在各殖民地广泛传播，此时，豪也在整合他那规模庞大的部队，为入侵纽约做准备。[46]

1776 年秋季战役完全显示了英国不断面临的战略困境以及道德困境。豪计划占领纽约城，占领哈德逊通路，夺取罗得岛，席卷整个新泽西岛。他将会赦免那些向英王宣誓效忠的温和派殖民地居民。历史学家大卫·哈克特·费舍尔认为，这是一项看起来合理而充满仁慈的计划，既展示了其武力，又显示了其和解的姿态，所有这些都是为了恢复帝国的和谐统治。然而，豪不知道，他的兄弟、海军上将理查德正从英国出发，两人都有一个共同使命：不仅要对叛乱分子开战，还要组成一个“两人和平委员会”，负责促成和谈。[47]

1776 年 1 月，理查德·豪被任命为美洲地区海军总司令，此外，他还被任命为诺斯勋爵和平委员会的负责人，显然，这两者的任命相辅相成。最终，豪兄弟俩成了该委员会仅有的委员。然而，诺斯勋爵也坚持限制了两人的职权：他俩虽然可以颁布赦免令，但是不能对叛乱分子做出任何实质性的让步；投降是谈判的前提，没有一点商量的余地。但是，英国已经没有时间开展外交行动了，上将豪前往美洲时，费城的大陆会议已经开始向着独立前进了。[48]

上将豪所采取的军事战略是协助其弟威廉所率领的军队，封锁北美洲海岸，切断叛军作战补给，从而发动一场侵略战争。7 月 12 日，这位上将的舰队抵达纽约：包括10艘大型军舰、20艘护卫舰，后面还有150多艘舰船，船上约有10 000名水手和11 000名士兵。他们将会加入威廉·豪在斯塔顿岛上的9 000名士兵的队伍。一位军官承认，当地的保皇派已损失惨重。如今，他们的保护者终于来了。[49]

此外，还有很多士兵即将抵达。不久，英国雇佣的第一批德意志军队在美洲登陆。长时间横渡大西洋后，黑森人精疲力竭，很多人饱受坏血病以及感染性发烧的折磨。为了让他们快点恢复，豪给了他们斯塔顿岛最好的营地，这些德意志士兵心存感激，他们说："美丽的森林里满是冷杉树，隔着两英里远都能闻见冷杉的气味。"接下来的几个星期里，英国和德意志士兵陆续抵达，总人数达到32 000人，这是18世纪最大规模的入侵了。400多艘型号各异的英国舰船控制着纽约附近海域，掌控这片水域者也将最终掌控这座城市。然而，各路部队都到位后，威廉·豪并没有立即发起进攻，还放任其兄理查德劝说他要优先考虑和解。1776年后面的战役也多是采取这种双管齐下、犹豫不决的方法。可以说，这种方法将使英国失去13个殖民地。[50]

上将起先尝试与华盛顿谈判，但由于双方外交协议以及各自立场的截然不同，这种尝试失败了。首先美洲的指挥官拒绝接受那些写给"乔治·华盛顿"先生的书信，他们坚持认为，"乔治·华盛顿先生"应为"华盛顿将军"。当然，英军这样做也情有可原，所谓"不知者不罪"，但华盛顿明确表示，不管怎样，他都无权谈判。美洲独立之势压倒了他们的和平提议，如今，豪兄弟俩只能把重心转移到他们的军事任务上了。[51]

战役开始阶段的计划是由亨利·克林顿将军设计的。他是乔治三世1775年2月任命的第三位主要将领，是豪和伯戈因的下属。他刚从一次灾难性的南方作战任务中回来，该任务针对南卡罗来纳的查尔斯顿地区：面对不利的地形，陆军和海军之间的协调不佳，以及出乎意料强大的叛军防御，英军不得不中途放弃海上轰炸、两栖登陆以及地面袭击。克林顿自尊心受挫，想要在北方地区挽回其自尊心。作为一个男人、一名军官，克林顿和他那些同事截然不同。他在美洲长大，主要是在曼哈顿长大，是纽约总督乔治·克林顿之子，15 岁从军，之后在法国受训。七年战争期间，克林顿在德国服兵役。尽管已经成长为一名经验丰富的军官了，但克林顿从未拥有过独立的指挥权。跟豪和伯戈因不同，他缺乏自信。英国战时领袖的传记作者安德鲁·奥肖内西总结了他的缺点："他闷闷不乐，郁郁寡欢。他善妒，脾气暴躁。他还与同僚争吵。"然而，到美国战争结束时，克林顿将成为整个冲突期间任职时间最长的英国指挥官。[52]

一份战时出版物，即詹姆斯·默里牧师的《公正的美国战争全史》，封面配有这幅亨利·克林顿将军的肖像图。
*General Clinton,* illustration in Rev. James Murray, *An impartial history of the war in America; from its first commencement, to the present time* (Newcastle upon Tyne, 1782), ii, opp. p. 186. Engraving. Library of Congress.

像他的同僚那样，克林顿更喜欢以和平的方式解决问题而非发起战争。但与豪兄弟俩不同，克林顿并没有反对英国挑起武装冲突的政策。1775 年 5 月，他一抵达波士顿接管指挥权，便倡导采取严厉措施。与此同时，一份 1776 年 2 月的通话备忘录表明，克林顿应对殖民地局势的策略已有了细微变化："虽然我并不怀疑这个国家可能会被征服，但我确实怀疑当征服它后，我们是不是值得拥有它。"因此，克林顿得出的结论是："在我看来，赢得民心并从思想上征服美洲人民是有好处的。"但是，对于最有可能使英国取胜的军事战略，克林顿也有着清楚的认识：在美方缺乏一个政治重心，也就是既定的权力中心的情况下，英国必须粉碎大陆军，迫使殖民者寻求与英国达成协议。豪则主张采用更为谨慎的方法，必要时以最少的武力来彰显英国的优势，从而迫使美洲人进行谈判。二者形成鲜明的对比。[53]

然而，到了 8 月中旬，克林顿成功地说服豪采纳了他的提议，在长岛围攻美洲军队。吸取了邦克山战役的教训后，如今，侵略者们为与叛乱分子作战可能带来的后果做了准备：军官们摘下了军服上的徽章，防止敌方狙击手轻而易举就认出他们。8 月 22 日，纽约刚从一场猛烈的雷雨中恢复过来，这场雷雨夺走了营地里 3 名士兵的生命。就在这时，在无一人反对的情况下，豪率领 15 000 名士兵在长岛登陆了。华盛顿受接连不断错误的情报的误导，仅在此地驻扎了 9 000 名士兵，其余士兵都驻扎在曼哈顿。长岛长约 130 英里，宽 20 英里，依稀分布着些许农业区。这里粮食充足，还有很多中立派和保皇派可以给英国提供良好情报，因此是豪所率领的侵略军一个绝好的集结地。[54]

接下来的几天里，豪将特遣队扩充到大约 20 000 人。8 月 27 日，克林顿的作战计划取得了成功，或许这是英国在整场战争中所取得的最大胜利。克林顿亲自领军从左翼包围华盛顿军队，在敌人没能发现的情况下，率领约 10 000 名士兵通过未设防的杰梅卡通道。与此同时，黑森炮队以及带着刺刀的步兵们在利奥波德 · 菲利普 · 冯 · 海斯特将军的率

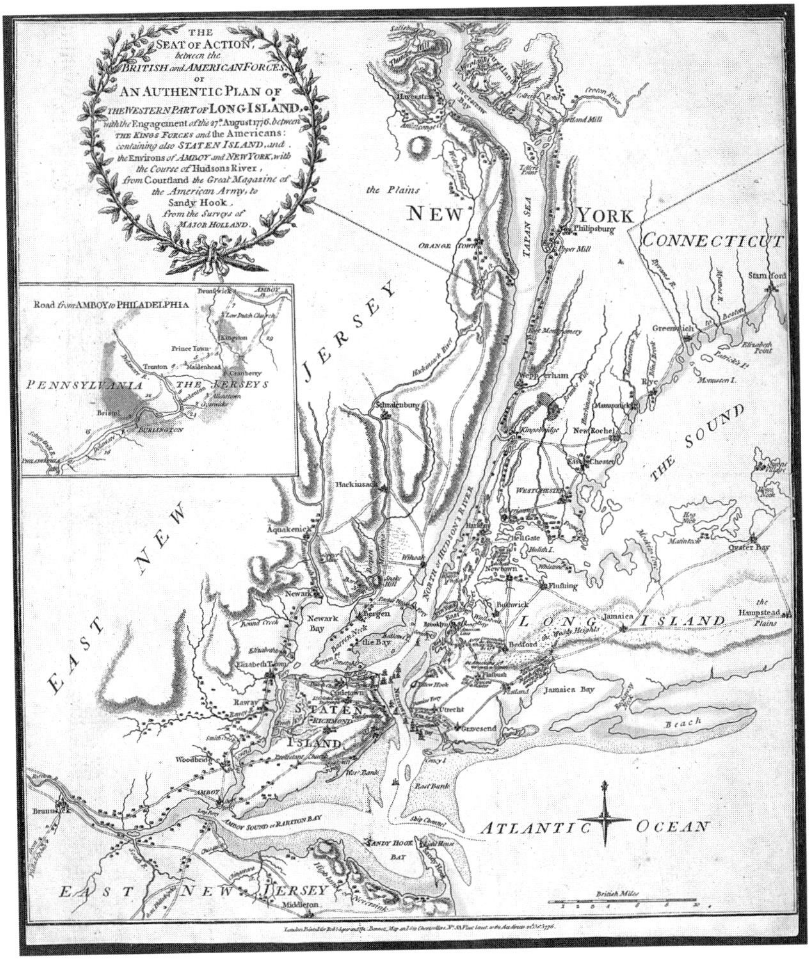


英美军队之间的行动要领，或者说是长岛西部的一份真实作战方案，交战时间为 1776 年 8 月 27 日。预计到英国的攻击，华盛顿在布鲁克林高地的主要道路上部署了警卫，但将杰梅卡通道暴露给了英军。

*The Seat of Action between the British and American Forces; or An Authentic Plan of the Western Part of Long Island, with the Engagement of the 27th August, 1776, between the King's Forces and the Americans: also containing Staten Island, and the environs of Amboy and New York, with the course of Hudson River, from Courland the Great Magazine of the American Army, to Sandy Hook* (London, 1776). Hand-colored, 45 x 39 cm. The New York Public Library.

领下袭击了约翰·沙利文将军在布鲁克林高地南边的部队；沙利文意识到克林顿要来逮捕自己，下令撤回高地。南边，将军斯特林勋爵挡住了詹姆斯·格兰特将军所率领的英军，直到快被包围时才下令撤退；英军抓住了斯特林。许多陷入困境的美洲军队都经历了迈克尔·格雷汉姆所描述的这场惊慌失措的溃败，他是宾夕法尼亚飞行营的一名18岁志愿者："一片混乱与恐慌，带着铁链的炮兵坐在马背上飞驰，我们的人四处逃窜，但是不管往哪个方向逃跑，几乎都会碰到英军或黑森人。"格雷汉姆幸免于难，逃出了那片夺走许多不幸战友生命的沼泽区。与战友相比，他是一个幸运的人。[55]

美洲人特别憎恨那些黑森人，认为他们都是好斗且不道德的战士。预料到黑森人到来，人们建议华盛顿在德意志军队登陆地驻扎500～1 000名爱国者，装扮成印第安人的样子，恐吓那些凶残的敌人。反过来，豪又巧妙地利用美洲人对残酷无情的黑森人的恐惧心理，安排黑森人穿过华盛顿设在安博伊费里的营地。根据后来的报道，在8月27日的行动中，难以抵抗的大陆军向任何部队投降，只有黑森人除外，他们害怕黑森人，因为黑森人几乎不可能饶恕他们。一个美军士兵声称黑森人的行为"极不人道"，他们"敲打那些战场上受伤倒地的士兵的头颅"。甚至有未经证实的指控说，黑森人用刺刀将敌军士兵钉在树上，并将成百上千具敌人的尸体扔到乱葬坑里。[56]

一位德意志军官写了一封家书，其中有一段用密码写的话，在这段话中，他承认了对囚犯们所采取的暴行。一个兵团巡逻队将囚犯押送到营地时，他说得很详细："此时，很多高阶军官都放弃了当英雄的想法。跪下来想投降的囚犯遭到毒打。"此外，很多美洲人民投降后，德意志士兵确实用刺刀刺死了他们，尽管少数情况下，这似乎是对那些诈降的爱国者的回应，他们诈降是为了继续朝正在逼近的黑森人开火。[57]

可能并不是黑森人与生俱来的好斗倾向才导致了这所有的暴行。弗雷泽高地的一位英国军官骄傲地总结道："黑森人以及我们那勇敢的高地人毫不留情。我们很高兴地看见，在我们将叛军重重包围后，他们对付那些叛乱分子、让他们无法抵抗的动作是多么敏捷。”然而随后，他透露了一个心理策略，该策略鼓舞德意志士兵实施暴行：“我们小心翼翼地告诉黑森人，叛军绝对不会手下留情，特别是不会对他们手下留情。这就使得他们不顾一切地战斗，并且将落入自己手中的敌人全都杀死。”然而，他又开始找借口了：“战争中的策略都是合法的，尤其是针对那些反抗国王及祖国的卑鄙敌人。”随后，黑森逃兵证实英国人曾试图给他们洗脑；英国人甚至告诉德意志盟军，叛军吃掉了他们所抓获的士兵。英军和德意志军队相互指责彼此在战场上实施虐待行为，一位德意志军官报告称：“英军对待敌人毫不留情，还鼓励我们的人做同样的事。”事实上，很少有明确的证据表明黑森人要比英国军队在战场上作战更为残暴，或者说在违反战争法规方面更加令人震惊。总的来说，暴行似乎是例外而非规则。但是，当谣言、夸大其词甚至虚假报道与黑森人的恶名交相辉映时，它们可能会逐渐灌输真正的恐惧，煽动复仇的欲望。[58]

根据最保守的估计，美军在长岛伤亡 300 ~ 500 人，被俘将近 1 100 人，其中包括 3 名将军。出于对美国狙击手的愤怒，英国军人立即摧毁了他们所缴获的步枪。英德伤亡总数约为 370 人，其中包括邓莫尔的埃塞俄比亚兵团。战后，英国军官表现出极其乐观的态度，珀西勋爵给家人写信说道：“美洲人再也不会在战场上站在我们面前了，一切似乎都跟着他们一起结束了。我自认为如今这场战役将彻底终结整场战争。”[59]

长岛人对英国侵略者的反应各不相同。一位战地军官这样觉得：“居民们非常高兴地接待我们，清楚地看到了无政府的混乱状态和温和有序的管理统治二者之间的区别。”另一方面，一位保皇派投诉，英军不分敌友，对男人施以暴行，对女人则实施性虐待。原本应被解放的人们也表示大家都一样，都成了英军掠夺的战利品。查尔斯·斯图亚特上校是英国前首相比特伯爵之子，他在一封写给父亲的书信中评价了他在长岛的经历。在那里，甚至在战争依然很激烈时，英国运输船的船员们就已经开始抢劫当地居民了。正如斯图亚特所见：

士兵们马上把那些贫穷不幸的可怜虫都归为叛乱分子，他们或是出于需要，抑或是出于忠诚，才仍然留在自己的住所。士兵们用最不人道、最野蛮的方式，扒光他们的衣裳，掠夺他们的财产……就这样，我们继续劝服那些犹豫不决者敌视我们，还诱使这些朋友投入到对立阵营中寻求保护。[60]

不管此次入侵会对当地平民造成何种影响，从战略上来讲，克林顿的计划都取得了巨大的成功：击败了美洲军队。然而，克林顿劝说豪乘胜追击，率英军登陆曼哈顿以北地区，阻断华盛顿穿过国王大桥的退路，彻底消灭大陆军时，豪犹豫了。显然，他是在自己的两个角色，即毁灭者与和事佬之间举棋不定。[61]

美洲人抓住了这个让他们自己都意想不到的机会。8 月 29 日晚和 30 日上午，华盛顿在英军没能发现的情况下，撤离了 9 500 多名士兵，还几乎撤走了所有的武器和军事辎重，他们跨过东河抵达曼哈顿。傍晚时分，西南方刮起了一阵猛烈的东北风，大风一直持续到午夜时分；到了清晨，浓雾弥漫为他们的撤退提供了掩护。一些马布尔黑德的渔民将船桨包起来（使划船时能消音），划着船来来回回跑了 5 次甚至 10 次。据报道，华盛顿最后一个撤离布鲁克林。长岛溃败后，豪还是没能追捕到那些遭受重创的敌军，这让军官们惊讶不已。普特南将军说这只有两种可能的解释："要么豪将军是我们的朋友，要么他就不是一般人。"克林顿将军，这位英军早期胜利的策划者，也清楚地表明："直接攻击才可能赢得全部胜利。"[62]

美国独立战争中一个重要的反事实推测就是，这可能是英国胜利结束战争的最好机会。假如豪抓住了他在长岛建立的胜利优势，在大陆军士气低落时乘胜追击，在曼哈顿围捕华盛顿，并施以一次决定性打击，届时，叛乱分子们极有可能只能缴械投降，寻求通过谈判达成和解，除此之外别无选择。历史学家约瑟夫·埃利斯猜测，摧毁大陆军“会产生创伤性的强烈反应，反过来又会摧毁美洲人民继续抗战的意志”。然而，豪并没有采纳克林顿的提议，对叛军施以决定性打击。相反，他在之后的战争中采用了一种更为谨慎的战略。在某种程度上，他也许是想要避免大规模人员伤亡，因为后方的补给难以为继：从9月中旬到11月中旬，他渐渐将美洲人逐出了纽约，在基普湾、怀特普莱恩斯以及华盛顿堡取得了局部胜利，抓捕了2 600名美军士兵以及200多名官员。到了深秋，英军将大陆军赶出了长岛、曼哈顿以及新泽西东部地区，后者是那年冬天英军的一个重要补给区。纽约的很多封闭海域都会出现季节性结冰现象，为了获得一个不冻港，英军还占领了罗得岛的部分地区。他们在纽约城建立总部，战争期间都在那里驻扎。[63]

后来，有人指控豪将军被亲美的同情心影响了战略思维。但是，豪兄弟俩真正的错误是，他们觉得即使不动用最大的武力，也能打败那些准备不足的殖民地人民，这几乎是肯定无疑的。他们还高估了那些活跃的保皇派的力量，试图依靠本土的全力支持镇压叛乱。事实上，这一点从未实现。[64]

## 讨伐美洲保皇派

1776年7月，从形式上将殖民地与大英帝国捆绑在一起的最后一条线被切断了。对于爱国者而言，现在已然是骑虎难下。作为一个新兴主权国家，联合殖民地自9月起被正式命名为美利坚合众国，国家及其13个成员州要求居住在其领土上的居民保持一心一意的忠诚。如今，至少原则上，整个美国的每个人都不得不决定是选择离开美国做一位英国公民，还是留下来做一位美国公民。人们不能再选择保持中立，无论是从理论上来讲还是从实际考虑都不行。“先生，我们已经没有退路了，”约翰·杰伊对一位哈德逊河谷颇有名气的地主贝弗利·罗宾逊这样说道，此人在次年年初仍执意保持中立，“现在每个人都必须牵涉其中。”对革命者而言，效忠都出于自愿：所有人都有一段宽限期，考虑是要效忠英国还是效忠美利坚合众国。罗宾逊也有6个星期的时间来做决定，签下誓言，最终，他还是将他的家人们撤离到了英国防线后方。[65]

爱国者们宣布独立后，将其采用的政治忠诚政策置于更强有力的法律基础之上。首先，国会通过了《叛国罪法案》《财产没收法》《驱逐流放法》，然后，各州也纷纷通过这些法律。1776年6月准备独立时，国会已将对联合殖民地发动战争、拥护大英帝国国王，或者给予敌人帮助及抚慰都定义为叛国。为敌军招募人员，加入敌人队伍，甚至充当本地向导，都是死罪。约翰·亚当斯谴责那些保皇派，说他们是“一群怯懦无知的流氓之辈”，他很高兴，认为《叛国罪法案》将“让成千上万人都成为美国独立战争的支持者……《叛国罪法案》在政治上就像是这样一种条款，规定对于逃兵要当场枪杀。这能让胆小懦弱者转变为英勇无畏者，因为他们身后面临的危险要大过前面即将遭遇的危险”。8个州都驱逐了那些榜上有名的保皇派，还威胁他们要是再敢回来就处死他们。战争期间，有几个州处死了那些被判有罪的保皇党叛徒。[66]

除了《叛国罪法案》外，各州还颁布了《测验法》，该法要求公民们向其所在各州宣誓效忠。在多数地区，反效忠法的严苛程度取决于所能察觉出的亲英情绪的强烈程度以及哪方在军事上占据上风。在新罕布什尔州，活跃的保皇派特别无足轻重，在那儿，战争所带来的直接影响很是有限，自1777年年底起，仅要求公职人员、官员以及律师们宣誓效忠。相反，在纽约的维斯切斯特县，保皇派势力较强，那里的居民被宣称为公开敌人的风险要大得多。到了1779年，当地委员会在纽约情报调查委员会的指导以及一大批民兵的支持下，将要审判约1 000人。在此期间，保皇派难民一举涌入了英军控制下的纽约，纽约人口一时间增加到了33 000人。[67]

那些不遵守《测验法》的人所面临的后果要比那些先前拒绝宣誓效忠者所遭受的惩罚严厉得多。通常，政府会剥夺他们的投票权，禁止他们担任公职、从事职业以及做生意。他们不能加入陪审团，也不能获得财产，继承土地，甚至不能随意旅游。战争期间，没收财产使成千上万的保皇派受到了影响，还使得各州得以累积资产，并在不进行大范围处决的情况下，就将叛国者驱逐出社群。一些难民不断遭到驱逐，流离失所，居无所依，就像那些康涅狄格州的流亡者一般：他们撤退到长岛，却在那里遭到爱国者突袭。[68]

在这个混乱的过渡时期，随着新法实行，起诉力度加大，各殖民地委员会以及暴民们继续在保皇派和动摇者间散布恐怖。在今日的康涅狄格州达连湾地区，一个美国护卫队抓捕了沃尔特·贝茨，他十五六岁的样子，出生在一个英国保皇派家庭。爱国者怀疑沃尔特知道那些武装的保皇派逃犯的下落，其中还包括他兄弟，爱国者认为那些逃犯就躲在附近。沃尔特后来回忆道，他的审讯者“威胁要让他尝一尝各式死法”，其中包括将他淹死，除非他如实招来。晚上，一群武装分子将沃尔特带到当地的一个盐沼，扒光他的衣服，将他的手脚绑到一棵树上。在那两小时里，沃尔特深感绝望，蚊子快要“吸干……他身体里的每一滴血”了。[69]

在他动摇后，委员会的两名成员便给了沃尔特一个选择：要么他招供，然后被释放；要么就再次将他交到暴民手中，他们很可能会杀了他。沃尔特拒绝了，结果被告知他将会受到100鞭的惩罚。沃尔特知道，要是这鞭刑没能杀死他，自己也会被吊死。被打了20鞭子后，沃尔特就被送回了警卫室，进而受到“所有人的折磨和侮辱”。显然，那些折磨他的人重新考虑了一下鞭笞量，然而对沃尔特的折磨远没有结束。

第二天，委员会讨论要用尽刑讯逼供的各种手段让他招供。就像沃尔特说的那样，“最可怕的是把我绑在锯木厂马车上的一块木头上，让锯把我劈成两半”。在经历了这些痛苦之后，沃尔特完全有理由认为爱国者说的都是当真的。但是后来他的命运出现了反转，不用做一根活人木头了，他被带到一个他称为达文波特法官的人面前。令达文波特法官惊奇的是，他从未见过有人能经得住这么大的折磨还不供出自己的同伴，最终，他下令放了沃尔特。就像很多遭受迫害的保皇派那样，沃尔特藏匿在深山老林里，直到“这种疯狂行为有所减弱”。他的牺牲并不是徒劳无功的：沃尔特的兄弟设法避开了爱国者搜索队，前往约克镇，在康沃利斯将军麾下继续作战。

随着在各州范围内对保皇派的追捕活动愈演愈烈，妇女和整个家庭也都越来越能感受到这种影响。在大多数州，《财产没收法》规定，没收被逃亡的男性保皇派遗弃的家庭成员的不动产时，要给他们留下一些衣物、家具以及生活必需品。在马萨诸塞州，妻子对其丈夫三分之一的财产拥有处置权，这种权利仍然受到保护。相反，在南卡罗来纳州，即使妻子不认同丈夫的保皇思想，也会被视为有罪的，除非能证明事实并非如此，否则即会受到牵连。被赶出家园，财产被没收，给那些妇女和家庭造成了巨大的心理创伤。瑞秋·诺布尔是新泽西州一位活跃保皇派的遗孀，她记录了自己在拉马波的邻居那里遭受的骚扰。她侥幸逃脱了地方当局的搜捕，逃跑时“全程都抱着一个婴儿，没受到任何保护，还遭受着一切可以感知的痛苦，诸如恐惧、恶劣天气以及食物匮乏”。诺布尔的其他三个孩子落到了爱国者手中，那些爱国者扒光他们的衣服，掠夺并摧毁了他们的家。历经越狱和监禁后，瑞秋终于在纽约和她的孩子们团聚了；1780 年，他们都去了英国。[70]

妇女们积极帮助英国，她们接济囚犯，跨越美军防线运输物资，或者为英国收集情报，她们知道一经发现，自己将会遭受特别严重的惩罚。纽约人洛伦达·霍姆斯“被一群愤怒的委员扒光了衣服，然后被拖到‘会客室的窗户前……将她赤身裸体地暴露在成千上万人面前’”。那次，洛伦达明目张胆地搭乘一艘去往长岛的英国战舰，利用自己的内衣夹带情报。“怀着羞愧和恐惧之心”，她逃脱了。洛伦达不仅继续携带秘密邮件，还引导保皇党难民前往英国难民营中的安全区。后一种行为被发现时，一名美国士兵来到她家对她实施了一种肉体上更痛苦的惩罚方式。这位折磨者让洛伦达脱了鞋，然后“从火上取来木炭，用力把她的右脚踩在炭上，直到用这种最令人震惊的方法把她的脚烧焦为止”。这位行刑者一边对她进行折磨，一边还讥讽说“要教她如何将保皇派都带到英军那里去”。爱国者们可能觉得她轻易就逃脱了叛国罪的惩罚，但毫无疑问，霍姆斯的忠诚所造成的后果不仅深深地印在了她的脑海中，也深深地印在了她的脚底上。[71]

和洛伦达·霍姆斯一样，美国的其他保皇派不仅仅是在他们的平民邻居那里，也在大陆士兵手里经受了同样的恐吓。1777 年 5 月，弗朗西斯·纳什将军率领的一支北卡罗来纳部队穿过弗吉尼亚的里士满时，后面跟着一个鞋匠高喊：“乔治国王万岁！”怒不可遏的纳什命令手下将那个鞋匠扔进詹姆士河：“士兵们用绳子捆住他，来回将他丢到水里，直到他快淹死为止，不过，每次他都把头伸到水面上为乔治国王呐喊。”接着，纳什将军下令将他浑身涂上柏油并粘上羽毛，不过这个鞋匠“仍然为乔治国王欢呼”。这位鞋匠被赶出了镇子，并受到威胁绝不能再回来，否则就会被杀，但他从未向那些折磨他的人屈服过。[72]

美国独立后的数月以及数年间，爱国者继续肃清美国社会，他们对保皇派邻居提起诉讼、施加人身伤害以及实行监禁。最终，3 万保皇派离开了家园，逃往英军驻扎地纽约、查尔斯顿以及萨凡纳，这部分殖民地人口以今天的人口换算，相当于约 380 万美国人。到了 1781 年，纽约已经恢复了其战前人口数量，拥有 2.5 万人，其中不包括人数不定的武装人员。战争期间，足足有 1 万保皇派离开了美国；1.9 万人被征召加入保皇派军队，与英军并肩作战；还有数千人自愿成为游击队战士。在战场之外，保皇派有的因其政治信仰以及政治行为而付出了自己的生命，有的惨遭暴徒杀害，或落入劫匪之手，也有的被各州安全委员会或其他机构下令吊死，或者经军事法庭审判后被处决。然而内战中，暴力都是双向的。接下来的6年里，保皇派士兵以及狱警都会犯下合法和不合法的罪行。大陆会议主席约翰·汉考克的一位友人哀叹道："我们被抛进了一个陌生而无助的世界，在这里，国与国、家与家、人与人之间争斗不止，他们彼此互相对立，势要从所有者手里夺走每一份快乐、每一项财产，甚至是他们的生命。"[73]

新成立的美利坚合众国领导人正在镇压国内异见分子时，威廉·豪将军已经发起了忠诚之战。11月底，当他所率领的军队不断将大陆军赶出纽约时，豪发布了他那一年的第4份公告。该公告对所有在60天内投降的叛乱分子都予以赦免。为了考验萨福克郡的忠心，豪要了200辆货车来运送军队辎重，当地民众对他的帮助简直超出了他的预期。豪兄弟俩向伦敦当局发回报告称，他们确定有相当数量的叛乱分子正加入英方阵营：仅在第一周，长岛就有1 900人加入了英军，新泽西则有3 000人，约占所有成年男性自由民的15%。不过国务大臣杰曼警告说，给予叛乱分子特赦可能有疏远那些长期受苦受难的保皇派的风险。他指示豪公开宣布所有那些在60天内没有投降以及不值得皇家赦免的人，都要受到应有的惩罚。由于英国领导人在暴力和克制的策略上仍然存在分歧，杰曼需要看到那根在摇曳的胡萝卜旁边挥舞着的大棒。毫无疑问，叛乱分子依然可能会面临死亡。[74]

在列克星敦和康科德的开场战役中，美国的爱国者们早期取得了一些夸张的胜利，之后英军轰炸港口城市诺福克时，由于掩护得当，爱国者们也取得了胜利。他们发表的《独立宣言》，矛头直指乔治三世的非法暴行，这也有助于其合法脱离母国。豪在纽约围捕华盛顿失败之后，这场战争看起来转了风向。如果美国革命者想要抓住并保持道德制高点，就需要继续诋毁英国人为野蛮人。与此同时，他们自身也必须树立起一个积极正面的形象，一种对敌人所谓的恶行做出的正面反击。华盛顿随时做好了接受这一使命的准备。不过，在指挥作战的压力下，在战争的突发事件和困难中，他的道德领导理论究竟能发挥得如何，仍须拭目以待。

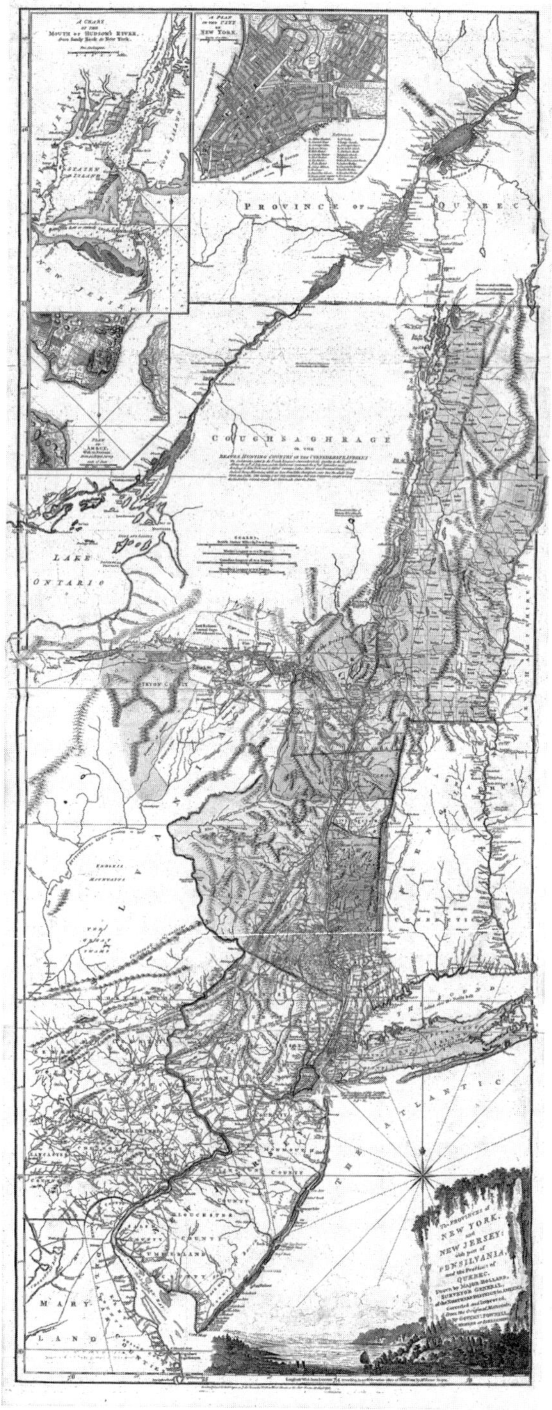


纽约和新泽西省，以及彭西尔瓦尼亚部分地区和魁北克省地图 作者：托马斯·波纳尔和塞缪尔·霍兰。

Thomas Pownall and Samuel Holland, *The Provinces of New York and New Jersey; with part of Pensilvania, and the Province of Quebec* (London, 1776). Hand-colored, 134 x 51 cm. Library of Congress.

Chapter 04

第四章

# 美洲护民官

乔治·华盛顿将军几乎每天都要重复同样的苦差。成千上万份的文件等着他去批阅，其中就包括军事法庭裁决书。这次又是一起治下军队公开扰民的案子——受到骚扰的不仅仅是保皇派，还有爱国者和中立者。出于内心的坚定信念，华盛顿立刻批准了法庭的裁决。有时，只能以暴制暴。

恰巧一星期前，也就是1776年9月6日那天，华盛顿就已下达军令，告诫部下将士他“决心制止一切掠夺行径”，不论是马匹、家具，抑或是任何种类的商品。任何一个被抓到扰民或是被发现伙同掠夺者的士兵，都将受到军事法庭的制裁，并且“烙上耻辱的印记，因为世人应当铭记，一支抢劫掳掠的军队永远不可能打胜仗”。此时距那场灾难性的长岛战役[1]已经过去了一个多星期，当时华盛顿率领的军队首次遭遇英军，几近全军覆没。随着部队在曼哈顿的重新部署，华盛顿必须做出重大战略决

1　1776年8月底，为进一步抑制英军攻势，守卫纽约，美军在长岛与英军展开大规模陆上会战，美军在这场惨烈的战斗中蒙受巨大损失，最终退守曼哈顿。见第三章。

策：应该撤离纽约还是坚守到底？如果撤退，是否应该放火烧城，不给侵略者留下这么一座唾手可得的堡垒？那么随后他和英军又将在何时何地对阵？况且怎样才能说服自己的士兵在年末服役期满后重返部队呢？这一系列问题至关重要，将直接决定秋冬战役的成败。此外，华盛顿还担心军队的所作所为会对全局构成威胁。[1]

华盛顿知道掠夺这种危害公民财产的军事暴力会破坏共和及革命的理想基石。他也深知，抢夺财产无异于对平民拳脚相向，这两类违规的暴行都会严重削弱军纪。华盛顿心知肚明，面对国内和国际舆论，要占领战争的道德制高点，己方就得比敌方表现得更文明，比如，依照惯例宽恕投降敌军，优待战俘。但最重要的是，他必须阻止自己的部队侵害那些正应受到他们保护的平民。自纽约战役[1]起，英德两军始终在侵吞公民财产。帝国侵略者在美洲大地上抢夺劫掠，毫无忌惮。正因如此，爱国者的事业从中受益：他们借此良机控诉英军的残忍行径，同时证明美国的正义事业师出有名，独立势在必行。但是倘若连华盛顿自己的部队都残害百姓，人民就会对这个新生国家的军队产生质疑，从而降低革命者在这场赢取民心的战役中获胜的可能性。正因如此，华盛顿相信，必须制止掠夺行径，尽管这意味着要将酷刑施加在自己的军队身上。如果军令不能吓退屡教不改的士兵，那么就只能靠鞭子说话了。[2]

## “副官的女儿”

1776年9月12日，临近夏末，天气依旧炎热。那天早上，华盛顿的部队很清楚他们接下来要干什么。军事法庭已判决他们的战友丹尼尔·多诺维尔有罪，罪名是“最近掠夺了斯特林勋爵的宅邸”。多诺维

1　指1776年7月至1777年3月间，美军与英军在纽约州等地展开的多场战斗。战役以纽约失守告终，标志着美国独立战争进入最困难的时期。见第三章。

尔是一名英勇的军官，近来在长岛战役中与敌军顽强抵抗，为美军主力部队撤离到安全地带争取了足够的时间。也许人们是在搜查多诺维尔的背包或营帐时发现了赃物，或是一位眼红的战友告发了他。当时并没有目击者记录具体的鞭刑过程，但是透过当时人们对其他相似场景的记载，我们可以再现这一过程及当事人的心态。[3]

多诺维尔很可能被剥光上衣，然后被绑在一棵树或一根木桩上，通常军队里管这叫作“副官的女儿”，因为军事法庭下达的命令由军团副官负责监督实行。部队绕木桩围成一空心方阵，或者以木桩为首，并排成列，在大阅兵场集合观看刑罚的执行，这被称为“换新装”。公开执行军纪是为了让一旁观看的士兵心生畏惧。所有的大陆军都必须签署战争条款，其中包括保护公民的条例。除了随军牧师口头告诫士兵不要重蹈覆辙之外，随军鼓手也做好了准备，以便行刑。负责行刑的鼓手可能会脱掉上衣，好使出浑身的力气。一名前英军鼓手受不了“脱衣服”这种“极度变态的、残忍的、毫无人性的”热身运动，“时常感到万分耻辱，因为他曾被迫执行这种刑罚”——后来他致力于推动军队废除鞭刑。行刑之前，第一鼓手还要最后检查一下刑具“九尾鞭”。这种鞭子由 9 股马裤呢编织而成。每条绳子上均系有三个死结，如此一来，当刑鞭划破皮肤时，犯人将承受最大限度的伤害及剧痛。

等士兵们整好队，多诺维尔被押往刑柱以后，鼓手便把绳子解开，然后像在海军部队中一样将九尾鞭挥过头顶，接着便重重鞭打多诺维尔裸露的后背。每一鞭下去，鼓手的鞭子上都会沾染更多的鲜血。所以几鞭下去之后，他还必须得擦掉绳子上的血肉才能继续行刑。军乐队指挥则务必确保 39 鞭“一鞭不少”，这一传统源自摩西律法；行刑的鼓手也是轮流替换，这样便能保证每次鞭打的力度都达到最大。在场那些被迫观看刑罚的旁观者或许将难以忘却这些痛苦的经历。看到挥舞的鞭子，有些人的心里不禁为之一颤；从其他叙述来看，甚至还有些人当场晕倒。整肃军纪通常是当着罪犯所在连队所有人的面公开执行；和多诺维尔同一营帐的战友将难以直视这场令人心痛的公开行刑。赫尔曼·麦尔维尔在小说《白外套》中对海军鞭刑的场景进行了描述，极具震撼力。在麦尔维尔看来，那些不相关的看客，“要么是天生铁石心肠，要么是积久成习，以致麻木不仁”，这类人“毫无尊严、怜悯心、羞耻感可言”。

尽管多诺维尔口里可能含着一颗铅弹，但肉体的疼痛依旧剧烈难当。亚历山大·萨默维尔是少数几个动笔记录自己遭受鞭刑经历的士兵之一，他回忆道：“脖子以下，肩膀这块儿，从头到脚我觉得疼痛难忍。这种痛楚直刺心房，就像一把利刃在身体内游走。”等到 24 鞭下去，多诺维尔早已是皮开肉绽，他那血肉模糊的后背“就像一块被烈火烤焦的熟肉，但鞭子并没有停下来的意思”。就这样，每一次的鞭笞“就像是鹰爪从人身上撕裂肌肉”。一个英国犯人写道，军队暴力将所犯之罪、所遭之刑及所受之辱永远刻在了犯人的血肉之中。

鞭刑结束后，多诺维尔的肩膀和背上早已血肉模糊，他遍体鳞伤，背上几乎掉了一层皮，连被缚的手腕那儿也是皮开肉绽。正如麦尔维尔写道：“像个奴隶一样被扒光衣服，被人打得还不如一条狗。”被公开施以鞭刑的人通常倍感耻辱，一如持续数日乃至数周的疼痛。若是首次受刑，其情况更是如此：“尽管背后鲜血直流，心头却涌出令人更加痛苦的羞耻感！”鼓手要将九尾鞭上的鲜血擦洗干净以备下次鞭刑。也许他们当中有人会暗自思忖，其他同伴会不会觉得自己下手太轻，想要给他再上一课，以便下次行刑时游刃有余。旁观的任务一结束，队伍也随之解散，撤到相对安全的哈勒姆高地。

刑罚的残酷凸显了罪行的严重性。很少有平民目睹掠夺者遭受鞭笞，但是对美国民众来说，战时总有军队前来骚扰，弄得人心惶惶。不出所料，多数的爱国者将其归为英军、黑森军及保皇派的过错。被托马斯·潘恩斥为“强盗头子”的豪上将也允许黑森军“洗劫和破坏”，以此作为后者参战的回报。[4]

当时人们通常将敌军的掠夺行径比作自然灾害。据说英军所到之处，当地就像遭到龙卷风、地震或瘟疫破坏一样。1777 年 6 月 27 日，爱国军上校伊斯雷尔·施里夫抵达新泽西韦斯特菲尔德，此地距伊丽莎白敦以西 9 英里。几小时前，13 000 名英军刚离开这片区域。之前英军选在小镇附近安营扎寨，取来了 2 365 根栅栏就地生火。酗酒的英军随即展开疯狂的洗劫，入侵了 90 多间民居，抢走了 11 000 件物品。他们还带走了数百件衣物，不仅包括男士马裤和外套，还有女人的衣裳和儿童用品；抢走数匹亚麻布、花边、缎带、毛料及多套寝具；抓走 342 只家禽、665 只羊、106 只猪和 28 个蜂巢；运走 11 张桌子、18 张椅子和 26 面镜子；还偷走 19 柄斧子、12 把锤子，甚至还有一把犁。从 105 磅[1]重的蜡烛到三桶肥皂，恐怕要写上好几页纸才能把被盗赃物一一列举出来。其后，施里夫目睹了英军席卷之后留下的"惊人破坏"："我看见很多家庭都在抱怨他们连一口饭都吃不上了，没有床也就算了，连盖的东西也没有，更别说衣服了，只能有什么穿什么。其间，他们连一口面包和一口水都给不了哭闹不止的孩子。"整个社区蒙受了高达 8 700 英镑的损失。[5]

与此同时，英军和保皇派利用一切证据指控革命军侵吞美国公民的财产。保皇派把持的《纽约公报》将"叛军对泽西及其附近地区所造成的破坏"评论为"骇人听闻"。据称，革命军不仅攻击保皇派，掠夺其财产，还连农民都不放过，以致农业荒废，饥荒肆虐。[6]

毫无疑问，战争期间侵占他人财产的现象非常普遍。普鲁士腓特烈大帝曾在独立战争爆发前夕写道：军队犹如人体，其根本在于胃部。近现代许多军队一直被供给问题所困扰。由于机动部队通常靠山吃山，不断地搜刮及强占物资对其生存显得尤为重要。搜刮的意思是，在军官的监督下，士兵取走牲畜、谷物和其他食物，不论是否即时付款，或开具发票和本票以便日后偿还。强占物资意味着强制变卖食品，而且遭到胁迫的卖家通常只能获得极其微薄的报酬。据说到 18 世纪时，这般猖獗的

1　1 磅约合 0.45 千克。——编者注

强盗行径已日渐式微。不过，有序地搜刮和定期地强占物资仍无异于肆意疯狂掠夺。[7]

大卫·哈克特·费舍尔等美国历史学家对独立战争时期的掠夺行径做了不同种类和程度的区分。费舍尔写道，美国军队主要干些“小偷小摸的勾当，造成的破坏也并非有意”；而英军及德国援军所犯的罪行更为恶劣。但两者间的界限却不甚分明。尽管很难找到具体的评估标准，但历史记录却能还原当时的某些片段。1781 年过后，新泽西的市民可根据 1776 年以来遭受的损害提出索赔，对象不仅包括英军，还有大陆军及爱国民兵组织。英军在洗劫途中的确是“来者不拒”：除了粮食和牲畜，他们还顺手牵羊，习惯性地拿走家用物品和个人财产，有时是出于个人的需要，有时则将到手的赃物变卖到军营外或占领区的黑市中。

平均来说，对华盛顿部队的指控要显著弱于英军部队，因为前者掠夺的物资大部分是粮食和男士衣物。同时，大陆军遭到指控的次数则更加频繁。他们干脆直接侵吞牡蛎养殖场里的牡蛎，跑到果园摘苹果，将芜菁和卷心菜连根拔起，挖光土豆，然后跑到田里偷走玉米和西瓜。小鸡、鹅、火鸡、猪、羊、奶牛、公牛、马，要么是在夜里被一抢而光，要么是在光天化日之下被人从牧场里强行赶出来。大陆军通常会把马和奶牛放养到良田或草地里。士兵从商店和地窖里偷来食盐、牛肉、奶酪、面粉、糖、茶、咖啡、苹果酒、朗姆酒和葡萄酒，既可以直接食用，又能出售或与其他物品进行交换。军官有时会教唆士兵四处抢夺，借机发财，自己甚至还从中分一杯羹。总之，在美军营地附近的居民看来，就强盗行径而言，美军并不比敌军“逊色”。[8]

在其他战区，掠夺之猖獗令人瞠目结舌。但匪军并不仅仅对房屋和财产造成威胁。军队劫掠之处，不论是宅邸还是农场，暴力总是相随而至，尤其是在市民想要反抗烂醉如泥的士兵侵吞其个人财产的时候。有一次，一伙四处搜查抢劫的英军闯入了位于宾夕法尼亚切斯特县的弗雷泽宅邸，结果发现家中只有珀西弗·弗雷泽少校的妻子玛丽·沃勒尔·弗雷泽和一名女奴。紧要关头，玛丽及时把四个孩子、一名仆人还有其他两名奴隶藏了起来。士兵们在搜查过程中翻出了一瓶酒，之后在酒精的影响下个个都变得醉醺醺的。突然“其中一人开始打我”，玛丽随后在日记中写道，这时他们的长官下了命令，他们才恢复了一定的秩序。但入侵者仍在侵占玛丽的财产；等士兵离开后，她已所剩无几，根本无法养活家人了。[9]

不论暴力是潜在的，正如玛丽·弗雷泽所经历的那样；还是公开的，比如住在长岛的安德鲁·米勒被康涅狄格州的捕鲸人用火枪后膛重击一番后，面部出现严重骨折，最终不治身亡——士兵的掠夺行径使战火蔓延到了百姓的农场及家中。平民的财产遭到剥夺，安全感也顿时烟消云散。在此过程中，美国公民的身份认同受到了极大的挑战，这一认同基于私有财产的神圣不可侵犯性，独立战争在某种程度上正是为了捍卫这一源自英国的理念。所以，作为战争暴力的一种形式，掠夺本身也反映出严重的资源、政治及道德问题。[10]

正因为掠夺对军民关系及内部军纪造成了极大的威胁，军队长官在任何情况下都会对犯人施加严惩。不论是 9 月清晨遭受鞭刑的多诺维尔，还是行刑的鼓手，抑或是被迫目睹鞭刑的大陆军，他们都对这种充斥在军旅生活中的日常暴力习以为常了。一支军队的素质往往取决于严格的士兵管理制度，包括体罚。18 世纪，军官经常在营地、兵舍和行军路上殴打或鞭笞部下，有时是为了些无足轻重的违纪事件，有时只是因为他们有这个权力。除了鞭刑可用于处理各种大大小小的犯罪事件，其他体罚措施还包括：骑木马（一种木制锯木架装置，罪犯腿上还会绑着重物或火枪）和受夹道鞭打，军官会将刀尖指向罪犯的胸膛，为的是让他放慢穿行在击打队伍中的速度。还有人说，那些被关在陀螺（其实是一种高速旋转的笼子）里的美国士兵都发疯了。刑罚的拥护者还不断强调军事鞭刑干净利落，成本低效率高，而且并不会使军队折损一员猛将。然而并没有确凿的证据可以表明，鞭刑降低了军队的犯罪率。[11]

鉴于当时的军事司法体系，读者应该知道，英美当时的刑法在判决人身和财产犯罪时，并不因犯罪公民的性别而区别对待，经常对其施以包括鞭刑在内的体罚。尽管 18 世纪见证着警戒性惩罚向现代刑法典的过渡，但仍有两处明显的例外：军纪和奴隶制。鞭子在奴隶贩运船上和殖民地种植园里起着震慑作用。废奴主义者不断挥舞的宣传画表达了他们的控诉，因为画中奴隶的背后满是鞭痕，但对于军纪的人道主义改革仍遥遥无期。那些拥护军事鞭刑的人，包括那位蓄奴的新共和国总司令始终坚信，鞭刑对于军纪必不可少。[12]

我们并不清楚华盛顿本人是否目睹过部下被施以体罚的情形。不过在他还是个年轻的上校时，他就已经严令禁止在行军途中或营地附近进行掠夺。华盛顿曾研读过几部经典军事著作精选集，如朱利乌斯·恺撒的《高卢战记》（他读的是译本，为此他总是痛苦地意识到自己并没有接受过正规教育）和现代军事名著，有些还是英国老军官借给他看的，如托马斯·盖奇中将，后来两人反目为敌。实用军事指南，如汉弗莱·布兰德的畅销著作《论军事纪律》（华盛顿在 1750 年左右购买了此书）中提到，破坏农村、强征特别税（即强占财物、强征壮丁）“只会让贫苦大众雪上加霜……对军队百害而无一利”。[13]

大陆军一位军事司法研究员哈里·M. 沃德特别提到华盛顿“似乎从不关心……被罚士兵所受的巨大痛楚”。华盛顿让所有人都知道他是一个纪律严明的人。正如他在 1776 年新年当天所说的：“一支军队若没有秩序、制度和军纪，只不过是一群持械的暴徒。”历史学家理查德·N. 史密斯写道，甚至在华盛顿十八九岁忙着学习土地测量技术那会儿，他就曾“将自己的名字刻在先前暂未授权开发的土地上，从而解决了土地纠纷”。到了他 20 岁左右，恰逢七年战争爆发，华盛顿与英军共同在边疆奋战，一路上学会了英军严谨的治军风格。“我搭起了一台 40 英尺高的绞架，”他吹嘘道，“决心……绞死两三人，以儆效尤。”[14]

1775 年夏，华盛顿在坎布里奇接管了大陆军。当时在华盛顿看来，马萨诸塞人民的境况堪忧，几乎无力与实力雄厚的大英帝国相抗衡。确实，如他私下所言，他们是“一群灰头土脸、令人生厌的家伙”。军官们仍旧沿用民间手法为士兵刮脸、补鞋，同时还允许相互间直呼其名，打破了等级严明的军衔制。然而早在20年以前的边境上，华盛顿已将纪律和秩序视为第一要务。他想起了布兰德军事著述中的宝贵经验，便将此书推荐给新部队的军官们看。[15]

矛盾的是，为了生存，一支捍卫自由理念的军队居然不得不动用强权。大陆军是革命的化身，而军民关系对美国革命的胜利起着至关重要的作用。但是就像其他正规军一样，新共和国的作战部队需要“独裁专政”，正如华盛顿首席军事法官威廉·都铎所言：“不管是谁携带武器，上到将官，下至哨兵，他都必须要像奴隶一样唯命是从。”美国人民为自由而战，他们必须在道德战争中击败英国侵略者，因此，严明的军法不可或缺。[16]

不过，华盛顿意识到动用鞭刑也无济于事。即使是严刑鞭打，将多诺维尔这类匪徒打得皮开肉绽，39鞭依旧还是不够的。和英军对相同罪行所判的严刑相比，美军的鞭刑真是小巫见大巫。在英军中，挨个400、600、800、1 000鞭或者更多都是毫不稀奇的事：也难怪美国人称英军为“血背士兵”。英国军事法庭对掠夺者判重刑部分是出于保护私有财产的考虑，这一点军官和国内统治精英达成了广泛的共识，甚至连那些侵害他人神圣财产的妇女都被处以严厉的体罚。或许是来自波士顿的难民或间谍将威尼弗雷德·麦科恩偷宰镇上公牛的故事传开，麦科恩被判“绑在马车尾部，袒露后背，在镇上和营里最热闹的地方挨了100鞭”，况且暴露身体极不光彩，更令她感到羞耻。英军占领费城后，一位水手因偷窃黑人的奶牛挨了1 000鞭。英国侵略者早就在内部处死了一批洗劫商店和民居的士兵。[17]

华盛顿昔日治军所效仿的典范如今却成了他强劲的敌手。与英军的军法相比，对于那些挨饿的士兵、热衷冒险或发财的列兵，或者偷抢成性的士兵来说，华盛顿所判决的最高刑罚都起不到多大的威慑作用。因为华盛顿心里清楚，自己的部队和英军一样，都明白军队和士兵之间形成了一种契约关系。一旦军饷拖欠或供应不足，抑或是他们觉得侵吞公物的时机已然成熟或者上级和政府苛待自己，士兵们就很有可能通过非常规手段来解决温饱问题。“魔鬼不时诱惑我们，”列兵丹尼尔·巴伯写道，“有需要时，摘些土豆和卷心菜，或者偶尔一穗玉米也无妨。”有的人只偷南瓜和土豆，有的会抓家禽或家猪，还有的则只在打劫家宅时停下脚步。在福吉谷度过的第一个冬天里，美军连供应都成问题，情况异常窘迫，甚至连军官都承认他们产生过抢劫的冲动。“我羞于启齿，”军医阿尔比吉斯·沃尔多坦白道，“但如果真能找到几只家禽或一只全猪的话，我会忍不住偷吃的，因为我感觉自己能一扫而光。”如此一来，华盛顿面临着一项艰巨的任务，他需要在军队的燃眉之急和美国的崇高事业之间达成平衡。[18]

再来看看大陆军的粮食需求量。华盛顿曾估计，15 000 名士兵每年要消耗掉 2 000 万磅肉和 10 万桶面粉。在 1776 年秋撤离曼哈顿之前，美军粮食供应充足，包括猪肉、牛肉、面包、米饭、玉米粉和新鲜农产品。但在其后的日子里，肉类、面粉还有面包的供应量变化很大；几乎没有蔬菜供应。驻扎在福吉谷和莫里斯敦冬季营地的部队于 1778 年及 1779 年遭遇了最严重的供应不足（1779 年宾夕法尼亚州的物价上涨了 700%）。1778 年 2 月，每个士兵只剩 3 盎司[1]肉和 3 磅面包，却要挨过整整一个星期。华盛顿也承认这一窘况：“说到粮食，虽然我国地大物博，但是没有哪支军队比我们更缺乏物资了。”[19]

新生的美国并不足以保证士兵的供给。但是华盛顿一方面要解决军队的燃眉之急，另一方面还得维持良好的军民关系。因此，如果必须从人民手里获取食物的话，华盛顿会尽力偿清费用，至少会依据大陆会议

1 1 盎司约合 28.35 克。——编者注

和各州的公民监督条例签发取款凭证。在卫兵的陪同下，军需采购员在乡间收购粮食，然后通过补给站送至军队。[20]

然而，这一过程总是困难重重。公路及航道建设不完善导致交通受阻，而货车、马匹、牛群及技术工（比如货车司机、马夫和铁匠）的不足更是加大了运输的阻力。缺盐使得肉类更难保存。美国农民及商人，且不谈其政治忠诚，通常不惜长途跋涉把牲畜和农产品卖给英军，因为英军给的价格更为可观。士兵将随身物品卖给当地居民，用以交换烈酒及其他心仪的物品，贪污和偷窃的风气随之在军队里蔓延开。由于收入较低，一些军需官及军需总长便趁机牟取暴利，尽管大陆军对诈骗罪的判决似乎比英军更加严厉。等其他法子都不足以筹够物资时，华盛顿就只能转而“有求于民”，甚至从1777年冬起开始强征人民的私人财产。[21]

华盛顿军与英军围绕紧缺的资源展开了激烈的争夺战，包括新鲜食物、干草、燕麦、马匹和货车。1775—1781年间，英军或多或少地面临着持续的，有时甚至是极其严重的食物短缺问题。每年为了填饱6万～9万名士兵的肚子，英军不得不从本土调用大量物资。自1777年春至1781年秋，经由军需总长调配的物资包括：近8 000万磅面包、面粉及大米，1 100万磅咸牛肉、3 800多万磅咸猪肉，300万磅鲜肉，近400万磅黄油，约42.7万蒲式耳[1]豌豆，17.7万加仑[2]糖浆，13.4万加仑醋和228万加仑朗姆酒。[22]

英军甚至还试着从大洋彼岸运来新鲜食品。这倒是鼓励了一系列发明，以防洋葱和土豆在运输中受损。装有弹簧安全阀的木桶能够保证泡菜在舱内完成发酵。成功运送活物还能获得额外的赏金。不过常有牲畜死于运输途中，保鲜工艺并不成熟，仓储本身也存在着问题，更别说还有偷吃的老鼠了——以上因素阻碍着跨洋食品的输送。通常来说，口粮极

1　1蒲式耳约合35.238升。——编者注

2　1加仑约合3.785克。——编者注

差，连饥饿的士兵都不愿意咽下“发霉的面包、生虫的饼干、变质的黄油、酸臭的面粉、虫蛀过的豌豆，还有生蛆的牛肉”。一位目击者评论道：“我们的军队出人意料地走向瓦解：很多人战死沙场，还有很多人抱病而亡。”后者是因供给粗劣造成的。因此到最后，英军主要还得依靠当地（美国）提供的鲜肉、绿色蔬菜、面粉、谷物、大米，还有饲料干草和燕麦。[23]

但是对入侵者来说，在美国本土获取新鲜食物又是困难重重。1776年6月，苏格兰资深军官詹姆斯·默里甚至在主力部队抵达之前就在一封家信中抱怨他微薄的口粮。默里还说，军官分到的口粮还没有普通士兵的多：“4个月以来我吃过的新鲜食物不超过4口。早上吃烤咸猪肉，中午吃水煮咸猪肉，晚上吃冷的咸猪肉。”1776年年末，随着军队总部搬至纽约，新泽西和罗得岛的大部分城市相继落入英军之手，英军从美国获取军需物资暂时变得更易得手。对华盛顿来说，这意味着他得去别处寻求供给，或者从贪婪的侵略者手上夺回这些资源。[24]

确实，两军对食物和燃料需求巨大，导致双方之间不断爆发资源争夺战，正如一位英国军官所言，“为必需品而战”。英军的掠夺部队在大本营附近的农村地带针对新鲜食物、马匹、干草和燃料展开了搜查。为了切断英军的供应，美国人不断骚扰入侵者。因此英军需要增派500人甚至2 000人以上的掩护部队，从而使掠夺的代价极其惨重。掠夺行动也异常危险。到1776年冬末，豪的兵力锐减至原来的一半，绝大多数士兵在掠夺行动中因小规模冲突袭击而丧生。[25]

鉴于双方供给经常性地出现极度短缺，英美两军总想着从百姓身上捞油水，借以解决吃穿用度的问题。两军此举有违民心，而人民的拥护正是赢得这场战争的关键。对华盛顿来说，这些贯穿美国独立事业的价值观正面临着重大的考验——更别说其捍卫者的公信力了。

## 杀鸡儆猴

由于华盛顿常被迫采取强征手段，维持好军民关系就显得尤为重要。为实现这一目标，他适时提出了实际方案以规范士兵的不良行为。华盛顿在行军途中的公馆附近设立岗哨，以防落后士兵掉队。他还在营地附近安排了卫兵和巡逻部队，希望进一步杜绝此类事件发生。长官们负责限制离营人数及离营士兵的活动范围。军队中一天要点名两到三次，通常也不会事先通知，而军官则趁着点名期间检查士兵的帐篷和背包里是否藏有赃物。夜间点完名后，士兵禁止离营，更不能携带武器离开营地。数道军令禁止士兵劫掠或焚毁民居及谷仓；禁止践踏草地、花园及果园；禁止焚烧围栏、篱笆、灌木及树枝用以生火。华盛顿呼吁军队宽厚待民的倡议书被张贴在公共场所并在报纸上刊登，以安抚广大民众。[26]

尽管上述预防性措施必不可少，但只有这些还是不够的。如果华盛顿和他的部下想要遏制那股严重损害军纪、降低军队公信力的风气，如果他们想彰显美军相比入侵者所具有的道德优越感，军事法庭必须判处比 39 鞭更为严苛的刑罚。1776 年整个夏天，大陆会议一直忙于修订战争条款，由托马斯·杰斐逊和约翰·亚当斯牵头，而后者在反间谍委员会中还扮演着领导角色。对华盛顿来说，他们的工作越快完成越好。

在多诺维尔遭受鞭刑的一周后，华盛顿出乎意料地敲打了他的军队一番。他表示美军和英军相比并无优势。华盛顿在各军事哨所宣读的指令中写道："英军极其谨慎，决不允许任何侵犯私人财产的事件发生。相比之下，我们当中那些游手好闲、恣意挥霍之徒，一受到某些上级的怂恿就忘乎所以，把荣誉、美德，还有祖国的恩情统统抛诸脑后。他们巧取豪夺，所到之处，无一不是破坏和恐慌。"一旦士兵制造破坏和恐慌，而非维护与共和制息息相关的美德、荣誉、爱国精神，那么革命事业将遭受巨大打击。华盛顿重申了之前的军令，即"绝不放过任何一个干出这等无耻勾当的罪犯，若任其继续下去，地球上任何一支军队都将因此遭遇灭顶之灾”。[27]

费城政坛方面杳无音信，人民抱怨之声不绝于耳，华盛顿及部下急需提出替代措施。9 月 25 日，华盛顿彻夜未眠。“我要少睡会儿，从中挤出点时间。”他在给大陆会议主席约翰·汉考克的一封长信中写道。华盛顿将军再次敦促他的文职长官批准更加严厉的惩罚措施，以便遏制偷抢之风。为搜刮民脂民膏，华盛顿的部下编造出各种借口。他们扬言要纵火行凶，逼得百姓离家出逃，接着便恣意妄行，将民居洗劫一空；之后他们通常会焚毁民居来掩盖自己的罪行。华盛顿向汉考克再三保证：“我已竭尽全力，包括当场执行体罚，来遏制这可憎的罪行，但是目前鉴于士兵对于财物的贪婪，以及相关法律的缺失，我这么做无异于愚公移山。”[28]

为了凸显他对从宽判刑的不满，当天华盛顿还向大陆会议递交了近来一份令他大为光火的军事法庭庭审记录。来自马萨诸塞州汤顿市的掌旗官马修·麦坎伯被旅长丹尼尔·博克斯逮了个正着，因为当时他正带领 20 名部下洗劫美军防线外的一间民居。博克斯要求麦坎伯放下手中的赃物，将其归还给合法的主人。然而，麦坎伯命令部下准备向博克斯开火。后者迅速做出了战略撤退，并在随后召集更多人员迫使麦坎伯缴械并将其逮捕归案，交由军事法庭审理。庭审由名字极富喜感的康福特·塞奇上校主持，博克斯做证看到麦坎伯的部队“满载赃物，如家具、桌布、厨具、瓷器还有德尔福器皿”。博克斯的部下证实了他的说辞，进一步将“女装”补充进嫌犯的赃物清单，还做证声称如果他们扣押了赃物，嫌犯很可能会朝他们开火。麦坎伯的两名下属出庭为他们的长官辩护，声称麦坎伯曾明令禁止巧取豪夺。最终法庭宣判麦坎伯抢劫及盗窃罪名不成立，只要求他向博克斯道歉，并谴责他抗命及威胁上级军官。

华盛顿对此案深表怀疑，拒绝批准法庭的裁决，并行使总司令的职权要求法庭重新审理，还在他递交给大陆会议的庭审记录副本上做出了一段简短的注释：“参与分赃的士兵反而能为犯人进行辩护。”在复审中，另一位军官证明他也曾盘问过麦坎伯，因为他满包都是东西，连蜡制玩具都从包里露了出来，而他的部下则一直在搬运椅子、水壶和其他用品；他们扣上扳机，准备向博克斯开火。如今法庭判处革除麦坎伯的军职，或者把他灰溜溜地打发走。华盛顿则确保重审判决立刻得到执行。[29]

可以说，麦坎伯侥幸逃过了更加严厉的惩罚。因为在 9 月 20 日，大陆会议最终通过了战争条款的修订版，而此时华盛顿还并不知情。修订版大部分由约翰·亚当斯执笔，以英军条款为范本，加强了对公民及其财产的保护。如今死刑的适用罪名扩大到 16 项，从叛乱罪、煽动罪、擅离职守罪到掠夺无辜居民财物罪。体罚的上限也由 39 鞭提高到 100 鞭，尽管平均鞭数仍比英军的少很多，但这已是显著加刑了。[30]

在战争期间，华盛顿曾多次要求大陆会议将鞭刑的上限提高到 500 鞭，或者干脆不要设置任何上限。他还想到，更加多样化的惩罚条例还能降低士兵无缘无故被军官殴打的可能性，因为后者通常会不自觉地诉诸此类肢体暴力，而不会自找麻烦，选择上诉军事法庭，这样做的程序太过烦琐。然而，大陆会议拒绝了华盛顿的紧急提议。在大多数情况下华盛顿都坚持了 100 鞭的上限，尽管偶尔会提高到 500 鞭。由于法律上并不允许实施更加严苛的鞭刑，华盛顿只好定期下令处死掠夺者，有时经过军事法庭裁决，有时甚至不经审判。不过到 1776 年秋，华盛顿主要还是靠鞭刑而非绞刑来威慑他的这支“匪”军。他在这方面能取得多大的成效，将决定他是否能赢得这场民心之战。[31]

## 赃物政治

到 1776 年 11 月中旬，随着英军实现对纽约的全面占领，帝国最高指挥部已决定扩大其势力范围。由年仅 37 岁的贵族兼职业军官查尔斯·康沃利斯少将指挥的英军主力部队计划将美军悉数赶出新泽西东部地区，夺回继纽约及罗得岛之后的第三个英属殖民地，关键是将其打造成英军的供应基地。由于料到了英军的入侵计划，掌握了英军的作战目标，华盛顿事先便已将部队调往新泽西州。果不其然，康沃利斯在 11 月 18 日率领一万士兵发动了进攻。不过他的行军速度相对迟缓：每天要消耗 17 吨食物；日日都要提前收兵，以便有时间捡柴生火，烤面包；拖着辎重的 1 000 匹军马也需要消耗干草和水。但是自由的保皇派人士都蜂拥至英军麾下；等豪答应赦免他们的时候，新泽西有十分之一以上的居民都宣誓效忠。英军借以收复领土、重拾英王子民信任的策略似乎卓有成效。[32]

然而英军指挥官明白，为了争取美国民众的支持，他们的军队必须树立解放者而非侵略者的形象。如果了解历史的话，他们应该知道在一个世纪以前的英国内战中，毫无节制地烧杀抢掠使得军队大失民心。不论是在何种公开场合讨论持久的民心之战，豪将军都极力反对士兵巧取豪夺。不过，曾在豪手下担任军需官的查尔斯·斯特德曼后来承认，驻新泽西英军缺乏政治判断力，疯狂开展“掠夺事业（之所以说是事业，因为这是一项稳赚的生意）……不论是敌是友，都难逃魔爪”。到目前为止，新泽西人民普遍支持英军，还有很多人参军为英国而战。但是当他们意识到自己几乎或者完全不受保护，英军还经常侵占自己的财产，甚至很多时候“自己的家人遭到凌辱，连床都被拆走，更别说其他家具了，不仅如此，连身上的衣物也被扒掉”，一大批人便选择了倒戈。也许美军至少会补偿他们的损失。另一位军官也对英军抢夺平民衣物及财物所造成的后果进行了反思：“我们不断把那些观望者推到自己的对立面，还逼得盟友跑到敌人那儿避难。”[33]

发生在列克星敦、法尔茅斯和诺福克的一切都表明，英军动用暴力只能适得其反，因为暴力可能被过分渲染。经历了这些早期的公关危机之后，任何有关英军趁火打劫的证据或谣言都能帮助革命军赢得这场舆论战和道德战。有人说，鉴于美军偷抢成风，英军可以迅速平息这场叛乱。但“不幸的是，英军肆意打家劫舍”令其丧失了潜在的政治及道德优势。既然对垒两军都造成了破坏，那么民众也就只好随着不断变化的战况和其相对的破坏程度而改变立场。[34]

同时，借大卫·哈克特·费舍尔的话来说，随着士兵服役期满，华盛顿军真正面临着“土崩瓦解”的危险。等12月初途经普林斯顿和特伦顿时，美军已不足2 500人。但即使是要给这么一支残余部队提供毛毯、衣服和鞋子也日益变得困难起来，所以“地上满是士兵脚上流下的鲜血”。不过，华盛顿仍不会动摇自己的原则，即使那意味着在大陆军的掠夺者手下保护保皇派叛徒。[35]

华盛顿以极其清晰的道德眼光审视了赃物政治。尽管大陆军里很多人都觉得保皇派的财产可任人侵占，不过总司令却坚持不让他们打着政治的旗号四处打家劫舍。内部的敌人反而应该留给文官决策层去处置。对华盛顿来说，即使士兵或军官鄙视保皇派，纪律和原则也决不能动摇。不过在资源有限的情况下，华盛顿有时确实会允许部下侵吞保皇派财产。然而，如果有士兵敢将这类针对性的侵占令扩大为“普通的洗劫方案”，以为能随便给人扣上“亲英分子”的帽子，华盛顿也绝不会姑息。[36]

很难确定华盛顿在严厉打击军中偷盗分子方面做得有多成功，这就如同其对立面一样难以界定：如果没有华盛顿严格治军的话，掠夺会给百姓带来多么毁灭性的灾难，对美国事业又会造成多大的损失？不过更重要的却在于他向军队、向人民、向敌军传达的明确信号：他在努力树立美军的良好形象。华盛顿以军令、说教、惩戒三者并施，试图解决棘手的掠夺问题。不过，总部发来的道道军令着实令人心痛，恐怕华盛顿要一直失望下去了。[37]

从撤离纽约开始，华盛顿军已行过约100英里的路程了。等康沃利斯将军抵达特拉华河时，华盛顿已经将部队转移到宾夕法尼亚一侧，避免与其发生正面冲突。随着英德联军于12月8日进驻新泽西的特伦顿，

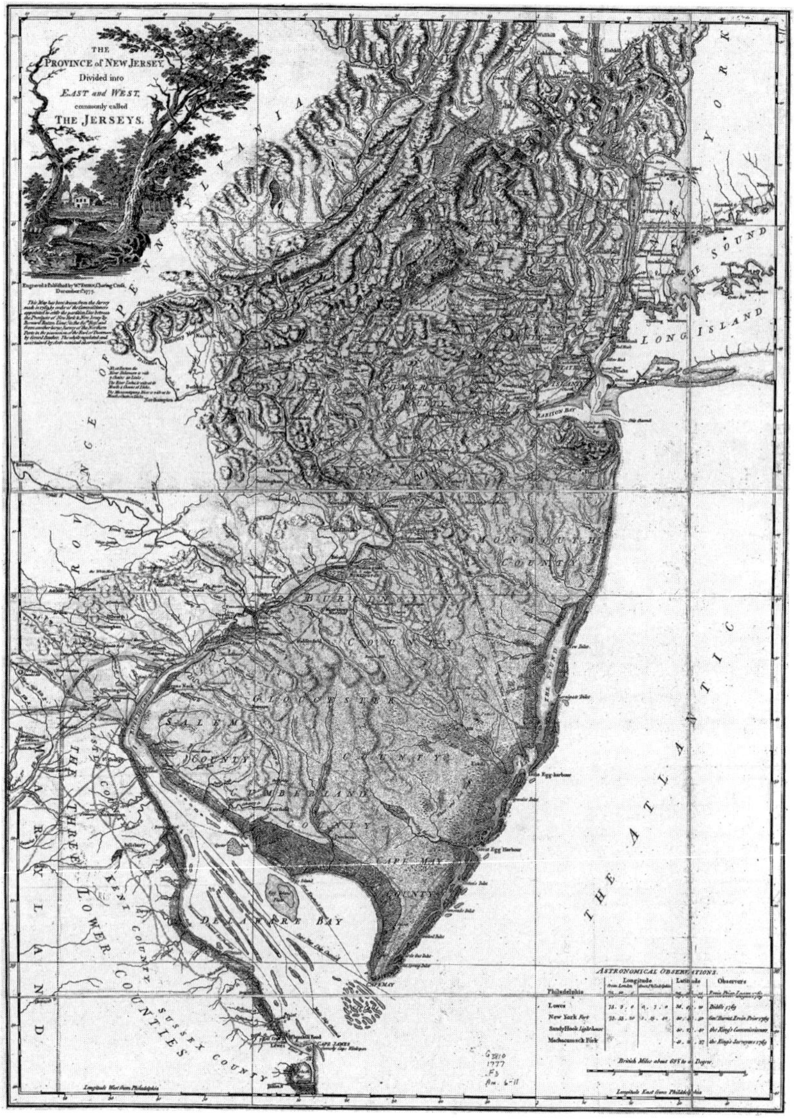


新泽西殖民地地图　作者：威廉·法登、伯纳德·拉兹尔、杰拉德·班科尔。该地分为东西两区，统称泽西。

William Faden, Bernard Ratzer, and Gerard Bancker, *The Province of New Jersey, divided into East and West, commonly called the Jerseys* ([London], 1777). Hand-colored, 78 x 57 cm. Library of Congress.

威廉·豪将军居然下令全军搬到冬季营房过冬，这令其部下大为光火。如果美军在缺衣少粮的情况下还能熬到明年开春的话，豪将继续追剿。不过在12月12日，大陆会议决定授予华盛顿“全权指挥……战争的权力”，为期6个月，而华盛顿也为侵略者们准备了一个惊喜。接下来他不仅把敌军赶出新泽西，夺回了这一重要粮仓；还会在这里建立据点，以便派遣大陆会议调查员搜集敌军劫掠物资的证据，揭露战争的累累恶果：战场上伤亡惨重，美国妇女惨遭蹂躏。如果说英军的胜利需要依靠美国民众的支持，那么他们的残忍行径已然威胁到了帝国的殖民事业。[38]

Chapter 05
第五章
# 肉体凌辱

1777 年 5 月 31 日，大陆军军官威廉·马丁中尉率领的 10 人巡逻队在新泽西拉里坦兰丁和邦德布鲁克附近遭遇伏击，对方是为英军效力的 15 名德国黑森士兵。新泽西德军指挥官卡尔·冯·多诺普伯爵写道，两名德国士兵身负重伤，他们的同伴异常愤怒，“当场砍死了 1 名叛军军官和 6 名士兵”。卡尔·冯·多诺普上校前一年冬天的任务是防守特拉华河沿岸的一些城镇。[1]

在马丁中尉遇害之后，乔治·华盛顿将军将他的尸体带回邦德布鲁克总部；之后，他下令将血肉模糊的尸体清洗干净，作为敌人暴行的证据向公众展示。华盛顿的得力助手亚历山大·汉密尔顿将所见所闻告诉了纽约众议员约翰·杰伊，正如汉密尔顿所说，马丁成为“野蛮杀戮”的受害者。他声称：

（马丁）不是被子弹所伤，而是被剑刺死的。他的头上有几处伤，每一处都足以让他丧命，除此之外，身体和手部也有多处严重伤痕。可以肯定的是，在完全没有抵抗能力的情况下，他一定受到了最肆无忌惮、最残暴的虐待。这是无可争辩的事实。

几天之内，爱国者报纸详细记述了当时的情形。尽管马丁当时请求宽恕，但他还是“被残忍杀害，全身有17个明显伤口，大多数是致命伤”。亨利·梅尔基奥尔·米尔伯格牧师在私人日记中写道，虽然自己没有亲眼目睹残酷行径，马丁肯定经历了肉体的折磨：“他的眼睛被打坏了，鼻子被打断了，最后，还有17名士兵将他刺死，尸体被抛在荒野。”17个伤口已经变成了17名敌军士兵的形象，他们将冰冷的钢刃刺入了这个毫无抵抗能力的美国人身体内。[2]

第二天，军营遗体告别仪式之后，华盛顿派一队人马护送马丁的尸体到附近的康沃利斯上将所在的英军司令部。哨兵拒绝放行，但是他们拆阅了华盛顿的附信。信中，华盛顿抗议“肆虐行为定会影响贵军的形象”。马丁“在最糟糕的情况下以最残忍的手段被无辜地杀害”。因此，华盛顿决定“把马丁惨不忍睹的尸体交给你们，作为无法否认的事实证据，也作为对正义最好的呼吁”。一名英国军官瞥了一眼临时棺材，轻蔑地宣称“我可不是验尸官”，这是对美国人的评价标准做出的不屑一顾的评论，该评价标准根据战争条例对身体证据进行专业评估。这就表明英国人是明知故犯。康沃利斯在对华盛顿的官方答复中否认马丁曾经乞求饶命，相反，他被多名士兵用剑刺死的事实，导致华盛顿错误地将此作为暴行的证据。康沃利斯总结说：“一个被杀死的人，身体定会受到伤害。”[3]

华盛顿以这种戏剧性的方式交付马丁的尸体时，其实选择了一种异乎寻常的方式展示英军不法行为的证据。但那年春天，不断有报道揭示英国人常常违犯战争条例；美国革命者，特别是大陆会议和大陆军，也通过侦查和法医调查进行更广泛的取证。因此，他们希望把在小规模军事打击中遭到暴行的身体变成道德和自我辩护的资产，以此赢得美国民众的支持，进而争取吸引英国和国际社会的广泛同情。

1776年12月25日晚，暴风雪变成了“如同刀子”一般的冰雹，华盛顿连同 2 400 多名战士一起在夜间跨过冰冻的特拉华河，至今依然被称颂为传奇。总司令以“深沉而庄严的语调”告诉手下：“看在上帝的分上，士兵们要守着你们的军官，守在你们的军官面前。”无鞋的士兵“用旧衣服裹住脚，有些人赤着脚”，马布尔黑德的渔民载他们到对岸，先前华盛顿从长岛撤退时划船的也是这些人。

大约早上 8 时，华盛顿的军队震惊了特伦顿（特拉华州的一个小镇）的 1 500 名黑森人。特伦顿的许多房屋已经废弃，从七年战争起，来自周边乡村的黑森军队和保皇派难民就一起住在一个大型石制营房里。正如一位黑森人所说：“自从我们来到这个地方，就没有睡过一次安稳觉。”风

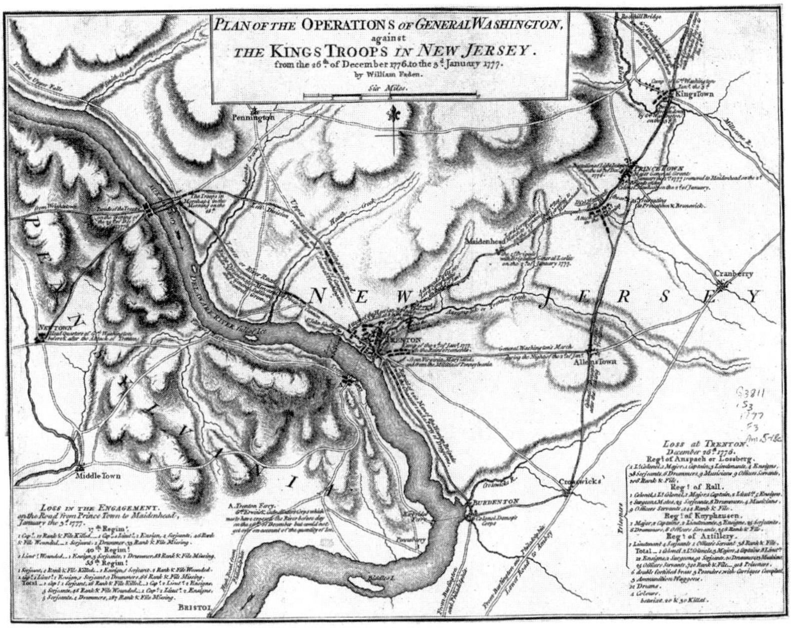


1776 年 12 月 26 日至 1777 年 1 月 3 日华盛顿将军抵抗新泽西英军的行动计划
作者：威廉·法登。
William Faden, *Plan of the Operations of General Washington against the King's Troops in New Jersey from the 26th of December [1776] to the 3rd of January 1777* (London, 1777). Colored, 29 x 39 cm. Library of Congress.

雪肆虐使得大陆军武器哑火，无法开枪战斗。于是他们在街头，挨家挨户地进行搜索和搏斗，用枪托、刺刀（供应短缺）和剑，甚至赤手空拳。一个多小时之后，100 多名黑森人死伤，900 多名黑森人被俘，8 名美国人受伤，4 名丧命。华盛顿撤退，迅速准备下一次袭击。[4]

1 月 2 日，康沃利斯将军率领军队约 5 500 人抵达特伦顿，他已经安排 1 200 名士兵驻守普林斯顿，包括查尔斯 · 莫霍德中校带领的轻骑兵。华盛顿一夜之间把自己的军队从特伦顿东南部撤出，再次横穿特拉华河。他派出休 · 默瑟将军和 350 名步兵去封锁从石溪大桥到普林斯顿西南两英里的路。第二天（1 月 3 日），莫霍德与默瑟在附近的一个果园发生冲突。

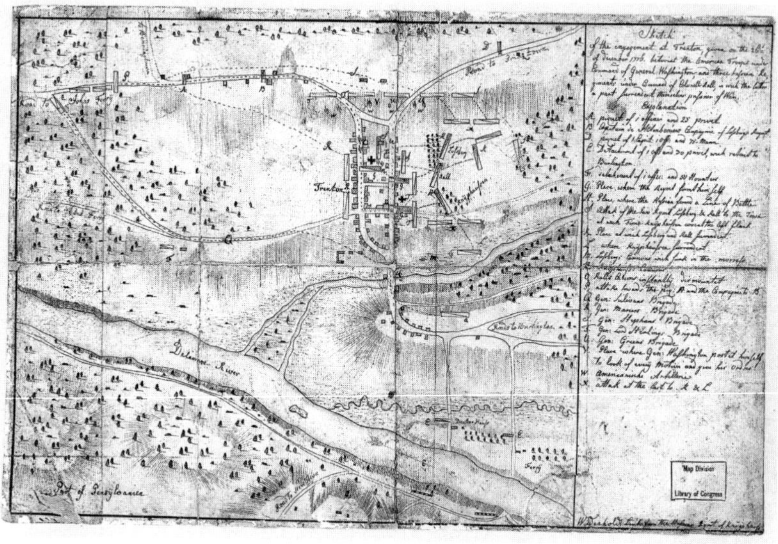

特伦顿交战示意图　作者：安德里亚斯 · 魏德豪兹。1776 年 12 月 26 日，华盛顿将军指挥的美国军队与拉尔上校指挥的三个黑森团在特伦顿交战，后者的一部分投降成为战俘。

Andreas Wiederholdt, *Sketch of the engagement at Trenton, given on the 26th of December 1776 betwixt the American troops under command of General Washington, and three Hessian regiments under command of Colonell Rall, in which the latter a part surrendert themselves prisoner of war* [1776]. Manuscript, pen-and-ink and watercolor, 23 x 28 cm. Library of Congress.

相距50码[1]的齐射之后，莫霍德下令进行白刃战，正面交锋就此拉开。默瑟的战马被枪杀，从马背上跌落，默瑟受了重伤，被英国士兵层层包围。但在这次普林斯顿战斗中，美军取得了胜利，23人遇难，20人受伤；英军方面28人遇难，58人受伤，还有187人失踪或被俘。正如后来的证人所述，战场上“已经结冰的鲜血增加了这场屠杀的恐怖”。这里尸横遍野，第二天很多遇难士兵都被葬在集体墓穴。从特伦顿到普林斯顿，英国损失了2 000名士兵，而美国只损失了200名。[5]

直到1777年2月中旬，华盛顿取得胜利的消息才传到伦敦。首相从意外坠马事件中逐渐康复。这位主张采取强硬路线的首相乔治·杰曼勋爵宣布了内阁的应对措施：豪将采取“不太宽容”的行动，6艘军舰和6 000多名士兵将被派往美国。保皇派和印第安人应该反复袭击从纽约到弗吉尼亚的西部边界；英国军队将在加拿大和新英格兰发动攻势，占领费城。[6]

特伦顿和普林斯顿战斗取得意外胜利之后，除了安博伊和新不伦瑞克的冬令营外，英军退出了新泽西州。爱国者在整个州的大部分地区重新建立了平民和军事管制。两名保皇派成员被实施绞刑，至少有30人因为害怕这样的命运而选择参加大陆军。一位历史学家写道，新泽西州的保皇派“一直在战斗，但从未建立有效的地区基础来支持皇家政治权力的复兴”。特伦顿和普林斯顿的报道激起了爱国者的士气，当时在弗吉尼亚州的英国旅行者尼古拉斯·克雷斯韦尔记录：“几天前，他们已经不再追究失败的原因。他们最近的成功已经扭转了局面，现在他们欣喜若狂。上周他们一个人也招不到……现在人们却蜂拥而来。”[7]

黑森人在特伦顿遭受屈辱之后，冯·多诺普伯爵指示他的士兵不择手段地达到目的，可能正是这些命令导致马丁中尉在之后的那个春天被残酷杀戮。的确，据说英国人在整个冬季战役中打破了战争条例。在1月

1　1码约合0.91米。——编者注

中旬，大陆会议采取了前所未有的举措，任命一个负责调查这些指控的调查委员会，这些国会代表中许多人接受过法律训练，他们的职责便是揭露可能存在的战争罪行。在战斗中，没有时间去留意这样的过失，更不用说证实，因此只能在战斗结束后进行。从谣言、传闻、猜测和伪造中调查出事实真相是对委员会成员技能和判断力的检验。但是，关于敌人对美国参战士兵、俘虏和平民所施的暴行，需要一个合理而证据确凿的故事，这将是帝国内战中关键的新武器，也是锻造新美国的关键工具。[8]

调查委员会的官方主席是马里兰州的塞缪尔·蔡斯，然而，真正的领导者是55岁的长老会兼新泽西学院（之后的普林斯顿大学）校长约翰·威瑟斯庞牧师。威瑟斯庞的肖像置于华盛顿等爱国者领袖的肖像中，1776年7月在斯塔顿岛发生雷暴后的一个晚上，满怀怨愤的保皇派将它们全部烧毁。后来，随着英国和黑森部队继续在霍普韦尔和梅登黑德周围地区疯狂掠夺，威瑟斯庞和他的家人在敌人到达之前逃离了普林斯顿。现在，威瑟斯庞回到家乡建立了一个临时总部，但总部附近发生了许多涉嫌违法的行为。[9]

本杰明·拉什医生是《独立宣言》的联署者之一，也是华盛顿的顾问，在新泽西战役中担任军医。他于1777年1月初绘制了普林斯顿的图片。这个“荒凉的村庄”似乎是“因瘟疫、地震以及战争而变得荒凉”，教堂和学院已是一片废墟，居民遭受侵略。一位研究战争的史学家记载：“威瑟斯庞宅邸是一团糟，珍贵的家具被掠夺或毁坏，珍藏的书库被洗劫一空，而最古老的大学建筑拿骚楼中的物品——书籍、科学仪器和一个被誉为世界上最好的星象仪的‘著名的太阳系仪’也消失不见了。”1777年1月，一名在费城步兵连队服役的中士注意到敌人掠夺的影响：“我不禁关注到那些血与杀之子所造成的荒废和破坏。”在特伦顿，“房屋被摧毁，所有的贵重物品都被掠夺”。[10]

威瑟斯庞和同事们通过与当地居民交谈展开调查。他们发现“普林斯顿和特伦顿附近居民的普遍看法是，在普林斯顿战斗前一天，敌人就已经决定格杀勿论”。可能因为偷听到敌方官兵的对话或帮助照顾伤者和死者，居民的证词指出了诸如杀害伤者和手无寸铁的士兵等违法行为。传闻得到了实物证据的支持：“受伤或残疾的士兵，其中一些伤得很严重，他们遭到了野蛮的殴打或者被处死。”委员会发现，甚至军官也没能受到战争条例的保护。[11]

接下来，调查者们仔细阅读了从战场上缴获以及逃跑的士兵丢弃的作战指令。在特伦顿发现的一份文件显示，英国总指挥曾下令，所有私自携带武器的居民都要“立即被带走并处以绞刑”。该命令可能是指民兵、非正规部队和非法战斗人员，而不是正规军。但是托马斯·潘恩在他的名著《美国危机》的第二部中也引用了这份文件，作为敌人野蛮行为的证据。潘恩指责大英帝国领域造成的死伤，大英帝国犯下了要求“国家惩罚”的“国家罪行”。潘恩还说这严重违反帝国良知：“印度的流血尚未得到偿还，非洲的苦难尚未得到解决……最近，英国在圣文森特的加里布斯的凶残暴虐又添新债。”他指的是英军几年前在西印度群岛镇压起义的暴行。英国在全球范围内的残酷行为让大众瞠目结舌，潘恩将这一论点引申到美国最近的新泽西战役，入侵者试图“杀戮、征服、掠夺、赦免和奴役：军队在新泽西的侵略行为被标记为野蛮行为，就好像公开宣称自己是流氓头子一样”。[12]

在寻找战争罪行的合理证据时，委员会还审问了敌方囚犯（还有一些俘虏主动提供信息）。蔡斯主席写信给华盛顿，他得知在普林斯顿被俘的一些英国士兵透露了一个少校的命令：“我们必须不择手段，直到他们被击溃。”然而，华盛顿至今仍无法确认这一点。[13]

在坚持寻求确凿证据的过程中，委员会详细记录了一个故事，故事中包括两名神职人员，一个是受害者，另一个是证人。特伦顿战役结束后，乔治·达菲尔德牧师为和平正义做出了保证。达菲尔德的证词部分基于当地的传闻。“我可以确保其真实性。”他向司法官员保证说。达菲尔德的故事讲的是一位同胞牧师——约翰·罗斯布鲁牧师，一位来自宾夕法尼亚州艾伦镇的苏格兰长老会牧师，时年63岁，是5个孩子的父亲。几周前，罗斯布鲁召集会众，并引导他们加入华盛顿军队。12月27日，当他即将穿过特拉华州到新泽西时，罗斯布鲁在上马前给他的妻子匆匆写下一封短信，想让妻子有个心理准备：“这可能是我写给你的最后一封信。”[14]

1月2日，罗斯布鲁在特伦顿的一家客栈里醒过来，听到外面的打斗声。他离开客栈，想要摆脱一队黑森佣军，最终还是在河边被他们抓住了。罗斯布鲁投降了，求他们“放他一条生路”，但是一名黑森佣军用剑刺穿他的假发，刺入他的头颅，并用刺刀在他身上猛戳，骂他是“该死的叛乱牧师”。据说敌方军官竟然“高度赞扬肇事者所做的一切，在罗斯布鲁被屠杀之后，赤身裸体，更无葬身之地”。其他报道中则称凶手首先抢劫了牧师，之后在他裸露着身体跪地求饶时杀死了他。看到同胞的尸体，达菲尔德注意到，“除了头部被刃器所伤，脖子后面和右边的肋骨之间也被刺刀刺过，最后一刺明显非常深，当时便血流如注（现代医学可能会对此感到难以置信）”。然后当地人将罗斯布鲁掩埋。[15]

诸如达菲尔德这样的证词依赖于传闻和个人观察，委员会更想获得其他当事人的证词。在一份特别令人震惊的文件中，弗吉尼亚第1兵团的巴塞洛缪·耶茨中尉在临终前呈上一份书面证词，证明他1月初在普林斯顿遭受了致命的伤害。耶茨叙述：当一位英国士兵靠近时，他乞求饶命，英国士兵咒骂他，并举起步枪，故意上膛射穿他的胸腔。他身上还有13处刀伤。之后，那个士兵或者另一个士兵走到他跟前，发现他还有生命迹象便用枪杆打他。正如在马丁案中看到的那样，即使证据是由司法官员而不是医学专业人员提供，他们也会详细记录解剖的细节，包括伤口的精确计数。华盛顿写信给新泽西州长官威廉·利文斯通通报了耶茨事件，声称他一直乞求饶命，却“被英国士兵屠杀”。[16]

美国方面将耶茨的命运与休·默瑟将军的命运归为一类。作为一名卡伦顿叛军中年轻外科医生的同僚，默瑟在詹姆斯二世党人叛乱失败后躲起来，最终逃往美国，担任边防医师。在七年战争中服役后，默瑟成为弗吉尼亚州弗雷德里克斯堡的一名医生，并与他的朋友乔治·华盛顿一道成为共济会的成员。在革命战争爆发时，默瑟又一次与叛乱分子并肩作战，抗议英国汉诺威王室统治。默瑟追随华盛顿从新泽西撤退，同时晋升为准将。

1 月 3 日，莫霍德中校的军队在距离普林斯顿两英里的果园里击垮了默瑟的旅团后，英国士兵一再“攻击一小队被遗弃的伤员”。默瑟的战马被击倒，发现自己与大部队分开，并被一小支英国士兵包围。默瑟拒绝投降，士兵屡次用枪杆和刺刀攻击他。委员会了解到，默瑟躺在战场附近的一座农舍里濒临死亡时，他预测致命伤口不是拉什医生担忧的头部

《休·默瑟将军之死》 作者：乔纳森·特朗布尔。
Jonathan Trumbull, *The Death of General Hugh Mercer* (1786). Ink washes on paper, 10.2 x 15 cm (sheet). Princeton University Library.

或腹部的伤，而是右臂下方的一个小伤口，类似于卡伦顿高地人右臂持剑砍下的伤口。[17]

默瑟案和耶茨案在一个关键方面有所不同：不是英国人无视默瑟的求饶，而是默瑟拒绝求饶。就普遍的战争条例而言，默瑟是被合法地杀死，而不是被“残忍杀害”的。但是，这并没有降低事件的宣传价值。默瑟的尸体随后在一家费城咖啡馆被展出，这是一个精心安排的死亡场面，如同马丁事件一样，旨在煽动爱国者的愤慨情绪。1777 年初期，默瑟投降时被残酷对待的故事很快传布四方，增强了他们为爱国而奋斗的政治和精神意义。默瑟以一位殉教的英雄的名义被埋葬，1840 年默瑟被重新埋葬的葬礼上，一位演说家认为默瑟为他所入籍的国家而死：“国家为丧失第一个孩子而哀悼。”[18]

委员会收集整理了断断续续的传闻、目击证人的证词以及物证，总结呈上调查结果，大陆会议于 1777 年 4 月 18 日正式接受报告。报告立即在《宾夕法尼亚晚报》上连载。美国各州的报纸迅速转载，并附上委员会汇集的证据。纽约安全委员会敦促国会将整个报告印刷成小册子，以便分发，扩大影响。事实上，安全委员会还认为副本也应该送到欧洲和西印度群岛，“呼吁倡导和拥护人权，而英国国王发动和引导这次邪恶的侵略战争，目的即在于践踏人权”。那年夏天，国会命令发布 4 000 份英文报告和 2 000 份德文报告，后者将说服德国人口占绝对多数的州，如宾夕法尼亚州，相信英国人的道德劣势，以及美国革命的正义性和迫切性。文件的副本尚未出现，但报告的内容通过印刷媒体和口耳相传已在美国和欧洲广为传播。到 1778 年，英国的反对派领导人聚焦这场调查，提醒统治阶层注意英国的国家形象已然受损：国会报告概述了“陛下属下官员在美国的野蛮行径”；欧洲大陆的主要政治报纸之一，亲美派的《莱德报》也予以连载。由于充满了“令人厌恶和令人反感的事实”，编辑不会完整地发表这些材料，但是其亲美立场仍然很明显。[19]

值得一提的是，在这个时期，大多数人都很难获得准确的战争新闻，包括那些主流新闻。托马斯·潘恩在1776年8月担任长岛丹尼尔·罗伯杜将军的秘书，以及纳撒内尔·格林将军在李堡时的助手，后来在新泽西州撤退期间与华盛顿一起工作。他比任何人更接近战斗的情况。但除此之外，有关战争进展情况的主要信息来源是华盛顿将军向国会和其他高级官员及给各自的州政府发送的报道，这些报道也经常被摘录或转载。[20]

战争年代极其缺乏打印机、纸张、印墨等物资，再加上道路不畅，天气变幻莫测，以及穿越战区的危险，这些因素影响了新闻媒体的制作和发行，而当时人们只有通过印刷媒体，尤其是通过报纸，才能了解到战争的最新情况。这样做让他们觉得自己没有被局限在当地，而是参与到了国家行动中。一位历史学家解释说："报纸以超越战时建立的政府的能力来统一殖民地。"[21]

双方领导人都认可印刷媒体的力量。华盛顿向国会申请一个小巧的旅用印刷机和一个"机灵的人……来专门写作"，他强调说，希望抵制敌人传播的任何"虚假情况和虚假陈述"。很显然，华盛顿的要求从未被批准。但是，正是美国的第一个准政府机构大陆会议和大陆军，与另一个机构媒体相结合，才让爱国者集结起来支持战争。国会撰写的调查报告利用军方高级官员以及当地目击者获得的情报，能够以至高无上的权威触及战争中难以捉摸的方面。[22]

在如今这个国际法庭、战争罪法庭、真相与和解委员会盛行的时代，我们可能认为，对武装冲突的违规行为进行系统调查是理所应当的。但在1777年，在国会主持下进行的实况调查任务确实是前所未有的。任何英国的军事或政治机构都没有类似的举动。美国的报告在国内外都引起了重视。其中也有一些轰动一时的丑闻：英国士兵不仅对战场上的美国士兵造成危害，也危及了他们家中的女性。

## 复述强奸

在国会委员会于1777年1月开始调查工作之前，已有个人和革命委员会在宾夕法尼亚州和新泽西州之间的边界地区开始调查强奸报告。1776年12月中旬，华盛顿军队穿过特拉华州时与豪的军队狭路相逢，在巴克士郡印制的一封广告中详细描述了新泽西州的性虐待情况："英国军队和黑森军队在新泽西州如此野蛮和令人愤慨的行径，令世界上最野蛮的国家相形见绌。"包括一名年仅15岁的女孩在内的三名女性受到英国士兵和军官的虐待，各州的报纸陆续转载了这条新闻。其他16名妇女躲在树林里试图躲避这些袭击者，但被发现之后，她们被强行带到英国军营，这也就意味着她们遭到了强奸。当时纳撒内尔·格林上将也谈到数百名妇女在新泽西州遭遇强奸。这个数字无法证明，可能稍有夸大，但它说明敌方士兵对妇女的性虐待行为的确存在。[23]

宾夕法尼亚州安全委员会敦促美国男性不仅要捍卫自由，"保护财产不被掠夺"，还要"保护妻子和孩子的清白"。就连英国报纸也承认美国成功招募军队的部分原因是英国的暴行，包括美国媒体上发表的"许多真实的强奸案"。[24]

其他公众和私人的声音也将英国士兵甚至军官视为贪婪的性侵犯者。他们主要针对女孩和妇女，无论是单身、已婚还是怀孕的，在他们身上并不存在明显的羞耻感和应有的礼仪。被强奸的女孩和青少年所占比例颇高，与核查数据并不一致，但这也突出了帝国侵略者令人发指的行为。由于早期的现代男性荣誉观念在很大程度上取决于妻子的名誉和对妻子的掌控度，女性遭受亵渎直接影响男性名誉，在战时更是如此。正是在这种情况下，美国媒体才竭力强调英国士兵在父亲和丈夫面前强奸美国妇女的行径令人发指。[25]

据称，英国和德国士兵凌辱美国妇女的事件遍布北部战区，甚至更远的南部战区，《弗吉尼亚公报》的一位匿名撰稿人声称"看到自己妻子和女儿被强奸的丈夫和父母的证词将在全世界范围出版”。华盛顿应该带着所有战俘在遇难者亲属面前游行；一旦该队伍中发现犯罪者，都应该立即将他们“先阉割，后绞死”。[26]

战后英国“强奸”美国殖民地的形象比喻已经流传开来。《能干的医生》于 1774 年 5 月首次刊载于《伦敦杂志》，6 月，保罗·雷维尔将其复印给了《美国皇家杂志》，以揭示在英国政府纵容之下，美国人所遭受的性侵害。[27]

曼斯菲尔德勋爵身下紧压着这个裸露、沮丧、无助的“美国”。桑威奇勋爵紧压她的双腿，并掀起了覆盖她躯干的床单，似乎在偷窥她的生殖器。首相诺斯勋爵的左膝顶着“美国”的腹股沟，强迫她喝茶。在右边站着一个傲慢的士兵，他的剑上刻着“军法”。代表不列颠的自由女

《能干的医生》（又名《吞咽苦水的美国》）。
*The able Doctor, or, America Swallowing the Bitter Draught* (London, May 1774). Mixed method, 9.5 x 14.9 cm. Library of Congress.

神，羞愧掩面，无地自容。在一篇题为“波士顿请愿书”的檄文和一幕引发波士顿惨案的场景之间，马萨诸塞州首府再次成为暴力抗争的触发点：美利坚正遭受凌辱。通过暗示性暴力，可以表达美国所遭遇的军事攻击的威胁。

在这段时期，无论是在文学作品还是日常语言中，性追求被塑造成一个具有侵略性的词，特别是通过军事战略的类比。当男人们谈论“推动”或“蓬勃发展”时，他们认为性是一场征服女人的战斗。用一位历史学家的话来说，如果性征服已经成为“验证男性气质和优越性的合理方式”，并且军队认可士兵的此类男性气概，那么战争可能会加剧这种思维模式和士兵的行为。[28]

在漫画《能干的医生》中，强奸作为隐喻，消解了那些被殴打妇女的个人创伤经历。事实上，美国革命者将强奸作为诋毁大英帝国的政治工具这一方式，往往掩盖了战时的真实强奸行为。通过阅读这段时期公共媒体对强奸的叙述，可以发现这些叙述对受辱的父亲和丈夫的名誉异常关注。肉体的凌辱象征着政体遭受的侵害。为了更全面地了解战争的这一面，我们必须将受虐待的妇女（及其虐待者）还原到故事中。[29]

与英国的战争一旦全面展开，强奸不再仅仅是对帝国压迫和虐待的隐喻。正因为敌方士兵对美国女性构成了切实的威胁，强奸已成为爱国者非常有效的政治工具。爱国者坚决认为，这种虐待妇女的行为构成了战争罪。

强奸在古代英国是可判死刑的重罪，在 18 世纪的英属大西洋西岸，它被定义为非法“强迫女性性交”。根据现行的战争法，国际法的主要撰写者埃默·德·瓦特尔澄清说，入侵和占领军队对作为敌人的妇女享有一定的权利。然而，只要妇女没有积极抵抗入侵军队，士兵就“无权虐待她们或采取任何暴力行为”，就像对“儿童、无力的老人和病人”一样。瓦特尔认为：“这是一条正义和符合人性的准则，目前每个国家，哪怕文明程度最低的国家都一致同意。”官兵之间常常会有所不同，他又补充道：“如果有位暴躁而难于驾驭的士兵亵渎了女性的贞操……军官们对此应严加训斥，他们必须尽力制止这样的野蛮行径；一位具有人道主义精神的将军甚至会对他们加以严惩。”瓦特尔的陈述表明，战争中一定程度的暴虐行为实际上不可避免，并且很可能并不受惩罚。换句话说，在文明的战争理念中，军官的荣誉和文明守则加强了军队的制度和纪律。但是战争的现实显然更加混乱，更加残酷。士兵们可能认为对敌方妇女的性侵犯是战争的延续，实际上是武装冲突的一部分，与掠夺私人财产并非完全不同。这两种犯罪行为都可归为“暴行”，便是最明显的例证。[30]

像大多数战争和大多数社会中那样，革命战争中强奸案的发生率无法量化。几乎可以肯定的是，被报道出来的暴行只是一部分，还有更多类似行为。华盛顿、利文斯通和威瑟斯庞及其国会委员会的同事们认识到，强奸比其他任何暴行（包括战场上的暴行）都更难以证明，因为受到虐待的人及其亲属一般都不愿意提及此事，更不愿意让此类事件进入公众视野。因实施性侵犯而受审的士兵数量很少，受到惩处的更少。社会环境往往对强奸受害者造成威胁，因为缺乏目击证人，或是担心公开曝光会导致更多羞辱和更糟糕的社会影响，她们只能保持缄默。倒是英国士兵有时会提及自己的同胞犯下的强奸罪行。1776 年一个严寒的平安夜，在罗得岛州纽波特，约翰·皮布尔斯在日记中写道：“一名男子因强奸罪而被判死刑，但因受伤而得到赦免；除此之外，还有其他一些令人震惊的行为尚未公布。”[31]

1777 年，乔治·华盛顿在新年的通令中对美国士兵和敌军做了一番比较：“希望能够通过善待妇女、儿童和人道主义，将为自由而战的美国士兵与凶残暴虐的侵略者区别开来，不论是英国军队还是黑森军队。”正如他在反抗暴行的战斗中所做的那样，美军司令官在战斗中确立了战争条例。1777 年 3 月初，华盛顿协助国会调查取得突破性进展。当他的部队驻扎在宾夕法尼亚州和特拉华州交界处时，这位将军恢复了军队内部关于强奸的备忘录。随后备忘录遗失，现代学者无法证实此事。但华盛顿通过当地人的线索掌握了强奸案的情况。这些资料最终使治安法官贾里德·萨克斯顿得以在新泽西州亨特顿县为 6 名强奸受害者做证。载于国会报告附录中的令人悲痛的证词很快在大西洋两岸广泛传播。[32]

1777 年 3 月下旬，来自亨特顿县的 13 岁女孩阿比盖尔·帕尔默向贾里德·萨克斯顿讲述了自己的遭遇（公开发表的报告隐藏了她的身份）。阿比盖尔的祖父埃德蒙·帕尔默在新泽西彭宁顿附近养殖，去年 12 月，几名英国士兵来到他家。随着越来越多的士兵不断前来，他们已经控制了这家人，并“连续三天”对阿比盖尔实施强奸。他们还侵犯了埃德蒙·帕尔默已婚怀孕的女儿玛丽·菲利普斯，以及正好拜访帕尔默家的客人，15 岁的伊丽莎白和 18 岁的萨拉·凯恩。有一次，几名士兵抓住阿比盖尔和伊丽莎白，“把她们俩拉到一个房间里”，无视她们的尖叫声，也无视阿比盖尔父亲的阻挡。“两个女孩都没能逃过强奸的恶行”。士兵还威胁要毒死她们。他们说会用刺刀刺入她们的心脏，或者“把她们的脑袋炸开”。伊丽莎白回忆说，第三天，她俩被拖到大约一公里外的英军营地，在那里“其他士兵以同样残酷的方式虐待她们”。一段时间之后，一名军官制止了士兵的轮奸，安排女孩们回到家里。[33]

没有迹象表明英国士兵选择帕尔默家是出于某种具体的政治或军事原因。相反，营地周围的士兵可能只是漫无目的地寻找猎物，结果偏偏找到了那所房子里的女孩和妇女，于是实施了有组织的强奸。像阿比盖尔、玛丽、伊丽莎白和萨拉一样，大多数被英国士兵强奸的美国妇女没有机会正式指控那些侵犯者：只有在美国和国际舆论的法庭上，她们的袭击者才会被问责。当地民众的这些悲惨遭遇被记录下来，全国人民都在讨论其道德寓意。1776 年冬季发生在新泽西州英军驻地附近的妇女受辱事件，在其他地方也并不鲜见。事实上，我们之所以能知晓这些暴行，并且能了解其中的细节，是因为爱国派领导人一直坚持不懈地寻找英国暴行的全貌，也是因为一些受害者鼓足勇气说出了自己的遭遇。[34]

正如我们所看到的，身体证据，实际就是伤口的确切性质，是美国对战场暴行调查的中心问题。相比之下，在美国的调查和宣传出版物中，以及对被指控犯有强奸罪的士兵的法庭审判中，身体证据在性侵犯案件中似乎并未发挥重要作用。在英国和殖民时期的美国民事法庭，作为第三方的女性审查官负责审查未婚和较少发生性行为的强奸受害者，结果发现她们身上有瘀伤、割伤和其他抵抗迹象和最近性交的迹象。但她们向法庭提交的证词却宣称这些都是已婚或丧偶的女性，对性事并不陌生。[35]

在某些冲突中，强奸是战争的武器，在叛乱和内战中，强奸具有独特的政治内涵。正如上文所述，在1745年詹姆斯二世党人叛乱之后，英国士兵在苏格兰高地对女孩和妇女也进行了性侵和虐待。指挥官大多无视或沉默，甚至认为攻击妻子是促使丈夫放弃忠诚的有效方式。一些英国军团的蓄意强奸则是对早先失败的报复。[36]

即使英国军队在美国战争期间没有正式表示支持强奸，但是各个阶层却始终在容忍性虐待行为。民众对驻扎在自己社区的部队可能实施性侵普遍感到担忧。驻扎美洲的英军主力部队雇佣了上万名女性随行者，大多数是美国人：妓女、侍者、厨师、洗衣妇、女裁缝师、护士、仆人。众所周知，与军队同行的妇女和女孩都面临着极高的性暴力风险。换句话说，强奸是英国军队的职业病。[37]

弗朗西斯·罗顿勋爵是上将亨利·克林顿爵士的助手和未来的印度总督，他对纽约的妇女不像查尔斯顿那样驯服深表遗憾（当年他曾追随克林顿在那里征战）：

> 小岛上漂亮的宁芙处境相当危险，男人们如同淫荡的萨提尔，对美色垂涎三尺。一个女孩如果不冒着被强奸的风险就无法去灌木丛中采摘玫瑰。士兵们时常兽性大发，且不知收敛，结果就是每天都有人被送上军事法庭。而南方的女孩子在这方面，表现要好得多。[38]

英国国内的舆论也对战地军官罗顿异口同声加以附和。伦敦《晨报》刊登了一篇文章，认为新泽西州的多重强奸案是“美国人在改善其血统方面最幸运的尝试”。事实上，可以幽默地将强奸当作改善基因库的一种方式，这本身也表明了18世纪对性侵犯的态度。强奸似乎是战争的副产品。[39]

罗顿称，英军以强奸的罪名起诉了士兵。关于引发起诉的原因几乎没有记录在案，但我们知道，在少数情况下，袭击事件恰巧引起了一名官员的注意，他没有寻求其他方法，而是直接逮捕被指控的罪犯并将其带到军事法庭。一些被侵犯的妇女偶然会在公共场合发现当时的强奸犯；还有一些人勇敢地闯入占领军总部，要求进行鉴定和审判。相比于在和平时期告发强奸罪，一位美国妇女希望在战争期间看到英国士兵被起诉，要面临更大的困难。首要的问题就在于：在哪里起诉，以及如何起诉。宣称被敌方士兵强奸的妇女只有在自己的阵营才会更有可能被别人相信。[40]

1776年秋天，寡妇伊丽莎白·约翰斯通向位于长岛纽敦的英方军事法庭呈上证据，指控两名英国士兵在她家实施强暴。约翰·邓恩和约翰·勒斯蒂进入她的房子，抓住她并威胁要杀死她，他们在她4岁的女儿面前轮流将她强奸。当时女儿和她躺在同一张床上，有一阵子，她甚至还要照顾女儿，不让她哭泣。约翰斯通证实他们每个人在一刻钟内强奸了她两次。在回答军事法庭成员提出的试图证明被告罪名成立的具体问题时，约翰斯通证实她已经哭得死去活来，而那两个人仍然肆意非礼，不肯罢休。两名英国军官，第43兵团的外科医生唐纳德·麦金太尔和当时在附近的凯文·特伦斯恰好遇到神情恍惚的约翰斯通，逮捕了涉嫌罪犯并解救了约翰斯通，而两位嫌疑犯似乎“带有醉意”。当受到法庭质询时，两名士兵转移话题，试图破坏约翰斯通的名誉，称她为“一个妓女，一个婊子，没什么大不了的”。然而，军事法庭最终判定邓恩和勒斯蒂犯有强奸罪；他们都被判处绞刑。对其他有罪士兵的惩罚从体罚到降职或解雇不等，甚至还有一些被无罪释放。[41]

新泽西州的受害者之一丽贝卡·克里斯托弗，与帕尔默和凯恩一起，在 1777 年 3 月向国会调查提供了证据。她证实敌军轮奸她，还企图奸污她 10 岁的女儿。克里斯托弗告诉贾里德·萨克斯顿，一位英国军官控告她窝藏反叛分子。类似指控在战争期间强奸受害者的证词中被一再提及。英国士兵入侵民宅，通常是以搜索反叛者为由强行进入的。另一方面，像丽贝卡·克里斯托弗这样的女性可能已经感觉到，声称英国人一直在搜寻反叛分子可能会增强她们在爱国者调查人员面前做证时的可信度。就像战场上的暴行一样，但以更加直接亲密的方式，对美国妇女的性侵犯使得战争更接近家庭，且证明了一个皇室政权居然能纵容他们的士兵犯下如此滔天罪行。民众再也不能相信，他们有能力统治美国。[42]

英国军官将被控强奸的罪犯提交庭审，以此严明军纪，尽管其惩罚并不像针对抢劫等其他罪行时的惩罚那样一以贯之。起诉强奸案也使个别军官与军队中的厌女症者和虐待狂相比，显得可敬而开明。此外，也许有一种暗示，即承认禁止强奸和起诉强奸符合军队的自身利益，因为这可能有助于化解紧张的军民关系。这在主要驻军城市周围的地区，如纽约、临时占领地费城等地都同样适用。然而，一名英国军官拥有相当大的处置权，从如何在军队营地周围、行军中以及突袭中监督士兵，到是否起诉他们犯有强奸罪。这些官员的选择明显影响了受辱妇女是否能获得司法公正。英国方面对强奸罪反应不一，也为美国爱国者提供了口实。

但是，与美国的第一次内战一样，这些事件比单纯的英美敌视更加复杂。正如华盛顿的士兵和爱国者民兵掠夺美国人一样，我们在前一章中也能看到，一些美国士兵也犯有强奸美国妇女的罪状。保皇派偶尔会刊登控告大陆军战士性虐待的新闻，也有些暗示士兵因强奸而遭到鞭打，但只是用零星言语记录。由于其刊载的其他暴行同样证据不足，保皇派的报纸和请愿书甚少涉及爱国者战士的强奸罪，可能表明大陆军和爱国者民兵的确很少参与性暴力。如果确实如此，这可能是由于官员监督更严。相比英国士兵，美方士兵服役时间较短，民兵离家更近，这些事实也可能起到了一定的作用。与入侵的英国军队不同的是，大陆军队意识到，一旦战争结束，他们需要与保皇派共存。[43]

另一方面，保皇派团体则更频繁地成为强奸罪指控的主体，在一些军事法庭案件中甚至被判处死刑。保皇派士兵侵犯美国妇女时，其中一个动机可能是报复自己早期在爱国者手里遭受的折磨。在1776年12月，纳撒内尔·格林警告他的年轻妻子凯瑟琳，保皇派是“我们当中最卑鄙的流氓，最邪恶、最恶毒、最难以忍受的人”。他指的是他们在帮助和支持英国人方面所起的作用，因为他们“将无情的外国人引入邻居的房屋，剥夺可怜的妇女与儿童的一切食物和衣服；在这样掠夺他们之后，这些野蛮人往往会强奸母亲和女儿，并强迫儿子和父亲看到他们的残酷行径；许多人都成为这样的牺牲品”。英国人和保皇派强奸美国人的行为可以被视为非法王权的体现。[44]

大陆会议和大陆军（这个新兴国家最早的准国家机构）报道了敌人的野蛮行为，他们追求道德真理和公平正义，同时也希望将美国人凝聚到爱国事业中。正如对波士顿的袭击已经吸引了来自马萨诸塞州以外的捐助和武装支持一样，正如法尔茅斯和诺福克的激烈争论激起了恐怖分子之间的恐惧和坚强的决心，并且可能将一些本想成为中立派的人士推到了爱国者一方，前所未有的1777年国会报告超越了其调查的具体地点。在殖民地经济实力相对较弱的时代，被广泛引用的国会报告突出了总司令的观点，这有可能影响对战争的看法。强调“整体国家”，并在整个殖民地甚至欧洲的报纸上连载、摘录，这可以凝聚受尽委屈的美国民众，因为他们经历了共同的危险和恐惧。

威瑟斯庞的委员会凭借少数案件和尚未明确的证据，成功地讲述了一个关于英国军队残酷行为的可信而连贯的故事。在殖民地，国会报告和类似的官方出版物引起了读者的共鸣，并加深了阅读体验。他们中的许多人在战争期间不是城镇中的受害者，就是目睹了英国人暴行的目击证人。每起事件的情况都不一样。但是，随着时间的推移，小册子、布道坛的诗歌以及这片土地的小酒馆都重复强调共同的经历而不是一个地区多元化的美国文化。《独立编年史》中的一位诗人问：“谁能毫无爱国热情 / 面对敌人的邪恶和残暴 / 英勇向前，保护妻儿 / 将匕首插入歹徒的胸膛 / 谁能抢走我们的和平 / 我们的一切，我们的荣誉！”这样的爱国诗文激起了蒙受冤屈的共和国公民的情绪。在新兴的美国，印刷媒体，特别是报纸，是塑造政治意识和国家社区意识与归属感的关键。在这样的努力中，战争罪的指控提供了强有力的陈述内容。

虽然他们的陈述有些只是符合自身利益的随意编造的故事（如同默瑟将军一样），但爱国者发明了记录战场暴行的新方法以支持受害者的可靠陈述，并帮助他们使叛乱和内战合法化。受启蒙时代法律思想和科学方法上的经验转变的启发，利用其成员老到的传媒经验，革命当局利用那些被亵渎的身体来建立统一的国家，并赢得海外的同情。

1777 年的国会调查实验是揭露战争罪的一种原始方法，这些战争罪往往植根于法律论证和法庭证据。因此，政治和军事当局目睹、构想了受害者关于身体受到伤害的陈述，试图使他们的战争合法化。这场满是创伤的战争成了国内外口水战的后盾。认为爱国者专门记录敌方的虐待情况，以弥补他们在国际社会眼中作为叛乱分子陷入冲突的合法性缺陷是合理的。而确立他们与英国敌人及其辅助者之间的明显差异是这项努力的关键。

在 1779 年议会对豪兄弟指挥的调查中，流亡的保皇派发言人约瑟夫·加洛韦出版了一本小册子。1777—1778 年，加洛韦曾帮助英国人管

北美纽约市规划　作者：伯纳德·拉兹尔。勘测于1766—1767年。

Bernard Ratzer, *Plan of the city of New York, in North America: Surveyed in the Years 1766 & 1767* (London, 1776). 105 x 91 cm. The New York Public Library, The Miriam and Ira D. Wallach Division of Art, Prints and Photographs: Print Collection.

理当时被占领的费城；当英国军队离开时，加洛韦开始流亡，从纽约流亡到伦敦。除了详细说明英国士兵强奸（和掠夺）的案例外，加洛韦还强调了爱国者利用英国暴行获取政治利益方面的聪明头脑。他对这场战争和后来口水战的理解恰当地充当了本章的结语。“如果英国将军疏忽怠惰，对这些残酷行为不加以制止，”加洛韦批评豪说，“叛乱指挥官和新国家并不会将这些转化为自己的利益，而是充分利用这些暴行。”加洛韦继续说：

> 爱国者将英国的无礼行为写入宣誓书，印在报纸上发表，激怒群众并鼓励他们反对陛下和英国。英国士兵似乎比野人更不人道。通过这些手段，许多人开始反对英国政府，许多人在绝望中加入了反叛军。反叛军的力量在不断壮大，英国的兵力越来越弱，英国人名声扫地，而这将永远不会被时间抹去。[45]

在加洛韦发表他的评论时，已经很清楚，除了爱国者战士和百姓，甚至成千上万的美国俘虏也是备受英国虐待的受害者。这一次，聪明的爱国者依然知道如何利用营养不良、疾病、虱咬、虐囚等故事为自己谋利。

Chapter 06
第六章

# 屠宰场

美国传奇人物乔治·华盛顿是一位人道主义者，一位年轻的女士曾为他创作了一首广为流传的打油诗："兼具美德与公道，关怀备至待战犯。"自冲突伊始，华盛顿便暗下决心以欧洲传统对待战犯。然而，美利坚民族的荣誉以及华盛顿作为一位绅士军官和战时领导的责任却曾一度危如累卵，因为美国正在为谋得世界文明国家中的一席之地而苦苦挣扎。对于华盛顿这样的领导者，恰如其分地对待战犯不仅体现了一种真正的道德关怀，也具有深远的战略意义。[1]

在如何对待战犯的问题上，华盛顿认真考虑总结了他首次执行作战任务时的经验。1754年，在俄亥俄前线战场上，法国军队投降后，华盛顿麾下的北美印第安人盟军依然将法国使节约瑟夫·朱蒙维拉残忍杀害，随后又杀死了其他法国士兵。华盛顿未能阻止这场暴行，只好尽其所能对这一事件进行掩盖。在官方报告中，华盛顿极力掩饰这场极端暴行，认定所有法国伤亡人员都是在正常交战过程中丧命的。但是，在同年晚些时候，华盛顿在尼塞西蒂堡向法国军队投降，因为不懂法语而签署了一份投降条款，该条款指出华盛顿对朱蒙维拉"被暗杀"一事负责。[2]

20年后，当英美保皇派再次提起这项谋杀指控，我们只能想象当时华盛顿备受困扰的情形，因为他像大英帝国任何一位绅士军官一样誓死捍卫自己的荣誉和名声。他认识到，自己必须竭尽全力去遵守文明战争的准则，而且更为关键的是，要让大众看到他在遵守。华盛顿知道，捍卫“祖国和自由的神圣事业”要求他和他的军队必须接受启蒙运动的理想和约翰·亚当斯所说的“人道主义政策”。[3]

在与英国军官并肩作战的七年战争中，华盛顿领会了关于战犯的俘获、处理和交换守则，这些守则适用于处理美国与欧洲国家之间的冲突。战争守则允许军队监禁任何敌方士兵或军官，以防止其拿起武器，或者将其作为和平条款的赎金。然而，俘虏者无权处理投降士兵：除非战犯试图反抗或者犯下死罪，否则不能被杀死。保护战犯并且最终交换被俘的精锐士兵可以保证双方获利。[4]

在18世纪，根据战争惯例，俘虏的一方要像对待己方军队一样为被俘士兵提供饮食、住所和照顾，不过被俘士兵的衣物和军饷由他们自己的军队或者国家发放，而不是俘获他们的人。此外，将战犯纳入自己的军队是遭禁止的。在18世纪，西欧国家间的绝大多数冲突大多以订立赎金以及参战国之间签署协定（又叫“军事联盟”）而结束，并以此规定了战俘的监禁、物质供应和交换。因为对征兵至关重要，一个国家必然会努力促成本国战犯的释放，但是指挥官或许会拖延交换战犯，以此来对敌国暂时地施加经济压力或者削弱对方的军事力量。战争结束后，赎金或赔偿将解决相互索赔问题。和普通士兵不同，被俘的军官通常会被释放回家或者在指定区域内自由行动，他们是被担保假释出狱的，因此要遵循相关规定。“假释”一词来源于法语单词“parole”（言语）。[5]

在战争背景下，这些处理战犯的原则其实很难实行。俘虏数量不均衡，登记不到位，以及贯穿整个大陆的庞大战争规模，都让交换战犯变得难以实施。因此，大范围的战犯交换逐渐演变为将战犯在俘虏国关押更长时间。在美国革命战争时期，独特的政治－法律状况让事情变得更为复杂：英军拒绝承认被俘的叛军为战犯，否则便意味着英国承认美国作为一个独立国家的地位。这样一来，欧洲国家间大规模交换战犯的惯例便不再可行，这使双方都面临着长时间关押大量战犯的挑战。战争期间，英国军官以地方指挥官的名义担保，努力安排部分临时的战犯交换，这样既不忤逆国王的权威，也不会损害政府的地位。

尽管华盛顿致力于一种实用的人道主义原则，并且积极参与战犯交换活动以减轻战犯痛苦，但是大陆会议却想以战犯为筹码强迫英国承认美国的独立地位。此外，如果资金问题得不到解决，大陆会议也不想向英国归还太多的士兵，他们不愿为大规模交换战犯埋单，并且试图掩盖短期招募美国士兵这一事实。战争期间，美军和英军领导人相互指责对方一再破坏交换协定。尽管在战时通过临时交换回到原军队的战犯数量大概有数千人，但这在绝大多数时候并不能有效缓解大部分关押所造成的压力。[6]

一些在美国的英军军官提出不能像对待传统的欧洲正规军那样对待"叛军"俘虏。爱尔兰裔上尉弗雷德里克·麦肯齐建议至少要无限期关押战犯："如果他们的命运陷入未知的境地，那么他们的军队里必将人心惶惶。"他担心不能实施死刑只会助长叛乱："除了在交战时，没有一个叛军被处死。"尽管如此，甚至麦肯齐在日后也坚称："对待敌人像对待未来的朋友，这样的做法是对的。英国军队一贯坚持人道主义，而他们竟然冒着丧失荣誉的风险采取更为严峻的措施，对此我深表遗憾。"为了给英国在战后和解创造良好的局势，麦肯齐宣扬有策略的人道主义原则。实际上，英军并没有将美国战犯视为没有任何权利的叛军来处理。这起初是因为负责招募德国军队的军官要求英国政府不要让他们的任务复杂化，重蹈 1745 年反詹姆斯二世党人战役的覆辙：当时的德国谈判者未能意识到不能交换战犯的困境。而且，一旦美国俘获了相当数量的英军，英国人为保护本国被俘战犯免遭报复，也不得不像对待战犯一样处理美军俘虏。[7]

华盛顿很早就在英美关于战犯的争论中定下了基调。1775 年，就在他于坎布里奇接管新军队数周之后，他向盖奇将军抱怨道："那些为了自由和祖国之事业卷入战争的军官落入了你的手中，你们不加考虑地将他们随意丢进为重罪犯而设的普通监狱。备受尊重的高级军官被迫和伤病员监禁在一起，在极其恶劣的环境中，有些军官甚至被截肢。"华盛顿提出将政治置于一旁，坚决主张"除非有人要存心报复，否则，源于人权和等级秩序的责任是全面的并且具有普遍的约束力"。除此之外，华盛顿又引用了战争法的另一原则，提醒盖奇上将注意，未来他对英德战犯的处理将仿效英国对美军的做法。[8]

盖奇回复道："文明国家的荣耀在于，人性和战争是可以兼容的；对于被镇压者的怜悯几乎成为一个通用的原则。"他向华盛顿保证："英军一向宅心仁厚，对被俘战犯宽容以待。原本你们的战犯是要被绳之以法的，但是在这些原则的指导下，他们得到了关爱和照顾，甚至比皇家军队在医院住得更舒适。"盖奇想要说明，英国是出于自发的人道主义原则，而不是战争法规定的责任才善待叛军战犯的。如果他真的忽略了军官等级，这只能是因为"我不承认任何非国王授予的军衔"。盖奇向华盛顿保证，他也会报复，尤其是他还要考虑美国保皇派的处境：

根据我从你方军队得到的情报，我对你的指责完全合情合理。我了解到，国王的忠实臣民有时被叛军抓去像黑奴一样劳作，只为得到每日的口粮，或者只能面临有限的选择，要么被饿死，要么拿起武器去对抗国王和祖国。那些人以我手下的战犯或者你在波士顿的其他朋友所受的待遇为借口，采取这样的措施，真是虚伪的野蛮行径。[9]

然而，华盛顿并不会被盖奇上将盛气凌人的武力威胁吓倒。他指责盖奇故意回避了政治问题，比如"究竟是英国人还是美国人的仁慈、刚毅和耐心更胜一筹"，或者"被暴政推向武力反抗之路的高尚公民是否应该被当作叛军绞死"。然而在保皇派看来，华盛顿在提出质疑的同时还宣告："出于同根同源的兄弟情谊，不仅你方的军官和士兵得到了妥善处置；甚至那些曾让祖国洒满鲜血的十恶不赦的弑亲者也得到了庇护，从而免遭义愤填膺的群众的讨伐。"大陆会议适时地出版了华盛顿－盖奇书信用作宣传。于是，华盛顿作为一位备受尊敬且拥护崇高道德标准的绅士军官的形象得到了英美两国人民的认可。[10]

即便关于英军虐待美国战犯的说法使双方关系恶化，华盛顿依然继续坚持这些标准："我总是竭力使在我手下的战犯尽可能舒适，而且没有什么能让我放弃这项原则。我这么做并不是要和你方处理战犯的方式反着来，而是因为俘虏本身已经够让人伤心了，再去徒增痛苦是很残忍的。"激昂言辞中流露的崇高理想遇到了真正的考验，那就是在激烈的交战情况下战犯究竟是怎样被处置的。爱国士兵经历了这场冲突，他们认为成为英国的战犯通常意味着危险和暴力。[11]

## 从被俘到埋葬

那些向英军和黑森人投降的美国士兵对即将到来的生活充满恐惧。很多人都听说过落入敌人之手所遭受的虐待甚至处死之事。在 1777 年年初，爱国者办的一份报纸就上将威廉·豪爵士在纽约将被俘的所有列兵释放一事，刊登了一则讽刺的虚构报道："他释放的人中有一半渴求食物，另一半是为了警告自己的同胞不要落入他的手中，战俘的存在不断向国人传递这样的信息，即死在战争中要比成为残暴英军的战犯更好，因为英军温柔的慈悲实际上是残忍。"美国爱国者经常有意地将英军对战犯的处置刻画得十分残暴：一位匿名作者曾经发表过一篇广为流传的文章，认为英军虐待美国战犯似乎是"冷酷无情和精心策划"的结果。英国人天性残忍，他们一点一点地折磨和杀戮美国俘虏，以此惩戒叛变行为。[12]

在 1776 年秋冬的第一次全面战役中，一队负责在哈勒姆高地埋葬阵亡士兵的美军偶然发现了十几具头颅惨遭劈开的美军尸体，据说当时他们已经向黑森人投降。在投降之后幸存的大陆军战士基本都会遭到洗劫，他们随身携带的诸如手表、钱、戒指和膝盖搭扣等贵重物品无一幸免。通常他们的部分衣物比如鞋子和外套也会被抢走，这在寒冷的冬季是一个很严峻的问题。即便是投降条款允许一部分战犯保留私人物品，有时候这些物品依然会被抢走。被俘军官后来证实，敌方对战犯的处理方式变化不一：有些人在被俘时受到尊重，而有些则遭受奚落。[13]

在囚禁的最初几个小时乃至最初几天内，战犯通常会受到言语侮辱，也难免会遭受殴打和人身攻击。即便有些军官并不纵容这种暴力行为，他们也很难完全阻止。黑森军队的随军牧师菲利普·瓦尔德克承认：

在华盛顿堡接受投降之后，黑森人违反命令，殴打战犯。尤其可笑的是，我曾目睹一个黑森军掷弹兵挑起了这场虐待战犯的事件。一位叛军被带了过来，他骄傲地向四周环顾……这位掷弹兵两手揪住了叛军的耳朵……另一个士兵用叛军的围巾把他捆起来。又有两个人打了他的头部，第三个人朝着他的屁股狠踢一脚，结果他一下子从三排士兵身边飞了过去……这个可怜人不知道是什么打了他，也不知道自己为什么被打。

据称，其他黑森人曾经捉弄一个宾夕法尼亚的步兵，把他吊到树上三次；他们还把一个战犯当作靶子进行练习。据说英军士兵曾组织假处决，在俘虏脖子上套上套索，塞进棺材里带走，嘴里还大喊着恶言恶语："叛徒""恶棍""杀人犯"。这样的故事无论是真的、半真半假的还是完全虚构的，都让美国士兵的恐惧与日俱增。他们在脑海中塑造了敌人的形象，有时候还会想象投降时敌人的所作所为。[14]

绝大部分俘虏最开始都会被关押在被俘地点附近的临时监狱，比如仓库、拘留所、私人住宅或者谷仓。这些住处拥挤不堪且极不卫生，通常缺乏足够的床铺和衣物。塞缪尔·扬在纽约地区被俘，之后被监禁在一间关押了500人的马厩里，人们把食物扔给他们，"就像扔食物给猪一样，大量过期的饼干，都碎成了渣，绝大部分都发霉了，有些饼干上还有蛆在爬，他们不得不相互争抢……第二天每个俘虏都发了一点猪肉，而他们不得不生吃下去”。[15]

被临时关押在私人住宅的俘虏最终都要被转移到别的地方去。为了减轻对食物、燃料和衣物的即时需求，幸运的少数人在当地被交换回自己的军队。绝大多数俘虏则被转移到位于纽约城的主要英国监狱中。此举加剧了俘虏遭受的痛苦，因为行进中的一列列俘虏同时遭到了英军和当地居民的辱骂和攻击。据一位康涅狄格州的士兵回忆，从哈勒姆高地到纽约城长途跋涉的10英里，他和同伴“遭受了英军和黑森人的侮辱，拳打脚踢，用枪托打头。有些人被一竿子打倒在地，身上的毯子被抢走”。约翰·阿德鲁姆回忆道，行进途中和纽约城内的保皇派、黑森人的追随者及“军妓”不断地辱骂俘虏，叫他们“该死的叛徒”“应该或者将要被绞死”，有时候也拿石头砸向他们。[16]

用船运输俘虏则让情况变得更糟。亚伯拉罕·莱格特少校是纽约战役中的老兵，在位于哈德逊的蒙哥马利堡失守时被俘。他和300位士兵与平民一起乘坐默特尔号小型运输船被运送到了纽约，当时船上拥挤不堪，“有些人差点窒息而死”。提供给他们的唯一水源太脏了，他们宁愿渴死也不喝。俘获莱格特的人担心俘虏造反，于是在正对货仓的甲板上放了一架4磅重的小型机关炮，“似乎是威胁我们，如果制造出一丁点儿的噪声，他们就会直接向我们开炮”。航运本身就有风险。一位负责运输战犯的英军指挥官从巴哈马群岛东南部的特克斯群岛出发，最终到达罗得岛，他告诉革命派俘虏乔治·巴勒曼，他的一贯主张是，船上一旦发生火灾，就把战犯丢到甲板下面烧死，如果有人试图跳船就开枪击毙。[17]

不出所料，战犯的处境和受到的处置，即便是在同一关押地点，也是不同的。埃比尼泽·弗莱彻在纽约州被俘，在其被俘地附近的英国医院里，“有些人非常和善，但其他人却恶毒至极”。偶尔，英军军官似乎也能做到某种有策略的宽宏大量。上将盖伊·卡尔顿爵士细心周到地对待1776年在加拿大俘虏的美军战犯，此举是为了让“殖民地所有温和稳健的人明白仁慈之路并没有向他们关闭”。后来，有些美军军官承认，总体上他们受到了良好的对待。甚至以恶毒闻名的美国保皇派中有极少数也因其人道主义的做法得到了他们俘获的爱国者的称赞。然而，战时美国爱国者的证词却表明，俘虏不仅常常会遭到惨无人道的对待，而且他们认为英军的虐待是毫无理由且预先策划好的。这些虐待和暴力决定了俘虏们的反应，也解释了他们坚决抵抗英军企图将他们纳入英国武装部队的行为。[18]

在 18 世纪，按照惯例分配给战犯的口粮通常是一位普通士兵每周口粮的三分之二。英国军队中士兵的口粮大概是面包和牛肉各 7 磅、4 盎司黄油或者奶酪、8 盎司燕麦、3 品脱[1]豌豆，有时还会有几盎司米饭，也就是每天不到 2 500 卡路里。那么按此推算，战犯每天大概能摄入 1 600 卡路里。即便事实真是如此，一个重 160 磅的士兵就算不太活动也会每周瘦一磅。英国军队深受物质供应问题的困扰，监狱也无法例外。口粮的获取、贮藏、运输、保鲜和分配各环节都成问题，因此战犯很少能得到官方规定的份额。[19]

他们分到的食物经常是发霉变质的。来自康涅狄格州的卡特林中尉称，他在被俘的前两天一点儿食物都没吃到，在其他证词中则有人声称在被俘的前 3 天、4 天甚至 5 天都没有吃的。卡特林后来靠着“变质的猪肉碎渣、生虫的面包和咸水”才得以幸存。长途跋涉到纽约城之后，约翰·阿德鲁姆只分到了少得可怜的一点儿“碎饼干”：“我觉得这些是海军收到的一桶桶补给里的底儿和他们不要的垃圾，上面长满了黄黄绿绿的霉菌。”俘虏有时候沦落到吃旧鞋子、骨头，甚至是无情的俘获者卖给他们的垃圾。草、木头和砖块都变成了他们的食物，有些人甚至把猪食槽里的糠刮出来在火上煮着吃；更有甚者，一项记载表明有人吃自己大腿上的肉。

1　1 品脱约合 0.57 升。——编者注许多俘虏还缺乏足够的衣物和床铺，而且官方发放的数量也远远不够。假释出狱的军官和当地居民有时会给战犯送去多余的衣物；监狱里还有一个市场专门出售已故战犯和通过交换获得自由的战犯的衣服。即便是大陆会议宣布直接为在英军手中的美国战犯提供衣物，问题仍然存在。生活在物质匮乏和堕落的环境中，一个战犯如果想要买一件体面的衣服，比如一件暖和的外套，常常需要用自己一天的面包来交换。[20]

在监狱里，污浊的空气里满是疾病和身体腐烂的恶臭，水散发出腐臭味，男人们“从头到脚爬满了虱子”，有时候不得不躺在“战犯的排泄物上”。这种环境在所难免会滋生疾病。从理论上讲，受伤和生病的俘虏理应受到照顾，就像英国士兵在战场上、军队里和监狱医院里受到照顾

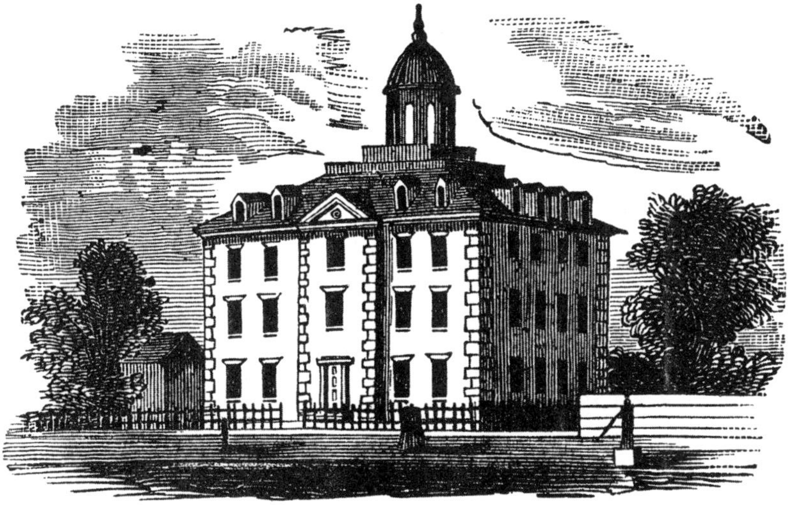

普罗沃斯特监狱建于1759年，关押了七年战争中的战犯以及在美国革命期间抓捕的美国军民。
The Provost, from Benson John Lossing, ed. *Harper's Encyclopedia of United States History (vol. 7)* (New York, 1912), retrieved from http://etc.usf.edu/clipart/57800/57891/57891_provost_jail.htm.

一样。然而实际上，军事监狱里的医疗检查在最好的情况下也是极为稀少的。感染的病人不会被隔离。预防接种或者其他预防措施在当时的英国军队中已经逐渐普遍了，但基本没有在监狱施行。用于给俘虏治病的医院经常和监狱一样拥挤，而且并不比监狱更有益健康。一位年轻的康涅狄格民兵写信告诉父亲，尽管他生病了，但是他“不会去医院，因为医院里各种疾病都有”。[21]

纽约城是战争中主要的英国卫戍部队所在地，包含了皇家军队的主要监狱系统。美军和其他俘虏被关押在普洛沃斯特的旧监狱、百老汇的“自由之家”、旧制糖厂、至少6间教堂和贵格会会议厅、纳索和华尔街之间的市政厅，以及纽约国王大学（今哥伦比亚大学）等地方。[22]

普罗沃斯特监狱环境尤其恶劣。该市立监狱共有12间牢房和3间地牢，用来关押美军高级军官和“国家罪犯”，即被控助长叛乱的公民。每个房间挤满了12位军官，他们得到的口粮少得可怜，比如一块生的盐渍牛肉。据一位犯人描述：“一块烂的海面包，一掉到地上就像长了腿一样四处乱跑，太有活力了，花特别脏，更像一个猪圈。”约翰·费尔是著名的独立派斗士，保皇派在他新泽西的家中抓住了他，然后把他送到了普罗沃斯特。他偷偷地在狱中写日记，记录了被俘之后的痛苦。外面的天气变化导致监狱里气温浮动剧烈。在地牢里，犯人被随意地单独关押起来，在那里到处有“被鞭打的恐怖场景”。在1777年11月16日的日记里，他写道：“监狱极其令人厌恶，许多触目惊心的可怜人（即战犯）几乎饥寒交迫，眼前的景象真是悲惨。”[23]

这所监狱由臭名昭著的总管威廉·坎宁安上尉管理，这位英国骑兵之子于1774年到达纽约城。1775年春天，在和“自由之子”进行了一番激烈且丢脸的争吵之后，他公开效忠于国王乔治，随后便逃往波士顿，寻求英国军队的保护。盖奇上将任命坎宁安作为管理叛军战犯、军纪及处决事务的总管。不久之后，他被派到了被英军占领的纽约和费城监督战犯管理工作。当代人把他对战犯的暴行直接归因于他早期遭受的暴力对待，那些经历他“从来不曾忘记或宽恕”。[24]

乔治·华盛顿抗议坎宁安在费城对战犯的虐待行径，于是上将威廉·豪把他派回纽约。这座监狱之城到处充斥着坎宁安的暴行。他把好心的市民放在牢房外面的汤碗踢倒，从中获得施虐的快感。一位战犯想要纸笔给家人写信，他就用剑刺穿了这位战犯的肩膀。他还以绞刑来恐吓战犯，甚至有指控表明坎宁安用烙铁折磨他们。这位监狱总管领导着一批最心狠手辣的压迫者，于是关于坎宁安的各种报道和流言逐渐渗透到爱国者的心中，更加印证了争取独立的深远意义。

范·考特兰的制糖厂。

Van Cortlandt's Sugar House, from Benson John Lossing, ed. *Harper's Encyclopedia of United States History (vol. 7)* (New York, 1912), retrieved from http://etc.usf.edu/clipart/57800/57889/57889_sugar_house.htm.

在纽约城，几乎所有不属于英国国教的教堂很快都被征用为监狱，英军似乎是为了先前爱国者曾在殖民地的圣公会教堂亵渎神圣而复仇。七八百人被塞到了位于威廉街的旧北方荷兰教堂中，他们没有足够的食物、衣物、床铺和取暖燃料。据一位战犯称，他和其他战犯靠着青苹果和猪肉桶里的水维持了10天。宾夕法尼亚人托马斯·博伊德在华盛顿堡被俘后连续挨饿三天，之后靠着很少的食物维生。“面包生虫了，吃起来很苦，不仅没有营养，还仿佛有毒。”只有像博伊德那样“体格健壮”的人才有可能幸存下来。[25]

其他战犯被关到一家很大的制糖厂里，那里的环境至少和教堂里一样恶劣。夏天的时候制糖厂里拥挤、肮脏、闷热无比，到了冬天则酷寒难耐，一些窗户没有玻璃，雪直接吹进屋里。普遍的营养不良和肆虐的疾病很快让战犯虚弱不已。[26]

这样一个充斥着恐惧、虐待和受苦的环境成了各种荒唐谣言的温床。1777年，一位神秘的“法国医生”被指控用毒药杀死了一位关在纽约的美国俘虏，但是安德鲁·舍伯恩直接指出：“不是的，他们才不会这么好心。任何能减轻痛苦或者加快死亡来使我们摆脱折磨的方法他们都绝对不会使用。”1781年，一位名叫威利斯·威尔逊的水手说英军故意让战犯和感染天花的黑人接触，导致在弗吉尼亚州朴次茅斯的普罗沃斯特监狱关押的100多名战犯感染了天花。这不是英国第一次面临细菌战的指控了。1763年，英军在宾夕法尼亚前线围攻皮特堡期间，故意让北美印第安人感染天花，而托马斯·盖奇将军是批准该做法的英军军官之一。1775年，华盛顿开始严肃对待关于英国在波士顿及其周边地区采取细菌战的指控，警告地方当局和大陆会议注意，在被围城镇不断蔓延的天花“是一种防御武器，他们以此来打击我们”。正如我们所见，当邓莫尔的黑色军团1775年挺进弗吉尼亚，以及保皇派的阴谋1777年在新罕布什尔流传的时候，关于细菌战的流言再度出现。至少在朴次茅斯这个例子中，人们的担忧并没有事实依据：战犯极有可能是被身边的犯人传染得病，而这些犯人在被监禁之前就已经感染了天花。进行了疫苗接种的黑人并没有被严格地隔离开，由于劳动力极度缺乏，他们在还具有传染性的时候就被调去做了护士。但是这些故事的真实性并不会对受众产生太大的影响，因为敌人的铁石心肠已经成为他们先入为主的想法。[27]

然而，战犯的关注点并不仅仅是威胁他们身体健康的事情。俘获者不顾军衔等级甚至是种族，让“所有人不加分别、毫无尊严地随意挤在一起”，把美军军官和“印第安人、白黑混血儿、黑人等”关押在一起，对此美军军官感到尤其不舒服。约翰·巴雷特拒绝被关在制糖厂，他不愿与“普通士兵、水手甚至是黑人在一起接受同样的对待和口粮等，而且都会遭受侮辱和虐待”。关在费城的白人美军战犯愤怒地写道，他们不仅和黑人俘虏关在一起，而且当黑人打了白人军官的时候英军也不会惩罚他。当社会地位被降低时，美军会像皇家军队的军官一样激烈反抗。[28]

1777 年大陆会议披露出另一个高度敏感的问题，即美国民众几乎不提供任何慈善帮助，这简直令人震惊。一位尴尬的委员承认道，这种疏忽“从来没有出现在基督教国家中”。那些做出慈善之举的个别当地人冒着风险，很可能会受到负面影响。比如，1778 年春天，爱国者军官送了 5 桶面粉给“一个可怜的女人，她曾经竭尽全力救了很多战犯的生命，而她现在身处困境急需粮食”。一位纽约的客栈老板把剩饭送给关在王冠街制糖厂里的战犯，他有时候注意到英国狱吏拿着一些肉奚落挨饿的战犯：“那个时候最基本的人道主义行动都被视为最大的恶行。”[29]

通常情况下，普通士兵不得不一直忍受监狱里的不良环境直到战争结束，除非他们是被交换回去的少数人，或者早早地死去。相比之下，绝大多数被俘的美军军官最终都被假释出狱，这种做法与当时欧洲战场上的惯例一致。被假释的军官也许能够在敌方领地的指定区域内自由活动，或者得到批准回到自己的军队，甚至被允许回家。如果是后者的话，他必须承诺不再拿起武器，直到他在英美交换战犯时被正式地交换回去。在战争初期，绝大多数在纽约战役中被俘的军官都得到了假释，在纽约城外的区域活动。他们两人或三人一组被分到当地的居民家中，自行支付住宿和伙食费，期待大陆会议会偿付这笔费用。比如，亚伯拉罕·莱格特少校于 1777 年 11 月 1 日从普罗沃斯特假释出狱；4 年以后他被交换回到革命军的队伍中，目睹了在新泽西和长岛的进一步行动。其他被假释的军官能够自由出入被占领的城市。尽管在纽约城被假释的军官承诺不会危害英国为战争所做的努力，但是文明战事的习俗还是胜过了对隐私和安全的考虑。一位军官冒着被撤销特权、再次入狱的风险，违反了假释期间的规定。[30]

假释的军官通常会接受医疗护理，有时候还会接种预防天花的疫苗。就我们所知，他们之中的绝大多数都相当健康。现存的日记表明，军官们当时生活惬意，他们可以读书、游泳、垂钓，还能参加当地的比赛；很多人和当地的女性确立了恋爱关系，其中一些还结婚了。其他军官的妻子和家人来探望他们，甚至留下来生活。偶尔，这些军官会抱怨不尽人意的环境，他们承认，粗茶淡饭的咸牛肉和猪肉对于曾经“锦衣玉食”的人来讲尤其难熬。有时候，美军军官会去看望被假释的战友，他们觉得这些战友的生活简直是太舒服了。1778 年 2 月，在长岛的乡村地区被假释的 235 位军官中，一位美军高级军官私下写道：“很多军官衣着过于奢侈，装饰着蕾丝，对此我深感遗憾。”[31]

有时候，看到战友在市立监狱里的悲惨境遇后，一些假释的军官会给他们送去补给；另一些则会在回去之后大快朵颐地吃牛排和烤猪肉。有一次，杰贝兹·菲奇中尉在他暂住的家庭吃完晚饭以后，带着汤去送给被关在旧教堂的战友。第二天他又去了，生病的战犯“处境可怜”；后来他看到三名战犯被埋在一个墓里。一位被假释的战犯伊桑·艾伦在探监的时候发现：

许多战犯快要饿死了，还有一些奄奄一息说不出话来，咬着碎屑……以空洞的呻吟声向我致意，绝望印在他们每个人的脸上。那里的脏乱情况……简直无法形容。地板上全是排泄物。我小心地迈着步子想要避开这些，但是根本不可能……我同时见过……7 个死人躺在他们的排泄物中间。

艾伦很快就不再去探监了，因为“作为一个旁观者，我难以承受这样的场面”。[32]

在被俘期间对战犯最后的侮辱就是不能够及时埋葬死人。“每天有二三十人死去，”一位被释放的战犯写道，“他们成堆地死去，没有人把他们埋掉。”保皇派和英军都曾虐待美军士兵的尸体，据另一位战犯回忆：“我见过保皇派的一群暴徒对着逝者无情地嘲讽和欢呼。”在纽约城，每天早上，僵硬的尸体被人从教堂和制糖厂拖出来，“像木头一样被丢进运货马车运走，扔到大坑或者沟渠里，像畜生一样被盖起来。由于天气状况，光溜溜的尸体很快就会暴露在外界之中”。据说，其他尸体在埋葬之前被随意丢在室外的空地上，几乎没有衣服遮盖，“暴露在狼吞虎咽的猪和其他贪吃的动物面前”。他们的遗骸埋葬在挖得很浅的大片墓地里，很可能会再次被猪或者其他野生动物玷污。甚至有传说称有人遭到活埋。不管这种故事是真实的还是虚构的，都增加了被俘者的恐惧。[33]

## 担心自己失去双腿

到了 1777 年 4 月，美军俘虏遭受虐待和高死亡率的证据不断积累，大陆会议控告英军虐待美军战犯，并得出一个令人吃惊的结论，即敌方的普通士兵对于战犯的处境，比他们的军官更具有同情心（这与战犯的说法一致），黑森人比英军更具同情心。面对华盛顿的再次抗议，他那固执的对手上将豪的回应则益发荒唐，拒不承认美方的控诉。所有战犯都收到了“足够的健康食物”，并接受了医疗护理，被安置在“能力范围内能提供的最卫生的收容地点”，如“通风最好的大楼里”或者最大的船上。至于为何这么多人在短时间内接连死去，豪“无从知晓”。豪耸耸肩把责任推卸得一干二净，华盛顿就此放弃了对俘虏交换条约的希望。然而，他讽刺地补充说：“他们对一些事实进行了巧妙的歪曲以迷惑大众的猜测。但是，无论这种歪曲进行得多么成功，都很难说服人们去怀疑自己基于事情真相所做出的理性判断。”通风良好的大楼在冬天可能毫无益处，而且从战犯的外表和证词来看，他们的口粮无论在质量还是数量上来讲都不可能足够。与之相反的是，华盛顿手下的英军战犯“并没有被克扣”，而是和前线的美军士兵收到一样多的口粮。一个美国人设法找到了一位代理商为战犯提供粮食，但是豪拒绝批准该做法。由于缺乏正式的协定，两位指挥官只能指望对方的慷慨：华盛顿确实行事大度，但是他错就错在以为豪同样会以慷慨作为回报。[34]

直到 1777 年春天，大陆会议才委派军官负责战犯事务。伊莱亚斯·布迪诺特被任命为战犯事务的委员长。一位来自纽约的 45 岁东印度商人刘易斯·平塔德成为纽约战犯的常驻代理；其他州和监狱所在地也派遣了代表。这些军官不仅要照料在美军手下的敌方战犯，还要为在英军手下的美军俘虏提供钱、食物、衣物和其他用品。战争委员会重新派员去严格处理地方委员会的玩忽职守，因为地方委员会对敌方战犯的处置要么“太过严格”，要么“极为松懈”。高大英俊又谨慎的布迪诺特是一位富有的律师，来自新泽西伊丽莎白敦，他对妻子坦承，接受这项任命意味着将自己置于“喧嚣、疲惫、违背人性、令人厌恶的战争和屠杀”之中。[35]

正当布迪诺特组建了工作团队并开始着手调查时，他的工作遇到了严重的阻碍。起初，豪不准平塔德进入纽约城，后来才允许他以非官方的身份进入，以免被认为英国承认了美国独立。大陆会议还决定每个州派一名委员去协商释放俘虏的事宜。布迪诺特和华盛顿要求所有工作统一由中央管理，但是那些直接和英军协商的州，包括纽约、康涅狄格、新泽西和马萨诸塞州，很少能够如布迪诺特所愿地充分合作。[36]

由于缺乏资源，布迪诺特的努力受到了进一步的阻碍。于是，自1777年夏天开始，他花费了大量私人资产以及从朋友那儿借来的钱。正因如此，平塔德才能够在1777—1778年的冬天为关在纽约城的美军军官和士兵送去796双鞋、1 310双袜子、787件外套、1 253件衬衫、549件汗衫、376条裤子、184顶帽子、616条毯子和8个床垫。1778年上半年，布迪诺特向英军占领的费城送去了857桶面粉以筹集现金，同时还送去了117头牛和4头猪，让美军俘虏能够吃到新鲜的肉。[37]

直到1778年2月，为人随和的克林顿上将就职以后，布迪诺特才被允许探望关在纽约城的美军俘虏。布迪诺特发现，住着211名战犯的两家医院“还算井井有条，整洁干净，病人得到的照料比我预期的要好”。甚至在他探访的制糖厂里，191名俘虏也都有足够的衣物和毯子挨过冬天。然而，那些战犯告诉布迪诺特，可能是因为英国在萨拉托加战败之后有将近6 000名士兵被美军俘虏，所以几个月前他们的境况才有所好转。至于普罗沃斯特的情况，布迪诺特记录道：“看到那么多同胞的悲惨遭遇，我深感痛苦。”第一次探访之后，他收到一张匿名纸条，向他描述了监狱的腐败残忍。再次探访普罗沃斯特的时候，布迪诺特发现美军军官和士兵以及一些政治犯都处在“水深火热的境况中”。他们说威廉·坎宁安用牢房钥匙杀死了两名战犯。因为某些微不足道的“冒犯行为”，威廉·坎宁安暴打了美军军官之后便把他们送到地牢关上数周，他定期去视察只是为了再暴打他们一顿。不过，布迪诺特用直白的语言总结道，俘虏中也有“一群可悲的恶棍，他们抢夺彼此的衣物和毯子，有很多人卖掉自己的鞋子、毯子甚至是衬衫来交换朗姆酒”。当布迪诺特与该城的指挥官詹姆斯·罗伯逊将军对质时，对方像其前任豪一样混淆视听，否认了一切罪行。[38]

布迪诺特最终借了30 000美元为300名军官和1 100名普通士兵购买衣物和毯子，并确保他们能够在未来的15个月收到每日补充的面包和牛肉。他同时监督着有限的战犯交换。但是，持续不断的压力开始产生影响。经历了“担心自己失去双腿”的一年后，加上濒临破产的危险，布迪诺特于 1778 年 4 月辞职。他威胁要宣告破产，他的继任者写的信在大陆会议议事厅被公开宣读，信中警告如果关闭布迪诺特的账户，美军战犯的死亡率将急剧上升。大陆会议最终投票决定拿出 20 000 美元来补偿前一任委员长。缺乏资源，大陆军和地方当局缺乏协调——布迪诺特的这些挫败经历凸显了刚刚崛起的北美的缺陷。尽管存在这些局限，但是总体而言，这个新生的国家和领导人把需要的资源调配给了战犯，以便他们得到较好的对待。[39]

## 一群肮脏的人形生物

从总体上讲，英国和德国战犯的待遇比美国叛军俘虏要好，这是由实际情况和原则决定的。华盛顿和大陆会议致力于遵守战争的准则，革命战争的领导者们有时也效仿他们的宽宏大量。如果战犯对美军俘虏友善，就像弗朗西斯·多雷尔那样，战争委员会下令他可以假释出狱并且按时交换回国：“因为我们希望利用每一个机会来向善待了美国人的敌人表示友好。”美国俘虏者在这方面起了很大的作用，他们在家乡更为宽敞的地方关押战犯，因此避免了过度拥挤带来的传染病以及随之而来的灾祸。军需品补给的运输线路较短，成本更低，因此有助于更好地支援战犯。此外，由于他们不如在英军驻地或者战犯运输船上看守得仔细，于是大量英国战犯在行进过程中或者从关押所里逃跑了。[40]

尽管如此，对于英国和德国战犯而言，被俘经历仍然是很悲惨的。就像美国战犯一样，他们被俘之后同样会经历住所狭小、口粮和衣物短缺的情形，并且还要忍受疲乏的甚至偶尔是致命的长途跋涉，直到到达永久关押地。而且，绅士军官们有时候和士兵或者重罪犯关在一起，这极大地打击了他们的荣誉感。[41]



英国军队觉得美军违背了战争守则，很快就开始控诉。美国曾一度提出让英国按照欧洲国家的战争惯例，为他们被美国俘虏的士兵送来补给。然而，对英军来讲，这项提议相当于后勤战略上的干扰。豪抗议道，美国的提议会导致很多盎格鲁－德国战犯挨饿，因为他们分散在各地，有时候和最近的英军补给线也相隔几百英里。美国最终同意为战犯提供补给，并要求英国在 30 天内以钱币的形式付清，英国为这项协议付出了高昂的代价；而这一举措帮助美军为他们关在纽约的俘虏提供了资金，同时也解决了国内钱币短缺的情况。[42]

减轻德国（以及某些英国）战犯痛苦的方式之一是将监狱管理体制半私有化。1775 年冬天，这样的尝试最初在宾夕法尼亚州部分通行德语的兰开斯特地区自发地开展起来。到了 1777 年夏天，新增的 1 000 名战犯使得监狱的住所和口粮都面临紧缺，于是宾夕法尼亚当局和普通居民都开始雇用在兰开斯特的德国战犯做雇工。他们绝大多数做了农夫或者在工匠的店里帮忙，一些德国中士和海军少尉在农场主家里做临时用人来换取食物和苹果酒。有相当一部分战犯做了自己擅长的工作，比如织工、裁缝、鞋匠、铁匠、木工、木匠和石匠。有些人为民兵和大陆军做衣服，甚至还有枪弹。战争委员会曾一度开办了一家全是战犯工人的制鞋厂。一个来自柏林、精通德语和法语的士兵，向德国移民宣称自己曾做过校长和秘书。在特伦顿被俘的一个黑森军乐队曾在《独立宣言》签署一周年的庆祝晚宴上为大陆会议演奏，随后又在庆祝革命胜利的宴会上演奏。[43]

绝大多数雇主通常一次只雇一两名战犯，但是锅炉房、钢铁厂和磨粉厂需要更多工人。普通雇主通常会向当局交一笔保证金，确保如期归还战犯。合约规定他们要为战犯工人提供食物和住所，还要发工资。在营房附近工作的战犯每天要回去点名两次；离得远的战犯则每周回去报到两次。显然，这样的安排颇受俘虏的欢迎，因为他们可以暂时远离害虫和疾病肆虐的拥挤的营房；对俘虏者而言，小规模地派遣战犯工人更容易操控，而且比起大批敌方士兵，这样的情形需要的看守人员更少。

这种实用的做法因此取得了更为人道的效果。然而，总体情况却远远不是这么理想。而且讽刺的是，被许诺待遇最好的敌军战犯最终却遭遇最为悲惨。[44]

1777 年 3 月，英国政府任命约翰·伯戈因将军为北方军指挥官。那个秋天，他的使命是召集另外两个英国部队与他领导的英军 – 保皇派和加拿大 – 北美印第安人联军会合，去夺取战略要地哈德逊谷。从魁北克一路向南进发，经过萨拉托加和纽约，伯戈因在克朗波因特和泰孔德罗加一举拿下要塞。但是供给短缺问题和令人出乎意料的爱国者的顽强抵抗放缓了他在哈德逊一带前进的步伐。他曾指望英国增兵，但是由于沟通与合作不力，增兵一直没有到来。到了 10 月，伯戈因的军队饱受饥荒之苦，并且还要面对人多势众的美军，双方数量达到了 4∶1 的程度。在萨拉托加，一支由英军和德军组成的将近 6 000 人的野战部队投降，标志着英国在战争中的第一次重大失败。这引发了议会中反对派对杰曼勋爵的恶意攻击，并促成了法美联盟的正式确立。[45]

对我们来说，回顾萨拉托加的战果，尤其是公约军[1]出乎意料的遭遇和其后的艰辛历程，颇具启示性。由伯戈因领导的那 5 700 ～ 5 900 名投降的英、德、加联军的命运让我们明白，尽管有人道主义原则，在资源有限、战争压力和人性弱点下，俘虏会被置于何其艰难的处境。[46]

美国和英国指挥官在《萨拉托加公约》下达成了投降的优惠条件，即英国的加拿大和保皇派盟军被送回加拿大，其他人则被带回波士顿，然后再由轮船运回欧洲。他们的行李不会被搜查，而且要得到和美军士兵一样多的口粮，而不是通常情况下战犯所能得到的三分之二。然而，英国政府为了避免承认大陆会议的合法性，进而承认美国独立的事实，

1　1777 年，萨拉托加战役后，伯戈因战败，美军将伯戈因的残余军队俘虏。因双方签署《萨拉托加公约》，故称其为“公约军”，或“公约部队”。

拒绝批准该公约。同样，大陆会议也拒绝履行协议。那时，美国领导者意识到，释放成千上万的士兵回国，意味着英国将会在北美取代他们。

5 000 多名公约囚犯不能返回欧洲，毫无准备的北美各州除了现有的战犯、本州的人口以及美军之外，还要被迫接手这些额外的俘虏（以及看守人员）。结果，相当多的英德战犯遭受了断断续续且偶尔加重的食物短缺、柴火不够、冬天庇护所缺乏和疾病的肆虐。不堪重负的看守人员有时也会殴打他们。

萨拉托加公约军的磨难从他们步行前往马萨诸塞州坎布里奇时就开始了。他们在 10 月末和 11 月的暴风雨雪天气里每天翻山越岭走 12 英里。至少有两人冻死，还有十几人在路上病死、累死以及因体温过低而死。汉娜·温思罗普目睹了精疲力竭的幸存者走到坎布里奇的场景："我从来没有想到造物主居然创造了这样一群肮脏不堪的人形生物：可怜、肮脏、骨瘦如柴的人。"温思罗普描述了跟随俘虏部队一起来的那些女人："她们同样光着脚，穿着脏兮兮的破烂衣服。她们所到之处都散发着恶臭，如果她们不是一直抽着烟，我就该担心被污染了。"[47]

在坎布里奇，这些部队，连同和他们一起到来的妇女儿童，被关在温特山和普洛斯拜克特山上草草建成的营房里，墙上的洞就相当于窗户了，雪花顺着洞飘进屋里。每个房间最多是 4×4 米大，关着三四位军官，或者 16 ~ 20 名士兵。雅各布·希尔瓦根中尉给他远在黑森州哈诺的父母写信说，起初他和同伴只能躺在光秃秃的地上，小屋取暖条件很差，后来他们才自己做了一张简易床。英国军队认为《萨拉托加公约》遭到了违背，于是，尽管冬天迫近，他们还是拒绝送来衣物和毯子。黑森人建议美军尽量照顾病员。但是，到了 1778 年春天，由于食物供不应求，大陆会议要求宾夕法尼亚州及其南部的州运送粮食到波士顿，因为波士顿当地居民请愿要求将战犯转移到其他地方。在那时，大陆会议已将公约束之高阁。[48]

然而，公约囚犯的艰苦旅程还在继续。留在坎布里奇的德国战犯和被转移到拉特兰的英军俘虏，后来被分成6队步行到弗吉尼亚州夏洛茨维尔。他们冒雪长途跋涉数百英里，有时候积雪有膝盖那么深，还不得不露宿在外。“有一天晚上睡在青山上，”乔治·福克斯下士回忆道，“积雪有半码深。”英军军官抗议公约囚犯被分散在多个州20多个安置点，他们“被藏起来，失踪找不到了，这应该被视为奴役”。[49]

到达夏洛茨维尔后，英国海军少尉托马斯·安伯雷所在的军营比弗吉尼亚州任何军营都大，在那里的经历实在令人恐惧。营房没有门窗和屋顶，积满了雪。士兵甚至是军官都要自己把营房盖好。他们自己建造小屋，挖井，建厕所，除此之外还要建立医院、教堂甚至是咖啡屋；他们规划出一片菜园和墓地。不伦瑞克军官弗雷德里希·阿道夫·里德泽尔少将曾在萨拉托加指挥德军和北美印第安人，他认为弗吉尼亚州的情况比波士顿更糟，在波士顿的时候他曾断言，美军把好的口粮都换成了鳕鱼和“更糟的东西”。战犯们艰难地适应了新食物：“以动物饲料和玉米为主；很少有蔬菜。”营房和食物都极为短缺，最终军官们被假释出狱，在半径100英里的区域内活动。有些军官，比如里德泽尔和他全家，在蒙蒂塞洛及其附近的庄园享受了托马斯·杰斐逊的盛情款待，并有美妙的音乐相伴。[50]

直到1781年，大陆会议才把公约囚犯划定为普通战犯，那时他们已经行进到偏远地区，比如弗吉尼亚的温切斯特、马里兰的弗雷德里克堡，以及宾夕法尼亚的小镇。与此同时，爱国者的资源有限，不能有效地看守俘虏，因此战犯得以逃跑。第一年的时候，仅仅是在马萨诸塞州就有超过1 000名英军和330名德国士兵在行军过程中和中途停留的时候逃跑；在1780年年终，仅有3 000名左右的士兵到达了马里兰州。据估计，约有一半的逃兵逃往了英国领地并最终回到了自己的军队。其余人大多混入了各地并且永远地留在了美国。到1782年释放剩下的战犯时，人数骤减到只有470人。[51]

公约囚犯的艰苦旅程不断提醒着人们，在资源紧张、没有针对虐待战犯的相应政策，以及存在系统性疏忽的官方政策时，战犯们遭受了多少苦难。英国和德国战犯的总体待遇比美军战犯好，但这既可以说是由于他们的俘虏者拥有更高的人道主义原则，也可以说是关押的空间更大，后勤上的问题更少，以及战犯－劳工计划实施的结果。

至于英国对美军战犯的处置，众多的战犯被关押在某一占领区的狭小范围内，而战犯数量庞大，且远离俘虏者的主要供给基地，因此，似乎 18 世纪任何一个国家都不能为他们提供足够的条件。双方关于大规模交换战犯的协商失败，使问题不断加剧。其次，英国军队和政府当局的责任划分不清楚，再加上新生的美国的种种局限性，使得两国远远不能按照约定为战犯提供最基本的生活待遇。无论在何地，恶劣的环境下挤满大量的俘虏，当地就会疾病肆虐，而肮脏、不适和痛苦则难以避免。部分俘虏者的疏忽大意和缺乏同情心，绝望的战犯身上固有的人性弱点，以及来自当地居民的善意支持的缺乏等，都进一步降低了俘虏幸存的可能性，更不用说保持健康了。[52]

1777 年年末，英国一支野战部队在萨拉托加投降，导致公约囚犯饱受苦难，这牵扯到地缘政治因素。早在美国独立的那年夏天，造反的殖民地就已经开始寻求英国的劲敌——法国的支持。起初，法国宫廷只提供秘密援助，让《费加罗的婚礼》作者博马舍经营的控股公司为美国提供大炮、火枪、炸药、帐篷和制服。本杰明·富兰克林代表大陆会议与法国协商优惠贸易协定，并劝说外交部长弗金斯伯爵查尔斯·格拉维耶承诺为北美大业提供更多贷款和战争物资。1777—1778 年的秋冬，法国政府完成了战争准备，并视此为与美国正式结盟的前提。到了 1777 年 12 月，美军俘虏了伯戈因的部队、取得第一次大捷的消息加速了法国介入战争的步伐。[53]

1778 年 2 月 6 日，法国王室和美利坚共和国的代表秘密地（或者他们自以为秘密地）签署了贸易和联盟条约。两国承认彼此享受贸易最惠国待遇，并保证双方在北美洲的领地永久有效。最重要的是，法国承诺在战争中支持美国，直到美国获得独立。作为回报，美国将自由统治西印度群岛的权利授予法国，英法两国曾经为了利益纷纷争抢这个产糖的群岛。法国想借英美冲突来羞辱英国并占据有利地位，富兰克林正是利用了这一点。但是富兰克林没有预料到，他们之间的联盟极大地影响了英国在战争中采取的行动，包括英国对美军俘虏的处理。

在与法国协商条约的同时，富兰克林利用其外交地位来帮助那些横跨英吉利海峡的美军战犯减轻痛苦，并让大家注意到被英国关在其

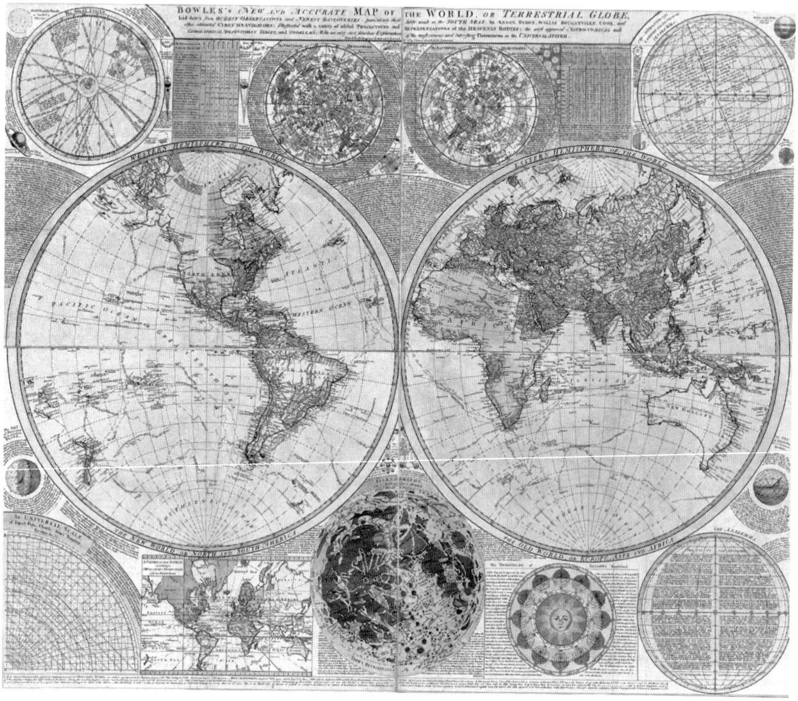


鲍尔斯所绘制的更精确的新版世界地图，也叫“地球仪” 作者：卡林顿·鲍尔斯。

Carington Bowles, *Bowles's New and Accurate Map of the World, or Terrestrial Globe* (London, [1780]). Hand-colored. Two hemispheres each 59 cm in diameter, on sheet 106 x 130 cm. Library of Congress.

亚洲和非洲殖民地的美军俘虏的惨状。但是实际上，战争中最严重的人道主义灾难发生在英国本土。如果说纽约的监狱是杀害美国士兵的屠宰场，那么载着成千上万名水手启程远航的英国战犯运输船上的情况就更糟糕了。[54]

Chapter 07

第七章

# 战俘的黑牢房

1777 年年初，一篇文章在美国新闻界广泛传阅，化名为“怜悯”的作者描述了美国被俘士兵在纽约进行监狱交接的情形。作者写道：“战俘摩肩接踵地被推进监狱，他们缺少空气，无法呼吸，近乎窒息。”他们遭受的待遇比当年印第安人对美国人“更凶残、更血腥”，这种“利用空间狭小进行谋杀”的手段之残忍，令人发指——“著名的加尔各答事件与之相比都不值一提”。[1]

另一位匿名作者“人性”也曾将其与加尔各答事件做类比。他用相似的口吻描述第一批抵达英格兰的美国战俘的状况。战俘的处境“十分悲惨，令人震惊”。在停泊于泰晤士河的一条船上，25 名士兵“像野兽一样，被残忍地关押在货舱内一间极其狭窄且散发臭味的房间里，此时天气闷热，房间密闭，他们只能透过头顶上的小格栅呼吸”。格栅上的小孔只有 13 平方厘米大小，毒辣的阳光照射下来，加上“腐臭的水流从船舱涌出，环境恶劣，每一次呼吸，都是在冒着生命危险”。作者最后总结道：“这种场景与加尔各答黑牢房如出一辙，谁见到都为之震惊。”[2]

18 世纪的英国人和受过教育的美国人对 1756 年著名的加尔各答事

件耳熟能详。在这一事件中，孟加拉纳瓦布国西拉吉·尤蒂－多拉地区的士兵把150名欧洲人囚禁在威廉堡内一长18英尺[1]、宽14英尺的牢房里一整夜，仅有的两个通气孔被铁棍封闭。到第二天早晨，约50名俘虏死于高温、脱水和缺氧，还有很多战俘被惊恐的同伴踩踏致死。据一位幸存者后来在英国下议院出庭指证时说："一些人不久就死了，剩下的人逐渐疯了，并死于精神失常。"报纸将这一事件公开，矗立的纪念碑对此次"暴虐"事件的受害者表示哀悼，同时也揭示了英军在殖民地的种种暴行。[3]

在美国独立战争期间，英美无论是小说家还是纪实作家都时不时提起加尔各答黑牢房，把它当作恐怖故事的背景和悲惨俘虏经历的象征。英美的战争评论家利用加尔各答的例子，以达到自己的目的。像化名的两位作家"怜悯"和"人性"一样，后来的美国官员和俘虏也纷纷披上人道主义的外衣，借用加尔各答事件谴责大英帝国的统治者们已经沦为野蛮人。[4]

发生在加尔各答黑牢房里的故事是恐怖的，但在某种程度上又让人不安，因为那一晚到底发生了什么已无从查明。传闻的受害者人数与实际数字不符；死者死于蓄意谋杀还是偶然致死存在分歧；缺乏视觉描述——也就是说，当时人们缺乏对黑牢房的了解，从而导致了恣意揣测。当然，美国在南北战争期间也有过这样的黑牢房。当时的人把最可怕的黑牢房想象成浮动在水面的地牢，让人联想起锡姆斯伯里矿洞[2]和囚船。

**海面的骚动**

虽然在纽约和费城的战俘有着悲惨的遭遇，但比起他们，纽约城外

1　1英尺约合0.305米。——编者注

2　锡姆斯伯里矿洞，位于康涅狄格州，独立战争期间曾被用来做监狱，关押英军战俘。

囚船上关押的爱国者军队的战俘情况要糟得多。纽约城外的囚船上关押着战争中的大部分俘虏，最开始是长岛之战中的俘虏，后来又有其他纽约战役中的俘虏，最后政治罪犯和一大批水手也被关进来了。第一批囚船的前身是停泊在纽约格雷夫森德湾的用来运牛和作其他用途的商船，这些船后来转移到哈德逊河和东河，在1778年又移至布鲁克林西北海岸的沃尔阿布特湾。独立战争期间，英军在纽约动用20多艘大船做监狱，这些船之前是战船、帆船、后勤船以及运输船。除纽约外，查尔斯顿停了6艘，圣卢西亚有一艘。对于战俘而言，囚船是英军残暴无度的象征。一位水手回忆道："一想起被关押在囚船上的日子，我们就充满恐惧。"他被囚禁时年仅17岁。[5]

在一名新囚犯被押往囚船的途中，他能够闻到囚船通风口往外排出的令人作呕的空气，污浊的水汽从囚船喷薄而出也是常态。约翰·范·戴克船长记得自己登上一艘囚船的情形："臭味太浓了，呼吸那样的空气，我觉得就是谋杀。"一位水手回忆描述了他被囚的第一晚："哀鸿遍地，空气混浊，令人窒息，铄石流金，热不可耐。"伊卡博德·佩里当年是个17岁的列兵，后来他向子女们讲述了囚船的事。在他被囚的第一晚，多达三分之一的犯人窒息而亡，那一夜带给他无尽的黑暗。一些犯人战后回忆起这段往事：

> 夜里各种声音不绝于耳——病者痛苦的呻吟，苦力愤慨的咒骂，残酷关押条件导致的辗转难眠，还有疯者的胡言乱语，这些声音每晚都从四面八方涌进耳朵里。

囚船的臭味太过浓烈，因此每次被派去岸上掩埋尸体的人都会带回些泥土块和小片草皮，这些属于大地的东西"流传于囚犯之中，它们太好闻了，像是芬芳的玫瑰"。监禁使犯人们的感知觉下降，一些人甚至无法言语，还有的人丧失了听觉，这比锡姆斯伯里的状况更甚。托马斯·安德鲁斯每晚持刀在船上巡视，他发现许多囚犯的精神状况相当不稳定。[6]

用船当监狱在18世纪的英国是个普遍现象。它们关押过1745年詹姆斯二世党人的叛乱分子、英法七年战争中的法国俘虏，以及普通的英国罪犯（因为陆地上的牢房不足）。甚至到了维多利亚时期，查尔斯·狄更斯的小说《远大前程》中仍描述了停泊在泰晤士河上的可怕的囚船。这些船上的条件十分糟糕，最近一位学者从4个角度加以说明：口粮不足、劳力艰苦、疾病泛滥、三分之一的高死亡率。然而，当年英军囚禁美国俘虏的囚船条件更加糟糕。[7]

和陆地上的囚犯一样，囚船的食物一直是个问题。连军官的口粮也难得足额发放，即使有，粮食质量也非常差。如此条件下，营养不良和暴瘦都是常见现象。每个乘务组有6名男乘务员，他们在铜缸里用一半淡水一半海水煮熟豆子和燕麦后，再接着煮肉。少年水手埃比尼泽·福克斯记得：

> 除了常有的生虫的面包外，大多数时间我们是吃不到猪肉的，当我们得到一块肉时，观察肉的外表可以发现它并不是猪肉，而是海豚或者其他海洋生物的肉……粮食一般来说都是坏的，半生不熟，难以消化。面粉和燕麦经常是馊的，当面粉和板油搅拌在一起，难闻的气味估计能熏遍半艘船。牛肉的颜色红中发黑，坚如磐石，非锋利的阔斧难以劈开……当你看见牛肉，会产生它是文物的错觉……腌制的牛肉用海水煮过后，看起来才新鲜些。

煮肉的盐水会腐蚀铜缸，而铜缸还会用来煮别的食物。用水箱从纽约运来的淡水等到达时经常已经发臭了，理论上淡水本可以从距离更近的长岛运来，因此，不少人怀疑英军故意在水的问题上耍花招。船上的军官和船员可以享受进入军械室的特权，在那里他们能用淡水煮食物。但所有人都吃不到新鲜的农产品，坏血病的泛滥可想而知。“在这一堆枯瘦如柴、侥幸存活的人群当中，厨师是唯一一个看起来不那么瘦的人。”[8]

泽西号囚船是独立战争时期最臭名昭著的船只之一，也是文献记载最完整的囚船。泽西号是一艘搭载64门大炮的英国退役军舰，自18世纪30年代至美国独立战争期间共有450名船员乘坐它在地中海服役。当它在1779年开始作为囚船服役时，大量的锚链把它锚定在距离长岛岸边大约100码的泥滩上，英国人显然认为它能够容纳多达1 000名囚犯。它的核心船员包括一名船长、两名副手、十几名水手、二三十名海军队员和30名左右的士兵，除士兵外，其他船员在船尾都配有遮阳棚。泽西号上肮脏、疾病肆虐，恍若地狱。生动的描绘有助于爱国者的想象力，比如菲利普·弗雷诺的史诗《英国囚船》。弗雷诺在诗行中谴责道："不厚道的英国佬，企图把不屈者谋杀掉。狱洞掩埋可怕的秘密，在我的哈德逊河上沉溺。"即使是在战争过去很久之后，泽西号上的恐怖故事依然极具

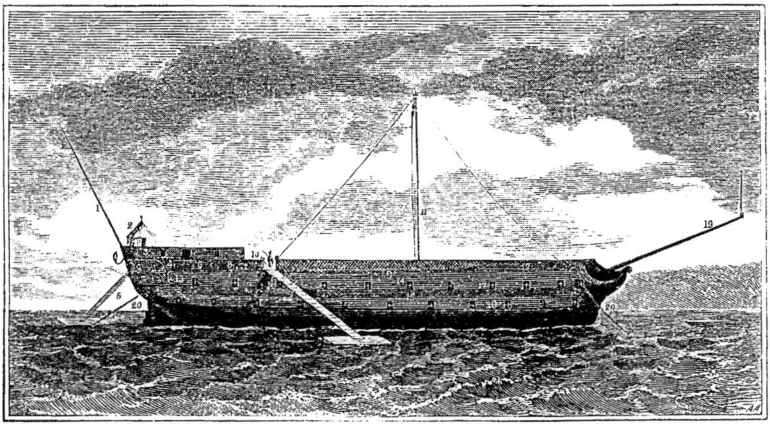

Fig. 1.
THE JERSEY PRISON SHIP,
AS MOORED AT THE WALLABOUT NEAR LONG ISLAND, IN THE YEAR 1782.

1782年停泊在纽约沃尔阿布特湾的泽西号囚船。目前还没有找到当时对泽西号的描述，这幅插图来自托马斯·德林1829年版的《泽西囚船回忆录》。
Prison ship *Jersey*, moored in Wallabout Bay, New York, fig. 1 in *Recollections of the Jersey prison-ship; taken and prepared for publication from the original manuscripts of the late Captain Thomas Dring, of Providence, RI, one of the prisoners,* by Albert G. Greene (Providence, 1829). Public domain, via Wikimedia Commons,©.

吸引力。托马斯·德林是罗得岛州纽波特的一名大副，他曾在泽西号上作为俘虏生活过两个月，他描绘了“难以形容的痛苦”。[9]

囚船泽西号船头和船尾有两排舱门，还有通风口和大型舱口，这本可以让空气比较自由地对流。但是，炮口和舷窗已用木材密封，取而代之的是两排20平方英寸[1]并用铁条固定的通风口。甲板下不准点灯或者蜡烛，只有舷窗的铁格子和通风口透进微弱的光亮。和运送奴隶的船很类似，在靠近船尾舱口处有10英尺高的栅栏，比船身高出几英尺，栅栏由哨兵把守，如果发生暴乱，哨兵会开枪扫荡舱口或甲板。有诗为证：

每个舱口都站着一群狱卒，
都是来自大英帝国的匪徒；
他们豺狼般渴求人的鲜血，
沉醉于杀人的狂欢和暴虐。[10]

大卫·斯普罗特自1779年起任英国海军囚犯总管，传闻他对泽西号上的囚犯异常残暴，与陆军的威廉·坎宁安齐名。斯普罗特生于苏格兰，在费城经商，是个保皇派。爱国者洗劫了他的家并将其变成军队医院，斯普罗特似乎是在打击报复。斯普罗特在任期间，新囚犯入狱的前两天没有任何食物。囚犯委员长经常削减食物供给，或者用次品代替，以便从中渔利。囚犯因此不得不抓住每一个能获得食物的机会，干些体力活，例如抬水、运食物等。有点小钱的囚犯可以通过外部渠道购买食物，比如从商人那里或者从在船只旁排队售卖的小摊贩那里，但这些渠道都是不可靠的。[11]

除食不果腹外，衣不蔽体也是一大问题，衣服的缺乏也会造成严重的疾病。英方并没有制定定时分发衣物和床褥的政策。囚犯委员长和驻纽约的代理人能够拿到些许衣物，这虽然能使条件改善不少，但还是远

1　1平方英寸约合6.45平方厘米。——编者注

远不够。一些囚犯能穿着被俘时的衣服已算幸运；其他囚犯依靠岸上少数还关心他们命运的纽约人的捐赠。有过被捕经验的囚犯把衣服层层裹身，钱和其他值钱的东西就藏在衣服的暗层或者靴子里。有几艘囚船并不是完全密闭的，因此冬天雪花透过缝隙刮进船舱，虽然有解渴的作用，但冷风依旧刺骨。

船上的卫生条件极其恶劣，疾病肆虐。大部分时间都待在甲板下的囚犯基本没有机会清洗，加之粪便和尿液的臭味四处蔓延，在这种情况下，疾病迅速传播。取海水煮肉的地方也是倾倒垃圾的地方。寄生虫夜间在囚犯身上蠕动，坏血症和痢疾是常见疾病，黄热病、肺炎、伤寒和流感也是如此，还有大规模杀手——天花。一位英籍医官警告，一旦天花这种传染性疾病蔓延到船上，就很难被消灭，它危及的不仅是囚犯们的生命，还有狱卒们的生命。[12]

天花通过飞沫传播，居民区、军营、监狱等人群高密度聚集的地方是孕育天花的温床，感染者的衣物和被褥上都携带有天花病毒。天花病毒潜伏 10 ~ 12 天后，医学史家艾瑞卡·查尔特斯这么描述发病的症状："感染者会头疼，背痛，肌肉痛，高烧和产生特殊性皮疹。皮疹会造成脓毒性皮肤感染以及皮肤、肺和其他器官的大面积出血。"即便患者有幸存活，也可能留下永久性后遗症，如"失明、皮肤感染、不孕不育、毁容"。天花无法被治愈，但患者痊愈后会产生免疫力。[13]

天花横扫 18 世纪的英国城市，而大多数英军新兵都来自这些地区，许多士兵在幼时曾得过天花，已经对其免疫。但天花在美国并没有那么普遍，因此，北美大陆军队的天花免疫率很低。美国的士兵，无论是保皇派还是爱国者，相较英军而言都面临着疫情爆发的更大危险。

1777 年，大陆军开始组织士兵接种天花，一些被俘的士兵甚至自己给自己接种。接种在一些非洲和亚洲地区很早就开始了，18 世纪早期才传入欧洲，传入美洲约是 20 年之后。伊丽莎白·A. 芬恩在她的《1775—1782：美国天花大流行》一书中形容接种的过程"亦邪亦魅"。约翰·亚当斯 1764 年在波士顿经历过天花爆发，接种是“在病人的手或手臂上切开一道口子，把活的天花病毒植入进去”。托马斯·德林在泽西号上用针头给自己接种，针头上带有即将痊愈的病人的天花病毒。德林只出现了点轻微的天花症状后痊愈了，其他囚犯便如法炮制。[14]

大多数被感染的囚犯都没有英军军医的救护，而美军的医生通常能假释出狱，因此囚犯们得不到任何医治。偶尔有位美军医生能随船治疗，他会迅速地被病人淹没。一位医生 1780 年在查尔斯顿有此经验，他说依据医生专业的判断，在人满为患、病号成堆、空气污秽的船上，只有死亡才能解决问题。乔治·巴勒曼是囚犯之一，他证实病人只有在垂死之际才会被送往医院，而他们往往死在运送途中。当船只罕见地进行全面消毒时，许多虚弱的病号会在临时疏散时因暴露在外而被冻死，尤其是天气恶劣之时。[15]

囚船上俘虏们的心理状况和身体状况一样严峻：“囚犯们几乎丧失了生而为人的意识……自保似乎是他们唯一的愿望。”单调的狱中生活和命运的缥缈像重担压在他们肩上。当新迦南市的威廉·斯莱德从北荷兰教堂转移到格罗夫纳号囚船时，发现囚犯们变得麻木不仁：

8 号，星期天。今天我们很气馁，但考虑到那办法行不通，就不想了。我们吃了面包，心情悲伤……读书，思考，等着好消息的到来，一天就过去了。

11 号，星期三。依旧在等待。

13 号，星期五。什么也看不到，只看到上帝的仁慈，为自己求情。悲伤的时候，所有的面孔都是苍白的、沮丧的。

14 号，星期六。时光漫长，希望缥缈。死亡的气息在我们中蔓延……夜里又冷又饿。

15 号，星期天。到处都是惨白的面孔，今天是最阴郁的一天。

17 号，星期二。我们猪狗不如。

18 号，星期三。饿鬼附身，悲伤如旧。

20号，星期五。囚犯们垂下头，面色苍白，没有安慰，只有悲伤。

22号，星期天。昨晚什么事也没发生，只有不断的病痛和死亡。大家惊奇地发现，这种疾病传播迅速，死亡人数急剧上升……大家都很难过。

23号，星期一。每天都有人死去。

27号，星期五。昨晚我们营有三个人死去了。[16]

死亡只是囚犯们的命运之一，他们还有可能逃跑，被选中交换，或者被征入敌军。禁止转化战俘本是欧洲各国军队的共识，但是英国依然企图这么做。美国国会宣称英军常常让新囚犯饿上三四天，甚至5天，以

长期以来人们以为这幅图描绘了英国囚船上的美国囚犯。它由乔纳森·特朗布尔所作，独立战争中他的辉煌业绩被装饰在美国国会大厦的圆形大厅中。最近有人提出，图片中面容憔悴、衣衫褴褛的形象酷似某精神病院中的画面。这种相似性也许是对美国囚犯生存状况的最有力的揭示。

*Unidentified Subject (formerly titled* [Jonathan Trumbull,] *American Prisoners on Board a British Prison Ship)* (c.1782–?1831). India ink wash, 12.7 x 15.9 cm. Fordham University Library, Bronx, NY, Charles Allen Munn Collection.

此方式让囚犯投诚。1780 年，乔治·巴勒曼证言，英军的征兵人员发现美军官员告诫囚犯不要加入英军队伍，于是美军官员被转移至普洛沃斯特；当招募依旧以失败告终时，征兵人员就不给囚犯水喝。虽然费尽心思，但英国的征兵工作并不成功。[17]

相反，大量囚犯试图越狱。克里斯托弗·霍金斯被押送到泽西号上三天后，偷偷地从一个炮眼爬出，躲过德国辅兵，游了三小时后抵达长岛。詹姆斯·佛尔顿是来自费城的非裔美国人，身形高大，他当时 15 岁，却俨然是个有文化的意志坚决的爱国者，他先是选择上泽西号，而不是被送往英格兰，之后又把自己在“一箱旧衣服”中的藏身之处让给了一位 13 岁的同伴丹尼尔·布鲁顿，自己放弃了逃跑的机会。最后，佛尔顿被选中交换回了自己的军营，后来他变成富有的费城公民，同时也成了著名的废奴主义者。[18]

约瑟夫·巴特利特的备忘录讲述了他在北河上的斯科皮恩号囚船与数百名囚犯在一起的日子。每天都有 15 人死去，他们中的许多“并没有生病，却死于虚弱无力和污浊的空气”。当改善条件的请愿被忽视后，越狱就发生了，而这给双方都造成了伤亡。“船长很残忍，他们看到狱卒死了，囚犯跑了，恼怒不已，下令对准舱口扫射。扫射持续了半个小时，船内火光四溅，我们尖叫着寻找避身之处。”在这场大屠杀中，十多人死亡，20 多人受伤，最后，一位高级海军军官上船来斥责了船长，才叫停了这场屠杀。巴特利特写道，直到第二天有几个人因失血过多而死，受伤的人才开始得到医治。[19]

至于那些没有逃跑成功、没有被交换、没有被策反的囚犯，很多死在了囚船上，人数占了囚犯总数的一半以上。精确的死亡率和死亡人数无法统计，这对于每一场战争中的俘虏来说都一样。但历史学家搜集到的相当一致的证据表明，数字是巨大的：纽约囚船上的死亡率几乎从未低于 50%，夏天甚至可能高达 70%。陆地监狱的死亡率比囚船低，但并不会低太多。到 1776 年年底，至少有一半在长岛被捕的俘虏和三分之二在

《死神监控着囚船》 作者：罗伯特·斯莫克。图画说明了19世纪早期英国对“黑囚船吞噬和埋葬数千人”的极端恐惧。

Robert Smirke, *Cruelty Presiding over the Prison Ship (Cruelty holding the Register of Death),* illustration for Joel Barlow's epic poem, *The Columbiad* (1807). The Miriam and Ira D. Wallach Division of Art, Prints and Photographs, New York Public Library.

华盛顿堡被俘的人死于饥饿、疾病和无医疗救治，在短短的几个月内约有 2 000 ~ 2 500 人死亡。1776 年 12 月被捕的同一连队中的 69 人到次年 5 月只剩 16 人存活，而这 16 人中大多数虚弱得无法行走。托马斯·德林估计泽西号上大约每天有 5 人死亡，有时候数量更多。船上船员的死亡率远超 40%，大多数死于疾病。而在“二战”期间，只有 11%的美国战俘在监狱中死亡（虽然在日本的阵营中死亡率要高得多），在朝鲜战争期间是 38%，这是独立战争以来最高的比例。[20]

我们以纽约和费城的情况估计南方战场的死亡数量，独立战争期间英军关押的战俘死亡人数大约在 16 500 ~ 19 000 之间，这一数字中还没有包括底特律、圣劳伦斯河岛和疾病重灾区西印度群岛、印度、塞内冈比亚等关押战俘地点的死亡人数。美军在战场上的死亡人数约为 6 800 ~ 8 000 人，还有 10 000 多名士兵因伤势过重或者感染疾病而亡。因此，独立战争中囚船上的死亡人数约占美军总死亡人数的一半这个结论是可靠的。[21]

对囚船上死者的掩埋每天都在进行。每天早上，囚船泽西号上的掩埋队伍都把尸体从甲板下抬上来，放在舱盖上。如果有布的话，战俘们被允许给尸体缝上毯子，再绑到木板上。在岸上，掩埋队会挖一个足以容纳全部尸体的坑，填入尸体后再盖上一层薄土，任何殡葬仪式都是不允许的。尸体周围都是先前掩埋的痕迹。一位住在墓地附近的年轻农场工人回忆道:“空气中弥漫着囚船散发出的恶臭味，尸体被潮水冲刷到地表，也发出尸臭。暴露在沙滩上的尸体被烈日晒干，渐渐露出累累白骨。”[22]

### 不自由，毋宁死

1776 年 11 月，查尔斯·赫伯特登上停泊在马萨诸塞州纽伯里波特港的名为道尔顿号的武装民船作战，那时他还不满 19 岁。然而，仅一个半月之后，赫伯特和他的同伴就被装有 64 门大炮的英国皇家海军舰艇合理号俘获。道尔顿号上的船员被转移到英国南部海岸的普利茅斯，在这途中他们拥挤在合理号的电缆层里，这里面放的都是电缆和备用索具，高温炙烤下他们几乎要窒息而死。独立战争期间，约有 3 000 名美军战俘以类似的方式被押运到英国，其中包括大陆军海军、美国商人以及像赫伯特这样的私自战斗人员。除非船只已经在驶往不列颠群岛的路上，否则囚犯们往往会在临时地点被关押几周或几个月，例如哈里法克斯废弃的制糖厂，囚犯被描述为像是“在木桶中腌制的鲱鱼”。[23]

和这些临时关押点一样，之后横渡大西洋的日子也难以忍受。一般而言，船只早已拥挤不堪，且资源短缺。囚犯们被关在货舱内，有时甚至在“5 层甲板下”，正如一位美国中尉所描述的：“最后在水下至少 30 英尺——地牢长 20 英尺，宽 12 英尺，高 3 英尺，地牢内一片漆黑，空气稀薄，囚犯们必须弯着腰或者躺着。”在这个翻版的海上锡姆斯伯里监狱，食物很少，质量又差。仅有的一丁点儿的水里还“充满微生物”，因此囚犯们不得不“咬着牙齿喝”。船长用绞刑恐吓囚犯，赦免偷衣服的小偷，以鼓励倒戈。[24]

在查尔斯·赫伯特到达英国海岸前，他和同伴们在途中已经换过几艘押运的船了。赫伯特在贝利斯乐号的电缆层待了 19 天，电缆上铺着木板，这让他稍微舒适了点。他们还在英国皇家海军舰艇托贝号甲板间的夹层待过几天，其间暴露在严寒的冬日天气中：“我们变得非常虚弱。”英国水手们的太太来到船上看美国人，她们无知的言行反映出模糊不清的英美关系，她们问：“这些人是白种人吗？会说话吗？……怎么长得和我们差不多，他们也说英语啊。”[25]

之后，赫伯特和一些同伴被转移到皇家海军舰艇伯福德号，这艘船上的条件好了许多，并且他们可以 20 人一组在甲板上走动。然而，漫长的航行旅途和接下来的监禁生活是残酷的。4 月中旬，赫伯特和几个同伴被转移进普利茅斯的皇家医院，他们感染了天花，在接下来的几周时间内赫伯特都处在病危状态。

当赫伯特逐渐康复时，伦敦的政客们即将对他战俘的身份做出根本改变。同年年初，大陆会议开始调查英国囚犯在美国受虐的情况，几乎同时，英国议会开始重新审视美国囚犯的法律地位。当时的诺斯勋爵政府发现自己处境尴尬。华盛顿将军要求英国政府承认美国“是一个独立国家，至少在尊重战俘方面”。他警告，如果英国做不到，那么美国将以同样的手段对待英国战俘。威廉·豪毁灭性打击纽约的计划失败，而华盛顿在特伦顿和普林斯顿都大获全胜，英国政府正准备发动新一轮攻势。他们无法承认美国囚犯的战俘称谓，因为这间接承认了美国是个独立国家。但英国无法负担越来越多的囚犯，也担忧囚犯通过《人身保护法》[1]寻求脱身，依据此法案，英籍囚犯可取保候审。[26]

1777 年 2 月，头号鹰派乔治·杰曼勋爵推出一项法案，暂停了美国俘虏的人身保护令。这项法案最后定名为《诺斯法案》，1783 年前每年都在修订，它允许美国囚犯像“其他战争的战俘”一样被关押。同时，它也把美国俘虏归为叛乱分子和叛国者，视其为“英王在北美殖民地和后花园对叛乱分子的征收”。值得一提的是，法案允许“任何当局主管”在美国或者公海抓捕犯有叛国罪以及走私罪的囚犯，并规定犯人“没有保释的权利”。这一法案只适用于那些犯有上述罪行且“身在海外”的人士。于是，这留给法律和民众一个危险的问题：它依据人被捕的地点区分民众身份。实质上，1777 年法令重新划定了大英帝国内的法律区域。它终止了英属美洲殖民地和公海地区民众的主体性。当英国人还在为美国人的身份感到困扰时，英美差异已经在这一关键点上被写入法律了。[27]

即使在英国，法律的反对者也谴责这种措施是残酷和违宪的，这是对英国自由权的威胁，“令人震惊”。国会议员约翰·唐宁律师嘲笑了这

1 《人身保护法》，或称《人身保护令》，是英国 1679 年颁布的保护人身权利的法律。事实上自 13 世纪起，英国法院即发布各种关于刑事诉讼的令状，包括审查逮捕理由的令状，以保障公民权。

项措施。传统上，只有在国内叛乱或外敌入侵的情况下才有必要终止法律：“难道我们害怕美国人在大西洋上搭座桥，过来征服我们吗？”英国（和美国）批评该措施的前提是，《人身保护法》代表国王子民的基本权利，无论他们身在何处。反对党领袖查尔斯·詹姆斯·福克斯称《诺斯法案》“无疑剥夺了美国的特权，并且，将英国的独裁统治散播到了她的全部领土上”。[28]

对该法案最严厉的批评之一来自埃德蒙·伯克，他此前曾警告过革命所固有的暴力本质和英美战争将带来的灾难性后果。无论何时何地，伯克都谴责非法或不恰当的暴力行为。他发表了名为“致布里斯托尔郡长”的信，这封信在美国报纸上被广泛摘引。伯克写道：“我们都厌恶战争……并对战争带来的后果感到悲哀和羞愧，后果中包括损害我们和我们同胞自由权利的立法管制。”政府不得不做出辩驳，然而，辩驳破绽百出：“所有古老、诚实的司法原则和英格兰的机构，都对暴乱和镇压的进程形成了阻碍。”最重要的是，伯克反对法律对臣民的划分：“如果我没理解错的话，自由权是通用的。它要么适用于全体人民，要么一个也不适用。部分自由对我来说就像某种形式的奴隶制。但不幸的是，这样的奴隶制在内乱时期最容易发生。”如果《人身保护法》要暂停失效的话，也是对所有人失效。大西洋两岸的人民必须活在同一个自由又安全的政体下。伯克分析认为，首相的新法律破坏了历史悠久的英国宪法对压迫和暴力的审查。[29]

不久，《诺斯法案》在英国生效的消息传到了大西洋的彼岸。上将亨利·克林顿爵士在邮件中阐明该法案是“英国举国上下一致反对美洲的明证”，而美国报纸拼命掩盖该举措在英国引起反对的事实。乔治·华盛顿这样谴责《人身保护法》的中止：“只接受英国单方面的审判，然后武断地将战俘监禁。”这是英国人对美国人的又一项罪行。那些直接受到《诺斯法案》影响的人称它是“国会的恶行”。被剥夺的《人身保护法》成了铸就革命胜利的光荣勋章。[30]

生病之前，查尔斯·赫伯特在一份报纸上读到了一份国会法案，发现他和同伴被指控犯有“严重叛国罪”。患上天花后，他说：“我感觉身体像是在余火中被炙烤。”在良好的医疗环境和充足的配给下，赫伯特逐渐康复，并在6月初被释放。他的6名同伴死于天花，其中一人“面目全非”，不得不被塞进短了6英寸的狭窄棺材里。不久之后，赫伯特和其他几名俘虏被带到由海军部法官组成的委员会前。面对询问，他们坚称自己是美国人，并且曾与国会议员一同航行。赫伯特告诉法官：“我们为13个联合州作战，抗击敌军。”法官把囚犯的身份定为美国反叛者，囚犯不是被定性为逃离英国的人，而是被冠以“在英国国王的公海上兴风作浪”的罪名打入监狱，并且“无国王的赦免不得脱罪”。[31]

在羁押聆讯后，赫伯特等若干俘虏被处以叛国罪，押入各式各样的监牢。其中最大的两个监狱是朴次茅斯的福尔顿监狱和普利茅斯的米尔监狱，这两座监狱都是英法七年战争遗留下来的。监狱由伤病海员委员会管理，对海军部负责。这些监牢在独立战争期间共计关押过大约2 500名美国战俘。[32]

赫伯特被转移到米尔监狱，这是一座专门建造的设施，位于普利茅斯和普利茅斯码头（丹佛港）之间的一个暴露出水面的潮汐岬上，周围是14 ~ 20英尺高的双层石墙，上面覆盖着碎玻璃。福尔顿监狱位于汉普郡的阿尔弗斯托克，在朴次茅斯港的对面，周围有湖泊、农场、草地和树林。它的守卫并不森严，只是被一排8英尺高的栅栏围起来。监狱警卫来源于当地民兵、军医院和地区驻军。起初，米尔和福尔顿监狱分别只有11名和10名哨兵把守；到第二年夏天，福尔顿有两名长官和60名狱警，米尔里里外外有45名武装人员看守。此外，在爱尔兰的金赛尔、苏格兰的爱丁堡以及威尔士的彭布罗克、利物浦、什鲁斯伯里、布里斯托尔、韦茅斯、法尔茅斯等地，都关押着部分俘虏。[33]

审视美国战俘在英国受到的待遇，有助于我们正确看待关在美国本土的战俘的遭遇。我们能更好地理解关在美国的战俘所遭受的痛苦有多大程度来自资源限制和后勤困难，而不是来自残酷的政策或者某种国家性质的深层原因。总而言之，英国本土的监狱条件比英国在美国的监狱条件好得多。尽管有一些战俘，例如约翰·哈斯金斯，形容米尔监狱“触目惊心”，但还是有些战俘把去往英国监狱的交换船描述为“逃离地狱，升入天堂”。诚然，在英国的囚犯们也时常缺衣少食、健康堪忧，监狱有时人满为患，还有暴虐无道的狱警。但是，他们与合法战俘（比如后来的法国战俘）的区别对待事实上只有三点：三分之二的粮食配给；必须身着统一囚衣；违反纪律则随时可能被戴上镣铐。[34]

法规允许囚犯代表观察食物的称量和准备情况，以核实这些食物是否符合官方规定的饮食水平。食物配给条例规定每周 7 夸脱酒、7 磅面包、4.5 磅牛肉、4 盎司黄油和 6 块奶酪、2 品脱豌豆，还有一些消息称盐也包括在内。此外，在大多数早上，有钱的囚犯可以在监狱门口涌现的私营街市购买水果和其他茶点，也可以付费让人代买，就像当时的平民囚犯。一些狱卒会确保自己看守的囚犯得到全部配给，然而也有些狱卒被怀疑削减了配给，中饱私囊。事实上，俘虏的日记描述了警卫和工作人员的斤斤计较、腐败和不人道，以及专横武断。塞缪尔·卡特勒如此形容米尔监狱的主管威廉·考德里：“（他）就如同英国历史上的暴君，残暴地对待我们。”因为考德里稀释啤酒浓度，减少食物分量，把囚犯的食物拿去喂猪，甚至纵容狱卒施暴。1777 年夏，新闻爆出饿得奄奄一息的囚犯在院子里吃草和蜗牛，连骨头也不放过；有些囚犯置身于院子里的垃圾中寻找白菜根，而这样的垃圾在美国猪都不吃。到同年的圣诞节时期，他们有了更多布丁和面包，这些食物是参观者和其他人捐赠的。[35]

海军的医疗当局也管理俘虏，意味着在英国的海上囚犯会受到海军卫生局、医疗专家和医院组织的照顾，而这是在美国囚船上的囚犯梦寐以求的。囚船上有水、浴盆、肥皂供囚犯清洁和洗衣物。赫伯特说：“总之，环境还是比较干净的。”船上还提供囚犯清扫牢房的工具，其他卫生措施包括铺焦油，它有“强有力的防腐性能”。囚犯定期到户外进行锻炼活动，1777 年 12 月，海军部投资 98 英镑在福尔顿监狱修建了一条有盖人行道让囚犯锻炼，即使在天气恶劣时也照旧。工作人员定期用木炭和硫黄给监狱消毒，感染的人会被隔离，其衣服和寝具会被烧毁。福尔顿监狱的天花爆发时，外科医生给自愿的人接种。相对而言较低的死亡率证明在英的囚犯比在美的生活条件要好得多。1777—1782 年，米尔监狱的1 101名美国人中只有52名死亡。根据记载，1777年6 月到1782年11 月，福尔顿监狱约 1 200 名美国人中死亡 69 名。死亡率分别在 5% 和 6% 以下，而这两个死亡率不足纽约囚船上死亡率的十分之一。[36]

监狱的纪律往往随心所欲，变化无常。海军部不允许守卫殴打囚犯，但囚犯通常因为不守纪律或试图越狱等严重违纪行为被单独收押。然而，也有些囚犯仅仅因为卖衣服、抱怨肉质差、宵禁后点蜡烛或者点名时没有答“到”等轻微违纪行为，也受到相同的处罚。囚犯被单独关进“黑牢房”长达 40 天，黑牢房里空空如也，食物量也只有正常的一半。惩罚太过苛刻，以至于在 1777 年 12 月，英国一位私人律师警告福尔顿监狱的狱警，如果有在押犯死在狱中，他将以谋杀罪控告狱警。海军部建议验尸工作按照律师的要求进行，以免被起诉，虽然在之前战时俘虏并没有这样的先例。[37]

有证据表明，带有英国血统和非洲血统的俘虏被挑出来施以严刑。一些艰苦甚至致命的任务似乎总是被交给非裔俘虏完成，例如照顾天花病患。英裔和非裔囚犯分别因为带有英国血缘却又背叛了英国和种族的原因受到歧视，遭受了更多痛苦。[38]

囚犯之间也有一套自己的规章纪律，尤其是为了对抗英国招募的诱惑。福尔顿和米尔监狱的大量俘虏都签署了面临严厉惩罚时反倒戈的协议：“我们坚决拥护我们的国会，我们的祖国，我们的妻子、儿女和朋友，永不请求踏上大英帝国的船只，永不为大英帝国服务。”如果有人不严肃对待这个协议，玩弄虚假的爱国情义，或者流露出对英国船上残酷条件的体谅，俘虏们就会对他骚扰、恐吓和虐待，因此，很少能有人被招入英军。美国驻巴黎的专员在 1777 年 12 月致诺斯首相的一封信中称，酷刑威逼俘虏倒戈的指控未得到核实。然而，1780 年，美国人更加肯定地宣称英军使用心理战使战俘投降。福尔顿监狱的战俘告知本杰明·富兰克林，英方在掩埋死去同伴的尸体前，要把尸体在牢房前展示一圈："他们的尸体被运到我们眼前，有时一天 9 次、10 次，这么做十分不人道。"[39]

我们理所当然地认为监狱生活是残暴和痛苦的，但在独立战争期间，依旧能找到暖心的英国人。在"人性""怜悯"等作者提到加尔各答黑牢房之前，英国人就意识到了俘虏的困境。到 1777 年，《诺思法案》已成为英国人道主义者和反战人士的攻击点。无道的法律、有关美国俘虏的悲惨的照片和报道都让英国人产生了怜悯之心，捐赠钱物。有些人把钱放进囚犯们制作并放置在监狱门口的慈善箱里。报纸上刊登囚犯的感谢卡，告知好心人他们会告诉同胞"英格兰的绅士满怀温情"。[40]

1777 年年末，再捕逃犯受到严厉惩罚的消息和英国政府对美方请求改善监狱条件的傲慢态度促成了更系统的救援工作。一位署名"英国人"的作者在《公众广告报》上刊文，指出美国面对"我们对待美国囚犯的残暴"，没有以牙还牙，反而宽宏大量地对待他们抓获的英国战俘。作者要求英国以人道的方式对待囚犯："人道主义是大英帝国引以为傲的光荣。"伦敦商人发起了一项筹款活动，反对派议员和包括谢尔比伯爵在内的贵族是早期有力的贡献者，稍后他将在战争结束时担任内政部长，负责交换战俘的谈判事宜。人道主义对政治也有好处：通过向敌军士兵捐款，政府的批评者强调了一场不寻常内战带来的灾难。但是捐款人群覆盖面广。一位"罗伯特·古德温先生因被美军抓获后得到了良好的待遇，心存感激"，捐了 50 英镑。一些生活贫穷的人也尽其所能，"一位工人称自己是‘法律之子’，希望那些受难者接受他的绵薄之力，他竭尽其能”，捐了5先令。募捐活动在最初的两个月里筹得了一笔可观的款项，共计4 647英镑。如果较小规模的募捐在其他城市举行，数字是相近的。1778年初到1779年中期，普通水手每人每周获得14便士，而军官则是他们的两倍。[41]

这些关在英格兰南海岸的美国囚犯的另一个希望来自谈判美法联盟的外交官——本杰明·富兰克林。作为三位驻法大使之一，富兰克林非常注重美国囚犯的福利。即使没有政府的命令和国会的准许，他也投入了大量的时间、精力和私人金钱（大使馆资金稀缺），满足囚犯的需求。[42]

从1777年年底开始，富兰克林帮助在米尔和福尔顿监狱为美国人发起了一个人道救援计划。一方面，他的这一反应是非常务实的：为了减少逃亡率并避免危害美国的海军招募，美国需要向海员保证他们在被俘期间将得到最低标准保障。另一方面，富兰克林和他的主要英国政治联系人，国会议员、反战派兼科学家大卫·哈特利，一致同意囚徒救济可能是朝着英美和解迈出的一步。他写道："那些英国人对我们美国人施行的善举将得到尊重，并由此减轻对不人道的谴责。"这与在美洲的英国军队截然不同。哈特利也相信"国家的善良和仁慈"，即使"在战时也要保留文明"。于是，富兰克林立即将公共资金中的300英镑分配给囚犯。他派遣美国特使约翰·桑顿视察监狱，分发茶、烟草和钱，并负责筹措额外的食物。到1778年春天，当地牧师每周协助分发现金津贴给美国囚犯。[43]

富兰克林最初的目标是策划英美战俘全体互换，但目标从未实现。经过漫长的谈判，并且只有在1778年法美联盟为法国境内被拘留的英国囚犯提供拘留设施之后，才有可能交换大约300名美国囚犯。当全体战俘互换的计划在1780年春失败后，富兰克林把重心转向帮助美国战俘逃跑。朴次茅斯、普利茅斯和伦敦三地的同情者以及移居该地的美国人给逃犯提供紧急需求，比如住所、衣服和钱，之后再帮助他们前往欧洲大陆，富兰克林在法国和荷兰港口建立了整套的救助系统。[44]

大多数俘虏在某个时候会想着潜逃。一些人在挖地道，穿过栏杆和围墙。还有些人爬尖木桩，爬围墙，或者从厕所逃跑。一些囚犯假装病得严重，借机从森严的福尔顿监狱转到附近看守较松的医院，再尝试逃跑。有钱的军官俘虏贿赂守卫，通关花费约半几尼[1]；没钱的军官则伪装成牧师甚至是英国军官。逃跑记录显示囚犯都没有用暴力手段越狱，这是风险权衡的结果：囚犯被武装步兵看守，如果暴力越狱很可能会导致再次被捕后受到变本加厉的对待，即使成功逃走，那些没有逃出来的同胞也会遭受更加严酷的对待。大多数逃犯会被抓回，接受严厉的惩罚：在黑牢房中待上 40 天，只有一半食物，并被排在战俘互换名单的最后。即使如此，许多囚犯仍乐此不疲地试图越狱；有个囚犯从福尔顿逃了 15 次，每次都被抓回。成功逃跑到海边的囚犯在英国的商船、武装民船和战船上工作。一些成功越狱的囚犯利用各种方式，如乘船或藏在船内、偷船只等，渡过英吉利海峡，加入在法的美国武装民船。[45]

1778 年圣诞过后，查尔斯·赫伯特在一场大规模的越狱中从米尔监狱逃出，第二天又再次入狱。在其后一周内出逃的 109 名囚犯有 87 名被抓回，但有 11 人抵达了德文郡的港口，登上武装帆船多尔芬号。在驶入大西洋远离英国后，他们用武力占领船只，让船上的首领疏散船只，让船员自己划船到附近的英国船只，而他们则驶向马提尼克。讽刺的是，由于大英帝国内战留下的后遗症，法国当局把这些囚犯错当成英国人，他们一到法国就被抓了起来。最终，在 1779 年 2 月，赫伯特同其他 96 名俘虏交换出狱。他先到达法国，而后再次在美军服役；1780 年 8 月，赫

1 英国旧时金币或货币单位，价值 21 先令，现值 1.05 英镑。现时有些价格仍用几尼计算，如马匹买卖。

伯特返回了家乡纽伯里波特。赫伯特和他的同伴只在大西洋圈内移动——美国、加拿大、英国、西印度群岛，但其他逃跑的俘虏却早已体验了战时大英帝国的辽阔疆土。[46]

## 漫长的归途

战争结束几年后，美国人读到一名年轻水手被审判的新闻，他在1777年被俘后走遍了半个地球。约翰·布拉奇福德，时年14岁，中等身材、肩膀宽厚、黑眼睛、黑鬈发，在美国护卫舰汉考克号上当服务员。汉考克号仅6周后就被英国皇家海军舰艇彩虹号捕获。从他被带到哈里法克斯临时拘留所到6年后回家，布拉奇福德的故事在一次又一次的逃跑和再次被捕中交替上演。从新斯科舍到安提瓜岛再到新斯科舍；从英格兰到圣赫勒拿岛、巴达维亚、苏门答腊、巴西，再返回圣赫勒拿岛，最后回到英格兰；经安提瓜岛到纽约，又重回欧洲，最后回到马萨诸塞州的家。当他第一次被带到英格兰时，依据《诺斯法案》，他太过年幼不能入狱，因此本应被遣返美国，等待战俘互换。然而，阴差阳错的是，他被安置在开往东印度群岛的船上。

从战争初期开始，美国官员就声称英国政府正在策划遣送美国俘虏经直布罗陀海峡到达英属印度的驻地。在英军征兵同美作战后，东印度公司遭遇了用工招聘困境，有证据表明英方确有用俘虏解决这一困境的计划。从伦敦到各个东印度公司驻地的调度要求十几艘船在直布罗陀岛上分别接收100多名俘虏。这是奴役俘虏的另一个例子，如同在北美的德国俘虏一样，但似乎出于实际考量，这一计划后来被废止，具体有多少俘虏被送往印度不得而知。我们知道的是，等待他们的生活必定是极其悲惨的。[47]

1780年夏，布拉奇福德同约80名曾试图逃跑的俘虏抵达苏门答腊岛。他们中的大多数被选征进入东印度公司驻军部队，服役期为5年。这对他们来说相当于死刑，因为高温的天气往往导致疾病肆虐。但布拉奇福德和其他几名俘虏故意捣乱，因而被送往种植辣椒的农场；他们被迫在农场里干活，服务于东印度公司。看着同伴死于高温和饥饿，布拉奇福德决定逃跑，但没有成功，并挨了 800 下鞭子。这是对青少年犯人的刑罚，和他一起逃跑的成年人则被处死。在第二次逃跑中，布拉奇福德不畏艰苦，跋涉几百英里横穿苏门答腊岛，他的同伴死在旅途当中。即使如此，布拉奇福德却辗转来到巴达维亚、巴西、圣赫勒拿岛（他在此服役于英国卫戍部队）、安提瓜岛，最后登上一艘法国的船只回到美国。他再次被英军抓获后关在纽约的泽西号囚船上，但仅一周后就被当作法国水手前往法国进行俘虏交换。之后他从法国的圣马洛港到洛里昂港，最后终于通过里斯本返回家乡马萨诸塞州。

在亡命天涯的旅程中，布拉奇福德到过美国、英国、荷兰、西班牙、葡萄牙和法国，做过各种各样的工作，就像希腊英雄奥德修斯环游世界一样，他可能在战后夸夸其谈地讲述自己的故事。除了描述频繁受伤和近距离接触老虎的丰富细节，他也重点突出了英国人对他的“最残忍的行为”。1865 年版的故事书序言更是把它“作为英国残忍恶性和野蛮暴行的记录”，同时向读者保证其真实性，尤其是通过指出作者的伤痕作为“证据”。布拉奇福德的旅程太过遥远，远远超过了美国人的认知范围，他的天方夜谭让美国人大为叹服，他们惊讶于英国人惩罚囚犯竟不惜路程遥远把他们遣送远方。[48]

也许美国人对英国人最令人震惊和最严重的指控是，他们将美国俘虏运送到非洲当奴隶。关于此事的完整细节也许很难展示，但该指控是有一定事实依据的。1777 年，美国驻法国巴黎的大使反复谴责英国“运输美国战俘到遥远的非洲，在那里他们的联系被切断，即使恶劣的气候不会加速他们的死亡，他们也生还无望”。这种“对待俘虏的方法，除了几内亚的黑人野蛮人之外，你不能以任何先例或习俗来辩护”。伦敦报纸节选了美国大使致英国首相的一封信，信上写道：“无数人在非洲的奴役中痛苦呻吟……控诉被迫笼罩在不光彩的死亡的危险之下，这违背了文明国家的每一条战争法则，也与人道主义背道而驰。”1778 年，美国大使得到“可靠消息，被送到非洲的许多囚犯，许多美国家庭中的孩子的父亲，正在塞内加尔堡从事艰苦无比的劳作，在那恶劣的天气下受着非人的待遇”。除非他们被遣返和交换，“否则反击报复在欧洲和美国的英国战俘是必然结果”。[49]

1779 年 5 月，美国水手约翰·保罗·琼斯通知在巴黎的本杰明·富兰克林，有 16 名美国人请求在他手下服役。琼斯说，他们于 1777 年 1 月在魁北克被英军所虏，三个月前法国击败塞内加尔的英国卫戍军队时，他们混杂在法国人抓获的俘虏当中，但是投降协议规定法国必须遣返所有俘虏。请愿者署名为“祝胡（福）人”，陈词说“有些人”在魁北克被捕：“我们中还有两三名水手，我们愿尽一切努力。”当富兰克林代表请愿者插手此事时，称他们为“被派往非洲的奴隶”。[50]

奴役似乎不可能发生，但可以想象，被法国人在塞内加尔当作英国驻军俘虏并希望在琼斯监管下服役的 16 名士兵确实是美国囚犯，他们在堡垒被强制劳动。自 18 世纪中期以来，大英帝国一直尝试扩张塞内冈比亚的领土，但他们的企图被疾病挫败，1775—1776 年间派往塞内冈比亚的每两人中至少有一人病死。为了防止过度减员，1769 年乔治三世曾指示说：“英国囚犯既然在非洲的艰苦环境下劳作，应该被饶恕。”当时流行的做法是把囚犯送往帝国索命的驻地，从加勒比海到东印度群岛，通过劳役减刑。在美国独立战争期间，一位英国逃兵被赦免绞刑，取而代之的是在塞内加尔终生服役。这些派驻被历史学家艾玛·克里斯托弗称为“用来恐吓反抗者、不忠诚者的手段，人人惧怕”。[51]

如果美国俘虏确实与英国重罪犯和逃兵一起被送往帝国最恶劣的地方服役（琼斯的报告表明这不仅仅是富兰克林政治宣传的手段），那么，英国似乎已背离现代战争最基本的准则。如果这 16 名战俘是从魁北克被运到塞内加尔的，其他人也许是从北美其他地方被送到塞内加尔的，他们很有可能是首批强制劳动派遣部队的幸存者。事实上，没有人可以确定他们具体被送到了哪里。他们在那里背井离乡，与世隔绝，暗无天日，在指挥官和同伴、家人和朋友的眼中，他们已然消失在黑牢房中。还有多少美国人被送到塞内加尔，或者被送到与塞内加尔类似的死亡之地，从此音信全无，有谁说得出来呢?

到 1780 年，英国已经不只是输送反叛的俘虏到帝国遥远的军事基地：美国独立战争的范围已经波及全球。这是由 1778 年美国与法国结盟，以及法国、西班牙和联合省（荷兰）随后参战所引发的地缘政治变化。但是美法联盟不仅仅影响了地缘政治。新的美利坚共和国与英国的传统大敌联合，改变了英美政治结构和战争动态。精心谋划的外交官也许没有料到，美法联盟加剧了美国的惨况。

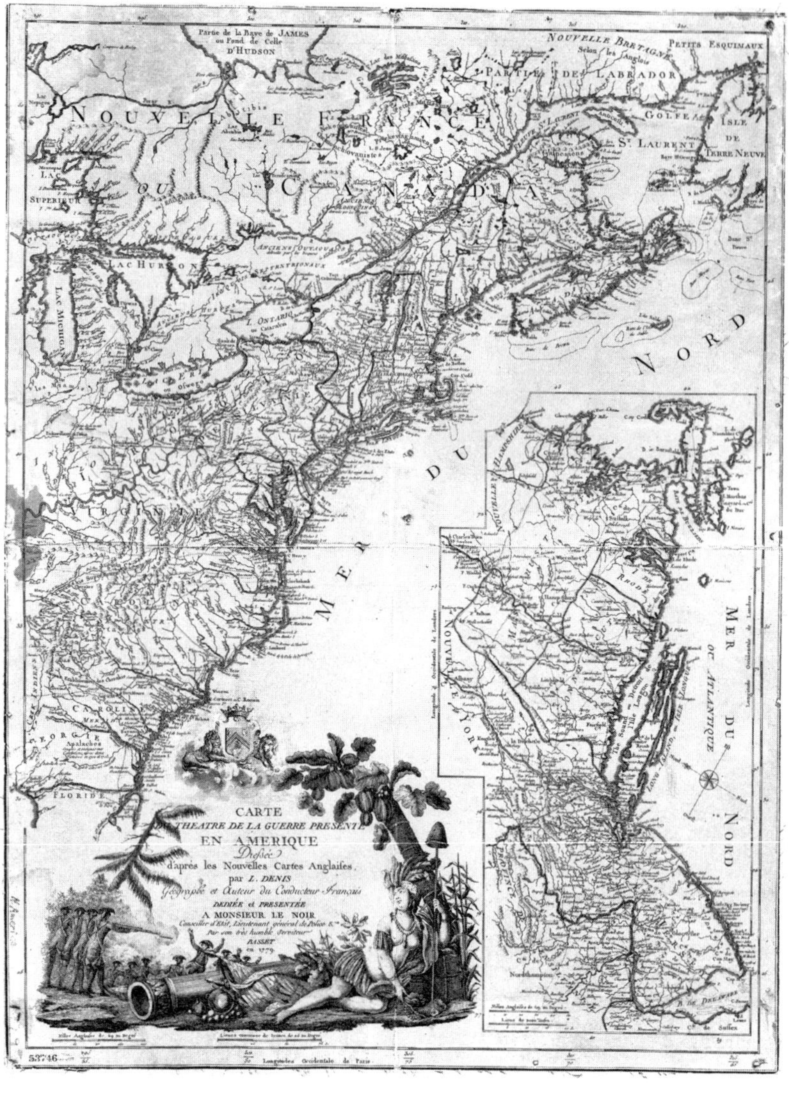


美国独立战争地图　作者：路易斯·丹尼斯。

Louis Denis, *Carte du theatre de la guerre presente en Amerique* (Paris, 1779). Hand-colored, 67 x 51 cm. Library of Congress.

Chapter 08
第八章

# 斩尽杀绝

1778年2月20日，由英国政府派遣的安德洛墨达号军舰携带着首相诺斯勋爵草拟的《和解法案》的众多副本。这项刚印刷出炉，甚至都未经议会通过的法案郑重承诺：英国将终止对北美殖民地的税收；殖民地的人事任免将优先拔擢本土人士；法案甚至提出在议会增设殖民地代表。怒气冲冲的乔治三世和他的政府刚刚通过在美国驻法大使馆的间谍获悉法美已经结盟的密报，于是首相诺斯勋爵立刻在立法方面加倍努力，来设计一个可被各方接受的反要约。然而伦敦报纸已经开始在法美联盟的深层政治和情感意义上大做文章。“反叛者和卖国贼还是我们的同胞和国民吗？”《纪事晨报》如是发问，“如果跟法国人和天主教徒联合起来，他们如今难道不是外人和我们的敌人吗？”[1]

安德洛墨达号与法国护卫舰明智号展开了一场竞赛。明智号载着西米恩·迪恩，他是本杰明·富兰克林的外交同事赛拉斯·迪恩的兄弟，还带着那个月初签订的法美条约的副本。4月13日，明智号先期抵达，但是由于这艘护卫舰不得不躲避英国军舰，它驶向了偏北方的法尔茅斯。这是位于当今缅因州的一个镇子，在战争伊始曾遭皇家海军炮轰。接着迪恩经由陆路出发前往约克，这是一个离费城4天行程、以德语为主的小镇。费城是大陆会议所在地，因为英国人仍然占领着纽约。4月14日，安德洛墨达号抵达纽约。作为大英帝国的代理，纽约总督威廉·特赖恩爵士立即发表《和解法案》，并把副本寄给了美洲殖民地当局。

安德洛墨达号在纽约登陆8天之内，大陆会议一致否决了英国的和解提议。大多数会议代表把提议看作英国企图操控美国人民情感并挑拨离间美国人民的一条诡计。大陆会议坚持认为，任何谈判的必要条件都是，英国要么承认美国独立，要么无条件撤军。华盛顿军队在福吉谷度过了一个难熬的冬天，成百上千的士兵死于疾病、营养不良抑或直接被冻死。鉴于这种情形，以及英国仍然占领着美国最大城市这一事实，毫无疑问，这是一场冒险的赌博。在美国，无人知晓早在3月中旬时，法国大使便通知英国政府，宣称法国已经正式地承认了美国；不久后，英国向法国宣战。法美军事同盟宣告成立，与此同时，一些美国代表则私下讨论与英国寻求和解的可能性。[2]

紧接着，5月2日，正当大陆会议周末休会时，西米恩·迪恩到达约克，“从法国乘快船而来”，为了向大陆会议的主席、南卡罗来纳州的亨利·劳伦斯呈交已签署的《二月条约》的副本。劳伦斯即刻召集大陆会议，以便利用整个周末考虑是否批准条约。条约在5月4日星期一获得批准。在福吉谷，当12 000名美利坚合众国士兵高呼“法国国王万岁”的时候，华盛顿将军命令燃放烟花和13支礼炮。士兵们每人收到一及耳（一种相当于4盎司的度量单位）的朗姆酒。星期二，大陆议会向法国寄送了6份签订条约的副本，分别由6艘不同的船只携带，这样就能把至少一份文件安全送到法国。当第二天法美联盟的消息向美国人民公布时，大陆会议敦促美国人民，“大敌当前，应该以对待慷慨而又大度的同盟那样的礼数对待法国人民”。显然法国人现在是“他们的同胞”——一个美洲人民以前对英国人民保留的特定称谓。[3]

1. 华盛顿将军 2. 盖茨将军 3. 富兰克林博士 4. 帕拉萨德·劳伦斯 5. 保罗·琼斯 作者：丹尼尔·伯杰。

Daniel Berger, *1. General Washington 2. General Gates 3. Dr. Franklin 4. Präsid Laurens 5. Paul Jones* (1784). Etching. Illustration in Matthias Christian Sprengel, Allgemeines historisches Taschenbuch (Berlin, 1784). Library of Congress.

用画谜的形式来进行政治讽刺是18世纪流行的一种体裁。这两封信指的是美国与法国的结盟及英国的和平委员会。

翻译："英国致美国：亲爱的女儿，看着你甚至都没有对比一下我长久以来为你的幸福所计划的种种好处，就固执地要求自行其是，我真是悲痛万分。听说你把手伸向了卑鄙且虚伪的法国人时，我给你派去了5个明理人帮你恢复理智，他们是我所有孩子中最优秀的，希望你能听从他们，并记住他们的话。他们身上带着我的指示，将满足你们之前所有的要求。做一个好女儿，解除士兵和船只的武装，不要反抗母亲。信任我，不要相信那个法国无赖对你说的话……注意，不要让太多的仇恨掌控你的心灵。我是你的朋友，也是你的母亲。"

*[Britannia toe] Amer[eye]ca* (London, May 1778). Etching, hand-colored. Library of Congress.

翻译："美国致她会错意的母亲：你这个愚蠢的老太婆，你将爪牙送到我们这儿来的意图非常明显，就是将我们的注意力从真正的利益上移开。但是我们下定决心要坚持自己的思维方式。你派给我们的 5 个孩子将会被当成来宾对待，然后被安全地遣送回家……如果你是明智的，就听从你自己曾给我的建议。把你的船只和士兵带回家去。照料好你的琐事，不要干涉我的事。我已经到了不需要你愚蠢的建议也能看清自己利益的年龄，并且认识到我将会一直视你和我的兄弟们为亲戚，而不是朋友。我是被你深深伤害的女儿美国。"

*[America toe] her [miss]taken [moth]er* (London, May 1778). Etching, hand-colored. Library of Congress.

大陆会议立即通过一份《告美国人民书》，辞令雄辩，感情强烈，由北美13州各教派的牧师在祈祷仪式后诵读。正如他们在签订独立宣言后的很多关键时刻所做的那样，大陆会议又一次将美国人的思想聚焦在英国一贯的残忍暴虐上。“他们的军队以掠夺、摧毁和在毫无防备的城镇肆意纵火为显著特征。他们成功的背后是对无力抵抗的人们的无情屠杀。”大陆会议敦促人们坚定不移地忠于美国事业，指出永久独立和自由的前景，并警告说与英国达成的任何一项协议最终都会导致“最耻辱的奴役”。法美联盟既已确定，一组法国舰队很快就会驶向纽约，大陆会议让美国人重整装备：“站起来吧！回到你们的帐篷，为战争做好准备！奔涌向前的复仇的洪流必定会将敌人淹没。”[4]

6月4日是乔治三世的40岁生日，也是大陆会议批准法美联盟整整一个月。那天，英国的一个和平委员会带着议会的官方提议最终到达美国。他们带来一个装有英国官方法案的盒子，盒子上的印章图案颇具说教意味：一位母亲抱着她归来的孩子。但这并没有打动劳伦斯。他直率地回答说，当且仅当英国国王真诚地提出符合“独立国家荣誉”的条款时，美国才会步入和谈。[5]

委员们并未轻易气馁，而是仍然希望说服美国领导人相信他们带来的是一个慷慨的提议。英王授权让他们当面做出额外的让步：鉴于殖民地有自己的自卫军，英国将不再在美国保留常备军；而且美洲人民不会因不忠被送到英国接受审讯。但是大陆会议的态度坚定不移，英国使者未能与美国官员单独会面。[6]

在美国，或许无人知晓，英国和法国已沿着布列塔尼海岸开始了海战。在美国开始的冲突此时已经扩展成了世界范围内的战争。英国将不得不同时兼顾三方面的需求：保护祖国免受入侵，打击加勒比海地区的法国势力，保护英国从地中海到西非再到印度的英军前哨。西班牙也有加入战争的迹象。弗吉尼亚人理查德·亨利·李自信（但错误）地预测：“英国面临的选择要么是发疯的北美，要么是卑鄙的法国。它将不可能同时与波旁王朝和北美开战。”其实在春季有段时间，国王和首相考虑过从美国撤兵，然而这一过激的决定遭到否决：英国的军事领导人仍然认为他们有义务保护保皇派，并取得战争的胜利。大英帝国没有撤兵，而是重新调整了它在北美战区、其他海外战区以及本土的兵力。在这个过程中，英国将在北美的战争美国化了，对保皇派军队尤其是南方军队给予高度重视。随着风险的增加，英国派驻美国的外交使节需要更加积极主动，即使这意味着在未经首都正式指令的情况下采取行动，因为伦敦的指令通过邮件抵达美国往往需要数周时间。[7]

和平委员会的成员花了整个夏天一个接一个地游说大陆会议代表，然而收效甚微，令人沮丧，再加上被“他们受到的深切的侮辱所驱动”，委员会成员采取了一个更为激进的对策。他们将越过大陆会议成员直接对话州议会和美国人民。10 月初，如今包括前英军总司令豪的继任者、上将亨利·克林顿爵士在内的和平委员会向全体美国人发表了一份宣言兼公告。他们认为正是受美国在萨拉托加胜利的鼓舞，以及与天主教势力出乎意料的联合，大陆会议才会断然回绝大英帝国慷慨的提议。美国还有最后一次机会。所有愿意回到大英帝国怀抱的美国人都会被给予特赦。和平委员会成员高呼英美之间享有共同的价值观和利益，并简要重申会为同胞们“提供他们能力所及的福祉”。他们再次承诺给予殖民地居民之前要求过的一切，除了独立。他们声称到目前为止，英国在国民冲突中展现出的仁慈阻止了任何极端措施的执行。然而继胡萝卜而来的，就是众所周知的大棒。如果美国不接受大英帝国这种高尚的姿态，“整场战争都会改变”。委员会威胁道：“如果美国坚决要选择这条道路，即不仅疏远我们，还把自己及其资源抵押在我们敌人的身上，英国将尽力想方设法摧毁一个为她的毁灭而设计的联盟，或者是使其无效。那么问题来了，离这一天会有多远？”[8]

并不是所有负责这件事的英国官员都支持这项新宣言所暗示的无止境的战争。他们中有些人认为无限制的暴力会产生相反的效果，而其他人则赞同采取更激进的反暴动举措，比如最近由查尔斯·格雷少将领导的一系列袭击。格雷的军队迅速占领并焚烧了马萨诸塞州的新贝德福德及费尔黑文的大部分。然后他们又去了玛莎葡萄园岛，在那儿捕捉了 10 000 只羊和 300 头牛，相当于英国所有驻纽约卫戍部队两周消耗的肉量。紧接着，格雷把他的目光投到了新泽西州，在那儿发生的骇人事件和英国和平委员会的宣言，几乎同时传到了美国人的耳朵里。

### 不装火石的格雷

1778 年 9 月 28 日凌晨 1 点，在当今的新泽西河谷附近，查尔斯·格雷将军命令他几百人的红衫军向前挺进。第 2 轻步兵营、第 2 掷弹兵团、第 33 和 64 兵团，还有几十个骑兵将包围他们的目标：一支卓越的大陆军轻骑兵部队。时间大约在凌晨 3 点，正是突袭的最佳时机。那时敌军的守卫会困得难以保持警惕，敌军的士兵也不会轻易醒来。取胜易如反掌。[9]

格雷将军觉得这样的机会千载难逢。他的部队只是一支更庞大军队的一部分，这支军队负责搜索、观察敌人行踪及对前往新泽西埃格港的探险队予以支持。就在前一天格雷得知华盛顿将军的一个大陆军分队在附近，很有可能是打算截击格雷。此刻大陆军正在哈肯萨克河上的桥边扎营过夜，在老塔潘西南方向 1.5 英里处。作为一名久经沙场的资深军官，格雷深知只消一夜，他就能消灭一支美国精英战斗部队。他将以自己的方式着手此事并产生毁灭性的后果，正如他之前做到的那样。

格雷清楚地知道英国国内政治领袖和公众正就何时才能将以往打仗那一套用于英美战争争论不休。甚至在美国的英国军官都在激烈地讨论英国该如何跟美国同胞们打仗。格雷是 30 年前在帝国反暴动中，即在对苏格兰高地人进行的大屠杀中获得嘉奖和鼓励的人员之一。为什么要区别对待那些“该死的美洲反叛者”呢？他和其他军官一贯就是这么称呼他们的。

以前的经历让格雷明白晚上袭击是有风险的。他们最好带上刺刀作战，这样可以保持安静并制造一种出其不意的效果。佩带刺刀还能降低在光线模糊和战场感知有限的情况下误伤友军的可能性。格雷让士兵们准备夜战的方法有两种，要么禁止士兵往步枪里装火药，要么命令他们尽管填装火药，但是要取掉火石。必要的时候，士兵们可以填装或者重新插入火石，等到万不得已的情况再开火。但那晚这位将领并没有冒险：他下令把火药和火石都取掉。

格雷的士兵愿意听从他的命令，仅靠刺刀在夜晚行动，这足以证明他作为将领的声望，同时也反映出士兵们在突袭中技艺的精湛。有些士兵的技艺在一年前的一场饱受争议的事件中得以提升——那时他们侵占了大陆军的一座大型营地并重创了惊慌失措的敌军。宾夕法尼亚州的保利之战造成的结果是：阵亡者与受伤者的比例远过于当时北方战区遭遇战的常规比例。格雷的士兵很可能并没有收到不得偷袭敌营的指令。但是后来大陆会议的一项调查发现，美国士兵极有可能遭到二次杀伤，进而遭受重创并惨遭杀害，即使有人已经放弃了抵抗。不然怎么解释不少士兵身受十几处甚至更多处创伤这一事实？难道那些美国士兵在英国人将他们用柴枝、树叶、玉米秆、稻草和栅栏搭建成的小屋点燃后，自愿选择在屋内被活活烧死吗？当时的一些评论员和当今的历史学家声称宽恕敌人的战争守则并不适用于夜袭。可是距保利之战虽已时隔一年，仅是提起那一晚仍足以让爱国者士兵不寒而栗。[10]

保利之战为这位将领赢得了一个绰号“不装火石的格雷”。这次战斗中，他再次作为不装火石的格雷参战。格雷的红衫军使用的是有筒型刺刀。这种刺刀最初是由法国著名的军事工程师沃邦在 17 世纪末发明的，通过围在枪筒周围的套管连接在步枪上。三角形的尖刀片扁平的一面朝向步枪的枪口，外侧有凹槽的另外两面长约 15 英寸。若步枪后的士兵使出全力，刺刀会对人体组织、血管和骨头造成严重的伤害。但面临的挑战是士兵离敌人越近，从心理上讲，杀死对手就变得越发困难。英国军队努力去教会士兵如何克服那种不情愿，他们对新兵解释说，很显然，“在能于混乱和恐怖的场合中保持镇定并考虑周全的人手中，刺刀比起火药和炮弹，对使用者更安全，同时对被使用者更具毁灭性”。[11]

那或许是对的，可要让一个人走到近处拿刀去刺敌人的身体，还是很难。从古至今，刺刀训练都能激发士兵的侵略性。迄今为止的刺刀训练都要采取进攻的方式。有助于此的是，远在列克星敦和康科德，对反叛者作战方式的描述让效忠于大英帝国的职业士兵觉得自己受到了侮辱，从隐蔽的位置开火，假装请求宽恕，狙击哨兵、巡逻队、信使甚至军官——这都是些只配得上边疆野蛮人而非文明国度士兵的战略。一位英国间谍并没有用“为上帝和祖国而战的令人尊敬的义勇骑兵队”这样自我夸饰性的表达去定义华盛顿军队，而说他们是“一群可鄙的流浪者、逃兵以及盗贼”。[12]

格雷也熟知自己的部队有心理上的优势：美国军队对刺刀袭击怀着深切的恐惧。部分原因似乎是他们不像同时代的欧洲军队那样习惯于刺刀战。作为英国军队专业化象征的刺刀之于大陆军，就像战斧和剥皮刀之于许多红衫军，是一种令人恐惧的武器。[13]

首先，格雷和他的士兵要能进入实施打击的区域。在这样的任务中，格雷通常会一丝不苟地做准备。他把时机定在夜深人静时是为了使突袭取得最好的效果。在他们包围美国人的两个小时中，部队将会悄悄地前行。格雷的士兵们要做到在一片广阔未知的地域上不被发现，这是一项需要依靠当地情报人员和向导的任务。幸运的是，在这个地区有些不妥协的保皇派，他们是一些心怀怨恨之人。多年以来，他们饱受爱国者邻居的迫害、驱逐甚至更糟糕的虐待。他们想要报复，并且期望今晚能够做到。帮助格雷部队的当地保皇派至少有 12 个，比如维尔特·C. 班塔，一个几乎目不识丁的 35 岁左右的木匠。在哈肯萨克，他的革命派邻居在战争之初以“危险的保皇派”之名逮捕了他。因为这个假定的罪名，他在奥尔巴尼监狱里被折磨了10个月。逃脱后，他立即以间谍和向导的身份为保皇派和英国军队提供服务。正是班塔的保皇派确保格雷的部队发现了一条安全又可快速行进的通道，沿着那些小路他们不易被发现。[14]

凌晨3点，格雷离老塔潘已经不足一英里了。情报人员证实美国军官住在河谷路边的两三座房子里。6队骑兵估计在附近的6个谷仓里睡觉。格雷派遣几个连的轻步兵去包围敌人。保皇派向导带领特纳·斯图伯兹少校的6个连从西面沿着小路绕到美国军队阵地的后方。还有6个连队在约翰·梅特兰少校的带领下完成了包围。他们接到的命令是阻止他们可能遇到的任何警卫或巡逻队向营地发出警告，还要切断本地区任何企图对他们的目标施以援助的美国军队。

在临时司令部附近的一座桥上负责监视的美国列兵蜷缩在外套里，轮流向长官抱怨严寒的冰霜。在这个没有月亮的夜晚，他们满脑袋想着自己的不适，根本没有注意到进攻者的到来。格雷自己带领了一小队士兵前往美军指挥官栖息的房子。他们用刺刀有条不紊地杀死了几名警卫，几乎没有出声。

接下来，格雷必须确保这些美国军官无法跟谷仓里的士兵取得联系。斯图伯兹的部队依照格雷的信号向位于科尼利厄斯·哈林房子里的美军指挥部发起攻击。房子里的乔治·贝勒上校和他的团长、军事情报员亚历山大·克拉夫少校听到了骚动，意识到情况有点不对，花了几秒钟做出反应。由于无处可去，他们企图爬上偌大的荷兰烟囱来藏身。满怀不祥预感的贝勒上校一定相当困惑：为什么警卫没有发出警报？

红衫军进入房中。就在一年前，当地的爱国者以叛徒的名义拘捕了哈林，显然这些大陆军对此并不知情。或许是房子现在的主人让格雷的军队进去的，又或许他们是强行闯入的。他们在搜查房屋时，很快就发现了藏在烟囱里的两位美军军官。红衫军拿刺刀向上方残忍地猛戳，他们刺伤了克拉夫少校，他是在贝勒上校后面爬上去的。贝勒虽尽力支撑但仍逃脱不了被俘的命运。落在他大腿和腹股沟上的强有力的三刀让他掉落下来。有人拿腰刀刺穿了他的双手。忍受着百般痛苦躺在地上的时候，他看到他的副官兼号手罗伯特·莫罗在一个角落里，身受7处刀伤，头部也严重受伤，这刚好可以解释贝勒上校在不久前听到的步枪托撞击头盖骨时发出的可怕声响。克拉夫少校已受致命重伤。

不管格雷的士兵是否意识到，他们刚刚捕获了一件重要的战利品。作为弗吉尼亚一个显赫家族的26岁后裔，贝勒是乔治·华盛顿的门徒。他当过华盛顿将军的第一副官，在1777年1月的特伦顿战争中脱颖而出，并把俘获的黑森军旗带到了大陆会议；此后，贝勒就成为一个新组建的团的指挥官，即令人自豪的大陆军第3轻骑兵团，由弗吉尼亚负担该团的花费。该团当下正处于极度危险之中。

在附近的另一所房子里，一位被降服的军官要求知道是哪一支军队袭击了他们。当被告知是英国的轻步兵时，他绝望地说："那我们都将被置于死地。"格雷的命令奏效了。敌军的指挥官都已伤残，他们跟士兵的一切交流都被断绝。现在是时候处理谷仓里的叛军了。[15]

睡在谷仓里的104名士兵是贝勒团里的骑兵，又被称作"华盛顿夫人的骑兵"[1]。他们大多是弗吉尼亚人，有些是这块殖民地上最显赫家族的后代，年龄都在18～26岁之间。能为华盛顿效力，让他们引以为豪。华盛顿将军甚至把他自家的一部分优秀警卫调到了团里，由他的侄子乔治·路易斯上尉担任他们的副官。他们日常的职责包括执行侦察任务，战后追赶分散的敌兵，偶尔进行突袭。在过去的4天里，他们的任务是协助博根郡的民兵驱赶牛群，让它们远离附近的英军突击队。

正如每晚那样，士兵们沿着营地四周安置警卫，尽管他们所做的准备很快就会受到密切注意：这一带遍布着保皇派。然而第3轻骑兵团似乎并没有妥善地进行实地调查。威廉·巴西特那时24岁，对于他和他

1 Lady Washington' s Horse，以华盛顿夫人命名以示尊崇。

的队伍当时的经历，他在半个世纪后证实说："当地居民假装对美国人的事业非常友善，有人还为美国士兵组织派对，为部队提供大量的精选烈酒……自以为安全的美国士兵在这些朋友的手里欣喜若狂。"当他们睡在卸了鞍的马边时，很多都烂醉如泥。他们收到的指令是，不久之后，也许就在第二天，他们就会向那些像蝗虫一样在美国乡村穿梭的英国入侵者发动攻击。[16]

听到尖叫声，熟睡的骑兵突然惊醒。在几乎一片漆黑中判明方位后，一些人试图够到手枪和军刀，其他人则设法躲藏在谷仓更深处。巴西特没能叫醒跟他同盖一床被子的两个人。他们睡得乐而忘忧，"喝得不省人事"。那些清醒得足以有所反应的人却无法辨别将要侵袭他们的突击部队的规模和性质，不过他们很快就意识到警卫被移除了。这么做的人一定是带着无声武器靠近的。他们是否想起了保利，又或者忆起了两年前的长岛之战？据说大陆军中的步枪手被袭击者用刺刀钉在了树上。[17]

士兵们拉长的尖叫声和沉重的步履声把他们拉回了现实。索思沃德·卡伦西和来自贝勒团一连的战友断定反抗是徒劳的。他们跌跌撞撞地从谷仓里出来，准备在寒夜体面地投降。英国士兵并没有饶恕他们，而是立即袭击了骑兵。数秒之内，卡伦西的胸膛、腹部和背部已有 12 处刀伤。红衫军撇下躺在地上的他，大概以为他已经死了。卡伦西听得见空气中回响的"不要战俘"的命令及枪托粉碎头骨的噼啪声。

睡在隔壁谷仓里的二连的骑兵被一连混乱的喊叫声吵醒。他们意识到自己也被包围了，但显然不知道战友那里发生了什么。期望能成为战俘的他们请求宽恕。看到迎接战友们的是侮辱和刺伤，托马斯·本森并没有求饶，他相信那没用。本森刚走出谷仓，就被众多红衫军包围，他们在他背部、肩膀、胳膊和臀部刺了十几次。在接下来的混乱中，不知何故，本森还是设法拖着被乱刀砍过的身体越过了院子的栅栏。

在谷仓里面，朱利安·金和乔治·威利斯发现此时英国士兵正在自发地请求他们的一名军官发布命令。他们向鲍尔上尉发问："应该如何处理战俘？”真的应该无情地杀死求饶的孤立无援的敌人吗？他们正在用自己的语言（英语）向双方共同的祖先和上帝求援。或许美军官兵希望红衫军只是把他们留在原地，或者将他们监禁，然后继续前进。然而几分钟焦灼的等待过后，命令传来：“全都杀死。”[18]

英国士兵开始用刀子刺杀无力抵抗的受害者，砸碎他们的骨头，在他们的腹部、胸膛、背部和四肢上留下深长的切口。刀刃插进去，又拔出来，撕碎肌肉、血管和器官。英国人走后，朱利安·金身受16处伤，包括胸部、肋部和腹部的11处。乔治·威利斯受了9～12处伤，有些在背上。起初，托马斯·塔利似乎有可能躲过血腥的屠杀；他成了俘虏。当红衫军得到命令将他杀死时，他们把他带出去，脱去他的马裤。然后又将他带回谷仓，留下致命的6处刀伤。

在英国人没去的那些谷仓里，从梦中惊醒的士兵们发疯似的想搞清楚周边的黑暗中发生了什么。五连的詹姆斯·萨德斯中士被“杀了他们，杀了他们”的吼叫及之后士兵们求饶的叫喊声所惊扰。萨德斯从谷仓门偷看到“没带武器、有意投降做战俘”的士兵们从旁边建筑物里出来的身影。英国人饶恕了他们。然而接下来，萨德斯亲眼目睹“敌人用刺刀杀了他们，他们中的5人从谷仓出来后被杀了”。一位英国军官在“命令士兵杀死所有人”后问道：“都杀光了吗？”

不同的英国军官似乎在发出不太相同的指令，更突出了场面的不可预测性和混乱。一个美国人无意间听到一位鲍尔上尉询问目前为止被杀掉的敌人有多少。当得知被杀人数后，他命令“剩下的一律爆头”。他的士兵们此时低声抱怨，“不明白为什么不让他们一次性把所有人都杀了”。也许这次杀戮没带武器的敌人会给他们中的一些人造成身体和精神上的负面影响。当英国士兵在进攻和克制之间举棋不定时，对于那晚试图活下来的美国人而言，处境变得越发令人恐惧。杀，还是不杀，今天这种战争的困境与他们惯于在正常战场上应对的不同，因为今天，他们似乎没得选。但命令终究是命令。红衫军再度执行杀死伤者的可怕任务。一些躺在地上的士兵看到他们打过来时，会扭过头去；枪托使他们的头骨破裂。

英国人杀戮已有半小时之久，在可怕的现场一路用刀刺，用枪托打，这还会再持续大约35分钟。见证了战友在投降时被杀害后，骑兵们唯一的愿望就是试图躲进黑暗之中。有些人装死，并在他们觉得没人注意的时候爬开，潜入附近茂密的灌木丛。身受重伤的三连的亨利·罗尔下士选择了一条相反的路径。他设法爬回了谷仓，大概是想等到突击结束；第二天他在那里重伤而亡。

小塞缪尔·休斯敦估测了自己的处境，意识到最好的生存机会是从英国刺刀的严酷考验中猛冲过去。他身中13刀，成功地跳过栅栏，从河里游走。威廉·巴西特曾求饶，但是被回击道:“该死的叛徒，别指望你会得到宽恕。”趁着暂时不被看管的间隙，他仔细打量一个栅栏，然而一位英国士兵走近，刀刺进他的后背。差点因脊柱边深深的伤口晕厥过去的巴西特爬到了安全的地方。他一定想知道他那两个在谷仓里仍旧保持着睡眠姿势的醉酒的战友是否会被刺死。半个多世纪后，79岁的巴西特仍然能感受到精神创伤的悸痛，“那晚的惨状永远都不会从他的记忆中抹去”。[19]

### 被乱砍的身体，道德上的胜利

醒来的早晨，在一片寂静之中，英国士兵拿着蜡烛四处走动，检查死者和伤者。他们把死者和伤者的所有贵重物品甚至衣服都夺走，把半裸的他们留在秋风中。六连的约瑟夫·卡罗尔在英军袭击之际迅速地穿好了衣服。他曾试图骑马逃跑，却被包围了。尽管请求宽恕，随着“我们不会饶了你”及“刺穿他”的喊叫声，他的胸部和双臂还是被反复刺了很多刀。此刻，卡罗尔假装死亡，即使当英军借着烛光近距离检查并从他重伤的身体上扒下衣服，只剩下衬衫的时候。

约翰·罗伯特·肖是一个17岁的英国士兵，他在黎明之前到达现场。这场残忍的大屠杀刚开始的时候，他所在的团被安置在三英里以外。肖后来回忆道，当他们接近时，"我们残忍的战友正在屠杀倒霉的受害者，他们发出的尖叫声足以让一个土耳其人或者鞑靼人的心融化成怜悯……语言无法说明：笔墨也不能描述那个阴沉夜晚的恐怖"。这位青年谈到"一场最没有人性的屠杀"，250人受伤或死亡，有些人"胳膊被砍掉了"，其他人内脏被挂了出来，在请求饶恕。他于常见的说法外吸收了"屠杀"（massacre）一词在古法语中的本义：屠夫的剁肉板。作为见证者，肖知道这是要付出代价的："让英国不要再吹嘘她的荣耀、科学和文明了，而是羞耻地把她的头藏在尘土之中；她的名誉已经丧失；塔潘将证明她有罪。"[20]

有关这次屠杀的谣言和报道传播得飞快。截至9月28日早上10点，当地居民已经把消息带给了大陆军将军查尔斯·斯图尔特，他又第一个通知了纽约弗雷德里克斯堡总部的乔治·华盛顿。总部位于被袭击的贝勒团驻地的东北部，中间隔着休斯敦。夜晚，侥幸逃脱的一名上尉、一名中士和十几名士兵动身前往奥索·威廉上校位于帕拉默斯的营地，并于次日清晨抵达。到上午11点，威廉听到的和看到的情景已让他难以承受。"写下这些坏消息，我感到万分抱歉，"威廉在给华盛顿的信中写道，"然而，为了使上报总部的情报没有遗漏，我认为把卡尔·贝勒的士兵经历的不幸告诉阁下是我的职责。"

顾不上胳膊上的刀伤，二等兵塞缪尔·布鲁金狂奔了4英里到达帕拉默斯；一路上英国士兵紧追不舍，不停高喊着："刺死他！""刺死他！"有几位幸存者可以做证。那一整天，随着谣言和含糊其辞的报道穿过新泽西－纽约的交界地区，同时抵达的还有呈送给华盛顿将军的信函。晚上8点，伊斯雷尔·普特南少将向来自纽约高地地区的总司令报告说，贝勒军团的一位中士给他送来了有关这次屠杀的情报。"很有可能他不无夸张，”尤其在说到只有他本人和两名军官逃脱时，“但是我相信他们遭遇了严重的打击。”[21]

伤亡人数尚不确定，但爱国者对于这次屠杀性质的看法已经成型。在接下来的一周里，各地的报纸竞相刊登对这场恐怖屠杀的报道，极有可能基于从幸存者那里收集的传闻和碎片消息。所有证据都表明英国军官曾命令士兵“不要宽恕反叛者”：“因此军团相当一部分人沦为那些残酷无情的人的牺牲品。我们的几个士兵在投降之后被杀了。”很快，根据来自总部的情报，爱国派报纸准备向世人宣称，现场所有尚未任命的军官和二等兵“已被残忍地用最野蛮的闻所未闻的方式杀害”。[22]

对于乔治·华盛顿而言，这次打击与他个人息息相关。袭击发生的两天前，他从塔潘附近得到了贝勒的最新消息。现在，据说他的这位门徒已经死了，“华盛顿夫人的骑兵”大部分也惨遭杀害。要到两周后，贝勒才能从他身受的创伤中充分恢复过来，给华盛顿寄呈一封关于这次“恐怖屠杀”的信件（美国和英国报纸都宣称他已死亡）。截至 9 月 30 日，华盛顿谈及这一场屠杀，认为这是一个“伴随着种种残暴行为”的野蛮事件。4 天后华盛顿继续谈及屠杀的性质，增加了更具体的伤亡人数和他自己的评价，仍然小心翼翼：“我估计损失了 50 名士兵和 70 匹马。克拉夫少校死于刀伤。这是一个充斥着种种暴行的野蛮事件。”后来，大陆会议发表了华盛顿信件的部分节选。[23]

关于这场空前大屠杀的故事开始传播，且英国威胁战争将百无禁忌。与此同时，想要即时而精准地调查在老塔潘发生的事情所面临的压力越来越大。正如我们所知，大陆会议在调查英国不合法的暴力行径的过程中已经积累了相当多的经验，在这样做的时候，他们还把美国输掉的一些战争、被强暴的妇女的精神创伤和俘虏的遭遇转化成了革命事业的道德资产。现在，贝勒新兵的家人们要求得到一个答案：他们的儿子是被俘虏了、受伤了，还是被杀害了，又是在什么情况下呢？“这些让所有父母备受煎熬的疑问”必须获得答案，而且还要尽快。[24]

10 月 6 日，大陆会议授权新泽西州的州长威廉·利文斯通调查贝勒的士兵是否被无情地刺杀。利文斯通从他早期记录战争罪行的经历中明白，只收集可靠的信息是不够的，还要将之迅速地以最大的影响力进行宣传。最终他将在普林斯顿和莫里斯敦亲自从幸存者那里获取 8 份证词。他同样快速地联系到了当地的陆军军官，请求上将斯特林勋爵以战区司令的身份协助调查。在前一个星期，斯特林已经把自己的观点告诉了华盛顿，他说从未发生过更冷酷、更残暴的屠杀。因此他招募了一位既精通人体解剖学又了解人类不朽灵魂的专家——军医兼牧师大卫·格里菲思，来帮他查明对于恐怖现场诸多残暴行径的指控是否属实。[25]

格里菲思是个 36 岁的纽约人，他在英国接受了医学培训，并在那里的圣公会被授予圣职。他同样享有华盛顿的信任，二人是在几年前相识的。袭击发生的第二天，格里菲思获得英国的许可，照顾在塔潘受伤的美国人。至少就那一点而言，英国人遵守了传统的战争规则。康沃利斯将军甚至赞成礼貌地对待开化的敌方军官，他给恢复中的病人贝勒上校送去了茶叶、糖、酒和柠檬。[26]

英国人把因伤无法行走的俘虏留在了纽约塔潘附近的归正会，它成为临时的监狱和医院（两年后英国间谍约翰·安德烈少校将会在同一个地方受审）。在照顾他们即时的医用需求时，格里菲思一定默默地逐一记录下了士兵们伤口的性质和数量。他同贝勒和当地的居民谈话。他一定也见到了一些被严重毁伤的死者的身体。这些士兵被残杀致死：有些身受 10 处、12 处甚至 16 处刀伤。因此当利文斯通和斯特林支持格里菲思在 10 月中旬进行大陆会议的官方调查时，这位医生已经积累了相当多的证据。即便在愤怒中他也仍然有条不紊，他采访了大约 12 位幸存者，他们都条理清晰，足以做证。10 月 20 日，格里菲思将报告发送给了斯特林，第二天斯特林将它提交给了大陆会议。



当把听到的证词与看到的身体上的证据结合起来时，格里菲思和利文斯通断言，压倒性的证据表明，英国士兵彻底不肯给予宽恕。不仅如此，他们还在向美国人做出了安全承诺后杀死了俘虏。有时候，他们请求明确的命令，然后被要求刺死或者用棍棒打死那些被他们解除武装和致残的士兵，即使对方请求宽恕。格里菲思的总结在大陆会议上被宣读出来，它证实了这个国家的政治领导人收到的“关于贝勒上校军团袭击案中的残酷和野蛮的消息并非空穴来风”。[27]

证据强有力地表明，一定是英国军官策划了这场暴行。“炸药和火石被从旧式火枪中取出，因此他们的士兵只能使用刺刀”这一事实为英国人作案的手段提供了更进一步的证据。格雷手下的军官，包括鲍尔上尉，被列为这场血腥事件的“主要策划者”，因为处于“最严重的暴行实施的地方”的正是他们这一班人。英国军官指望他们的士兵一见到美国人便会爆发出强烈的愤怒，不仅如此，“没有一个英国军官进过我们的营房，因此没人能阻止那些丧心病狂的士兵的野蛮和暴力”。然而，至少一位军官——上尉詹姆斯·贝尔德爵士事后被看到“大摇大摆地走在街上，血迹斑斑的刺刀挂在他的背上”。

格里菲思详尽的报告提供了更精确的伤亡人数。耗时 65 分钟的疯狂杀戮和无情谋杀造成大约 35 人死亡或重伤，其中 11 人当场被杀，另有 4 人很快死于刀伤。13 名伤者被弃置一旁。33 人被俘虏后带到纽约，其中 8 人受伤。其余人大部分都以这样或那样的方式设法隐藏自己或在夜幕之下逃脱。算上军官，总伤亡人数大约 70 人。相对比之下，只有一名英国人死亡，很明显是被骑兵流弹打中的。

鉴于 40 名美国人已逃脱，其他的要么受伤，要么被俘，格里菲思判断：“尽管英国人的命令很残酷，但他们似乎还没有达到他们计划的或者期待的目的。”调查者们发现了唯一一位表达了“同情”之心，并以饶恕贝勒四连所有骑兵的方式“冒险违抗命令”的英国轻步兵上尉：这一仁慈的例外证明了大屠杀无情的本质。可这位上尉的名字一直以来都不为人所知，实属“高贵人性之不幸”。

斯特林、利文斯通和格里菲思把他们的材料交给大陆会议一个星期之后，他们提供的满是幸存者证词的报告已经在《宾州消息》上被全文刊印出来。老塔潘大屠杀成了爱国者叙述暴行时的关键文献。从新罕布什尔到南卡罗来纳的报纸都用它来表明大英帝国已经沦落到野蛮民族之列。《弗吉尼亚公报》严厉谴责了英国“野蛮人”，他们以最残酷、最卑鄙的方式屠杀了勇敢的大陆军军官和士兵。尤其是格雷，引来了美国人持久的憎恨和轻蔑。一位美国军官甚至希望，如果格雷被逮捕，他将会被“按照印第安习俗活活烧死”。[28]

在9月28日那个清新而凉爽的早晨，当太阳在老塔潘上空升起时，格雷将军已经离开了现场。我们不知道他是否近距离地观看了自己精心策划的屠杀的后果。尽管他肯定听说了有关这一事件的争议，不止是在反叛者中，在某种程度上，同样也在英国军队中，但他从未公开做出回应。他的传记作者推测，由于格雷“意识到了战争中的心理因素，他很有可能将美国人的闲谈视为宣传活动，而把自己这一方的空谈看作无知的兜售意见”。他一定对那些颂扬性报告中的消息感到满意，它们沿着英国的指挥系统向上传播，从塔潘附近的康沃利斯，经由纽约的克林顿，在6～8个星期之后到达了他的上司杰曼那里。格雷的上司称赞他“带着那么多的命令如此安静地”行军，以至于让骑兵们“彻底感到震惊”，“为数不多的几个漏网之鱼要么被杀害，要么被俘虏”。多亏格雷杰出的领导能力和英军“惯有的精神面貌和敏捷”，他们只损失了一名士兵。英国的亲政府报纸将会大量刊印这些官方叙述，对这场夜袭备受争议的性质却并未提及。[29]

英国报纸同样为读者们准备了流传甚广的一篇文章，尽管漏洞百出，言辞却更加谄媚，也更为公开性地偏袒。该文宣称是基于“事件现场的一位军官”的个人叙述，同样赞美了格雷卓有成效的行动。它貌似赞扬美国骑兵的品质——“装备齐全的骑兵，优良的马匹，整洁的穿着”，却又幸灾乐祸地指出："我们的军队拿着刺刀冲向他们，效果显著，以至于他们的部队中只有三个人逃脱。"对于这位作者而言，老塔潘的遭遇代表着英军绝对的胜利。[30]

这样的必胜心态只让一小部分英国军官感到不适，而那些确实向死难者表达了同情的人也只有在私人通信里才会那么做。"由于他们在床上，所以没有射出哪怕一颗子弹来回击，"查尔斯·斯图尔特军官在给他父亲、前英国首相比特勋爵的信中写道，"这支发动了突袭的部队的信誉

1967 年，由博根郡历史学会赞助的考古学家们根据当地的口头传说，在塔潘附近进行了一次挖掘。在三个废弃的皮革大桶里，他们发现了 6 名士兵的骨架。有些很明显是半裸着的，其他人则身着短裤、马裤、背心等躺在附近。中间一位士兵的头盖骨左侧有轮廓清晰的椭圆形的断裂，一部分骨头碎片已经进入了颅腔。在右侧有同样的裂痕，但是没那么严重。这名士兵很有可能先被刀刺，然后当他头朝一侧躺在地上的时候，被枪托打死。这些骑兵的尸体在 1972 年被改葬。这一地区作为县级历史古迹以及贝勒骑兵最后的安息地，在城市扩张过程中一直受到保护，完好无损。
Photograph from an 1967 excavation near Tappan. Author's collection.

完全被他们野蛮的行为所淹没。”陆军中校斯蒂芬·肯布尔同样感受到了道德上的不安，以前他和前总司令威廉·豪爵士较为亲近。他承认英方的暴力是无理由的：“第2轻步兵营在这次战役中主动出击，充满血腥暴力，尽管必须承认他们很有可能饶恕了一些未做抵抗的美国人，但他们确实偷袭了尚未起床的军官。”至少这些英国人非常清楚，他们所犯下的虚实参半的暴行，正是使得敌军队伍壮大的理由。[31]

从事后来看，1778年9月28日发生的这场事件确实非比寻常。格雷的两次大屠杀，不论是在保利更为模棱两可的做法还是在老塔潘更令人震惊的暴行，都未收到总部命令，尽管格雷的上司事后原谅了他的行为。事实证明，它们也不代表战争中英国使用的新手段。然而，双方的行动者在那时对这一点一无所知。事实上，1778年的美国爱国者一定认为英国和他们的同盟军正在使暴行迅速升级。3月，英国保皇派军队杀死了几十名毫无防备的新泽西民兵，以及在新泽西汉考克大桥的一家私人住宅中熟睡的士兵。同年5月在宾夕法尼亚的克鲁克德比利特，他们在约翰·莱西将军率领的部分民兵投降后将其刺死，甚至在成堆的荞麦稻草中将受伤的士兵烧死。就在贝勒袭击一事尚在调查中时，爱国者宣称另一场屠杀在离老塔潘不远处发生。作为埃格港远征队的一部分，34岁的苏格兰军官帕特里克·弗格森上尉（如今最为人熟知的是他发明了后装式步枪）带领250名士兵袭击了准将普拉斯基伯爵的沉睡的军队，杀死大约50人，俘虏仅5～6人。弗格森给克林顿将军的报告日后大量出版，在其中一份报告中，这位苏格兰人为自己的做法给出了两个理由：“在夜袭中，自然很少能宽恕敌人。”此外，一位爱国者逃兵（错误地）通知弗格森，普拉斯基命令士兵不要心慈手软。因此，同样的命令就“被一个滥用职权、配不上绅士和士兵称号的人发出来了”。像豪早期那样，弗格森倾向于承认那些支配战争的准则，尽管在爱国者看来，他是在打破它们。两年之内，弗格森将会在南方一场颇具争议的战役中找到自己无比惨烈的归宿。[32]

在媒体上，爱国者将这样的暴行表述为英国更宽泛的极端暴力模式的冰山一角。他们在照顾受伤的战士并掩埋死者的尸体时，巧妙地进行了能帮助他们解释这场战争的法医鉴定，用解剖中生动的细节和情感上强有力的语言来解释伤残的美国人的身体。英国人的屠杀因此变成了爱国者道德战中的利刃：它们帮助美国人赢得了这场道德战，同时在世界范围内使英国人颜面扫地。

一份贝勒骑兵家乡的报纸——《弗吉尼亚公报》，讽刺性地将英国和平委员会跟有关贝勒屠杀的情报并列起来："士兵们被这些追求和平的野蛮人屠杀。你们这些背弃骑士精神的委员，你们这些卑鄙堕落的爱国主义者，你们这些毫无良心的政客，回到你们古老的英国去，去面对你们残忍国王的良心唱催眠曲。"委员们最好告诉他们的上司，正直的美国人与邪恶的大英帝国断绝关系，现在看来已经不可逆转："毋庸置疑，最明亮的宝石已经从英国的王冠上滚落。"[33]

为了回应英国和平委员会在10月初期的宣言，同时也是在逐渐升级的暴行累积（包括汉考克大桥、克鲁克德比利特、老塔潘、埃格港等事件）的影响下，美国大陆会议在10月30日发布了他们自己的反英宣言。它紧随贝勒大屠杀报告而来，尽管大陆会议自从1月以来就一直在断断续续为之努力。这份印在单面大幅纸张上的宣言论证严密，意在提醒文明世界警惕大英帝国的暴行，打消英国以为其威胁会起作用的幻想，同时一再强调了近期发生的暴虐事件。大陆会议郑重宣告，英军以后若再敢滥用暴力，美方必将以牙还牙，绝不姑息。大陆会议同样资助出版了1 300份由其代表古弗尼尔·莫里斯编写的像书一样长的小册子。在《评美国革命》中，莫里斯声称英国最终表明了立场：因为不能征服美国，就将企图摧毁它。莫里斯重申大陆会议宣言，威胁将对英国国土发动袭击，从而引发了对大规模战争的恐慌。[34]

## 法国的匕首

当英国和平委员会未咨询伦敦意见就擅自发行的宣言在1778年冬天首次抵达大西洋的另一端时，引发了一场政治上的骚动。下议院的反对派领袖提醒说它违反了英国“仁道、宽容和勇敢”的传统，也违背了基督教准则。它同样极有可能破坏部队纪律，威胁将“国王陛下的无辜臣民暴露于残酷的毁灭性报复之中”。就连以前的驻美英国指挥官，比如豪将军和伯戈因将军都反对这些残忍的措施。再一次代表议会发出声音的埃德蒙·伯克声称这份宣言预先警告英国人正在抛弃他们惯常的“宽容”和“仁慈”等战争法则。相反，它展现了不可原谅的“极端战争政策以及一个国家的败坏”。在上议院，一位焦虑的伯爵告诫主教席的议员，如果他们支持这种“反基督教措施”，将“深陷于美国人的鲜血之中”。[35]

上下两院的政府发言人都为这份宣言辩护，称它是对这个国家目前所处情境做出的恰当的、在道德上和法律上都无可非议的回应。决心要打败英国并成为商业和海上霸主的法国，需要用同样的战争法则好好地教训一番。然而在1783年担任首相的谢尔比伯爵将会与取得战争胜利的美国媾和并谴责宣言所威胁的“掠夺、侵占和蛮横的摧毁”。其他同僚则呼吁英国的民族自豪感：英美之争举世瞩目，倘若英国继续进行战争，势必触犯众怒。[36]

当政府的首席发言人乔治·杰曼勋爵最终起立发言时，下议院的紧张气氛显而易见。一系列激情洋溢的指控让政府处于劣势，杰曼面临的压力巨大。他曾被出其不意的宣言弄得晕头转向，作为负责任的内阁成员，现在他需要为此做出辩护。如果这手牌打对了，也许他能将困境转变为一个让所有英国人同仇敌忾的机遇。自萨拉托加战役后，英国人高涨的爱国热情已日渐消退。

然而，杰曼首先不得不稳定议院里的紧张情绪，尽可能消除政治对手的疑虑，并防止宣言受到责难。对于这个因被明登军事法庭判为逃兵而饱受责难的人来说，这将会是一个不成则败的历史性时刻。杰曼简短的演讲作为政治上闪烁其词和心理上操控听众的示例堪称教科书级的标本。他说，国王和任何一个英国人都不会提倡“恣意的肆虐”。政府绝不会命令英国部队实施暴力行为，也没有英国军队愿意遵守这样的命令。杰曼告诉下议院，这份宣言真正想表达的是：“通过联盟，美国人已经变成了法国人，将来也应该被当作法国人对待。”[37]

只用寥寥数语，杰曼就改变了辩论的方向。之前尚有回旋余地的美国叛乱者现在已经不可挽回地被驱逐出英国大家庭。这是一场令人称奇的论证，杰曼知道，这一论证也是有瑕疵的。因为严格来说，法国人（像其他欧洲人那样）是合法的对手，受到战争法则的保护。而从法律的角度而言，殖民地的暴动者却不是这样。但是杰曼明白美国人所处的立场在他的同人和同胞们心目中享有心理上和情感上的分量，这使得政治家和军队里的调解人在关于更严厉的反暴动措施的辩论中占据上风。这种臆想的联系必须被切断，正如美国的爱国者在两年前宣告独立时所做的那样。

通过不再将暴动的美国人看作乔治三世的任性的孩子，而是英国有史以来的劲敌法国的盟友，甚至应该被看作法国人，杰曼使得任何人替美国说话都变得不可能。任何这样做的人都会被贴上不爱国的标签。毕竟，就像利特尔顿勋爵推波助澜地指出的那样，美国已经变成了“法国的匕首”以及“用来屠杀自己生母的工具”！杰曼的修辞技巧为这个国家在冲突中翻开新的一页做好了准备：即便不能断绝，也要使英国与美国所有情感上的联系暂时失效，并且让英国准备接受一场新的不受限制的战争。[38]

在下议院，似乎没有人站起来反驳杰曼，尽管一份反对和平委员会宣言的长长的抗议书存入了议会档案，它由包括著名的反对党人物在内的超过 20 位贵族签字。那些持不同政见者转而诉诸自然法则、国际法和禁止仅因利己而发动极端战争的基督教准则。反对党感到有义务守住一个文明帝国的底线，这一条底线即便是在战争中，都不能也不该逾越。但是当议会的上下两院都否决了对宣言加以谴责的动议后，很明显，英国和平委员们在美国已经创造了一种新的（修辞性的）现实。[39]

在法国，约翰·亚当斯怀着一种不祥的预感设想了后果：“焚毁海岸线并在西部边疆进行屠杀，将会成为英军今后的战争口号。”亚当斯和富兰克林都断定：“英国的目标已经彻底改变了。迄今为止，他们的屠杀和大火是为了瓜分美国，并将美国重新置于英国统治之下。现在由于对这个目的感到绝望，并且坚信我们对法美联盟会矢志不渝，他们的原则一变而为将我们全部摧毁，让我们对法国不再有利用价值。”在伦敦，参与

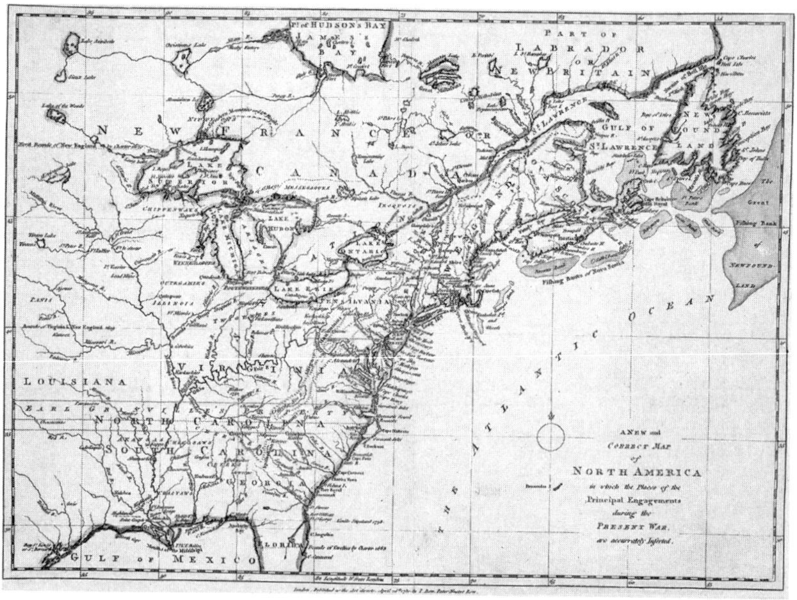


一份全新的准确的北美地图，目前这场战争涉及的地方都被纳入其中　作者：约翰·洛奇。

John Lodge, *A new and correct map of North America: in which the Places of the Principal Engagements during the Present War are accurately inserted* (London, 1780). 27 x 38 cm. Political magazine, 1 (Apr. 1780). The New York Public Library.

辩论的下层民众大部分都支持这样的命题："耗时短的极其严酷的战争整体上要比旷日持久的温和的战争更人道。"自从法美联盟在2月公之于众以来，英国一直处于被动状态。但随着英国和平委员会于绝望中发布带有侵略性但后来得到杰曼支持的言论，大英帝国如今似乎要转而采取更加有力的反暴动举措了。[40]

在贝勒大屠杀发生的几个星期内，"追寻和平的英国暴徒"发动了他们的南方战役；那年年底之前，他们已经占领了佐治亚州的萨凡纳，仅仅6个月后，又攻占南卡罗来纳的查尔斯顿。后半场战争大部分在南方战区进行。但是在1779年夏天，英国军队和大陆军队却在北方同时拉开了恐怖战争的序幕。约翰·亚当斯关于焚毁海岸线和"边疆屠杀"的预言将化为现实。然而，就边疆暴力而言，美国将会同时成为施暴者和受害者。

Chapter 09

第九章

# 城镇毁灭者

1779 年 7 月 5 日，全美国的爱国者组织都在庆祝他们的第三个独立纪念日（因为那年的 7 月 4 日是星期天）。那天晚上，约翰·沙利文将军主持了一场晚宴，地点是在宾夕法尼亚州边界上的一个城镇——怀俄明。大家为华盛顿将军和军队共同举杯，也为了新结盟的法国国王和王后。作为第二代爱尔兰移民，沙利文是来自新罕布什尔的乡村律师，在为美国作战之前，曾经代表他的殖民地参加了第一次大陆会议。他“肩膀宽厚，胸肌发达”，有着“黑色鬈发和一双极具穿透力的黑色眼睛”。沙利文曾经是一个酒鬼，经常性地惹怒同僚和地方长官。但自从在长岛战役中被捕，又作为战俘被交换回来之后，他在特伦顿和普林斯顿都表现得很好。沙利文当时准备领导大陆军 1779 年最富野心的一项任务：对易洛魁联盟发起令人胆寒的军事行动。[1]

亚当·赫布利是沙利文手下的一名低级军官，他将当时晚宴的场景描绘得如诗如画。怀俄明坐落在一个“优雅又令人愉悦”的地方，位于萨斯奎汉纳河东部支流的东边，在一个“广阔的山谷”中，四周是连绵的山脉。赫布利这样描述那个山谷：“一个土壤肥沃、高树林立的花园。”

这个小镇由大约 70 座小木屋组成，还有几个面积较大的烘烤屋和熏制室，来保证当地要塞 100 多名游击队员的食物供给。那里的居民的生活方式和田园牧歌式的自然环境格格不入，这点很令人悲哀：三分之二的人都是孤儿寡母。“那些野蛮人用他们肮脏的双手，以对这些居民而言最残忍的方式，夺走了他们的父母、丈夫和朋友，洗劫了他们所有的家具和衣服。”[2]

沙利文的很多军官和士兵都在几天前去参观了一个可怕的战场遗址，那儿方圆两英里遍地都是残缺的骸骨和腐烂的尸体，这种景象让他们回想起此前曾耳闻多次的极恶暴行。普通士兵四处走动，军官们则在当地向导的带领下仔细察看残骸：要么“头颅被战斧砍掉，随后砸得稀巴烂”，要么“头上留下深深的刀口，满是瘀伤”。这些伤痕无可辩驳地证明了“这些可怜的人一定经历了骇人的苦难”。展示给参观者的还有一处埋着超过 70 具尸体的乱葬岗。内森·戴维斯那时 17 岁，后来他谈起这段回忆：“到处都是褪色的尸骨，森林里，空地上，骨头上还有战斧留下的痕迹。”另一个士兵讲述道，在那儿的一个地方，“有七八具尸体被发现的时候都已尸骨不全，他们是被活活烧死的”。在某个现在青草萋萋的地方，曾经有 14 个男人被强迫围坐一圈，然后被一个一个砍死。武装的朝圣者称这里是“头骨之地”[1]，美国的各各他。[3]

正好是一年以前，一位英语流利的莫霍克领导人约瑟夫·布兰特，率领他手下来自易洛魁联盟的勇士们，联合约翰·巴特勒上校的保皇派游骑兵攻击了怀俄明河谷的殖民地。这个区域 20 年来一直上演着宾夕法尼亚和康涅狄格殖民者之间以及那些白人和特拉华印第安人之间的暴力冲突。1778 年 7 月 3 日，巴特勒上校和他的塞内加勇士们在战争中，或者说在追逃过程中，杀死了大约 220 ~ 300 名爱国者民兵和大陆军。虽然巴特勒准许士兵纵火烧毁千座房屋和大量堡垒，但他曾设法保护了投降

1 或称骷髅地，本是位于耶路撒冷的小山头，远看很像人的颅骨，耶稣曾在这里被钉上十字架。

的民兵和平民幸存者。可爱国者却将它称为大屠杀。他们将死者人数夸大到 400 人，并配上各种耸人听闻的残暴故事。[4]

现在，沙利文的西部军落脚在怀俄明，80 名军官正在庆祝美国独立纪念日。他们举起两个头骨，再一次祝酒，显得更富戏剧性："为了所有美国野蛮人步入文明——或死亡。"那个月晚些时候，沙利文的军队收集了据推测应是两名怀俄明烈士的遗骨，据说这两位烈士生前曾被包括一名女战士在内的野蛮人用战斧砍过，剥去头皮，还被长矛刺过。实际上，早在怀俄明战役发生的几个月之前，这支部队中的戴维斯上尉和琼斯中尉就在外出打猎时惨遭杀害。当他们用共济会和军队的礼仪重新安葬这两名怀俄明烈士的时候，那两名军官打猎被杀的事似乎显得无关紧要。具体的罪行指控，哪怕是真的，也不如他们此刻的情感力量来得有力。对大陆军的士兵而言，行动前夕接触到的这些遗骸和头骨，不仅证实了那些关于印第安大屠杀的可怕传闻，还为他们此次的行动赋予了正当的理由。毕竟，经验表明，极端暴力似乎是这些野蛮人唯一可以理解的语言。[5]

到 1775 年为止，就像早期美国历史学家告诉我们的，"大部分北美区域仍然是印第安国土"。但年复一年，渴求着土地的殖民者们在不断的西进中遇上了北美的土著人，随之而来的就是为了土地和生存的血战。但殖民者和印第安人之间确实也存在着贸易往来和文化交流，也有外交和军事联盟。事实上，在与法国的帝国战争中，英国皇室也确实依赖过北美印第安人；而且白人殖民者有时候也会和印第安人通婚。但是这些脆弱的和解不可能消除暴力冲突。在独立战争之前几十年里，殖民者也曾对印第安人发动过毁灭性的战争，毁其庄稼，也杀害了很多非战斗人员，包括妇女儿童。一位西部边界的革命领导者曾坦白地说，白人对抗印第安人的战斗目标是"用残暴驱逐他们"。[6]

的确，边界的地方性冲突都带有战争的残忍特征。北美印第安人有意使用相对较少的武力来制造最大程度的恐慌。他们攻击非战斗人员，施行剥皮和各种酷刑。他们毁坏死尸并将之示众，以此来恐吓敌人。到18世纪中期，应对这种恐怖策略的战术成型，历史学家彼得·希尔弗称之为“反印第安神话”。血腥的言语和图画似乎在传达着无边的暴力与凶残。这一战术术语使得殖民者对印第安人的暴力行径合法化：从该世纪中期开始，英国人不断使用印第安人的战争手段，包括剥头皮。如果说英国人在1778年的宣言是第一次用极端暴力威胁北美洲殖民地势力的话，对于已经习惯于极端暴力的边疆美国人而言，已经少了几分威慑力。

历史学家韦恩·E. 李表示，边境暴力之所以失控，部分是由于欧洲和印第安战争文化的冰火不容，对印第安人来说，所谓的“哀悼战争”实为一种恢复受损人口的方式，据此，他们的俘虏，从直接意义和象征意义上而言，代替了他们死去的战士，缓解了他们失去亲人的伤痛。印第安人不像白人会强奸妇女，但他们确实会虐待俘虏。与此相对，欧洲人则会直接杀掉更多的战斗人员，但他们的战争法规明令宽恕缴枪投降的敌人。由于双方的施暴和约束体系是如此不同，另一方的暴力行为总是显得不那么合乎规矩，因而也更应该受到报复。[7]

1775年，英国未能在印第安人的侵略中成功保护美洲殖民地人民，而且此次失败还引起了反抗者们的暴动。借着对印第安战争的恐惧，爱国者正当化了他们对加拿大的入侵，声称是为了躲避印第安人的侵害。当他们在《独立宣言》中指控英王乔治三世的时候，还列出了英国煽动“冷酷的印第安野人”残害美国人民的罪行。那年夏季和早秋时分，来自弗吉尼亚州和卡罗来纳州的军队向切罗基人的家乡发起全面攻击，烧庄稼，毁村庄，杀害手无寸铁的印第安人，包括妇女和儿童。纵观整个印第安区域，美国独立战争不但恶化了已有的矛盾，还带来了新的断层线。在北部，大部分印第安部族都无法保留他们原有的中立立场。1776年以后，他们的压力越来越大，必须选择是和英国人结盟还是同美国爱国者联手。新英格兰北部的阿布纳基人在此问题上产生了分歧。1777 年，内战在易洛魁联盟（也叫六部落联盟）之间爆发。很多奥奈达人加入了这次反叛行动。但是联盟的其他部落却不得不和英国人结盟，一来迫于贸易的需要，二来他们也不相信渴求土地的美国反叛分子，这部分人包括卡尤加人、莫霍克人、奥内达加人、塞内加人和塔斯卡洛拉人。美国独立战争就这样成其所是，借用历史学家卡罗尔·史密斯－罗森博格的话，“这可能是 18 世纪欧洲人和美洲印第安人之间最残忍的战争”。[8]

在英国，征调印第安人来对抗白人反叛者饱受争议，争议甚至多过对受奴役或被释放的非洲裔美国人进行武装。印第安人的战争方式被普遍认为是野蛮暴力的，所以大部分的英国公众对利用印第安勇士来镇压殖民地人民的做法表示不赞同。只有少数主张强硬路线的人支持这种做法。其中的代表，是约克大主教威廉·马克汉姆、位居第二（仅次于国王）的英国国教教长，他强烈支持和印第安人结盟的做法在 1780 年伦敦发行的小册子《盟友》上被肆意嘲讽。[9]

在战争过程中，英美双方都与印第安勇士结盟，且都采用了印第安人的战争手段。双方都强烈抗议对手的所谓暴力行径。但美国爱国者们再一次被证明是卓越的辩论手。他们秉持印第安人野蛮不化的这一刻板印象，并将他们眼中的这一印第安人形象等同于英国和美国保皇派的暴力行为。为达到此目的，漫天的印刷品和大字报时刻都在乐此不疲地将印第安人描述成生吞活剥爱国者的恐怖形象。这种故事因为利用的是真实事件，因此确实成效显著。1778 年不仅发生了怀俄明大屠杀事件，同时在纽约东部的樱桃谷还有残酷的边境遭遇战，大量平民被杀害，数目甚至多过士兵，其中还包括妇女儿童。国务大臣杰曼却漠然地宣布樱桃谷战役是“一场大捷”。[10]

印第安人后来解释说，他们为在怀俄明事件中受到的错误谴责感到很愤怒，因为事实明明是，那些原先在怀俄明投降并承诺退出冲突的美国爱国者后来又加入了战争。无论是事后对事件真相的推理还原，还是边境游骑兵和民兵对印第安人居住地的多次袭击，都无法逆转爱国者对印第安人、英军、保皇派的残暴印象。相反，这一印象却日益加深。1779年，本杰明·富兰克林和拉斐特侯爵创作了一系列教科书读物来揭露英国的暴行。他们主要突出刻画了这几个场景："野蛮的印第安人杀害边境的农民及他们的家人，并剥取他们的头皮"，还有英国军官指挥印第安人生吞活剥那些白人俘虏。[11]

美国人民长期以来都对印第安人怀有恐惧和憎恨，在这个大环境下，1779年2月，面对边境各州要求讨伐印第安人的压力，国会屈服了。纽约州和宾夕法尼亚州请求对印第安人"在西部边境的劫掠"进行镇压，作为回应，国会要求华盛顿将军采取有效措施来保护居民，并严惩那群

《盟友》 作者：约翰·阿尔蒙。大主教马克汉姆将砍削头皮的砍刀、战斧和十字架敬献给乔治三世，后者正在一名印第安酋长旁边对着一名婴儿的残骸大快朵颐。在乔治三世的纹章"信仰的捍卫者"之下，《圣经》被倒置。婴儿的残肢散落一地，沦为野狗的食材。

John Almond (publ.), *The Allies—par nobile fratrum* (London, 1780). Etching, 23.2 x 36.3 cm (sheet, trimmed). Library of Congress.

野蛮人。在边境地带，美国革命将会采用极端暴力来制止暴力。[12]



## 完全的毁灭

易洛魁之战将成为大陆军在整场战事中规模最大也最复杂的一次作战，由沙利文将军领导，准将詹姆斯·克林顿辅佐，他是乔治·克林顿州长的弟弟。这次战役征用了超过三分之一的军队，国会提供了将近 33 000 英镑的资金支持。华盛顿将军亲自坐镇计划和准备过程。[13]

华盛顿将军将大陆军此次讨伐六部落联盟的作战目标定为："彻底摧毁印第安人的居住地，并抓住尽可能多的俘虏，无论男女老少。还要毁掉他们现在地里的庄稼并防止他们再次种植，这将起到至关重要的作用。"直到"他们的居住地被彻底摧毁"，和平的序幕才会升起。他接着说："只有打得他们没有能力再来伤害我们，只有将他们驱赶到无人之境，只有借助酷刑激起他们的恐惧，我们未来的安全才有保障。"华盛顿清楚地知道，印第安人目前的粮食供应情况很不稳定。前两年的粮食接连歉收意味着今年的收成对避免饥荒十分重要。1779 年发生了作物毁坏，现在重新种植为时已晚。华盛顿将军下令实行极端的"口粮之争"，数十年来，这一直是美国人对抗印第安人的默认策略。今天我们可能会认为这种策略形同种族灭绝。但在 18 世纪，最常使用的术语大概是"根除"（extirpation）。在沙利文领导的战役临近结束之际，一名美国士兵写道，他们的目标是要"将地狱之犬从地表根除"。杰里迈亚·福格少校，呼应之前的头盖骨祝酒，这样说道："要么开化他们，要么灭绝他们。"[14]

令华盛顿将军大失所望的是，沙利文一次又一次推迟他手下的军队从怀俄明进军，并要求更多的人力和物力。过度谨慎会让他错失速度上的优势，达不到突袭的效果。7 月底，远征军离开了怀俄明，沙利文的传记作者写道："这支负重上阵的远征军想要快速通过印第安领地；全副武装的军队开始了入侵他乡之路。"8 月初，沙利文和克林顿率领大约

4 000 名大陆军终于深入到塞内加和卡尤加境内，一路上未遭拦截。带着 1 200 匹驮马和 800 头牛，这支军队绵延超过两英里，在狭窄地带甚至达到 6 英里。在接下来的几周，他们需要在未知的土地上开辟出一条道路，蹚过及腰深的河流，还要穿过大片沼泽地带。当遇上印第安人时，他们收到的指令是："带着战争中的咆哮声和刺刀往前冲。没有什么可以比这些更让印第安人惊慌和害怕的了。"[15]

实际上，他们只交锋过一次，就是 8 月 29 日在牛顿市打败了一支规

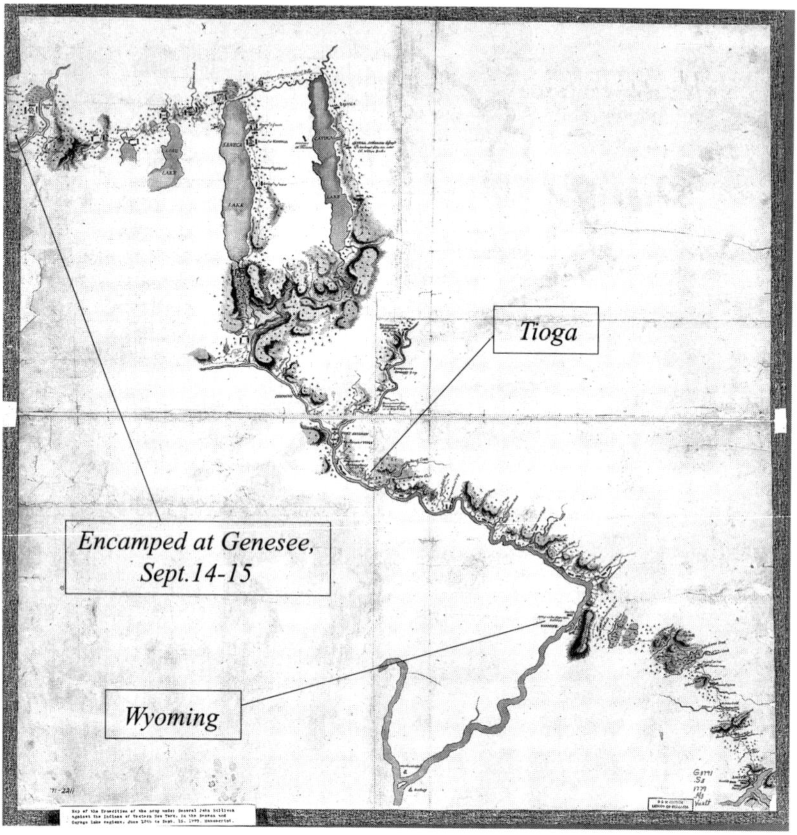


沙利文将军从伊斯顿到塞内加和卡尤加部落的行军路线图　作者：匿名。
Anonymous, *Map of General Sullivan's March from Easton to the Senaca & Cayuga Countries* [1779]. Colored, on sheet 76 x 75 cm. Library of Congress.

模很小的印第安人和保皇派组成的队伍。在整场战役中，大陆军的伤亡人数很少：约有 40 个人是因为其他非战争原因死去，包括事故和疾病；16 个人死于印第安人的进攻。军队每天经历的不光是对抗或小型战斗，还会进军去下一个印第安城镇，或者是邻近的有殖民点聚集的地方。由于人员声势浩大，缓慢前行的军队往往在远方就会被发现，而印第安人便会提前撤离。当军队到达的时候，城镇已经空空如也，尽管有时候大陆军会找到一些残存的火苗、还在烤制的玉米作物或是沸腾的水壶。他们会在所到之处安营扎寨，靠当地产的食物大吃一顿，这些健康的食物很好地补充了他们的供给，然后他们再开始辛苦的破坏活动。[16]

从战争中幸存下来的日记里记载的满是琐碎的日常工作；它们也向我们展示了士兵们见到高质量的房屋和一片片广袤肥沃土地时的惊喜，以及看到印第安人谷物种植面积和卓越种植技术的感慨。在 9 月初的时候，35 岁的奥巴代亚・戈尔中尉对卡南代瓜这个“被拣选的地点”感到惊奇，它的“位置很好”，“周围有良好的屋舍，蔬菜谷物种类繁多，数量丰富”。对于戈尔中尉来说，他是出于个人原因才参加了这次战斗：他的家庭曾最早参与怀俄明拓殖。他的三个兄弟和两个姻亲死在怀俄明，还有两个兄弟在那里受伤。在这之后，戈尔自己在怀俄明山谷地区服役。他曾经对印第安文明崇拜备至，现在却参与摧毁了这一文明，将卡南代瓜夷为平地。[17]

关于夏天战役的最初规划是分成三支独立部队，分别由沙利文、克林顿和大卫・布罗德海德上校领导，穿过纽约，三军会于泰奥加附近，但布罗德海德最终未能成功与其他两军会合，而是在夏末之时，率领他的六七百大陆军、民兵和一些特拉华同盟军前行渡过阿勒格尼河，摧毁了 16 个城镇及其庄稼和食物。他们屠杀了不计其数的印第安人，并让塞内加人和雷纳佩族人在即将到来的冬天忍饥挨饿。当他们结束为期 33 天、长达 200 英里的行军回到匹兹堡时，带回了价值 3 万美元的战利品。在

1779年另一场与此相关但独立进行的战役中，埃文·谢尔比上校焚毁了将近12座印第安城镇，还有在奇克莫加部落的切罗基人的两万蒲耳式的玉米。古斯·范·沙克上校的军团摧毁了奥内达加人的房屋、作物还有其他食物供给，掳掠并杀害男人、女人还有儿童。[18]

整场战役中，大陆军指挥官都警告军队不能掠夺军用商品和友军的物品，特别是当地的白人居民。就像一本命令手册中规定的，而且这规定不带丝毫虚伪的成分："人道主义应被赋予每一个士兵。人们已经被野蛮的敌人折磨得苦不堪言，我们不能再雪上加霜。"[19]

在不到两个月的时间里，沙利文的军队至少摧毁了41个印第安城镇，破坏的房屋数量在450～700所之间，且这当中的大多数都是多户家庭共同居住的房屋，房屋宽25英尺，长在60～80英尺之间。这些房屋破坏的数目尚不包括士兵们擅自焚烧的郊区的小村庄。实际上，整个易洛魁联盟的屋舍在那个夏天基本被夷为平地。在烧毁房屋之前，士兵们会先掠夺财物，从毯子、衣服、动物毛皮到家庭用品、钱财，甚至一些家具，他们无所不劫。而且他们还发现了大量欧洲贸易往来和互换礼品的证物，比如说找到了一些石器和陶瓷制品，还有传统手工艺制品。印第安妇女经常试图将值钱的东西和食物藏起来，但总是会被士兵发现。房子被点燃的时候，残留的家庭用品也会随之付之一炬。在纽约，内森·戴维斯参与焚烧了议会大厦，"红色火焰在它的三角墙末端蔓延"，还有100多座房舍、小木屋以及圆形棚屋。在这些被烧毁的建筑物中，囤积着大量玉米。"不计其数的房屋在火中跳舞，浓浓的黑烟如云团升起，在烟雾缭绕之间，能看到热烈跳动的火焰，"戴维斯写道，"这是一种惊骇与崇高并存的景象。"[20]

大陆军抢走了印第安人的牛、马、猪等家畜。接着他们又盯上了食品店、来年的种子储备和农产品。凡是军队没法在现场消耗的，或者说，没法带走作为未来储备的物资，一律销毁。于是乎，他们向数不胜数的豆子、土豆、洋葱、南瓜、黄瓜和17世纪才来到这片土地的西瓜发起了一场战争。当士兵面临的工作量过于庞大时，他们不会花费时间将成堆蔬菜烧掉，而是直接丢进附近的河里。

几百年来，玉米一直是易洛魁文明的中心，是与他们的神话源头和精神生活紧密相关的一种至关重要的粮食作物。正因为如此，易洛魁人的玉米地在当时也是最难被毁灭的。印第安人的玉米种植规模庞大，个人种植玉米的数量极多，玉米茎的高度能达到 12、15 甚至 18 英尺，穗轴长至 16 英寸，凡此种种，大陆军都很震惊。军队里的大部分人，有时候甚至是整支军队，经常会停止行军，花上一天或几天来砍倒玉米或直接烧毁它们。9 月中旬，在此次远征战场的最西方，根据摩西·斯普劳尔的报告，整个军队，“带着满腔热情”，花费一天时间焚烧了小胡子镇的两百英亩[1]玉米田。紧接着第二天，他们焚毁了更多的“玉米、豆子、土豆和其他蔬菜，数量极其庞大”。亚当·赫布利这样描述：“我之前的所有见闻与此相比都不值一提。”沙利文估计他的军队总共毁掉了 16 万蒲式耳玉米，即大约 5 600 吨。沙利文手下的一名军需官摩西·范·坎彭总结了这次毁灭行动的力度：“一个月以前，这片土地还是一个美丽繁盛的花园，现在映入眼帘的只是一片荒地，或者说，余烟缭绕的堆堆废墟。”当有些塞内加人再次回到他们曾经欣欣向荣的村庄时，发现“这里几乎没剩下什么粮食，就连满足孩童一天的温饱都不可能”。[21]

环剥果树，即将树干一周的皮都剥掉从而让树木死去，作为一种破坏手段引发了一些抗议，甚至是大陆军中的消极抵抗，这些都被记录在案。当时的国际知名律师，比如埃默·德·瓦特尔，在讨论毁灭性战争的限度时，通常会将环剥果树与将葡萄藤连根拔起视为行动的底线，因为长远来看，这样做会从根本上毁灭一个国家。事实上，一些沙利文自己的军官确实也“认为在军队远征中，下令毁坏连印第安人都不曾毁坏的苹果树和桃树，明显是不光彩的行为；并希望他们的将军能收回成

1　1 英亩约合 0.405 公顷。——编者注

命”。对此，据说沙利文是这样回应的：“只有这样，印第安人才会明白，我们内心的恨意如此强烈，因此要毁掉一切对他们有用的东西。”然而，他的一些属下会在恣意焚烧玉米地的时候，选择无视果园，大概他们正期盼着，当他们将来取代印第安人成为这片土地的主人时，这些果园能带给他们收获。但在那个夏天，还是有成千上万的桃树、梨树和苹果树被毁坏至死。直到1838年，美国一位将军才首次公开批评沙利文“针对果园的毁灭性战役”。[22]

即使印第安人逃离了村庄，也要想方设法震慑那些入侵者。在之后的沙利文战役中，一群印第安人将陆军中尉托马斯·博伊德属下的大陆军巡逻士兵杀死。印第安人还将博伊德和中士迈克尔·帕克折磨致死，甚至连他们的尸体都不放过，反复进行虐待；最后，印第安人还将他们被乱刀砍得血肉模糊、几乎无法辨别的尸体置于众目睽睽之下来恐吓入侵者。对这些仅能通过一些特有的身体特征来确认的尸体，厄库里斯·贝蒂中尉进行了如下描述：

> 他们通通被剥去衣服，裸露着身体，头颅被砍下。中尉博伊德头颅上的肉被彻底挖去，眼珠子也被打出来了。帕克的头早已不翼而飞。我猜测，长矛刺伤了他们全身上下大概40处不同的地方。刀子在他们的身体上留下了一道道深长的伤口。中尉博伊德的生殖器几乎整个被割掉且被悬挂起来（阴茎和阴囊也被剥皮），他的手指甲和脚指甲也是伤痕累累，肩膀还被狗咬走了一部分，身体上还插着一把刀。

其他一些日记作者试图重现这些军官所受的折磨。中尉赫布利认为“最残酷和最野蛮的”折磨和屠杀一定始于下述这些惨绝人寰的暴行：“拔掉他们的手指甲和脚指甲，而后矛刺、砍杀和鞭打他们的身体，并将他们肩膀上的肉大片切开，用印第安战斧把头砍掉，把他们的残骸留作狗的盘中餐。”[23]

虽然大多数美国人的报告推测这些折磨是在受害者死前进行的，但是一位曾亲眼目睹过杀戮的印第安战士巴克士司声称，那些美国人是被剥去衣服，受夹道鞭打而死的，在那之后，印第安人才残害其四肢、面部、躯干以及生殖器。不管怎样，斩首、剥皮以及居心叵测地在敌人面前展示断肢残臂成了印第安人的习惯性做法。一些印第安人相信，将敌人的头颅砍下意味着居住在他们大脑中的灵魂将无法获得通往极乐世界的入场券。对于他们来说，正如吉尔·莱波尔所言，斩首是“取得战争永久性胜利”的一种方式。军队的士兵们以军人的礼仪安葬了这些残骸。在 9 月 24 日的一顿晚宴上，军官们共同举杯，缅怀为国捐躯的中尉博伊德和他的士兵：“铭记这些在战争中被毫无人性的野蛮人所屠杀的，或（以下是高潮部分）被他们更野蛮也更可恨的盟友——英国人和保皇派所屠杀的战士。”[24]

大陆军方面虽然对博伊德和帕克被残害的身体喋喋不休，却明显在回避白人对印第安人施加的暴行。白人在反印第安人战役中将对方的头皮带回家在当时几乎是一件稀松平常的事。宾夕法尼亚愿意花 1 000 美元购买一张印第安人的头皮。几位美国日记作者也记录了一位大陆军军官平静地描述自己将两名死去的印第安人“腿部的皮从臀部剥下，用来做靴子的靴筒：一双给少校，另一双给我自己”。还有一次，几个大陆军士兵将一位老妇女和一个跛腿的小男孩活活烧死，因为他们无法被当成人质，即使指挥官曾下令留二人活口。[25]

印第安人讲述了更多白人日记没有记录的事件。一位奥内达加首领讲述了明显是参与范·沙克战役的一支军队入侵他所在小镇的故事：“除了一些年轻妇女之外，他们把镇上所有的妇女和孩子都杀害了，而这些年轻妇女则被带回，受到士兵的玩弄，过后再被以更加令人耻辱的方式杀死。”正如沙利文的同僚指挥官詹姆斯·克林顿将军告诉他的军队的，印第安人“绝不侮辱任何妇女的贞洁”。人类学家也同意这一观点，实际上，在北美洲东部的印第安人并不会强奸或攻击女性俘虏，可能是因为作为习俗，处于战争状态的印第安战士不可性交；也因为收养俘虏在印第安战争中是一种普遍做法，这意味着强奸相当于乱伦。当白人强奸印第安妇女的时候，他们的罪行对受害者及其社会都造成了巨大的精神创伤。[26]

想要知道还有多少其他未记录在册的发生在印第安人身上的暴行事例是不可能的。而大陆军的战争日记却记录着白人对印第安人坟墓的污辱，这是白人殖民者在其清教徒祖先于 17 世纪早期来到这片土地之后，一直沉溺于其中的粗暴行径。1779 年 8 月，大陆军在泰奥加发现了大约 100 个约 4 ～ 6 英尺高的印第安人古坟堆。士兵们洗劫了这些坟墓，从坟堆中搜寻与尸体一同被埋的陪葬品，并将其带回家作为纪念品。据其中一个人记录，他们“找到许多可笑的遗物，如烟斗、战斧和珠子”。士兵们还夺走并毁坏了对印第安人来说在精神上和医药上都相当重要的假脸面具。一些军官在加入这场洗劫之前对这些印第安战士的坟墓进行了仔细的描绘，芭芭拉·爱丽丝·曼将侮辱印第安人坟墓的行为在军官和普通士兵之间进行了区分，一种是军官们将挖坟盗墓作为早期考古学的一种形式并以此为由将其正义化，另一种是士兵们随意玷污坟墓（有时将刚被埋葬的印第安人的头皮剥下），并为了取乐和获利而盗墓。这看上去仿佛是无缘在战场上与印第安战士面对面交战的大陆军利用破坏其文明和亵渎其尸体的方式予以还击。在当时，无论是军官还是士兵对此事的记述，都回避了他们对印第安人精神完整性的损害，更不要说会有任何羞耻和懊悔之意了。[27]

## 美利坚帝国

沙利文的军队曾在离尼亚加拉河 40 英里的地方逡巡徘徊，当他从易洛魁回师的时候，“带着无尽的憾意”，但还是很谨慎并决心离开，因为考虑到在即将到来的季节，有 5 000 多名印第安人或者说超过三分之一的易洛魁人将会前往英军驻地和位于尼亚加拉的交易所避难。驻地没办法容纳数量如此庞大且饥肠辘辘的流亡者，他们的大量涌入加剧了驻地的医疗危机，这里之前已收留了一批逃亡来的印第安人和保皇派，还有一些英国士兵和俘虏，早已人满为患。上一个冬天，该据点为 7 000 多名印第安人提供了食物和衣服。到了 1779 年，数千名新来的避难者在秋天就已将最后一点资源消耗殆尽，于是有谣言说，英国人在面粉里放了火药，想要毒死印第安人来减少饥饿人口的数量。不管这项指控是否属实，确实有很多印第安人死于营养不良、劳累、痢疾和低体温症。英国人曾一度尝试让避难者自己寻找食物，但在那个创纪录的极其严酷的冬天，纽约西部堆起的积雪厚达 5 英尺。等到春天积雪融化的时候，成百上千的鹿和其他被冻死的动物才暴露出来。同样暴露出来的还有死在要塞附近地下室的印第安家庭。由于家园被毁，流离失所，食物匮乏，至少有 1 000 名易洛魁人未能从这场战乱中幸存。[28]

在 9 月 30 日，沙利文向国会报告说，对易洛魁城镇及其房屋和资源的毁灭工作已基本完成。他的报告被各大报刊转载，在这之中，大获成功的当属《弗吉尼亚公报》。他们这样写道："沙利文用美利坚帝国的威力狠狠地给印第安人上了一课。"沙利文严惩了那些"背信弃义、未经宣战就向美国发动残酷战争的人"，国会对此向他表示感谢。[29]

一份保皇派报纸重新刊印了沙利文之所述，并对此冷嘲热讽，但他们对英国的印第安盟友展现的同情和大陆军展现的一样有限："他在一片除了圆形棚屋和小块种植区之外一无所有的土地上假装找到了他所说的华丽的宫殿、繁茂的果园和广阔的玉米地，并用极其野蛮的手段毁灭了它们。"英国的读者对此战役略有耳闻，因为沙利文曾在怀俄明做过战前准备工作。圣诞节的时候他们读到了美国人那份趾高气扬的报告："整个塞内加还有六部落联盟里的其他部落都已经被摧毁，这些印第安人为了生存被迫逃亡到尼亚加拉。"布罗德海德的远征军毁掉了另外 10 个城镇和 500 英亩玉米。[30]

历史学家佩奇·史密斯回忆称，沙利文战役是"美国历史上焦土政策最残酷的一次运用"，只有 1864 年的"谢尔曼向海洋进军"事件可以与之相比。但是在威胁印第安人放弃边境突袭这件事上，沙利文战役没有起到很大的作用。在1780年早春时，印第安人与白人保皇派游骑兵联手，重新整装待发，继续他们的袭击。到了秋季，印第安人进攻了斯克内克塔迪以西的殖民地。根据各方估计，他们大约毁损了15万～60万蒲式耳的小麦，这与沙利文破坏的玉米数量相当，甚至有过之而无不及。作战各方总计在纽约和宾夕法尼亚边境杀害了至少142名殖民者，俘虏了160人，以及几百匹马和牛，毁坏了大量的边界贸易站、房屋及农舍。塞内加人还将上个夏季支持过沙利文的那些奥奈达城镇全部夷为平地；结果就是，一些人改为和英国人联盟。在整个战役中，沙利文的军队只抓获4名印第安俘虏，且都是妇女。这样华盛顿将军就没有跟印第安人讲和的筹码了。焦土政策还削减了边境爱国者民兵组织可获得的食物量，因为他们无法再继续掠夺易洛魁人肥沃的土地。最重要的是，华盛顿和沙利文的种族灭绝战役没能摧毁易洛魁人的意志。就像杰里迈亚·福格少校总结的："巢虽然被毁了，但鸟的翅膀还在。"[31]

大陆军的士兵和军官很少会质疑自己在印第安人领地的任务。很多年后描述关于战争的回忆时，内森·戴维斯将摧毁印第安人的玉米和房屋的行为视为一种道德困境。在戴维斯的回忆中，"毁掉大量土著人的粮食带来的不可避免的后果，根本不在他们的思考范围之内"。戴维斯曾认为他们的战争是对印第安人侵略的回应，而且是很有必要的。"每当想到他们对我们的人民所做出的非人道行为，他们在圆形棚屋周围悬挂的头皮，从上了年纪、头发花白的父母亲到还在吃奶、毫无抗争能力的孩童，"他写道，唤醒了人类古老的嗜血动机，"我们不得不从战争中感受正义得到伸张，虽然我们还是对迫使我们这样去做的缘由感到悲哀。"[32]

另一个长官内心更加矛盾，他写信给未婚妻："当我接到命令去焚烧房屋的时候，我真的很内疚，那里曾是温暖丰盈的家园，但我们这群破坏者的到来将这一切都变成荒芜……我们在这里的任务表面上是破坏，但似乎难以掩盖我们这些劫掠者是在随意播撒下（美利坚）帝国的种子。”开疆拓土和开创帝国的想法确实一直在西部军队的头脑里挥之不去。尽管发起战争表面上是为了毁灭易洛魁，恐吓其居民。“沙利文远征军的土地掠夺计划是一个公开的秘密。”就像芭芭拉·爱丽丝·曼告诉我们的那样。随军的勘测员会帮助军队在荒野作战时下达指令，并促成未来关于战后土地的划分。18 世纪 50 年代，华盛顿本人最初也是勘测员出身，后来作为前线指挥官获取了大量印第安土地。沙利文战役中的军官经常评估土地、蔬菜和水的质量，以及周围环境的美感。甚至连牧师伊斯雷尔·埃文斯都在热情洋溢地讨论“这份送给美国的意外之财和广袤土地”。[33]

不管是在战争期间还是战争结束后，战争老兵们都想回来宣告对土地的主权。1783 年夏天，华盛顿将军对纽约边境进行了一次 700 英里的勘探之旅，对土地和航道进行了评估，并与州长克林顿一起在奥里斯卡尼以“惊人的低价”购买了 6 000 英亩土地。在那年和平方案出台以后，美国将会获得一种对易洛魁人或拥有长形房屋的人的所谓优先购买的权利，而将之前欧洲人享有的与印第安人协商的权利排斥在外。在之后的 15 年间，不管印第安人在独立战争中是站在英国人还是美国人那边，结果都是失去了自己几乎所有的土地，也正是这些土地成就了现在的纽约州。卡罗尔·史密斯－罗森博格曾将美国爱国者描述为雅努斯的两面脸：“当面对东部的时候，他们会宣称自己为反帝国主义，致力于独立和自由事业。但是，当面对西部的时候，他们自己便担起了帝国主义者的角色，向这片广袤的帝国及其臣民宣告主权。”沙利文的战役就是很好的一个例子。10 年之后，塞内加的部落首领加根瓦格（即科恩布兰特）回忆，只要听到乔治·华盛顿的印第安名字就会令他的部族万般恐惧：“我们的妇女会马上转头，脸色也会变得苍白，孩童会靠紧母亲的脖颈。”他们称他是“城镇毁灭者”。[34]

城镇毁灭者下达的命令造成大量物品被毁损。1782 年 4 月，出生在日内瓦的艺术家、古文物研究者和自然主义者皮埃尔·尤金·杜西默蒂埃在费城第四大街和亚区街附近的家中建起了他所谓的美国博物馆，这也是北美第一个公众博物馆。他一生都致力于收藏事业，藏品从手稿、书本、绘画到干草、化石、昆虫、罐装的被腌泡在酒里的鱼和小型哺乳动物，以及一些记录着全球各地不同文化的物件，一应俱全。在革命早期，他曾向国会请求资金支持他的计划——“对北美起源和现状的回顾与观察”。尽管有委员会推荐任命他为“美国国会的历史学家”，但一切并没有按计划进行。为了维持生计，这位收藏家开放了他的博物馆，馆里有一张《独立宣言》的宣传报、一份美法联盟条约的复本、几书架的革命小册子，而就在它们旁边，放着大量来自印第安的藏品。除了印第安的地图、文献，以及关于印第安历史和语言的记录，参观者还可以看到“装饰礼服”、武器和餐具。在独立战争期间，他至少收集了 110 件手工制品，其中很多是大陆军在与印第安人作战时获得的战利品：弓，箭头，短柄小斧，长矛，烟斗，豪猪刺，头饰和一个皮制的烟草袋。[35]

在 1779 年对抗易洛魁人的战役后，皮埃尔特别要求布罗德海德将军和克林顿州长捐赠一些印第安人文物和人体残骸。那年 11 月，他收到一个面具，他是这样描述的：“这是一个凶神恶煞的人脸模样的木制面具，典型的印第安人的肤色，嘴是红色的，眼睛是黄铜色，中间有一个圆洞可以瞥出去，额头上盖有一块熊皮制成的帽檐。”据他说，这个假面具“是在一个叫作希芒的印第安城镇被发现的，当时一共有差不多 40 个这样的面具，去年夏天沙利文远征六部落联盟城市的时候，他手下的大陆军焚毁了这座城镇”。约翰·德弗特隶属于宾夕法尼亚第 4 兵团，他在观看并参与印第安舞蹈之后拿走了面具，随后将它赠予皮埃尔。皮埃尔的藏品里很可能还有一张 1782 年在俄亥俄河边被杀害的印第安人的头皮，这来自宾夕法尼亚州最高行政委员会的赠予。[36]

1784 年皮埃尔死后，费城图书馆公司收购了很多他的手稿和印刷品，但是直到今天，他收藏的印第安人文物的命运依然无从得知。有一种传言是画家查尔斯·威尔逊·皮尔得到了其中一部分藏品。1790 年，皮尔在他费城的博物馆展览了“一张印第安人大腿和小腿上剥下的皮，这个

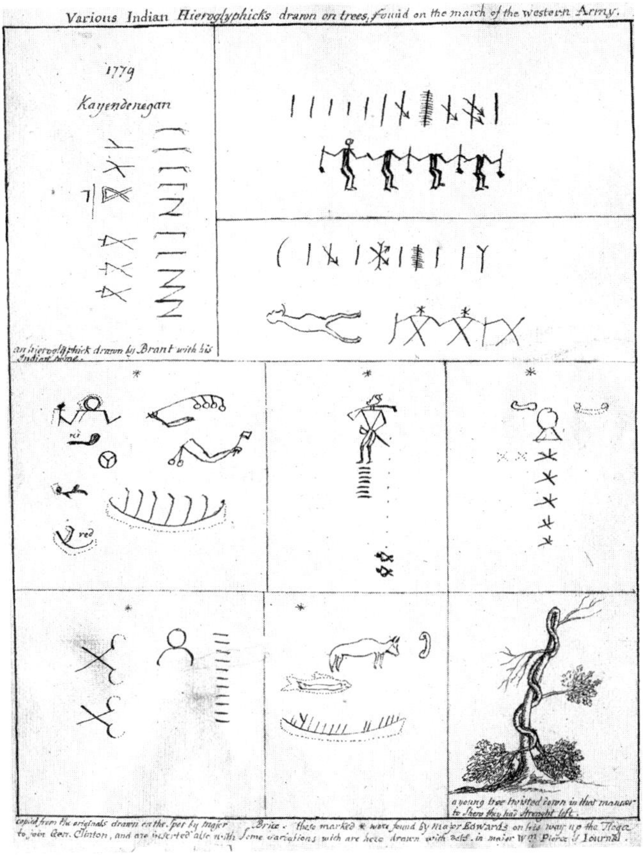


西部军在行军途中发现的各种各样写在树上的印第安象形文字　作者：皮埃尔·尤金·杜西默蒂埃。这位收藏家、艺术家和自然学家复制了这幅在 1779 年战争中制作的没有标明日期的墨水素描。他负债累累，在美国还总是被视为局外人。1784 年皮埃尔在饥饿中死去，享年 47 岁。

Pierre Eugène Du Simitière, “Various Indian Hieroglyphicks drawn on trees, found on the march of the western Army.” Undated ink sketch copied from originals of 1779. Courtesy of Library Company of Philadelphia.

印第安人是在战争后期沙利文将军进军西部城市的时候被杀害的”。该藏品是宾夕法尼亚州最高行政委员会一位成员的捐赠，它也可能曾经是战争里士兵们提到的绑腿。[37]

通过收集并展览印第安人的残骸和物品，白人先是在战场上，后来又在高雅幽静的博物馆里，一次次侮辱印第安人，将他们贬低为美国扩张性殖民主义下的低等国民。因为爱国者围绕印第安暴力发起的反印第安言论已成为一种全民共识，印第安人便在这些所谓国家建设的努力下被有意识地排斥在外。皮埃尔收藏的印第安文物后来消失得无影无踪，其实在这个无休无止的殖民扩张和被迫割让土地的时代，那些文物的消失也在预示着印第安文明的悲惨命运。[38]

研究独立战争的历史学家们都对1779年的历史漠然置之。那年没有发生什么重大的战役，英美之间的战争似乎处于中间待定状态。但是，在那个夏天遭到恐怖袭击的印第安人肯定不是这么想的。在边境地区，暴力的革命毫不掩饰地强制推行充满种族主义色彩的扩张政策；在易洛魁，革命战争的这一策略的影响一直持续了几十年。到1779年年底，军事行动的重心已经从北美转移到了南部。自英美双方在宣言之战中先后发出威胁宣言和反威胁宣言以来，双方是否真的准备发起一场极端战争仍有待观察。通过更多地依靠亲英派白人武装分子、黑人战士和劳工，英国人将这场战争美国化了。这样一来，无论是爱国派还是亲英派，白人还是黑人，南方人都卷入了这场尤为残酷的内战。而且，就像在西部边境一样，在南方，黑人奴隶占到了人口的40%～60%，因此战争不可避免地会和暴力的种族主义联系在一起。

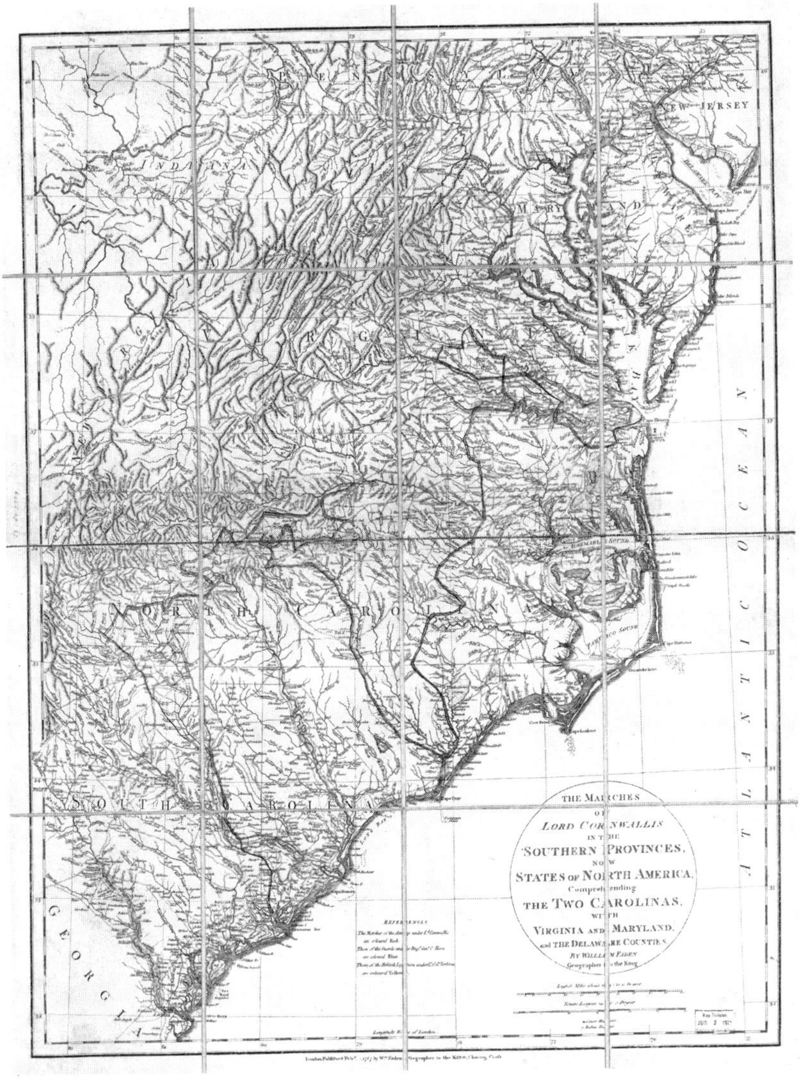


康沃利斯勋爵在南方诸省（即所谓“北美诸州”）的行军图　作者：威廉·法登。该图包括两个卡罗来纳州、弗吉尼亚州和马里兰州，还有特拉华县。

William Faden, *The marches of Lord Cornwallis in the Southern Provinces, now States of North America; comprehending the two Carolinas, with Virginia and Maryland, and the Delaware counties* (London, 1787). From Banastre Tarleton's *A history of the campaigns of 1780 and 1781, in the Southern Provinces of North America* (London, 1787), facing p. 1. Colored, 66 x 50 cm. Library of Congress.

Chapter 10
第十章

# 美国化战争

一颗炮弹落在马厩的屋顶上，这个马厩庇护着大卫·乔治，他的妻子菲利斯和他们的孩子杰西、大卫和金妮。1779 年 1 月，英国军队占领了佐治亚州的萨凡纳，美国军队和他们的法国盟友正在围攻这座城市。在迫击炮和 50 门加农炮的无情轰炸下，大卫临时避难的地方成了他动荡生活中的又一处危险之地。[1]

1740 年左右，大卫生于奴隶制盛行的弗吉尼亚，当他还是个小小少年的时候，他就去远处打水，梳理棉花，在主人的玉米田和烟草地里忙活。在种植园里，奴隶都苟活在鞭子之下。大卫看过他的大姐被鞭打，直到她的背看起来"好像要烂掉了"，对方才罢休。一旦他的哪个兄弟逃跑了，他们就用猎狗追他，捆住他的手吊起来，抽打 500 鞭之后，把盐水擦到他的伤口上，然后直接把他送回田里。大卫也曾被鞭打过："许多次打在我裸露的皮肤上，有时直到血流过我的腰带才停止。"当他听到他的母亲——主人的厨子，在被鞭打中乞求怜悯的时候，尤其是在目睹母亲死于长期的虐待之后，他再也忍不了了。在他 20 岁的时候，大卫出逃，他主人的儿子追着他跑了几百英里。但后来他还是被迫当了别人的奴隶，先是被克里克印第安人奴役，后来又被纳齐兹族印第安人奴役。1770年，他被卖给了一位在佐治亚锡尔弗布拉夫的印第安代理商做仆人。

在那里，大卫娶了一个名叫菲利斯的半印第安血统的黑人女子，这对夫妇很快有了第一个孩子，后来一共生了10个孩子。当受到浸礼会的教导时，大卫发现了自己的使命：他学会了阅读，然后在革命前夜，他成了一名有魅力的牧师。一开始组织有8个人，很快就扩大到了30人。事实上，他还成立了美国第一个黑人专属的浸礼会教会。1779年，当英国人来到这个地方时，大卫的"反保皇派"主人逃走了。大卫带领他的家人和50多个奴隶伙伴去往萨凡纳。

大卫·乔治和他的家人与来自佐治亚、卡罗来纳和弗吉尼亚的成千上万的奴隶响应了英国总司令、上将亨利·克林顿爵士于1779年6月发表的宣言。克林顿颁布法令说，所有那些先前被叛军奴役、如今来到英国统治地界的奴隶们不能被看作财产或被买卖。他还承诺，所有与叛军划清界限的奴隶可以在英国自由从事任何工作。与邓莫尔宣言不同的是，克林顿没有强求奴隶们必须为皇室而战以获得自由。但是，克林顿警告说，"凡是参加了叛军军队或在其中任职的黑人，都须以公开的价格买卖"，所得的收益归将其俘虏的那些人所有。[2]

与邓莫尔以前一样，克林顿的解放法令并不是一项道德措施，而是一项战略计划，旨在激起白人的恐惧，削减叛军在南方的劳动力，加强英国军队的基础设施援助。通过雇佣黑人作为先锋队来砍伐树木、清理道路、建造堡垒，以及让黑人担任铁匠、木匠和军械师，克林顿就可以让白人士兵来完成武装任务。在佐治亚的首府，大卫和他的家人被其他黑人、妇女和儿童所包围，其中有拥有自由身的，也有还是奴隶的。大量的黑人劳工、护士和洗衣女工为占领者工作，共有620名黑人新兵帮助保卫这座被围困的城市。普雷沃斯特将军后来赞扬了他们的表现："他们在工作中确实创造了奇迹，在战斗中，他们都表现得很出色。"其中一名武装黑人叫西皮奥·汉德利。他是南卡罗来纳州查尔斯顿的一个鱼贩，因为替总督传递信息而被判处死刑，后来于 1775 年在爱国者手中被免除了死刑。他随后在皇家海军服役，再后来在萨凡纳军械库制作霰弹。当把弹药运到堡垒时，西皮奥的腿部被击中；伤口腐烂使他的腿几乎残废，不久他就与受伤的英国士兵一起撤离了。汉德利和他的同伴们在攻击者中看到了其他黑人。这些人有像弗吉尼亚第 10 兵团里的夏德里克 · 巴特斯一样的人，他曾在布兰迪万、蒙茅斯、日耳曼敦和斯托尼波因特奋力作战，也有来自圣多明哥、为法美联盟服役的自由黑人们。[3]

从马厩死里逃生之后，大卫 · 乔治带着他的家人撤离到附近的雅玛克劳部落，他们都躲在一所空房子的地板下面。但是乔治染上了天花，为了保护家人，他送家人们离开了这里。由于一条流浪狗把大卫仅剩的一点食物吃完了，所以他既没有医疗护理也没有食物，多亏了过路人施舍的一些大米才恢复过来。当他和家人在萨凡纳重聚的时候，包围被解除了：黑人向导带着英国援军及时赶到了这座城市。撤退的盟军开始清点人数，发现他们伤亡共计 800 人，是英国伤亡人数的几十倍。大卫和他的家人留在了萨凡纳，在那里他开了一家肉铺，菲利斯则给英国军官们洗衣服。大卫的军事通行证证实他现在是“自由的黑人”和“乔治王的好臣民”。[4]

像保护萨凡纳这样，动员更多黑人是英国新战略的一部分，这一战略是为了应对当时国际环境的巨大变化。1778 年，法国作为美国的同盟国加入这场战争。次年，西班牙尽管还没有承认美国的独立，也对英国宣战，希望能重新夺回以前的领地，如佛罗里达、牙买加、直布罗陀海峡和米诺卡岛。爆发于北美的战争已经扩展成为世界范围的冲突。到 1779 年，英国海军和军事力量面临着中美洲、加勒比海、西非、印度和欧洲的波旁王朝军。在欧洲，西班牙人封锁了直布罗陀海峡，法国人准备入侵不列颠群岛。从伦敦的角度来看，这场针对 13 个美洲叛乱殖民地的战争已不再是英国最近全球战争中最重要的战场。[5]

1778 年年初，英国政府曾考虑过彻底结束北美的战争；但对保皇派的责任感促使他们决定继续战斗。然而很明显，英国需要调整其对抗美国的战略以适应新的地理战略环境。因此，政府将战争的重心转移到南部殖民地，他们自1777—1778年的冬季就已经开始考虑这次战略调整。保住北美洲南部的殖民地至关重要，因为它们供应着英国在加勒比地区产糖的岛屿，后者是大英帝国的经济发电站。但是，由于越来越多的英国士兵加入到全球战争中，到1779年，一些军团已经从北美重新部署到加勒比海地区，其他军队被召回不列颠群岛。英国现在需要依靠北美洲本土的支持。南方拥有两个巨大的人力资源储备：白人保皇派和黑人。这两个群体都是英国将这场战争美国化的关键。但对他们的动员也会明显改变这场战争的力量对比。[6]

南方的大部分地区，尤其是北卡罗来纳和南卡罗来纳的边远地区，在过去的20年里一直处于暴力的控制之下。边境民兵对切罗基人实施了焦土政策。在北卡罗来纳的“自订约章者战役”[1]，西部殖民者与东部精英发生了冲突。敌对的种族、宗教群体和家庭在移民的过程中并没有消除争执。这种社会和政治上的摩擦，是在奴隶制的长久背景下产生的：白人压迫和奴隶反抗。正如历史学家韦恩·E.李所言，英国的入侵加剧了南方之前就存在的紧张关系，使得南方变成了“一个正迫使自己吞下战争这枚苦果的社会，交战的双方互有胜负”。[7]

克林顿雇佣南方黑人来支持他们的战斗，意图利用白人对黑人奴隶的恐惧来取得战术上的优势，因为在白人眼中，黑人奴隶总是凶残的，易引发动荡。但黑人们不应该是英美白人之间战争的牺牲品，他们应该是拥有独立人格的自由人。对许多人来说，克林顿的宣言提供了一个机会。1775年，革命中的美国有50万黑人，其中只有少数人积极支持某一方。在这场战争中，约有两万人支持或反对英国。但是，正如历史学家

1 Regulator Wars，又称“自订约章者运动”，源于1766年北卡罗来纳西部民众发起的反腐及抗税运动。造反民众因主张调整和约束地方政府而被称为“自订约章者”，该运动于1771年被镇压。

道格拉斯·埃格顿提醒我们的那样，“几十万奴隶试图利用战争的混乱来获得自己的利益”。在成千上万的反抗活动中，非洲裔美国人在这场革命战争中挣扎着维护自己的利益和身份。不管是决定从主人那儿逃走、加入英国队伍或解放自己逃到农村，抑或是待在种植园，南方的黑人们始终面对着种族歧视和战争的暴力，在许多情况下还面临着被迫迁徙和疾病的侵袭。对他们来说，革命带来了深不可测的危险和新的可能。[8]

将这场战争美国化需要亲英派白人武装分子在半正规部队和地方的亲英派民兵组织中发挥更大的作用，前者在英国军队中被称为地方性部队，通常由英国指挥官领导。在南方，和其他地方一样，美洲人会基于意识形态和务实的考虑，选择加盟某一方或者试图保持中立。从切萨皮克南部到佐治亚的苏格兰商人、北卡罗来纳恐惧谷的苏格兰高地族人，以及南部偏远地区的小农，其中都不乏保皇派。1778 年，在美法联盟的刺激下，保皇派阵营得到扩大，因为与一个专制主义的天主教国家合作，对一些之前还比较消极的保皇派以及尚未决定自己立场的人而言，都是无法迈出的一步。一名英国军官认为，和使用德国辅助部队导致疏远了美国民众不同，雇佣保皇派可以尽快结束这场“血腥的叛乱”。因为保皇派与殖民地人民“有着千丝万缕的联系，可以打动他们的心灵，这样可以减轻战争的破坏与劫掠”。但事实上，通过给予更多长年受到迫害的保皇派一个复仇的机会，英国人反而更可能会助长内战的火焰。[9]

的确，英国的新方法推动了非正规战争的扩大。引用一位历史学家的话来说：“这种战争发生在机动灵活的小作战单位之间，他们的关注内容和作战目标具有地方性，致力于党派活动和使农村成为敌人无法居住的地方，并采取恐吓和威胁的手段来让百姓们忠于自己的党派。”由于正规部队和非正规部队把南方变成了北美最活跃的战场，所以民兵和其他非正规部队之间的冲突主导了南方战争的发展，对士兵们来说是这样，对于百姓们而言亦是如此。[10]

一些指挥官仍然担心无休止的暴力可能会使他们在战争结束后很难

与美国人和解。但到了1779年，整个军官阶层的态度发生了转变：在美国服役的英国军官中，大多数人现在支持一场具有掠夺性和毁灭性的战争。他们认为，为了实现与反叛者和解的终极目标，暂时升级暴力的等级和形式是必要且正确的做法。对革命者来说，英国的新战略证实了和平委员们的宣言不仅仅是一个空洞的威胁：他们的前帝国统治者似乎正朝着前所未有的战争方向前进。[11]

在法美对萨凡纳的围攻被解除后，克林顿上将于1779年年底离开纽约，领导了南卡罗来纳战争。克林顿的一万多名士兵登陆到查尔斯顿南部30英里处，查尔斯顿有1.2万居民，其中一半是奴隶。当大卫·乔治和他的家人在萨凡纳待到战争快结束的时候，这个城市里之前也是奴隶的黑人和英国军队一起向北迁移，其中包括一支由186名黑人组成的先锋队以及170名妇女和儿童。1780年5月，本杰明·林肯将军在查尔斯顿投降，这是美国在整场战争中损失最大的一次，损失了至少4 500名士兵。就像在萨凡纳一样，双方都有黑人参战：在查尔斯顿的防卫者中，有数百名黑人，用一位历史学家的话来说，“有时冒着生命危险，在英国的枪火下，竭力保卫他们主人的首府”。[12]

参加过克林顿南部战役的黑人中有个人名叫哈里·华盛顿，是乔治·华盛顿以前的奴隶。哈里出生在非洲的冈比亚河地区，曾在弗农山工作了10年，之后又逃到邓莫尔勋爵那里，与他一起搬到了纽约。黑人先锋队最初在纽约由邓莫尔的埃塞俄比亚兵团的剩余人员组成。正是当哈里在这支队伍里当下士的时候，他和皇家炮兵一起进入了查尔斯顿。在这座城市里，黑人先锋队的人数增加到200多人，他们有了体面的衣服，还得到了与白人士兵相同的粮食和薪水。塞缪尔·伯克随同威尔士亲王的美洲兵团来到这里，他后来声称自己是出生在查尔斯顿的一名黑人，曾是巴哈马总督布朗的仆人。在回到家乡之前，他帮助布朗在纽约招募了保皇兵团。[13]

还有波士顿·金，他的故事证明战争给黑人带来了更大的危险。他是一个熟练的木匠，从一个特别残忍的主人那儿逃到被英国占领的查尔斯顿工作，成为一个保皇派上尉的私仆。金差点死在查尔斯顿，不是因为战伤，但战争也是其间接原因。像金这样逃亡到英国占领区的黑人，有相当一部分遭受了宿营病的痛苦。斑疹伤寒、伤寒、痢疾和天花对白人和黑人都有影响，但对于以前过度劳累和营养不良的奴隶们来说打击尤为严重。他们也是最后才得到帮助的人，在资源匮乏的时候往往被置之不理。1780 年，查尔斯顿爆发了一场特别严重的天花，金被隔离起来，后来他回忆说："所有患病的黑人都被下令运到离营地一英里远的地方，以免士兵们被传染，延误军队前进。我们就这样被扔在一边，没有任何医疗上的帮助，也没有水和食物，有时会躺一整天。"金的生命很可能是一名给他带来补给的好心英国士兵救的。当英国军队放走了他们在查尔斯顿俘获的 1 200 ~ 2 000 名爱国者民兵时，这些人便把天花传播到了南卡罗来纳的整个乡村地区，就像英军建立了从奥古斯塔到洛基山再到乔治敦的一系列驻地时发生的那样。然而，成千上万的奴隶仍不断涌向英国军队。[14]

历史学家估计，战争期间，美国 50 万黑人奴隶中，约有 8 万甚至 10 万人为了暂时的自由而逃离了奴隶制度的魔爪（尽管最保守的估计认为总共只有两万人，包括来自南方的 12 000 人）。1782 年，在英国撤离期间，大约有 5 000 ~ 10 000 名奴隶从南卡罗来纳逃离。可以肯定的是，即使在克林顿发表宣言之后，成千上万的奴隶并没有离开种植园，而是决定和家人一起留下，不敢冒逃跑的危险。他们知道逃跑后一旦被抓住，就会被毒打、鞭打甚至杀死。那些留在叛军种植园里的奴隶目睹了英国士兵向监工和主人们下手，这些人曾是他们眼里高高在上的独裁者。1780 年 4 月在西尔克霍普，"在种植园奴隶的众目睽睽之下，一名路过的英国巡逻兵'将监工捆绑起来……用最残忍的方式鞭笞他'"。同时，英国军队派人去保皇派的种植园，那里的奴隶们正在进行反抗，有时英军便处决一个奴隶以儆效尤。英王的军队也声称成千上万的被俘奴隶是他们的财产。他们被当作荒芜的种植园和军需部门的劳工，在医院里当军官们的仆人，或者是做引路者、侦察员和间谍。其他一些黑人被出售，这样就可以获得收益来购买粮食。甚至有证据表明，英国军官曾参与过非法贩卖奴隶的活动。[15]

黑人们也被当作心理战的工具。英国的保皇派经常掠夺土地，抓捕黑人奴隶，这显然是对南方白人支持的种族秩序的公然侮辱，并有意用黑人来恐吓白人叛军。伊莱扎·威尔金森在英国入侵时居住在南卡罗来纳群岛，她记得在1780年春天的一个“恐怖的日子”，当时英国军队带着“几个黑人士兵”冲进她的房子，“手里拿着手枪，仿佛要用剑把我们砍成碎片似的”。侵略者们提出要搜查“这些女性反叛者”，掠夺威尔金森的胸衣和衣服，脱下她的鞋扣，抢走她姐姐的耳环，还威胁要朝她开枪，并从另一个女人的手指上硬摘下结婚戒指。一名入侵者弄得她胳膊满是瘀痕，威尔金森的家人一直遭受着袭击，这使他们非常紧张，“既不能吃喝，也不能安稳地睡觉”。[16]

在其他地方，则是黑人难民尾随在一路肆虐的英国正规军队之后。这种半独立的黑人群体袭击了爱国者和保皇派的种植园。即使是前南卡罗来纳总督威廉·布尔名为阿什利走廊的种植园，也“被一群蜂拥而上的黑人所掠夺，遭到严重破坏”。黑森雇佣兵的军官约翰·冯·埃瓦尔德对逃亡的奴隶与英国搜寻队突袭种植园的景象特别吃惊：“他们穿着前主人和女主人的衣服，一个完全裸体的黑人穿了一条丝马裤，有的穿着亮色外套，有的穿了件没有袖子的丝绸背心，有的穿了一件别致的衬衫，有的带着牧师的帽子，还有的戴上了假发。身体的其他地方都是光着的！”正如一位历史学家所言：“在南方，没有什么社会革命能比一群黑人冲入一个小农场更壮观的了，他们洗劫了所有的食物和牲畜。”对了，我们还应该补充，他们还洗劫了所有个人物品和奴隶。[17]

国会也试图通过授权给那些南方成立的黑人兵团，来动员更多黑人士兵和劳动力。来自新罕布什尔的一名代表希望这样的兵团能够为全面解放奠定基础，并将“自由的祝福带给美国所有的人类”。1774 年，大多数殖民地停止进口奴隶；1780 年，宾夕法尼亚州通过了一项逐步废除奴隶制的法律。在战争期间，大约有 9 000 名黑人与革命部队并肩作战，他们的角色有劳工、仆人、间谍和士兵。但当国会最终决定把在南方大规模招募黑人的权力交给州议会时，这一计划注定是要失败的。因为南卡罗来纳的众议院被奴隶主们控制，他们害怕失去财产、劳动力和控制权，所以强烈反对这一计划。然而，这并没有阻止革命部队从南方保皇派的种植园里抓捕奴隶，包括来自萨凡纳郊外的约翰·格雷厄姆副总督种植园里的 130 名奴隶。有证据表明，在那些被遗弃的保皇派的种植园里，英国军队试图通过武装奴隶来对付这种抓捕。[18]

不管美国黑人们是去参加战斗还是留在种植园，他们都被卷入了新的暴力形式中，既是肇事者也是受害者。但目前还不清楚英国的战略是会导致白人反抗者的抵抗瓦解，还是反而坚定了他们的决心。

### 猛兽

1780 年 6 月，在查尔斯顿确保安全的情况下，克林顿回到了纽约，因为他担心纽约将受到法国海军和大陆军的联合攻击。6 艘法国军舰和 5 500 名法国士兵将于 7 月初抵达，帮助推动在宾夕法尼亚和新泽西大陆军的招募，并为盟军的计划提供动力。克林顿留下康沃利斯将军掌管南部，派遣了一支由亚历山大·莱斯利少将率领的支援部队前往弗吉尼亚，以切断叛军的供应。在战争爆发前，身材肥胖、贵族派头十足的康沃利斯是一名职业军官，他既反对《印花税法案》，也反对《公告法》，后来自愿来美洲服役。康沃利斯在北方的几个战役中发挥了重要作用，然后在 1779 年，他回到家乡，向政府提议“征服美洲这一想法是行不通的”。但国王告诉他如果他辞职或去世，将有其他官员来代替他。康沃利斯还是回到了美洲，1780 年 2 月，他在查尔斯顿的围攻战中加入了克林顿部队，现在是克林顿的副手。[19]

在国内，英国政府在 1779—1780 年的冬天经历了一场政治风暴，当时高税收、信贷危机以及对公共资金使用的担忧引发了威胁要推翻政府的政治改革。1780 年 5 月，占领查尔斯顿对一个正处胁迫下的政府来说是急需的强心剂。但那时，美国南部的大片地区呈现出一种可怕的景象：一场发生在爱国者与保皇派民兵之间，几乎是永久性的掠夺战争，其中还有虐囚，甚至谋杀。此外，不属于任何军队单位的独立武装团伙在位于各方统治范围之间的半受法律控制的荒地上活跃着。为了将暴力的程度具体化，有必要回顾一下，1780 年和 1781 年的南卡罗来纳，几乎有五分之一的人死于整个美国战争，近三分之一的人在战场上受伤。引人注目的是，这些伤亡大部分是由美国人之间的暴力行为造成的。[20]

巴纳斯特·塔尔顿上校是处于这场党派之战旋涡中心的一名英国人。作为英军军团（美国保皇派骑兵和轻步兵的一支半独立、高机动性的部队，通常由 400 ~ 600 人组成）的指挥官，塔尔顿是一群年轻、冷血的英军领袖中的一员，他们掌管着南方的保皇派势力，并对战争的进行方式和人们对战争的看法产生了不同程度的影响。塔尔顿是一位著名的利物浦奴隶贸易商兼食糖商人的儿子，拥有广阔的西印度种植园，他在牛津大学大学学院和伦敦中殿律师学院受过教育，在那里他花在板球、网球、拳击、骑马和赌博上的时间跟花在学习上的时间一样多。他早期继承的遗产大部分都被挥霍掉了，1775 年 4 月，塔尔顿在第 1 骑兵卫队购买了一个职位，当时他 20 岁，美国的战争给他提供了一个机会。塔尔顿在新泽西、宾夕法尼亚和纽约作战。1779 年 7 月，在纽约维斯切斯特县的小冲突中，塔尔顿描述了当时他想到的镇压对手的方法："我向民兵组织提议，如果他们不从建筑物内开火，我就不会焚烧那些建筑。他们误解了我这个温和的提议，误以为我是害怕。他们坚持开火，直到大火阻断了他们的进攻，那之后他们再也没有开火。"[21]

塔尔顿转移到南方，也跟着黑人和白人混杂的袭击队恐吓白人农场主，破坏种植园经济，他写道："随着国王军队的靠近，所有的黑人，男人、女人、孩子，都认为自己从美国农场主那里解脱出来，完全摆脱了被奴役的生活。因此，他们离开了种植园，跟着军队走了。"约翰·柯登是英国负责管理偏远地产的专员，监管 400 个叛军种植园中的 5 000 名奴隶。用他的话来说："从叛军手中抓捕奴隶，为英军提供支援，会动摇叛军所有财产的根基，保证让他们体验到最暴力的东西。"柯登认为，在南方，人民的数量"与他们奴隶的数量成正比"，破坏他们的财富和地位将是最终平息叛乱的最佳手段。非裔美国人很快卷入了白人在南方的党派斗争。"一名有色人种吉布森和他的保皇派队伍"，以谋杀白人叛军而闻名。相反，摩西·奈特，或摩西·麦金托什，是一名由亚历山大·麦金托什将军在南卡罗来纳抚养长大的非洲人，在 1779—1782 年期间，他的任务主要是追捕保皇派。在黑人帮助白人追捕保皇派或革命派的地方，恐惧和真正暴力的程度必然会有所上升。[22]

塔尔顿和他掌管着保皇派部队的同僚们，受到南方新英军指挥官康沃利斯将军的器重。查尔斯顿一被保护起来，康沃利斯就命令塔尔顿横扫南卡罗来纳的内陆地区。在大约 270 名保皇派士兵的帮助下，塔尔顿在两天多的时间里骑行了 105 英里，以赶上亚伯拉罕·比福德上校在南卡罗来纳州北部边境的大陆军队。塔尔顿要求比福德投降，并警告说，如果拒绝，"鲜血就会从你头上流出来"。直到塔尔顿的骑兵到达 10 码以内，大陆军的部队才开火；英军攻破了叛军的防线。正当比福德的部队想要示意投降时，塔尔顿的坐骑却中弹身亡。双方迅速重新开始了战斗。正如一位美国参与者在几十年后所写的那样："尽管美方通过旗语提出谈判，但英国士兵因美国人的持续开火而怒不可遏，最终做出了毫无底线的报复行为。"一位叛军医生补充道："所有人被降服后的 15 分钟内，英军检查大陆军伤亡情况，他们用刺刀刺向每一个还有生命迹象的人；在某些情况下，有几个人倒在另一个人身上，这些恶人就用刺刀把最上面的死者挑开以查看被压在下面的人有没有死绝。”[23]

关于塔尔顿是否已经明确纵容甚至下令实施暴行的争论随之而起。很明显，名副其实的屠杀确实发生了。在大约 420 名大陆军中，有 113 人死亡，150 人受伤；而在塔尔顿自己规模更小的一支英军队伍中，伤亡率大概只是对方的十分之一。美军这样不成比例的损失很大程度上是由于骑兵部队突破了步兵的防线造成的，加之战场上的混乱及英国和保皇派士兵想要为塔尔顿复仇的心理。尽管如此，曾赞扬英军“在这一次战争

这幅塔尔顿的版画是根据乔舒亚·雷诺兹爵士的巨幅油画创作而成，当时即将于 1782 年在伦敦皇家艺术学院的年度展览上展出。同时还附上了一篇刊登在同年春天出版的《威斯敏斯特杂志》上的高度赞扬这位军官的文章。

*Lt. Col. Tarleton, engraving in The Westminster Magazine* (March 1782). The New York Public Library.

中的活跃和热情”的英国军官、早期的独立战争历史学家查尔斯·斯特德曼也承认：“人类的美德完全被遗忘了。”虽然这次战争可能不是历史传说中的大规模暴行，但爱国者们很快将其称为比福德大屠杀。他们的新战斗口号“塔尔顿血债血偿”阐明，如果正义得不到伸张，未来会引发更多的复仇暴行。[24]

塔尔顿因放任其部队胡作非为而臭名昭著。几张图片就足以反映概况：在查尔斯顿 20 英里外的蒙克斯科纳附近的一个种植园里，英国军团抢劫、殴打并强奸了几名妇女。当塔尔顿没能抓获或杀死声名卓著的爱国者游击队领导人弗朗西斯·马里恩时，康沃利斯写道，由于“他威胁的恐怖和惩罚的残酷”，这个军团在其撤退路上势必会弄得 30 个种植园狼烟四起。据说塔尔顿曾对一个名叫玛丽·凯莉·理查森的女人施以鞭刑，因为她拒绝透露马里恩的下落，塔尔顿还将玛丽已故的爱国者丈夫理查德·理查森将军的尸体挖出来，摆在了她和孩子们面前。人们说，塔尔顿的保皇派军队“比英军中任何一个部队实施的暴行都多”。这位上校以“血腥塔尔顿”和“屠夫”闻名于世，他的第二个绰号跟英国军事史上乔治三世的叔叔坎伯兰公爵同名，坎伯兰公爵于 1746 年在苏格兰高地获得了这一称号。尽管贝勒大屠杀特别恐怖，但英国正规部队中像查尔斯·格雷这样的长官不止一个。南方战争中出现了一群好斗的、不受规则约束的军官，他们领导美国的保皇派与其同胞作战，在当地民众之间造成了永久的隔阂。目睹或经历这些暴行，强化了美国人对其革命斗争的理解：与一个堕落的、暴虐的帝国进行暴力对抗，就要不惜一切代价将其打败。[25]

在比福德大屠杀之后，克林顿于 1780 年 6 月初回到纽约之前，强化了英国对白人叛军的政策。所有假释的民兵现在都必须宣誓效忠国王：通过强迫他们采取明确的立场，王室实质上是在取消他们的假释。如果一名叛军民兵被抓获并被发现之前曾与英国人一起服役，那么他将被处死。毫无疑问，康沃利斯的思想是“在内战中，不允许有中立者，以及立场不清的人”，这些人都必须被解除武装。叛乱分子逃往北卡罗来纳和弗吉尼亚时，许多人都带着他们的奴隶。其他先前不活跃或表面上中立的人被赶入了叛军的怀抱。在 8 月的卡姆登，康沃利斯在兵力处于弱势的情况下击败了霍拉肖·盖茨上将的部队，取得了一次至关重要的胜利：大陆军和北卡罗来纳民兵中大约有250人死亡，另有800人受伤被俘。此战之后，康沃利斯将这些政策付诸实践，下令处决数名叛乱分子。[26]

康沃利斯的一些下属军官，如第 63 步兵营的詹姆斯·维姆斯少校，明确他们的主要任务就是摧毁南卡罗来纳中部和偏远地区的种植园。那年 9 月，在威逼叛军屈服的过程中，詹姆斯·维姆斯少校的下属焚烧了几十座房屋和种植园。有一名叛乱者的妻子拒绝透露丈夫的下落，詹姆斯·维姆斯少校的下属们把她和她的孩子们锁在房子里，然后放火烧了房子。这个家庭最终逃过一劫，但他们的猪和鸡被这些人烧成了灰烬。有关另一个英国军官的故事也在流传。这名英国军官相信其部下宁愿克服杀人之前的犹豫，也不愿戒掉酒瘾：每抓获一名俘虏，他的部下就要损失两个月的朗姆酒配给。英国军队的这种行为，加上克林顿逼迫美国人选边站队的做法，刺激了南卡罗来纳的反抗力量。[27]

保皇派民兵的行为也是如此，美国民兵组织在南方的战争尤为激烈。不管是爱国者还是保皇派的民兵，都比正规军队更容易实施暴行。在边境冲突和印第安人战争的背景下，他们专在夜间和黎明以打了就跑的袭击战术来打仗，同时也擅长争夺粮食之战。由于中央监管有限，他们的军官经常轮岗，这种官民混搭的双重身份削弱了他们的团体意识，导致等级控制力或同伴约束力大为减弱。[28]

1780 年 5 月，在英国人占领了查尔斯顿之后，康沃利斯任命帕特里克·弗格森上尉为佐治亚和卡罗来纳民兵组织的英国巡视员。弗格森沿着一条与塔尔顿完全不同的道路来到美国南方。作为一位苏格兰小贵族的儿子，弗格森在 14 岁时加入了英国军队，并于 1768 年在第 70 步兵队买了个官职。当塔尔顿在牛津和伦敦享乐的时候，弗格森在多巴哥岛帮助镇压了加勒比人的一场大叛乱，他的哥哥是那里的州长。自从他的右臂于 1777 年在布兰迪万战役中受到了永久性创伤后，叛军开始称弗格森为“独臂恶魔”。1780 年，刚刚接管南方民兵组织的弗格森用了一个夏天的时间将约 4 000 名保皇派组建成 7 个营，并领导他们执行了多次具有争议的行动。[29]

同年 10 月 1 日，弗格森颁布了一项宣言，号召南卡罗来纳北部的本地人参与到英军中：

野蛮人在年迈的父亲面前杀死他手无寸铁的儿子，后来又砍掉了他的手臂，并以令人震惊的残忍和违法行为，给出了证明他们胆大和缺乏纪律的最佳证据。如果你不希望被络绎不绝的野蛮人所袭击，如果你不想被囚禁，被抢劫，被谋杀，并且在接下来的 4 天内，目睹你的妻子和女儿被人渣所虐待，如果你是个希望或值得活下去的男人，那就马上拿起武器到营地去。野蛮人已经越过了一座座山……如果你甘愿一直被一群混血杂种欺负，那么请马上让你的女人离开你去找个真正的男人来保护她吧！

爱国者们近来确实袭击了一些手无寸铁的保皇派，“屠杀了两个年轻人”，并伤害了两个老人。但是，弗格森的民兵组织也在西部的卡罗来纳地区留下了悲惨的印迹：烧毁的房屋，被屠宰的牛，以及悬挂在树上的卖国贼。这一宣言几乎没有扩充他的保皇派队伍。[30]

弗格森和他的 1 100 名士兵现在已经和康沃利斯领导的英国军队失去了联系。10 月 7 日，弗格森在南卡罗来纳的国王山阻击敌人，在那里他的 900 名保皇派（另外 200 人外出巡逻）即将面对大约 1 700 名爱国者步枪手。双方行军数周后，保皇派已经连续两天没有任何供给了。爱国者当中，来自诺利恰克和瓦陶加河上游山谷的猎人、农民和工匠们，也忍受着长达 36 小时饥乏交困的煎熬。在弗吉尼亚州的爱国者民兵中，至少有 4 名自由黑人，其中包括前奴隶伊什梅尔·泰特斯，他被释放来代替主人的儿子服役，后来又和一个奴隶重新应征入伍。弗格森将成为这场战争中规模最大、最具影响力的全美国人战役的唯一英国参与者。

在国王山，弗格森选择了东北端一个光秃秃的高原作为战场。这就允许攻击者能最大限度地发挥他们的印第安式战斗的效力，还能迫使抵御者形成欧洲式的条形队列。攻击方分成4队把山包围了起来。为了分辨敌友，爱国者们在帽子上粘着纸片，而保皇派则在帽子上挂着松枝。17岁的爱国者詹姆斯·P.科林斯参与了这次袭击："那时我们很快就要行动，每个人都往嘴里塞四五颗子弹，防止口渴，也便于快速装弹。敌人的子弹很快就像冰雹似的从我们头上飞过。"科林斯和他的战友们穿过一棵又一棵树，"很快就试图爬上这座山，但是被猛烈的攻击逼回到了原点"。最终，爱国者们逼迫敌人进入了东北角一块更小的战地，在那里，弗格森的人被自己的马车、帐篷和队形限制住了。当保皇派最初试图投降时，弗格森砍下了他们的白旗。当他骑上一匹白马时，几名狙击手把他击倒，一枚大口径子弹击中了他的脸，其余子弹从他身子下面击穿了他的躯干。弗格森的脚被卡在马镫上，受惊的马驮着他的尸体又走了好几分钟。[31]

弗格森的副手亚伯拉罕·德·佩斯特很快就亮出了休战的旗帜。"但当爱国者们重新开火后，我们的军队认为对方不会轻易放过我们，便重新应战。一场可怕的浩劫发生了。"随着保皇派不断请求投降，最终，爱国者军官们不得不用剑将自己人手中的步枪击落，以阻止屠杀。在混战中，大多数士兵几乎不知道自己的部队是哪个，更不了解整体的战斗情况。然而，报复心理在这时也起了作用。即使是在保皇派投降后，一些爱国者仍然继续开火，因为他们都听闻，"比福德战败后，英军也依然不管对方的恳求继续开火"。[32]

战斗结束后的当晚出现了一幕残忍的场面："受伤的人在山上呻吟，乞求施舍点水喝；但是，爱国者正处在匆忙、混乱、疲惫中，保皇派的哀号并没有人在意。一位受伤的保皇派恳求他的爱国者小舅子帮他，但被冷酷地拒绝了。一位救治了大约200名伤员的医生，整晚都在工作，用破布治疗枪伤，还用一名军医的简陋工具给伤员截肢。第二天，爱国者詹姆斯·科林斯目睹了当地保皇派的家人发现他们的“丈夫、父亲和兄弟，有的躺在尸体堆里死去，有的受了重伤或奄奄一息”。戈弗斯家族有5个儿子，3个保皇派，2个爱国者；其中有4人死在了国王山上。布兰登一家有6人参与了这场战斗；保皇派的父亲被杀害，而乔塞亚·布兰登和另外4名爱国者活了下来。乔塞亚那天代表保皇派参加战斗，但后来很快就转投了爱国者民兵。[33]

胜利者们检查了弗格森弹痕累累的身体，检验他们的枪法是否精准。然后，他们脱下他的战服作为纪念品，并根据当地的传统在其尸体上撒尿。后来，爱国者们允许保皇派用牛皮包裹尸体将其埋葬。双方都匆忙地把他们的死人埋起来，用圆木、树皮和几块石头草草掩埋，尸体很快就成了觅食动物的食物。流浪的狼群被这些尸体引来，这让当地人晚上都不敢冒险外出。该地区有一半的狗得了狂犬病而不得不被杀掉。人们甚至拒绝吃肥猪，因为那些肥猪曾“聚集在埋葬死者的地方，狼吞虎咽地吃人的尸体”。[34]

第二天爱国者们开始向北行进。由于囚犯几乎和守卫一样多，爱国者的领袖们开始担心战俘的安全。威廉·坎贝尔上校命令所有军官“制止屠杀和骚扰囚犯的混乱行为”。但在10月14日，爱国者的领袖们主导了一场被保皇派不屑一顾地称为“模拟法庭”的审讯，对保皇派在战争中趁机烧杀抢掠的罪行逐一进行审判，并将其中一名保皇派驱离军队。安布罗斯·米尔斯上校被指控煽动切罗基人在南卡罗来纳边境发动战争。在大约36名被审判的保皇派中，有30名被判处死刑，爱国者们在一棵树上草草地吊死了其中9个，接着决定对其他人缓期执行，然后继续前行，以免英国军队发动突然袭击。米尔斯上校的妻子在丈夫行刑前与其告别；当时有人看见她和她年轻的孩子在她丈夫的尸体旁守了整整一个雨夜。一个保皇派的丈夫刚死在山上的寡妇，和一个年老的农场工人一起，把山上剩下的尸体埋到了一条浅沟里。[35]

英国军官抱怨这场战役后屠杀的人数超过了战斗伤亡人数。康沃利斯将军告诫说："对弗格森少校手下被俘虏的人施加的酷刑对人类来说是令人震惊的；可怜的老米尔斯上校，他是一个公正无私的敌人，对他实施绞刑简直就是最野蛮的行径。"但后来华盛顿和他的下属指挥官例行公事般地强调英军"违反国家法令"，在南部战区犯有反人道主义的罪行；康沃利斯对国王山谋杀案的抗议显然没有得到美国官方的回应。[36]

在国王山，保皇派遭受了整个战争中最严重的失败。65 分钟内，157 名保皇派被杀，163 人受重伤无法动弹，600 多人被俘。爱国者部队只有 29 人死亡，62 人受伤。这场战役消耗了英国驻扎该地的三分之一的战斗力。康沃利斯不得不改变往北卡罗来纳前进的战略，他本希望在那儿动员保皇派，但现在只能带领他的军队在南卡罗来纳的温斯波洛度过冬天。亚历山大·莱斯利少将领导下的英军之前一直在弗吉尼亚破坏叛军的供给，此时被命令加入康沃利斯的队伍。与此同时，革命者中士气高涨。弗朗西斯·马里恩和托马斯·萨姆特等党派领袖加大了游击战争的力度，而保皇派对继续支持英国则感到很气馁。正如一名英国军官看到的那样，残酷的失败"终结了我方武装力量的部署，重振了敌方的士气，增加了叛军的数量"。然而，尽管英国的美国化战略遭到了挫折，南方的内战仍在继续。[37]

华盛顿在南部的新人选是纳撒内尔·格林上将。1780 年秋天，大陆军总司令在查尔斯顿和卡姆登接连折损两支军队之后，决定让格林上将掌管另外一支南方军队。来自罗得岛的这位身材敦实、相貌英俊的贵格会教友是一位天才的战略家，华盛顿长期以来一直视他为潜在的接班人。爱国者在国王山取得的胜利为他们赢得了喘息的机会，格林借此重组军队。他发现随着爱国者和保皇派"像猛兽一样残忍无情地彼此追逐，每一个地区都充满了谋杀和破坏"。双方似乎都倾向于毁灭对方，格林担心，除非“那些私人屠杀”结束，否则“这个国家的人口将会越来越少……到那时，无论是爱国者还是保皇派，都无法存活于世”。他在小河边的营地里给妻子凯瑟琳写信，沮丧地感慨：“亲爱的，你不知道南方的战争有多么恐怖。在这里，凶杀案就像北方的小纠纷一样频繁。”[38]

爱国者和保皇派都认为南方的战争非常暴力，但可想而知，双方都在竭力指控对方。本杰明·克利夫兰上校（绰号“斗牛犬”）是最臭名昭著的叛军将领，他在亚德金县对保皇派进行恐吓。当弗格森在国王山战役之前发布的宣言中提到叛军“在年迈的父亲面前杀死他手无寸铁的儿子，后来又砍掉了他的手臂”时，指的就是一件与“斗牛犬”相关的糗事。在另一个事件中，克利夫兰的属下们从监狱中劫走了两名保皇派，其中一人站在“一根圆木上，脖子上套着绞索，绳子的末端被挂在树枝上系牢，接着脚下的圆木被踢倒”。克利夫兰给了第二个保皇派一个选择：他要么被绞死，要么割掉自己的耳朵。那人拿起一把刀，割掉了自己的耳朵，然后就被释放了。[39]

保皇派在施暴的同时也被施以暴行。托马斯·布朗是曾经实施过暴行的保皇派，1775 年在南卡罗来纳州成为一名深受爱国者折磨的受害者，其间他失去了几个脚趾。后来，布朗目睹了奥古斯塔附近一两个甚至 30 多名反叛分子的绞刑，还有 4 人被印第安人斩首。另一位南方保皇派领袖威廉·坎宁安，即“血腥比尔”，因将生病的反叛者从病床上拖下来杀死而臭名昭著。一位历史学家讲述了一个骇人的故事。一群保皇派经过一个爱国者的家，“找到了他怀孕的妻子，用刺刀刺死她，剖开了她的胸膛，并用她自己的血在墙上写道：‘绝不允许你生下一个反叛者。’”[40]

这种美国人虐待美国人的残酷行为自然会对那些施暴者、目击者及受害者产生影响。有些人似乎已经习惯了内战的“野蛮暴怒”。摩西·霍尔在老年时回顾了那些暴行如何使他变得麻木不仁。1781 年 2 月，21 岁的霍尔在亨利·李领导的大陆骑兵团服役。一支由约翰·派尔医生领导的保皇派队伍当时正穿过北卡罗来纳，向这支大陆骑兵团靠近，把他们的绿色制服误认作塔尔顿的保皇派队伍。当发现真相后，一段短暂但猛烈的火光在两者之间爆发。大约 90 ～ 100 名保皇派被杀，其他人都逃跑了。很显然，爱国者无人死亡。这一事件被称为“派尔的大屠杀”。[41]

在回忆中，霍尔着重讲述了在战斗后 6 名保皇派囚犯被谋杀的事件。起初，霍尔对那个“给我留下深刻印象的场景”感到震惊而且颇为反感。“我被一些同伴请去看一些囚犯。我们去的那个地方，有 6 个囚犯站在一起。突然有人喊道：‘记住比福德。’——塔尔顿在沃克斯华大肆屠杀了比福德上校的部队。”

> 囚犯们立刻被大刀砍成几块。起初我在现场没有任何情绪，但回想了一会儿后，我觉得自己之前从来没有见过这样的惨状，然后我回到住处，把毯子裹在身上，思索着战争的残酷，被一种莫名令人痛苦的忧郁搞得悲恸欲绝，直到第二天早上我们的部队在月光下开始行军，我才得以解脱。

但是，霍尔在最近被塔尔顿抛弃的营地附近有了一个令人毛骨悚然的发现：“在行进的路上，我发现道路的左边有一个类似人的东西躺在地上。接近他后，发现他是一个 16 岁左右的少年，出于好奇来到英军驻地。英军担心他会给我们的部队提供情报，用刺刀贯穿了他，把他留在那里等死。他虽能说话，但已受了致命伤。”目睹了对这个少年毫无人性的谋杀，不仅使霍尔相信美国人惯于自相残杀，更使他对敌方的野蛮行径麻木不仁。“看到这个无辜的小男孩，在行军中，他宁愿被杀也不愿被威胁恐吓……”霍尔总结道，“这让我从屠杀保皇派的痛苦中缓解了很多，而且让我渴望能有机会参与毁灭他们的行动。”对于因首次接触到战争而感到“麻木”的人，为了应对战争的残酷，他不得不放弃感性（形容这一时期特有的男子气概），恢复一种阳刚之气，这让他习惯了暴力，在报复中成长。[42]

美国人对报复的渴望削弱了英国安抚南方各州的能力。当格林的大陆部队和非正规军横扫南部地区时，基本上避免了与英国军队的激战，转而采取一种消耗战的策略。渐渐地，格林把英国人从大多数地区驱逐了出去，除了查尔斯顿和萨凡纳之间的一条狭长地带。当与敌人在更大规模的战斗中交手时，革命者表现得很好。1781 年年初，在考朋兹战役中，丹尼尔·摩根领导的大陆部队、地方部队和爱国者民兵组织，对塔尔顿的英国正规军和保皇派造成了沉重打击：伤亡人数达康沃利斯军队的六分之一。获胜的摩根骄傲地向格林将军报告说，尽管这应该是塔尔顿经历的"最残忍的战争，但没有一个人在投降后被杀死、受伤甚至被侮辱"。遗憾的是，英国人则忽视了许多之前的"人道教育"，摩根担心"他们已经无可救药"。1781 年 3 月，他们在吉尔福德法院的战斗中取得了胜利，而英军的伤亡人数远远超过了战败的革命者，像这样付出惨痛代价的胜利使得南部英军人数进一步减少。在这段时间里，反叛者对英国供应线和通信线发动的消耗战也取得了成效。英国军官发现越来越难以说服当地的信使向康沃利斯传递信息，因为据说叛军对保皇派逮到一个杀一个。事实上，"恐惧或恐吓"驱使以前忠诚的国民们转而向叛军臣服。[43]

#### 哈利的头颅

尽管将这场战争美国化的战略似乎收到了相反的效果，但英帝国在美国的前景并非完全黯淡。有迹象表明，不仅是美国人民，他们的法国盟友也厌倦了这场战争，而 1779—1780 年，冬天异常寒冷，纽约的水道被冻结了 5 周，费城特拉华的水道被冻结了近乎 11 周之久。冬天过后，半饥半饱的大陆军处于"工资拖欠和条件简陋"的境地，大家"普遍不满"。尽管南卡罗来纳逐渐脱离了康沃利斯的控制，但康沃利斯发现，保皇派对英军的支持比他预想的"还要消极"。1781 年的春天和夏天，他发起了一场联合行动，试图切断叛军供应源头——弗吉尼亚。历史学家安德鲁·奥肖内西评论道，康沃利斯更大的目标是“占领弗吉尼亚以推翻政府，建立一个保皇派的民兵组织来控制民众”。[44]

冲突一开始，诺福克就遭到了破坏，弗吉尼亚这个面积最大、人口最多的州一直在避免战争，直到英国转向南方。这时，弗吉尼亚多次成为英军和保皇派攻击的目标。1779 年中期，沿海的掠夺者摧毁了大量的烟草、盐渍猪肉、海军商店，以及 100 多艘军舰和商船，并抢走了 1 500 名奴隶、数千匹马和数千头牛。1780 年年末，当这位叛国的前爱国者将军本尼迪克特·阿诺德率领一支 1 600 人的突击部队进入弗吉尼亚州时，格林将军看到他的供给线被严重破坏。无论白人还是黑人，保皇派如果被叛军赶上，将会有严重的危险。一个自由的黑人谢德拉克·弗曼为阿诺德的军队提供了住处和补给。叛军烧毁了弗曼的房子和庄稼，并折磨他以获取情报；弗曼的忠义使他双目失明而且成了瘸子，背上伤痕累累。[45]

1781 年年初，英国的士兵和保皇派私掠船在弗吉尼亚的河流和海岸线上执行着卑鄙的焦土策略。他们烧毁了仓库、杂志、造船厂、军舰和商船，以及私人财产。正如约翰·冯·埃瓦尔德所言：“可怕的事情发生了……教堂和圣地被洗劫一空。”整个过程中混杂着伤害和侮辱，英国军队抓捕了大量奴隶，成千上万的人都向着自己的军队奔逃。在这段时间内，所属奴隶叛逃的众多种植园主中就有乔治·华盛顿和托马斯·杰斐逊。纳撒尼尔·利特尔顿·萨维奇列表统计当年春天英国军队给他造成的破坏和重大损失达 583 英镑。此外，还有 10 000 道围栏被焚毁，马和牲畜被抓走，烟草和谷物也被毁坏，各种物品被洗劫一空，其中包括“100 册最优秀作家”的作品，萨维奇最昂贵的物品——“一名非常值钱的黑人”也被军官抓走了。[46]

同年 5 月，康沃利斯率军穿越罗阿诺克，与阿诺德在彼得堡会合，并在约克镇和詹姆斯河流域发动突袭，夺取马匹，以重建一支有效的骑兵。奴隶们现在正沿着波多马克和拉帕汉诺克河叛逃。到了 6 月份，康沃利斯从里士满经过威廉斯堡和詹姆斯敦，前往约克镇的小烟草港。追逐英军的美国军队中一名康涅狄格士兵乔赛亚·阿特金斯发现，这场战争对英国军队的黑人追随者造成了重大伤亡："行军中，我已经看到有 18 或 20 个黑人死在路边，天花使其身体化脓腐烂。这些可怜人，没人照顾他们，许多人爬进灌木丛中，在那里躺着死去，令人难以忍受的恶臭和危险的病菌感染着周围的空气。"[47]

革命政府现在正努力征募厌战的弗吉尼亚人参加军队和民兵服务。有一些到了服役年龄的爱国者会找自由或被奴役的黑人来代替自己服兵役。然而，尽管在土地、现金、奴隶等方面有明显的激励措施，弗吉尼亚人却广泛而且频繁地逃避兵役，即便是在英国入侵他们的国家，或者在他们的居住地受到影响的时候。历史学家加里·B. 纳什解释说，种植园主会优先保护私人财产而不是争取独立。只要能保留住自己的动产，他们要么和自己的奴隶一起远离英军，要么宣誓效忠国王。正如纳什所写："独立的思想有其局限性。"[48]

克林顿上将预测到法美联军可能会来攻打纽约，于是继续留在这里防守。当他意识到真正的威胁是针对弗吉尼亚的康沃利斯率领的军队时，克林顿竭力试图把华盛顿引回北方。他命令部队在康涅狄格海岸猛烈攻击：新伦敦被焚毁，格里沃尔德堡在 9 月下旬遭到袭击，这引发了屠杀驻军的指控。作为回应，国会委员会建议美国采取报复行动：将英国沿海城镇"化为灰烬"，处决英国囚犯，并将抓捕到的参与焚烧美国城镇行动中的所有士兵"立即处以火刑"。但华盛顿不为所动，而是决定继续向南行进 400 英里。[49]

康沃利斯在 9 月初才得知，法国和美国军队正慢慢靠近他所在的约克镇；直到 23 日，他才察觉到法国舰队的规模。尽管如此，他坚信克林顿的援军将在 10 月 5 日之前到达他那里。但到那时，一支法国舰队已迫使皇家海军离开切萨皮克湾。一支由 16 000 人组成的联军和海军部队现在已经完全包围了康沃利斯。这正是自法国三年前参战以来，英国指挥官们一直担心的情景：法国海军与美国陆军联合，将一支英军主力围困在沿海驻地。英军曾两次从类似的陷阱中逃脱出来：1778 年在罗得岛的纽波特，1779 年在萨凡纳。但在约克镇，康沃利斯率领的部队被围困，在近几个月的力量消耗后，军队数量大大减少，补给线被切断，没有援军支援。他们不得不屠宰运输辎重的马匹，约克河上很快浮起了一具具马尸。[50]

天花也开始侵袭英军的营地。为了防止疾病进一步传播和保护稀缺资源，康沃利斯驱逐了黑人士兵、劳工和洗衣女工。一名爱国者军官看到："在这种情况下，很多人饥饿无助，求我们看在上帝的分上杀死他们，因为他们遭受着巨大的痛苦和折磨。"其他爱国者则高呼生物战，认为英国人是故意在敌人和平民之间传播天花。这种指责对他们来说是很有道理的。1777 年，英国军官罗伯特·唐金在一篇关于军事科学的论文中提出："把箭泡在有天花的东西里，然后用其射击美国叛军，以便给他们接种；这将比任何其他强制措施更快地遣散这些顽固、无知、狂热的野蛮人。他们对这种疾病充满了恐惧。"唐金的书出版了，其目的是为了给"1775 年 4 月 19 日在康科德执行巡逻任务时被残忍屠杀的英勇战士"的孩子和遗孀们募集慈善基金。在现存的论文副本中，除了两份以外，其余都删除了第 190 页的脚注中关于实施细菌战的建议。[51]

唐金的建议从未被付诸实施，但 1781 年 7 月，莱斯利少将在写给位于弗吉尼亚州朴次茅斯的康沃利斯的信中提到："有 700 多名得了天花的黑人来到了约克河流域。我将把他们遣送到反叛者的种植园去。"他这样做了。三个月后，当康沃利斯从约克镇驱逐受感染的黑人时，许多爱国者都认为类似的事情又要发生了。[52]

很显然，康沃利斯的这一决策不过是垂死挣扎。1781 年 10 月 17 日，经过 20 天的围攻，包括连续 9 天、来自 100 多门大炮的炮火进攻，他的防线崩溃，弹药消耗殆尽，手下数百名士兵已经被杀，康沃利斯要求谈判；两天后，他的部队投降了。这是自英国在萨拉托加战败后第 4 年，也是克林顿承诺的援军从纽约出发的前两天。

跟往常一样，在约克镇最受打击的是黑人。一位当地的律师圣乔治·塔克在日记中写道："大量黑人以最悲惨的方式死去。"据估计，康沃利斯在朴次茅斯和约克镇招募了 4 000 ~ 5 000 名黑人，可能仅有 2 000 人幸免于天花、斑疹伤寒和外伤。其中大约一半的人被重新奴役，一些士兵成了奴隶主雇佣的赏金猎人，将他们抓捕回去。杰斐逊收回了他的五六个奴隶；华盛顿找回了两个年轻的黑人妇女，但其他十几个从弗农山出逃的奴隶却未能找回。他们是设法逃走为自己创造新生活的数百人中的一员，希望像北方的自由黑人一样，建立社区，继续追求自己的政治利益。但即使是为国效命也不足以保证自由。在约克镇与大陆军士兵一起服役的奴隶中有詹姆斯·阿米斯特德，他是一名黑人间谍，从英国军营向美国人传递了重要情报。当他入伍的时候，并没有得到自由的承诺，也没有得到自由。直到 1786 年，阿米斯特德的前指挥官拉斐特侯爵才说服弗吉尼亚州立法机关给他自由。[53]

约克镇的投降条件允许康沃利斯的加急文件部队和他挑选的军官自由搭乘英国皇家海军舰艇博内塔号前往纽约。尽管华盛顿怀疑逃跑的奴隶们藏在船上，但他遵守诺言，没有检查这艘船。的确，船上有一群像托马斯·约翰逊一样的黑人。托马斯·约翰逊是一名自由的黑人，从查尔斯顿到约克镇，他一直担任塔尔顿的向导。华盛顿的官员们曾仔细地询问过约翰逊是否被交出来了：他们认为他与塔尔顿的合作使他臭名昭著。但正如历史学家克里斯托弗·L. 布朗所指出的，尽管英国"解放黑人是为了赢得一场战争，而不是促进解放"，但在革命战争之后，他们至少向"一些黑人保皇派"提供了保护，也算是为履行承诺做了一些努力。如果英国人没有用博内塔号军舰偷运出约翰逊、他的妻子玛格丽特和他们的孩子们，约翰逊肯定会被处死。相反，他和他的家人经过新斯科舍去往英国，他们的行踪最后是在伦敦，并于 1787 年接受过救助黑人穷人委员会的救济。[54]

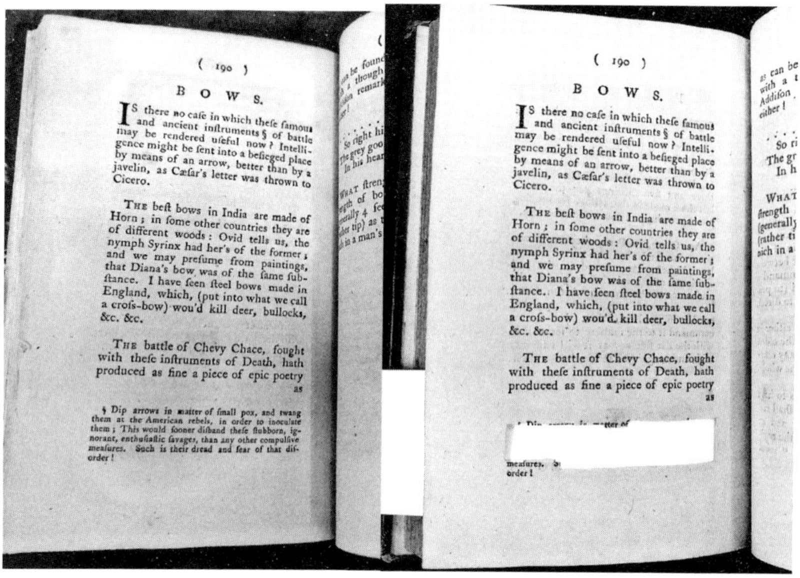
( 190 )

BOWS.

IS there no case in which these famous and ancient instruments § of battle may be rendered useful now? Intelligence might be sent into a besieged place by means of an arrow, better than by a javelin, as Cæsar's letter was thrown to Cicero.

The best bows in India are made of Horn; in some other countries they are of different woods: Ovid tells us, the nymph Syrinx had her's of the former; and we may presume from paintings, that Diana's bow was of the same substance. I have seen steel bows made in England, which, (put into what we call a cross-bow) wou'd kill deer, bullocks, &c. &c.

The battle of Chevy Chace, fought with these instruments of Death, hath produced as fine a piece of epic poetry as

§ Dip arrows in matter of small pox, and twang them at the American rebels, in order to inoculate them; This would sooner disband these stubborn, ignorant, enthusiastic savages, than any other compulsive measures. Such is their dread and fear of that disorder!

《军事收藏和评论》 作者：罗伯特·唐金。两个副本第 190 页的排版和标题都一样，只是脚注在一个副本中被保留，而在另一个副本中被整齐地裁掉。
Robert Donkin, *Military Collections and Remarks* (New York, 1777), pp. 189–190. Rare Book Collection. New York Public Library. Astor, Lenox, Tilden Foundations.

一些白人保皇派卖掉了自己的奴隶，或者释放了他们，有时是为了在被流放之前从奴隶那里换取些报酬；其他的则带着奴隶前行。战争结束时，当英国人撤离他们最后的美国据点时，大约有 15 000 名黑人作为奴隶离开了美国，另外还有 9 000 人是自由的保皇派。彼得·安德森曾是邓莫尔的埃塞俄比亚兵团的成员，他曾被抓捕并判处死刑，但设法逃到了英军驻地，后来去了萨凡纳和查尔斯顿，最后留下妻子和孩子们去了英格兰。塞缪尔·伯克在 1780 年因伤被疏散后，在伦敦卖纸花。和他在一起的是他的妻子，一个叫汉娜的自由黑人妇女。乔治一家、波士顿·金和哈里·华盛顿是第一批由英国出资撤退到新斯科舍的黑人，大卫·乔治在那里创建了第一个浸礼会教堂；他们后来在塞拉利昂建立了自由黑人殖民地，那里的街道以塔尔顿和豪的名字命名。[55]

塔尔顿可能被塞拉利昂的人们铭记于心，他在参加英国议会竞选时也曾炫耀自己在战争中受伤，但在美国，他早已失去了荣誉。当美国和法国军官宴请其他英国军官时，就像欧洲军队里绅士派头的兄弟会一样，塔尔顿被冷落了。塔尔顿在英国向欧洲大陆投降的仪式上，向法国军队投降。法国人答应对他所担心的暗杀给予保护，但让·巴普蒂斯·杜纳坦·德·维缪尔，即罗尚博伯爵表示反对，咆哮着说："塔尔顿上校作为军官没有任何优点，只有每个士兵都有的勇气。他只是个屠夫和野蛮人。"由于反叛的美国殖民地的军官表现出和他们的法国盟友一样的欧洲式礼仪，塔尔顿粗野的行为使他不受待见。[56]

1781 年秋天，当大约 7 000 名英国和德国士兵在约克镇被囚禁时，英国和大陆军队之间的主要战斗活动基本结束了。由于认识到财政和人力的局限性，议会中人数过半的主战派逐渐被削弱，并最终开始意识到他们一直高估了保皇派的支持力度。英国政府不会向北美派遣任何新部队，相反，他们采取了一种以防御为主的姿态来维持目前的战力：纽约城拥有 15 000 多名士兵，在南部的查尔斯顿、萨凡纳、佩诺斯考特和圣奥古斯丁，总共有大约 10 000 名普通士兵；他们还继续控制着在加拿大的阵地和五大湖的边境要塞。华盛顿强烈要求美法联军袭击英国在纽约和查尔斯顿的据点，但法国重新聚焦于其更广泛的地缘战略利益，特别是在加勒比海地区和印度，因此提出反对。[57]

英国的全球战争仍在继续。1781 年，英国军队在印度击败了 3 支迈索尔军队。在 1780 年 12 月英国对荷兰共和国宣战，1781 年，英国在印度占领了荷兰的所有贸易据点，并在巴东和苏门答腊占领了荷兰驻地。第二年，英国军队在西非和锡兰（斯里兰卡）的一个基地占领了荷兰的贸易据点，但在其他地方却遭遇了法国和西班牙的挫折。因此，1782 年 4 月，当英国皇家海军在圣泰斯战役中战胜法国时，这场胜利不仅保护了英国的加勒比海珍宝牙买加，也极大地鼓舞了国家士气。[58]

1782年3月，即便议会投票支持和平，而且由罗金汉侯爵二世领导的新政府取代了诺斯勋爵的统治，此时的英国海军和陆地部队仍继续维护着大英帝国在几个大陆和海域上的利益。在美洲殖民地（英国仍继续这样称呼它们），这场冲突在约克镇战役后还将持续一年多时间。特别是在南方，邻居之间的仇恨根深蒂固，非正规部队和私掠船的内战继续进行。1781年年末，利用黑人传播天花的亚历山大·莱斯利少将组建了一支黑人骑兵部队。他们专门负责搜寻、抓捕逃兵及看守没收的叛乱分子的财物，也会参与小规模的战斗。不管他们执行的任务是什么，英国人都认为，黑人骑兵会在白人叛军中散布恐惧，特别是一些由黑人军官领导的部队。正如一名英国官员向杰曼报告的那样，叛军承认他们“痛恨我们的黑人骑兵所犯下的暴行，黑人野蛮的天性使他们有了武器的装备后就更凶猛了”。[59]

当莱斯利的黑人骑兵在南方白人的心中制造恐惧时，像弗朗西斯·马里恩这样的叛军游击队领导者以及他们由白人和黑人组成的部队仍在继续恐吓逃跑的奴隶。有一个叫作哈里的黑人，以前曾是查尔斯顿一名保皇派的奴隶，现在却在为英国高级军官从事间谍活动。有一天他正准备搜集反叛军的情报，马里恩的手下抓住并杀害了他。叛军砍下了他的头颅，并将其挂在格陵兰沼泽地附近的一处木桩上。这种可怕的方式标志着一种对仍效忠于国王的逃亡奴隶的威慑。[60]

英国的战略家们谋划并实施了这次战略南移，但事实证明，他们没法使美国化战略所释放出的暴力朝着有利于自己的方向发展。塔尔顿英军，以及民兵和其他非正规部队所犯下的暴行，使他们在提醒民众继续斗争的同时也遭到了厌战民众的疏远。事实证明，保皇派们若不在受到英军直接保护的地区就很难保持忠诚；因为他们预料到自己的邻居以后会对他们的行为很愤怒，这削弱了保皇派们的热情。在南方的战争证明了战争守则非常重要："如果一场战争的暴力手段妨害了它的政治目的，这场战争就会取得相反的效果。"保皇派的报复行为削弱了英国安抚和推动南部和解的能力。[61]

至于依靠南方黑人，在最后的分析中，历史学家一致认为，克林顿的解放宣言也起到了相反的作用。尽管许多反叛方的奴隶主选择发誓效忠以保有自己的财产，但这些措施都是权宜之计，而且大多是暂时的；总的来说，英国对叛军奴隶的战略解放并没有使白人叛军士气低落，也没有把他们吓得屈服，反而增强了他们的抵抗力。尽管英国军队确实扰乱了南方的劳工制度，但它最终保护了种植园经济，并帮助它阻止了奴隶起义。[62]

对于努力寻求个人自由和抵制奴隶制度的黑人来说，战争带来了新的机遇，但也带来了新的危险。那些被暴露在战争危险中的种植园奴隶和那些为战争双方作战的奴隶，都经历了种族压迫和战争相互强化的双重暴力。对数千人来说，这种组合是致命的。当时，英国利用了更多白人保皇派和黑人，并没有达到其预期的目标，但这确实使南方的党派和种族主义战争变得特别激烈。如果说对哈里这样的前奴隶而言，和平来得太晚的话，那么身处部分北方战区的人们甚至在约克镇的英军投降后还经历了战争的余波。

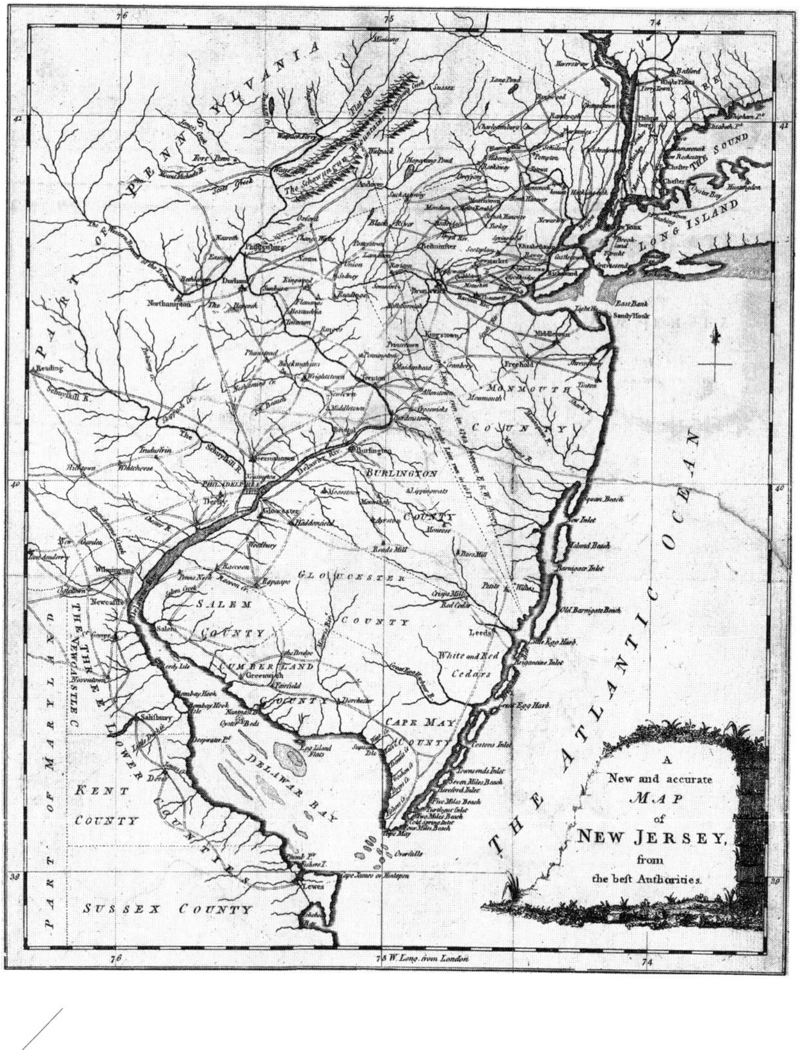


一张全新、精准的新泽西地图，来自最好的权威机构。

*A New and accurate map of New Jersey, from the best Authorities, from The universal magazine of knowledge and pleasure* [London, June 1780]. 32 x 72 cm. Library of Congress.

Chapter 11
第十一章
# 以命抵命

下午 4 点，死去爱国者的邻居将他从用栅栏做的临时绞刑架上解下来。邻居们在他的外衣口袋里发现了他的遗书，那天早上，他站在那个现在早被踢翻的面粉桶上，套索已经绕在他的脖子上。保皇派行刑者将一个布告牌系在他胸前：

流亡同胞们被残忍杀害，而且这样的恶行始终不会停止，遥遥无期的悲伤将继续笼罩在我们心头。

因此我们决定不再忍受，而是复仇，向敌人罄竹难书的暴行复仇。

在你们眼前的赫迪上尉，头一个被开刀。让我们前赴后继，以命抵命，哪怕只有一个流亡者活着。

**赫迪偿还菲利普·怀特一命。**

当地的一个裁缝后来描述，透过窗户看到一组全副武装的人押着一名囚犯，还有一旁临时搭建的绞刑架。他们的头领跟站在桶上的囚犯握了下手；然后一个“黑人”踢掉囚犯脚下的桶。最早一篇关于绞刑的报道把愤怒归于一个“黑人、保皇派和英国人组成的混合体”，美国爱国者简直难以想象，世上还有如此亵渎神灵的三位一体的现代野蛮人。[1]

1782年4月12日，乔舒亚·赫迪在新泽西的海兰兹海滩被处死，由此引发的事件是美国激烈内战的象征：康沃利斯的军队在约克镇投降之后，美国人继续卷入到英国占领地纽约周围的暴力冲突中。连续数月，这个案子引发了一系列法律诉讼，引起国会委员会的忧虑，随着英美媒体的介入，甚至可能引发国际干预。它也将考验冲突双方领导人的道德标准。乔治·华盛顿将军、亨利·克林顿爵士以及克林顿的继任者盖伊·卡尔顿爵士在巨大的政治压力下将继续努力支持战争法，但他们每个人都在追随自己的良知与决心为自己国家在世界上的荣誉而奋战这两者之间寻求一致。[2]

在北方战争中，有组织的武装保皇派蓄意处决一名被俘虏的爱国者是一个例外。但这件事之所以声名狼藉，其实是因为它似乎暗示了后期阶段的战争行为。英美和平谈判专家之间的试探性会谈在巴黎正式举行，而此时距离约克镇处决赫迪已有6个月之久。又过了半年双方才达成了预备条款，数月后国王在美国下达了停战指令。与此同时，7年旷日持久的内战激发了许多美国人复仇的渴望。的确，本质上说，这个多层次事件，无论是属于私刑处决、法律案件，还是国会悬念、家庭闹剧，抑或是国际事务，其本质都是共同围绕着同态复仇法[1]，这种报复法根植于古代应报正义，也是18世纪战争守则的一部分。战争各方认为，只要报复在进攻类型和程度上与犯罪相匹配，反对违反战争法规行为的报复性暴力就是阻止进一步使用非法武力的合法手段，也是规范战争的必要因素。然而，各方都认识到，实际上同态复仇法可能会进一步提升某个战争区域的暴力层级，特别是在涉及非正规部队的情况下。

保皇派为报同胞之仇而杀害一名爱国者，这一事件也可能让美国两派在内战结束后就如何对待彼此产生了分歧。赫迪事件发生在英美巴黎和谈前不久，英美双方也都担心这会影响到他们微妙的外交谈判：爱国

1 lex talionis，源出《汉谟拉比法典》，意为剜去一只眼睛以示惩罚，即“以眼还眼”。

者乔舒亚·赫迪被处决一事引起了三国领导人的回应，这显然与个人和国家有很大的利害关系。[3]

围绕着被英国人控制的纽约城，在纽约、新泽西、康涅狄格这些地方，自 1776 年以来，武装爱国者和保皇派的冲突一直在持续，几乎没受更大范围内此消彼长的英美战争的影响；约克镇的投降对当地内战和南方游击战的影响并不大。1781 年，国王扩大了武装保皇派在北方战区的活动范围。小群武装爱国者和保皇派很快加入到了席卷新泽西大部分地区的游击战中，正如军事历史学家约翰·夏伊所描述的那样：这是一场充斥着突袭、闯入、掠夺、绑架和逮捕的“肮脏小战争”。在新泽西受影响最大的地区是蒙茅斯郡，它的海岸线从桑迪胡克延伸到利特埃格港。战争前夕，那里估计有 10 000 名白人和 1 400 名黑奴，种族间的紧张气氛在加剧。大多数冲突都是由保皇派流亡者从英国占领的纽约和桑迪胡克半岛的基地对蒙茅斯郡发动袭击，而爱国者则骚扰留下来的保皇派。自

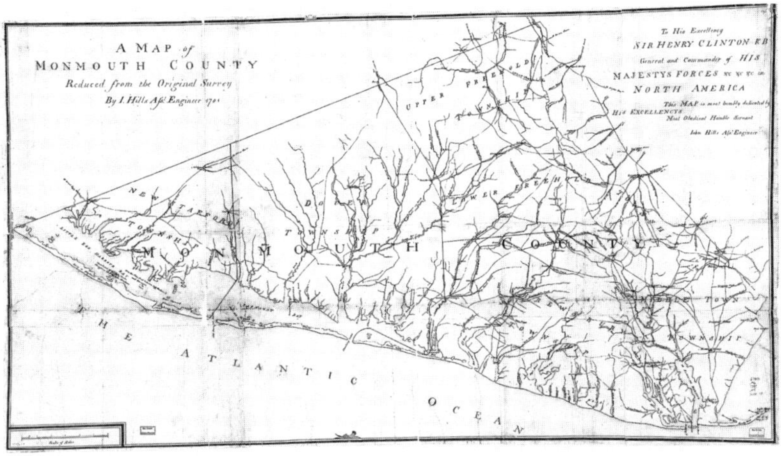


蒙茅斯郡地图　作者：本杰明·摩根和安东尼·丹尼斯。

Benjamin Morgan and Anthony Dennis, *A Map of Monmouth County, Reduced from the Original Survey by John Hills, Asst. Engineer* [1781]. Pen-and-ink and watercolor, 73 x 134 cm. Library of Congress.

1778年起，蒙茅斯郡也成了前非洲奴隶后裔提图斯·科尼利厄斯的游击队行动的目标。1775年，提图斯从什鲁斯伯里的贵格派主人那里逃跑。他那时22岁，“不是非常黑，大约6英尺高”。提图斯在弗吉尼亚的邓莫尔爵士的黑人军队服役，并在骇人的天花瘟疫中幸存了下来，而那场天花至少夺去了1 000个黑人的生命。1778年中，提图斯在新泽西再次露面，此时他被尊称为泰伊上校，并在蒙茅斯战役中英勇作战。[4]

在接下来的一年里，泰伊上校带领着逃亡的黑奴和白人保皇派抢劫突袭，经常针对奴隶们的前主人。1780年，蒙茅斯郡的爱国者们成立了复仇联盟作为回应。他们声称此举是面对保皇派威胁时的自我保护，认为这是正当的报复性暴力。他们以《圣经》为座右铭：“以眼还眼，以牙还牙。”每当保皇派暴力事件在该郡发生，这个复仇联盟会选择恰当的目标进行报复。这些报复者不断要求新泽西议会将他们合法化。州政府拒绝这么做，因为他们认为这个非法组织采取了恐怖主义的方式。尽管政府刻意疏远这一组织，但也没有对其严加控制。[5]

1780年年底，纽约的保皇派流亡者联合起来对抗复仇联盟。他们对英国未能保护保皇派免遭爱国者暴力复仇感到沮丧，于是想要扰乱叛乱者的贸易，骚扰沿海地区，发动突袭抓捕领头的爱国者并从中获益。主持保皇派联合会的正是本杰明·富兰克林的儿子威廉，但他与本杰明关系疏远，是个坚定的保皇派分子。本杰明·富兰克林在自传里把他描述为“狂妄自负，野心勃勃，还刚愎自用，睚眦必报，甚至是一意孤行，但同时也聪明伶俐，勤奋好学，魅力十足”。威廉·富兰克林曾是新泽西的皇家总督（1762—1776年），也曾作为爱国者最著名的囚犯，被关押长达两年之久，直到1778年秋天被交换出狱。1780年，他在纽约成为保皇派突袭美军控制的康涅狄格、罗得岛和新泽西等地的最直接倡导者，并反对由克林顿将军推行的保守政策。在伦敦国务大臣杰曼的支持下，威廉·富兰克林一方占了上风，毫无疑问，就在保皇派联合会发动第一次突袭时，新泽西混乱的小规模战争的暴力程度已进一步升级。[6]

1781年10月，康沃利斯将军的部队在约克镇向法美联军投降，他同意做出让步，这让全美的武装保皇派感到羞辱和恐惧。投降条约第10条对英国军队和保皇派士兵有所区分，英军被认为是战俘，而美国爱国者可能会把保皇派士兵看作叛国的公民，他们将在民事诉讼中受到惩处。威廉·富兰克林在写给英国国务大臣杰曼的信中说："保皇派前途堪忧，并不比流亡的奴隶重新回到主人身边好到哪里去，这一现状也让他们担忧不已。"对于爱国者来说，保皇派军队跟篡夺政府的反叛者没什么两样。但对英国王室来说，以这种方式暴露保皇派，说得好听是忘恩负义，说得不好听就是过失犯罪。纽约的保皇派担心自己也许会被抛弃。富兰克林则从克林顿那里得到再次保证：未来任何投降条款都会把保皇派和英国俘虏放在同等位置。克林顿同意这一条款，但他却拒绝了富兰克林的另外一个要求——后者威胁如果爱国者战俘受到英方虐待，那关押在美方监狱里的保皇派也会遭到报复。尽管在整个战争中率领英国最大的一支部队投降，但康沃利斯回到英国后发现自己的声誉基本完好无损。而他遭受的最犀利的抨击便是未能在签订投降条约的时候争取保皇派的安全。[7]

## 公正

当地民众安葬赫迪后不久，数百名蒙茅斯郡的居民就向华盛顿将军请愿要求为赫迪遭受的"可怕的、极不公平的谋杀"报仇。但令民众愤怒的是那些流亡者，也就是保皇派联合会的人，他们颁发了一项新的复仇政策"以命抵命"，所以为了给被谋杀的保皇派成员菲利普·怀特报仇，而残忍杀害了爱国者游击队首领乔舒亚·赫迪。根据附在爱国者请愿书上的证词，怀特已经被安排好住处，但他在赫迪被捕的6天后却试图逃跑；他的死或许是令人遗憾的，但也符合战争法。然而在保皇派看来，他们坚持杀害怀特的人完全是出于个人复仇的目的——怀特曾领着一个保皇派分子袭击了杀人犯的家，并杀害了他的家人。[8]

对爱国者而言，对赫迪的复仇之杀并没有经过法律程序，是“极端野蛮的”。他们认为，克林顿将军最终应对这种野蛮行为负责。自然法和国家法都表明，只有报复才能阻止这种行为在未来继续发生，这些爱国者引用1778年10月的国会宣言，并认为这也符合同态复仇的古老法则。

华盛顿两次提到了蒙茅斯请愿。第一次是向国会建议采取报复行动的时候，第二次是要求他的英国同僚克林顿为史无前例、惨绝人寰的谋杀寻求公正，这样的谋杀简直让“文明人”这一字眼蒙上了耻辱的面纱。华盛顿刚对英国友好表明，英国也许仍被认为是一个文明的民族，对他们感到这样愤怒是不当的，然后又威胁克林顿：“为了救无辜的人，我要求判罪。”如果英国人不交出理查德·利平科特上尉（此人涉嫌监督赫迪的处决），或者其他可以对赫迪之死负责的人，华盛顿将以其他方式为被谋杀的爱国者寻求正义。[9]

克林顿一定知道自己在处理一个非常敏感的问题；他已经将这个案子提交给了一个军事调查委员会，以便在行动中给他提供适当的建议。虽然他请华盛顿放心，保证杀害赫迪的凶手一定会被绳之以法，但克林顿反感美国人对他提出指责的语气和意味：“英国政府的温和态度并不代表承认这些残暴行为和暴力手段。”正如他说的那样：“我的手从未沾染过无辜者的血。”他要华盛顿相信，他没有下令实施任何残暴行为。[10]

克林顿认为华盛顿威胁可能对某一个英军保皇派实施报复，这不仅在道德上应受谴责，而且在结果上也会适得其反。克林顿警告说：“为了防止犯罪，不去镇压，反而滥杀无辜，将会导致野蛮行径的出现并令其愈演愈烈。”双方应该致力于阻止非法杀戮继续进行，而不是致使暴力层级螺旋式上升。但是这儿有一个不同寻常的微妙情况：旨在帮助管制暴力的同态复仇，本身就是争论的对象。任何一方都有可能挣脱道德的枷锁，实施更为残酷的报复。[11]

虽然克林顿拒绝向美国人交出利平科特上尉，但是他同意让利平科特因赫迪谋杀案接受军法审判。届时军事法庭将变成一个论坛，保皇派和王室会表达他们对地区内战以及日益占据主导地位的报复法的不同观点。该司法程序原定于5月初开始，但由于司法争议不得不推迟。英军将领盖伊·卡尔顿爵士抵达纽约接替克林顿担任总司令，他下令对司法正当性重新进行检视。卡尔顿的主要任务是执行英国的新政府议程，即结束战争，赫迪－利平科特案在一个最糟糕的时刻提交到了他的办公桌上。与此同时，这一事件开始在美国媒体上广泛传播，许多报纸都刊登了关于赫迪尸体上的布告、蒙茅斯民众请愿书和指挥官信件摘录的相关内容。一时间，有人猜测英国最终可能交出利平科特来满足华盛顿的要求。[12]

在战争的后期阶段，双方首席指挥官都专注于同态复仇，并想要探索其在现实中的真实意味。他们向威廉·利文斯通解释了自己的立场，但威廉自己所统治的州也正处于内战的水深火热之中。华盛顿领悟到了互惠的深刻含义：既然他要求英国交出犯下战争罪行的嫌疑人，那么他也同样不会包庇违反战争法的美国士兵。而对卡尔顿来说，到底是私人抑或是公众报复情绪引起了暴力的升级都无关紧要。相反，他希望把重点放在结束暴力和报复的恶性循环上，这种循环将给所有人带来耻辱。[13]

卡尔顿将军最终于6月中旬开始军事法庭的审判。理查德·利平科特上尉被指控预谋杀害了乔舒亚·赫迪："赫迪本是保皇派联合会的战俘，却被硬生生地吊死了。"确实存在很多疑点：4月9日，保皇派联合会将赫迪的监管移交给利平科特。随后，利平科特将赫迪从纽约市长手中带出并将他转移到英国警卫船不列颠号上；4月12日，他出现在赫迪的行刑现场。对于这次起诉，部队的代理法官、负责制定英国军事法庭标准的斯蒂芬·佩恩·埃迪认为，联合会为了交换保皇派囚犯，已释放了赫迪和另外两名囚犯给利平科特。相反，利平科特从一开始就计划用赫迪的死去报复爱国者对保皇派的残暴行径。他被怨恨所驱使，没有联合会的命令就行动了，而且他确实指挥了这次处决：赫迪本是保皇派联合会的战俘，却被硬生生地吊死了。换句话说，确实是利平科特谋杀了赫迪。[14]

虽然事先已雇用了法律顾问，但被告还是亲自做了辩护。利平科特的开场白是作为保皇派的一员，他做出了巨大的牺牲。军事法庭由 14 名军官组成，包括 8 名资深的保皇派。被告在法庭上陈述道，一股爱国者谋杀浪潮激起了保皇派的肆意报复，而保皇派声称是为了阻止肆无忌惮的暴力事件。被俘的保皇派，甚至包括他的朋友，并没有根据战争法律被当作战俘对待，而是“被叛军当作篡夺政府的叛乱者审判，其他人则被残忍冷血地处决”，甚至没有任何法律程序的幌子。保皇派恳求英国保护他们免遭此类暴行的伤害，却吃了个闭门羹。一些人对反叛者进行了报复，有助于缓和保皇派的怒气。换句话说，同态复仇起了作用。处死赫迪的动机不是私人报复情绪，相反，是一种恰当报复的公共政策。之前，蒙茅斯郡的几名保皇派被处死，赫迪是一个合适的报复对象。[15]

利平科特的法律案件自始至终都只建立在间接证据的基础上，他声称是听从董事会的口头命令才执行了赫迪的死刑。他认为这些命令是合法的，而且他必须服从富兰克林领导的上级官员，因此他采取了合理的行动，那就是执行死刑。为了支持他的论点，利平科特拿出了一段由法务官威廉·坎宁安主持的谈话记录，坎宁安记录如下：利平科特声称他是在富兰克林授意下行动的，他同时也与富兰克林谈及“打算在赫迪胸口挂上标牌”。在法庭上，支持利平科特的目击者做证说，他们听富兰克林说，或他们听说富兰克林说过，赫迪必须被处以绞刑，以免保皇派全部被绞刑处死。[16]

因为缺乏书面命令，没有任何一方能够证实这些口头命令，利平科特不能宣誓做证，富兰克林也不会宣誓做证。法庭面临一个严重的证据问题。另外，还有神秘纸条的问题，很明显其内容是赫迪胸前的告牌。利平科特声称已经向调查委员会做了展示，但是没有出庭证人表明看到过这一纸条。利平科特在其最后陈词中提醒法庭："我的几个朋友和邻居，以及我的众多同胞，在一项共同的事业中，通过各种亲情和兴趣团结在一起，为反抗野蛮做出了牺牲。"这是明显的修辞方法，利平科特这位饱受痛苦的保皇派，把爱国者针对保皇派的残酷指控转化了一下。[17]



## 报复

1782年5月3日，利平科特军事法庭在纽约开启的同一天，华盛顿启动了应急计划，以防英方未能为赫迪伸张正义。他命令位于宾夕法尼亚兰开斯特俘虏营的指挥官摩西·黑曾将军选择一个英国上尉处以绞刑，以此为赫迪报仇。华盛顿的具体要求是一个所谓无条件的囚犯，也就是说，一个在战场上被捕获，也不受任何投降条款保护的囚犯，而那些在约克镇同意投降的人就不能被处决。很显然，黑曾无法找到这样一个人，华盛顿下令以一个有条件的囚犯来代替。5月27日，黑曾集中了13位英国上尉，他们和康沃利斯的军队一起在约克镇投降。这些人觉得自己在战争法下的权利受到了侵犯，拒绝抽签，迫使爱国者替他们抽签。两个帽子和两套纸条：一个有13个名字；一个有12张空白纸条，外加一张写着"不幸"。一些报道说黑曾叫了街上一个小男孩来抽签。

那张可怕的纸直到只剩下两个名字时才出现，那个不幸的人是查尔斯·阿斯吉尔。黑曾良心上似乎受到困扰，他这样描述这次抽签的倒霉鬼："查尔斯·阿斯吉尔警卫是一位17岁的年轻绅士（他实际上刚满20岁），性情平和，家财万贯，与英国王室及军方渊源甚深。"阿斯吉尔亲自写信给华盛顿，抗议他们违反了约克镇投降条约第14条的行为，这一条款保护他不受报复，且在该条约中，"誓约是国家的荣誉和信仰"。[18]

阿斯吉尔是前伦敦市长的儿子，也是一名男爵继承人，他于1778年

《阿斯吉尔上尉像》 约翰·菲尔丁出版。
John Fielding (publ.), Captain *Asgill* (London, 1786). Engraving, from John Andrews, *History of the war with America, France, Spain, and Holland: commencing in 1775 and ending in 1783, 4* vols (London, 1785–6), iv: 416. Library of Congress.

进入部队，当时年仅 16 岁，是英国第 1 步兵卫队的少尉。1781 年，他作为中尉被派往美国。在约克镇，他和英国部队几乎是立刻被俘虏。华盛顿看到阿斯吉尔被选出后，未免对这一决策的法律程序和道德含义产生了怀疑。华盛顿坦言选择这个年轻军官让他“非常痛苦”，他补充道：“阿斯吉尔所遭受的不幸命运深深地影响了我。”尽管根据战争法，华盛顿应该实施报复，但他仍希望阿斯吉尔的生命能以某种方法被挽救。“高贵的人性为这不幸的牺牲流下了眼泪。”他写道。但他继续说，英国领导人可以通过确保“遇害的赫迪上尉的灵魂得到安抚”来保护阿斯吉尔。同时，华盛顿想把阿斯吉尔转移到莫里斯敦附近的军营，在那里，情况允许的话，他将得到“极尽温柔的关注和礼貌的对待”。[19]

军事法庭对利平科特的审判仍在进行中，爱国者出版机构公开出版了托马斯·潘恩的《危机》系列专题。在一封写给卡尔顿的正式信函中，潘恩谴责了赫迪被谋杀一事，认为“这和所有国家的做法相反，只有野蛮人会这样做”。想想看，他写道，美洲土著人也有一些“惩罚的礼仪”。纯粹为了取乐，把犯人绑起来，这比印第安人做的事还要野蛮。这一事件表明英国将领彻底丧失了讨论“英国式荣誉、英国式慷慨和英国式仁慈”的权利；现如今的确“没有比英国更卑鄙或更残暴的敌人了”。为了寻开心而处决一个受保护的囚犯是“文明野蛮人历史上的原始行为，也只有英国人会这么做”。除非卡尔顿把利平科特交出来，否则卡尔顿自己将成为“处死阿斯吉尔的刽子手，就好像亲自把绳子套在了他的脖子上”。更为广泛的教训是英国需要把邪恶好战的保皇派精灵抓回潘多拉魔盒中。潘恩责骂英国雇佣美国保皇派扮演狩猎野兽的角色。卡尔顿的前任将他们训练成“像猎犬一样，只要闻到血腥味就会凶残地肆意掠杀”。卡尔顿的职责现在是明确的:“交出凶手，保全你的军官，这是痛改前非的第一步。”[20]

6 月 22 日，军事法庭做出了裁决。虽然法庭谴责了处死赫迪这一非法行为，但也为利平科特开脱，认为他的行为不能被证明是恶意的。我们永远不能确定联合会是否给了利平科特明确的口头命令来处死赫迪。但是威廉·富兰克林作为联合会主席，其所作所为被指有罪。威廉·富兰克林在赫迪被处以绞刑后的第一反应是在给克林顿的信中证明判处死刑的合理性。他认为，这起屠杀并不令人惊讶；事实上，这是一种公正的自保行为，尤其是因为英国人不愿意或不能够充分保护保皇派免受爱国者的报复。威廉·富兰克林随后提醒克林顿，在过去几年里，爱国者杀害了数名阔绰的保皇派，其中乔舒亚·赫迪本人就在过去几年绞死了一个或多个出身于良好家庭的人。[21]

然而，在利平科特被无罪释放后，威廉·富兰克林试图从这件事中解脱出来。8 月，他写了一封长信给克林顿的继任者卡尔顿，声称在利平科特到联合会前，他没有对任何处决发出书面或口头命令，也从没有授权这样做，即便他曾明确表示，根据他的判断，只有报复才能抑制反叛分子的暴力，制止谋杀。至于利平科特那张神秘的纸条，威廉·富兰克林只读了一两行就被一个高级同僚阻止，然后就将纸条立刻递交出去了。威廉·富兰克林承认，纸条的开头部分让他怀疑，其中包含一种报复性的威胁，他本应该读完，但是他没有这样做，这一事实已由其他联合会成员的宣誓书所证实。最终，威廉·富兰克林拒绝承担任何责任，自我流放到英国。随着利平科特被无罪释放，以及威廉·富兰克林远走他乡，那些为赫迪寻求正义的人不得不另觅良方。[22]

英国公众直到 6 月才知道赫迪被处决的消息。伦敦的报纸《公众广告报》重印了一个月前一封来自纽约的信件节选，“让公众不要听从那些暗示：在战争法下，赫迪被保皇派处死不能容忍”。这封信措辞严厉，保皇派支持者有意涂抹改动了华盛顿给克林顿的信，在信中华盛顿要求为赫迪谋杀案进行公正审判。华盛顿的信是为了让“在美国和英国的叛国的教唆犯”能够为一种合法的报复措施提供解释，否则赫迪的死刑就是“野蛮的谋杀”。一旦各方意见都被听取，伦敦的报纸认为，叛军领袖的书信将必然显得“残暴和不正当”，保皇派的敌人不能再“毁坏他们的名誉”。7 月中旬，英国的报纸已经报道了赫迪被处死的事件，重印了联合会和克林顿之间以及华盛顿和克林顿之间的通信，也报道了起诉利平科特的进展和选择阿斯吉尔为报复对象等相关内容。[23]

因此，英国的读者意识到，英国和美国的指挥官做出了高度承诺，阻止和惩罚任何有违战争法的行为，正如华盛顿所说的那样，他们确实在运用“仁慈和人性”。他们也看到各方都坚持自己对战争法的解读，以及应该如何在特定的环境中应用这些法律。保皇派和那些为他们说话的人坚持认为，英国是想让敌人遵守他们的人道行为承诺；寻求对暴力进行补偿是一种失败，被认为是“失策、不人道和犯罪”。评论员们绞尽脑汁地研究报复法及其在美国战争中的意义。“格劳秀斯”是一位匿名作家，他的这一笔名是近代欧洲著名法学家的名字。他认为，报复的时代早已过去，既然美国独立是既成事实，那么“我们引入这个可怕的过程就是非常失策的，也是极不恰当的”。英国可能“无法在报复后不收到10倍的复仇”。这将让指挥官陷入两难境地：他们将负责保护服务于英国军队的保皇派，因为他们也知道华盛顿理论上能够处决任何一个他抓住的武装保皇派。[24]

英国读者可能没有意识到的是，政府担心的事态在多大程度会危及争取和平的努力。罗金汉侯爵在当选首相的几个月后突然去世，1782年7月初谢尔比伯爵就任首相，他写了一封标注“秘密”的信给在美国的卡尔顿将军，表达他希望“在新泽西处决这名不幸的美国军官不会成为和解的障碍”。这是一场牺牲了无数鲜活的生命、耗费了巨资的战争，那些急于结束它的人敏锐地意识到，具体的经历和对暴力的看法将持续影响参与者如何理解这场冲突。[25]

在8月和9月的几周时间里，潘恩的《危机》一文也在英国的报纸上广为流传。关于此案截然不同的报道也都竞相出现在报刊上，这些报道大多征用了美国的多种信息源，甚至还有从爱尔兰和荷兰港口接收的小道消息。一组报道称，6月中旬利平科特已经被移交给美国人处决。其他版本是利平科特仍在等待军事法庭审判。另一份报纸称，他被判犯有谋杀罪，审讯记录已经移交给国王。还有谣言说利平科特被无罪释放，阿斯吉尔因此处于危险之中。但是不止一家报纸相信华盛顿的“恻隐之心”不会让年轻军官受到任何伤害，而另一位作者希望国会包括他们的法国盟友干预此事，而不是冒着让“全人类痛恨”的风险袖手旁观。在法国，这个写作者观察到“所有来自北美港口的船只，被问的首要问题总是这个年轻人的命运”。之后，在 9 月末，《伦敦晚报》重印了美国外交大臣罗伯特·R. 利文斯通给荷兰小镇利登的一位绅士的信。这封信暗示了这次国会的确在行动：阿斯吉尔可能不得不成为替罪羊来偿还赫迪的死。国会曾多次威胁要报复英国的残暴行为，但“人性还是胜过了他们的决心”，赫迪的死最终打破了这种平衡。处决阿斯吉尔将是遏制“地球上最野蛮国家”的非法暴力的一个必要手段。[26]

利平科特的赦免预示着自 5 月以来悬在阿斯吉尔头上的达摩克利斯之剑随时可能落下。在 8 月末（延迟了两个月后），卡尔顿向华盛顿递交了军事法庭记录，并向他的对手保证，他已经下令进一步调查赫迪的谋杀案。联合会已经向总指挥授权关押和交换战俘。卡尔顿对新泽西内战暴力与反暴力的循环做了现实评估：“同样的复仇精神激励着新泽西人民和我们所指挥的难民，他们犯了同样的罪，理应受到惩罚，因为他们导致了最黑暗的邪恶和最致命的不幸。”他主张共同努力遏制过度暴力。同时，他警告华盛顿对战争法的错误解读：威胁报复而不给英国一个回应的机会，并且在军事法庭尚未裁决时逮捕一个受保护的战俘，这是不恰当的。[27]

然而，对于华盛顿来说，卡尔顿的缓和性措辞给了他一个一直在寻找的机会。他现在也许能够在不损害国家和自己荣誉的情况下挽救阿斯吉尔的生命了。考虑到卡尔顿的让步，在这一阶段处决阿斯吉尔将会威胁到美国来之不易的国际声誉，以及一向遵守战争法和克制使用暴力的形象。毕竟，卡尔顿否定了这个行动，并声称痛恨该行动，甚至不认可那些似乎影响了利平科特成为杀害赫迪刽子手的动机。他还坚决保证会进一步调查，这些都表明了他伸张正义的渴望。华盛顿急切要求国会加入到这一“重大国家事件”的决策中来，在他看来，这一问题太重要了，不能由他一个人来决定。同时，他断然否决了卡尔顿谴责他“过早从英国军官中挑选替罪者，缺乏人性”的言论。华盛顿坚持认为自己有权立即处决一名敌军军官并在事后再告知自己的英国对手。[28]

8 月底，国会了解到军事法庭的诉讼程序后，便对此做出回应。与此同时，阿斯吉尔被临时假释，并被允许在莫里斯敦附近的乡村兜风。前监狱长，也是新泽西州的代表伊莱亚斯·布迪诺特后来回忆起，在夏末秋初之交，他感觉国会里情绪高涨，大多数人仍然赞成处决阿斯吉尔。释放这个军官也许会被解读为软弱的表现。只有包括布迪诺特在内的一小部分人认为，卡尔顿承诺进行一场更加人道的战争，并进一步调查谋杀事件，应该能让国会改变决定。[29]

正当国会正在考虑是否不再拖延时，纽约的詹姆斯·杜安，布迪诺特的一个重要盟友，写了一封长信给华盛顿。杜安解释说，他认为报复行为是对非法暴力的回应，目的是“阻止人类血流成河，或镇压极端战争”，即使无辜的人被杀也是合理的。但考虑到英国最近的让步，他们承诺以克制的态度进行之后的战争，且因为他们普遍厌倦战争，现在已经不再坚持处决阿斯吉尔了。杜安认识到，一些人仍坚持为谋杀赫迪寻求正义；另一些人担心阿斯吉尔被释放，美国的“国家荣誉”可能遭受损害。但是对于杜安来说，美国的道德地位超过了所有其他考虑因素：美国必须结束战争，正如其一以贯之的行为，即接受“仁慈的宗教、文明的举止和真正的军事荣誉激励下的人道主义”。这是一个“使新生的共和国在优雅的文明国家中脱颖而出”“值得自由派赞助”“获得神意支持”的方法。[30]

审查军事法庭记录的委员会的大多数成员仍认为没有理由停下来。经他们建议，国会指示华盛顿延迟处决阿斯吉尔，以给英国最后一次机会交出利平科特。10 月下旬，在几天辩论后，少数派承认输掉了辩论，只要求国会把对这一重大事件进行最后的投票表决的时间推迟一晚。第二天（10 月 29 日）上午，正当国会即将决定阿斯吉尔命运时，快递员送来了一封来自乔治·华盛顿的信，信中还有两封来自欧洲的附件。用华盛顿的话说，这些信件饱含深情和悲伤，恳求让阿斯吉尔得以存活。布迪诺特写道，这些信像“电击”一样打击了国会。谋杀被怀疑，“国会首脑被审问，信件封皮、将军签名被要求重新检查”。当代表们核实了材料的真实性后，国会的想法已经不可逆转地改变了。[31]

## 伤感的爱国主义

当阿斯吉尔上尉的母亲特蕾莎·阿斯吉尔夫人第一次听说儿子的困境时，她显然已经恳求国王乔治三世出面调解。这位英国君主确实下令将利平科特移交给美国人，因为他的罪行“让英国蒙羞”。如果这是真的，那要么是皇家命令在传达过程中丢失了，要么是美国指挥官忽略了它。阿斯吉尔夫人接着转向美国的盟友，也是英国的死敌——法国，见到了外交大臣弗金斯伯爵本人。阿斯吉尔夫人陈述了她的情况：“我的儿子（独子），勇敢、和蔼可亲，值得人爱。他还只有 19 岁，按照约克镇投降条约，是一个囚犯，现在被囚禁在美国，成为被报复的对象！为什么要让一个无辜者替有罪者受苦？”阿斯吉尔夫人从一开始就把个人和公众联系起来，这个亲爱的、在战争法下被错误对待的独子呼应了华盛顿最初的要求：“为了救无辜的人，我要求判罪。”阿斯吉尔夫人要弗金斯想象她家的痛苦：“设身处地想一想，伯爵先生，在这种情况下一个家庭的处境，被痛苦包围，被恐惧和悲伤搅得心烦意乱。没有语言能表达我的感受，或描绘出这场景。”阿斯吉尔夫人的丈夫病得很重，所以这个消息没告诉他，以免害死他；“女儿被热病和精神错乱折磨着，大骂着自己的哥哥”。弗金斯会不会“动情……为她难以形容的痛苦辩护”，并要求华盛顿释放那个勇敢、善良、高贵的儿子？这位部长调停的声音像“来自天堂的声音”一样响亮，他的人性也会“为过错落泪，将之消融化解”。

阿斯吉尔夫人的信，充满了感伤主义的语言，“强调感情真实、直白和自然”。这种感伤主义语言从 18 世纪 60 年代在英国流行起来，并逐渐流传到法国。阿斯吉尔夫人的信给弗金斯留下了很深的印象，使得他将这个案子带至国王路易十六和王后玛丽·安托瓦妮特御前。在君王的鼓励下，弗金斯写了一封信给乔治·华盛顿，强调他写这封信“不是以国王的部长、朋友和美国盟友的身份（虽然他的陛下了解并同意了）”，而是“作为一个感性的人和一个爱子心切的温柔父亲”，代表一个母亲和哭泣的家庭来求情。弗金斯预感到华盛顿会像他一样，读到阿斯吉尔夫人的信“会被深深触动”：“我将信交给国王和王后，信件也触动了他们。善良的国王和王后希望不幸的母亲能够放心，她的焦虑能得到安抚。”弗金斯在个人和公众形象间来回切换，他继续以额外理由为调解辩护。首先，阿斯吉尔夫人在被她自己的国家否决后，向敌国（法国）呼吁人道主义。其次，法国在约克镇的军事支援使得阿斯吉尔成了美国的俘虏，所以法国应该对他的命运有一些发言权。换句话说，从道义情感和国家责任上，法国都有理由大声呼吁释放阿斯吉尔。[32]

布迪诺特说，一旦国会读了这三封信——单是阿斯吉尔夫人的信就“足以打动野蛮人的心”，国会即将下令释放阿斯吉尔一事也会很快水落石出。该案件于 11 月 7 日由全体机构投票通过委员会审议。同时，布迪诺特被选为国会新负责人。但还有一个问题没有得到解答：既然不再要求报复，为了保护美国的国家声誉，该决议是否应该援引法国的干预措施？是否会出现国会向法国君王俯首称臣的情况？他们是否应该援引卡尔顿最近的让步来解释他们的克制？最终，国会没有给出阿斯吉尔获释的具体原因。和平调解者之一约翰·亚当斯在法国听到这个消息后说道：“我觉得这十分美妙，因此不太在意究竟是什么原因才让阿斯吉尔得以释放。如果我们收到一个关于他的令人不愉快的说法，那么和平的乐趣将会被侵蚀。”国会的决议说明，今后大陆军队指挥官可以要求任何一方在实施过度暴力行为并违反了战争法后做出赔偿，否则就可对其进行报复。国会也指示华盛顿坚持要求卡尔顿兑现在 8 月中旬说要继续调查赫迪一事的承诺。然而，利平科特被无罪释放，而富兰克林在伦敦，卡尔顿随后便告诉华盛顿，他军队的法律部门没有其他人可以起诉。为了履行从战争到和平过渡的使命，卡尔顿重申了他的要求，参战国必须进行合作，防止此类暴行升级。[33]

11 月中旬，华盛顿在一封广为人知的信件中告知阿斯吉尔他将被释放，并向这位年轻的英国人保证，他自己从来没有任何“血腥的动机”。他的职责就是寻求公平并且阻止进一步的非法暴力：“这个重要结局没有让任何无辜者鲜血外溢，这是对我的莫大安慰，甚至超过对你的安慰。”11 月 30 日，英美和平谈判代表在巴黎签署了一份初步协定。由于释放阿斯吉尔的消息还没有传到欧洲，外交官们担心这个案子可能仍会影响最终协议的达成。[34]

在美国，阿斯吉尔夫人的慈母情感激发的反响远超出她儿子被释放。1782 年新年前夕，《宾州消息》上一位匿名作家将阿斯吉尔夫人的信与许多美国母亲的苦难联系起来，她们的儿子在英国囚船恶劣的条件下死去：

那几百个……温柔的美国母亲的情感一定也是这样，她们的儿子在风华正茂的年纪就在纽约囚船上悲惨死去。在夏天，他们忍受着酷暑，在冬天，他们遭受刺骨寒冷，赤身露体，饥肠辘辘，被害虫以及各种人类污秽所折磨，被热病和精神错乱所灼烧，直至最终被冰冷的死亡之手召唤。

这位作家总结道，在最后审判那天，那些死去的美国俘虏将会成为控诉英国人暴行的目击证人，而英国人还在继续用残暴对待囚犯。[35]

“一个美国人”在岁末年初发表了一封流传更广的书信。作者对阿斯吉尔夫人感同身受，强调“许多大西洋此岸的母亲、妻子和姐妹”都经历过类似的“痛苦的恐惧”。特别是南部各州，“到处都是寡妇、孤儿和失去孩子的母亲，都是由英国方面造成的”。作者讨论了艾萨克·海恩上校的具体案例，他被判处死刑，因为他曾经与英国人一起服役，但之后在他为美国人战斗时被抓获。查尔斯顿的女士们以“令人感动的理由”为海恩请愿。海恩的嫂子带着海恩的 4 个失去母亲的孩子，跪着乞求英国指挥官饶恕他一命——但无济于事。一个曾经勇敢仁慈的国家现在无情地处决了那些他们无法征服的人。相比之下，美国的统治者已经在一定程度上屈从于阿斯吉尔夫人的请求，许多人认为“国家的荣誉和品格”已经“为人类美好的情感做出了牺牲”。但是，正如国会证明的那样，美国爱国者能够，当然也应该是既有荣誉感又有感性的人。[36]

华盛顿在从军队退休后仍然受这件事困扰。1785 年和 1786 年，他听到伦敦有流言说阿斯吉尔在囚禁期间曾被残暴对待乃是由他主导的。这些故事实际上是没有事实根据的，但在 1782 年年末阿斯吉尔回到英国时开始流行。当时，伦敦报纸这样描述阿斯吉尔：“考虑到他在监牢里遭受到的痛苦，他的身体状况良好。他的腿因负重锁链仍肿胀着。他还遭到了看守警卫的殴打。他从窗户往外看，就能看到一个 80 英尺高的绞刑架，上面刻着铭文——处死阿斯吉尔上尉。”[37]

当那些指控重新浮出水面，华盛顿监督公布了他掌握的文件，以表明这一事件的确给他造成了道德困境。他想要解释并证明他是在敌人的侵略和当时战争法的背景下才选择这样行动的。也许最重要的是，他希望否认绞刑架的故事和其他残忍的指控，并证明在整个过程中，他一直关心他的俘虏，那位“幽默感性”的年轻绅士，是否被“温柔礼貌”地对待。[38]

战后，阿斯吉尔上尉和他的家人前往凡尔赛宫当面感谢法国国王和王后。阿斯吉尔家族再次证明了礼仪和情感纽带能够斩断欧洲帝国间传统的民族敌视。尽管伦敦社会仍在流传有关华盛顿残忍行为的谣言，但在巴黎，阿斯吉尔事件成了法国的一种文学时尚。法国人不仅出版了一本感伤小说，还出版了各种诗歌和剧本，这些作品对华盛顿为了公正对待赫迪和阿斯吉尔而身处的道德困境大加关注。虽然华盛顿不能用法文阅读让－路易斯·勒·巴贝尔的五幕剧《阿斯吉尔》，但这位退役的将军，也是终生戏剧爱好者，对法国剧作家为这部喜剧所做的努力曾当面表示感谢。[39]

赫迪事件模糊了私人情感和公共事务之间的界线。当双方领导人判断如何在互相残杀的非正规部队中适用同态复仇时，他们都面临着艰难的道德选择。对于华盛顿的长期助手亚历山大·汉密尔顿来说，美国的“民族性格”和华盛顿的人道主义声誉都受到了威胁。利平科特军事法庭审判仍在进行时，汉密尔顿就认为，报复无辜的阿斯吉尔上尉不再合理，特别是英国做出让步之后。屈服于报复的诱惑将违背“时代精神”，使美

根据《1783年条约》绘制的美国及相邻英法西三国领土的地图　作者：托马斯·基钦。

Thomas Kitchin, *Map of the United States in North America with the British, French and Spanish dominions adjoining, according to the Treaty of 1783* (London, 1783). Copper Engraving, 40 x 51 cm. Lawrence H. Slaughter Collection, The Lionel Pincus and Princess Firyal Map Division, The New York Public Library, Astor, Lenox and Tilden Foundations.

国丧失道德高地，成为一个“野蛮国家”，而就在此时美国特使正在巴黎与欧洲主要国家进行磋商。这将逆转这个年轻国家在多年的战斗中获得的来之不易的道德优势与道德辞令，恰恰是后者将美利坚合众国与老牌的帝国主义区别开来。英美两国和平谈判首次达成初步协定，之后在最终条约中，汉密尔顿又一次尖锐地批评了目光短浅、复仇心切的做法。只不过这一次，这位爱国战争英雄捍卫的是革命中的美国失败者。[40]

Chapter 12

第十二章

# 落魄而归

这一定是年轻的沃德·奇普曼人生中最伤感、最焦虑不安的旅程之一。并非因为这是他的第一次危险之旅。7 年前，在 1776 年的春天，当时的奇普曼 22 岁，是哈佛大学毕业的律师，家人和朋友都管他叫“奇普”。他从乡村逃到波士顿，然后和英国人一起从那儿撤离。考虑到他在海关担任文书法律官员，还是盖奇将军效忠演讲的起草人，以及他与著名保皇派，比如他的导师、马萨诸塞司法部长乔纳森·休厄尔的公开关系，奇普曼的决定没有让任何人感到惊讶。他把自己有限的财产转移给了母亲和 5 个兄弟姐妹，以免被叛军没收。[1]

流亡伦敦度过了沮丧的一年之后，奇普曼回到纽约，为占领纽约的英国军队服务，担任副总军令官。不久之后，他还成为一名私人律师。到 1782 年，他的年收入达到了可观的 500 英镑。但是，1783 年春传来消息说，美国于去年 11 月与英国在巴黎初步签订了一份和平条约，奇普曼以及美国成千上万保皇派的未来似乎都岌岌可危。

自 1782 年 4 月以来，英国和美国代表一直在巴黎进行和平谈判，对保皇派的处置是首先考虑的问题，却也是最后才解决的问题。美国独立被承认之后，渔业权利也得到承认，领土争端和边界问题都得到了解决。美国获得了 90 万平方英里的土地，相比之下，过去 13 个殖民地的面积只有 38.4 万平方英里。即便如此，保皇派的地位仍然是谈判的症结所在。他们因迫害和战争而失去的财产和收入的补偿问题也是如此。在美国的谈判代表中，本杰明·富兰克林是对保皇派采取宽大措施这一提议最强烈的反对者。富兰克林从未原谅过他那保皇派的儿子威廉。他要求对保皇派的任何赔偿都要与英属保皇派部队战时对美国造成的损害的赔偿挂起钩来，理由是法尔茅斯和诺福克等城镇被烧毁，并且援引英国盟军印第安人对男人、女人和孩子的屠杀为例证。纽约律师约翰·杰伊是富兰克林的联合谈判代表，他在战争期间与保皇派的家人和朋友一直保持联系。然而，杰伊现在也警告说，美国人宁愿再战斗半个世纪，也不愿意承认“自己如此不公，为屠夫提供食物”。[2]

最后，草拟的和平条款于 1782 年 11 月 30 日在巴黎签订，要求国会“下令”美国各州归还没收的、属于“真正的英国臣民”的财产。这是指那些美国对其忠诚度并未做要求的人，如前州长邓莫尔和特赖恩，还有那些当时居住在英国占领地区，但没有拿起武器对美国作战的人。其他战争流亡人士将被允许返回 12 个月，以便尽力追回财产。虽然各州可以自行决定是否遵守这些建议，但条约要求给予大赦，禁止进一步迫害和没收财产，并要求停止正在进行的起诉案件。条约裁定，美国人应该和平修复战时的分裂。[3]

在伦敦，诺斯勋爵以及他的手下对政府处理保皇派问题的方式进行了猛烈抨击。理查德·威尔布里厄姆·布特尔是一位国会的独立议员，他也认为这样对待保皇派是“可耻的”“极其丢脸的”：“这些民众被我们如此残忍地丢弃给他们的敌人……他们为我们而战，冒着生命危险帮助我们，现在该轮到我们来保护他们时，我们却狠心将他们抛弃。”1783 年 4 月，该条约，以及与法国和西班牙的相关协议，帮助推翻了新首相谢尔比的政府。谢尔比伯爵此前是反战派，自 1782 年 7 月以来一直担任政府首脑。从佛罗里达和多巴哥到塞内加尔和印度领土的割让是政府垮台的一部分原因，但对美国保皇派的背叛，尤其是不具约束力的条约条款，显然才是主要原因。[4]

英国政府明确地与对其效忠的美国保皇派断绝关系，讽刺漫画家们乃对此大做文章。漫画里描绘了英国人想象中的印第安人，名副其实，却又有象征意义。漫画实际上是把美国爱国者们想象成印第安人，他们屠戮、砍杀保皇派，剥去他们的头皮，还把他们残忍地绞死。

在漫画《谢尔比的牺牲》中，不列颠正把矛头对准了面带微笑的谢尔比。美洲印第安人对穿着考究的保皇派实施暴力攻击，这一幕把一位英国屠夫看得眼泪直流。在另一幅漫画《放任野蛮》中，印第安人绞死

《谢尔比的牺牲》(又名《被举荐的保皇派》) 设计故事者名叫“残忍”，画面雕刻者名叫“耻辱”。这幅画忠实地呈现了即将在美洲大陆上演的悲剧。
*Shelb—ns sacrifice / invented by Cruelty; engraved by Dishonor: Or the recommended Loyalists, a faithful representation of a tragedy shortly to be performed on the continent of America* (London, February 1783). Engraving. Library of Congress.

了几个保皇派，并威胁要把剩下的砍死，并剥下他们的头皮。

保皇派获悉了最初的条约，感觉自己被出卖了。但是，正如阿比盖尔·亚当斯写信给她的丈夫约翰·亚当斯（美国派驻巴黎的第三任谈判代表）时所正确预言的那样，即使是美国相对微弱的让步，“也会把对保皇派的仇恨激发到相当程度，如果他们冒险回到这里，将面临生命危险”。成千上万名保皇派可能会从临时流亡地返回故乡，寻求恢复财产，甚至竞选公职，这激起了他们的爱国者邻居的深切忧虑。约翰的堂兄弟扎布迪尔·亚当斯认为，英国人至少“需要承认自己的错误”：“我们即使做不到遗忘，至少是要做到宽恕。”与之相比，保皇派不可能获得原谅，更别说融入新国家了。10 年的残酷内战，美国人已经习惯了通过诉诸暴力来解决冲突，并对复仇充满渴望，这种渴望绝不是一纸条约就能

《放任野蛮》（又名《保皇派下场凄惨》）。
*The Savages Let Loose, or The Cruel Fate of the Loyalists* (London, March 1783). Etching, 28 x 38.8 cm (sheet). Library of Congress.

很快平息的。[5]

战争结束后，约有 6 万白人保皇派选择永久流亡，前途未卜；数十万选择留在或者返回家园的保皇派，则要做好准备，迎接命运的冲击。人们对保皇派怀恨在心，这一点保皇派心知肚明，往日的邻居不大可能会敞开怀抱欢迎他们。很快，战后返回故土还有战争期间留守家园的保皇派们就会发现，等待他们的，是法律的歧视，是自发或有组织的迫害，甚至是暴力的驱逐。可即便如此，最后还是有不少社区，如果不是欢迎的话，至少是重新接纳了保皇派。这种接纳背后的原因，有出于对经济实用之考量，有家人、邻居之间纽带之强韧，也有人性真切之宽容。

沃德·奇普曼最初似乎对和平条约的消息并没有感到不安。他计划在纽约继续当律师，保持低调。但很快，获胜的爱国者禁止了保皇派进入纽约律师界。像成千上万的保皇派一样，奇普曼现在权衡了自己的选择：他是应该留在美国，留在纽约或他的家乡马萨诸塞州，还是应该在流亡中开始新的生活，到英国，抑或是到英国的其他殖民地？奇普曼的朋友托马斯·阿斯顿·科芬是他的哈佛校友，同时也是一名保皇派。战争中的大部分时间里，科芬都在纽约和费城为英国人做事，最近他的职务是卡尔顿的秘书。他的两个兄弟也都在为英国军队效力。整个战争期间，他的父亲一直住在长岛，而他的母亲和姐妹则留在马萨诸塞州，试图保护家族财产不被没收。科芬一家人一直以通信的方式保持联系，但托马斯·阿斯顿·科芬自 1776 年以来就没有见过母亲和姐妹。到年底，英国人撤离纽约的时候，科芬像奇普曼一样，不得不决定何去何从。[6]

那年春天，最后 40 名左右的美国囚犯从纽约城的泽西号囚船上被释放出来，还有最后两名来自普罗沃斯特监狱的囚犯（这两名平民都被控犯有叛国罪）。在泽西号囚船的幸存者中，有威廉·拉塞尔，波士顿的一名教师，曾参加过波士顿茶党。他亲眼目睹了自己的家乡被英国保皇派军队掠夺，后来他在爱国者民兵中服役了 30 个月，最终在一艘私掠船上被俘虏。在英格兰的米尔监狱服刑近三年之后，拉塞尔是英国在 1782

年和平谈判中释放的 1 000 多名美国俘虏之一。但是，当他于 1782 年 8 月到达波士顿时，战争还没有正式结束。他加入了另一艘私掠船，结果再次被捕，并被囚禁在可怕的泽西号上，这是“他所见过的最可怕的地方”。拉塞尔在泽西号上感染了肺结核，身体变得十分虚弱，最后一次被从监狱里放出来后，不到半年就死在了坎布里奇，年仅 35 岁。[7]

当以前的爱国者俘虏回到他们的家庭中时，一些人最终成了战争的延迟伤亡人员，比如威廉·拉塞尔，这些迹象也表明了美国爱国者和保皇派之间的暴力冲突将进一步加剧。1783 年 4 月，当美国人得知他们在巴黎的代表签署了停战协议时，波士顿的城镇会议决定给返回家乡的保皇派一个警告，警告他们只有 6 小时的时间可以选择自行离开，否则将遭驱逐。由波士顿领头，整个州的社区都跟随波士顿的脚步，纷纷向那些“被宣布为国家叛徒的人”发出警告。奇普曼的家乡马萨诸塞州的马布尔黑德决定阻止保皇派的回归，以免重新接纳保皇派会引发新的内战和与英国的冲突。罗克斯伯里委员会反对那些“缺席者、同谋者、逃亡者和保皇派”返回，认为他们很可能是英国人阴谋诡计的特洛伊木马。一些爱国者甚至使用了“根除”这样的以前为美洲原住民专门设计的语言：保皇派是恶棍、无赖、有二心的浑蛋，他们应该“被从地表根除”。[8]

奇普曼一定知道，当好战的委员会发出威胁，波士顿的报纸警告那些保皇派绞刑架在科普山上等着他们，这绝不仅仅是在散布谣言。保皇派遭受语言和身体虐待的描述以口头和文字的形式广为流传。一位特里斯特先生回到了马萨诸塞州的唐森德，他很快就被抓获，他们“在他的胯下戴了个横杆（一根带铁尖的木棒），脖子上挂着一根吊绳”。攻击他的人把他吊在单桅帆船的桅顶上，整整吊了一个晚上。16 小时后，他们把他放了下来，给他戴上镣铐，用船把他和他的家人驱逐出境。在胁迫之下，特里斯特签署了一份文件，承诺不再返回，否则将被处死。在整个春天和夏初，保皇派们按照和平条约的许可回国收回债务或财产，却被逮捕，随后遭关押或驱逐出境。爱国者们的检查和观察委员会又复活了，为保皇派的大量回归做好了准备，这体现出他们长期以来的怨恨。他们还对保皇派的罪行程度进行分级。对任何积极帮助英国人的保皇派来说，等待他的将会是极端暴力。[9]

对于像骑兵朱厄特这样的前保皇派士兵，情况尤其如此。那年春天，朱厄特回到新泽西，看看能否追回被没收的财产，并在那里重新安家。他选择通过伍德布里奇地区进入，在那里他在战争期间被假释了三年，当地人对他彬彬有礼。但是现在，朱厄特说："我受到了最粗暴的侮辱，并险些受到最可耻和最羞辱人的虐待。一些以前很有礼貌的人现在却挥舞着棍棒和鞭子。"一旦和平使所有的假释都失效了，朱厄特就没有权利继续留在他们的城镇里，他们"下定决心要给这个美国叛徒"一件（他们把它侮辱性地称为）"欧洲大陆的夹克"。在地方官的支持下，当地居民成立了一个联盟，以驱逐任何想要返回的保皇派。居然有一个法官大喊："把他吊死，把他吊死！"这使得冲突进一步升级。[10]

在当地的一名牧师和一名男子的帮助下，朱厄特最终逃脱并到达了英国占领的安全地带。该男子声称在他被俘时朱厄特的儿子曾帮助过他。个人动机，如感激或荣誉，像抽象的政治原则和社区情绪一样，可以决定朱厄特这样的返乡保皇派的命运。其他与英国军队有联系的人，当他们回到伍德布里奇地区时，就没那么幸运了。这也许就引出了曾任马萨诸塞州最高法院首席大法官的彼得·奥利佛的名言："在新泽西，他们通过把回归的保皇派浑身涂上柏油并粘上羽毛来让其归化。"[11]

在北方，曾在一艘英国私掠船上服役的普罗斯珀·布朗，在战争结束后回到了家乡康涅狄格州的新伦敦去索要自己的财产。布朗立即被一帮"肆无忌惮、嗜血成性的暴徒抓住，并被捆住双手，吊在码头旁边的一艘船上"。随后，他们把他放下来，剥去他的衣服，用九尾鞭抽打他，然后把他身上涂满柏油、粘上羽毛，再把他吊在横桅杆臂上。这一次他赤身裸体，遭受了史上最邪恶的船员的羞辱和耍弄。折磨到最后，他们才总算把他释放，当然，是在把他随身携带的财物抢劫一空之后。随后，布朗被船运回了纽约，并被勒令禁止回到家乡，否则将被处死。他不得已只能乞求卡尔顿把他的四口之家送到新斯科舍。[12]

在奇普曼和科芬周围，成千上万的保皇派——士兵和他们的家人、白人和黑人，现在正准备搭乘卡尔顿的集结舰队离开纽约。但尽管反保皇派的情绪不断高涨，许多人对留在家乡或返回自己的家园仍然抱有希望。在岌岌可危的情况下，一些保皇派先发制人地收集了自卫的证据，比如有三个寡妇让以前的爱国者囚犯为她们战争期间的救援工作做了书面证明。一位医生理查德·贝利声称，他照顾过受伤的囚犯，并公布了幸存者和爱国者官员的陈述作为证明，尽管也有其他人指责这位医生相当残忍。贝利和他年幼的女儿伊丽莎白的确设法留在了美国。伊丽莎白后来被追封为圣徒，成为第一个出生在美国的圣人。[13]

这一年 5 月，涉及保皇派的“不光彩的条款极大地影响了”卡尔顿，他提醒英国政府保皇派面临着新的恐怖形势：几乎所有试图返回家园的人都遭遇到极其粗暴的对待，许多人挨了打，钱和衣服被抢走，并被驱逐出家园。这样的故事，以及故事所反映的恐惧、困惑和苦恼，很可能引起了奇普曼的注意，更有可能引起科芬的注意，因为他就在卡尔顿手下服役。在考虑自己的选择时，这两位朋友肯定意识到了整个美国保皇派所面临的真正危险。那个月，奇普曼通知伦敦的一个熟人说他选择流亡国外：“眼下这些美国人非常暴力，威胁要剥夺每一个效忠英国国王的人的权利，并将其放逐。除非这些美国人的脾气和行为出现巨大改变，否则我只能离开。”与此同时，卡尔顿推迟了从纽约撤离：他同意诺斯勋爵的观点，即国王的责任感和英国的荣誉要求每一个希望躲避“暴力……联盟”和委员会“野蛮威胁”的美国保皇派都能在他的船上找到一个安身之处。[14]

当外交官们在巴黎继续为达成最终协议而谈判的时候，美国的爱国者们反保皇派的骚乱越来越多，不仅仅是在地区性内战造成破坏最严重的纽约、新泽西和南部地区，而且在全国都是如此。爱国者在 10 个州举行了公众集会。从新英格兰到南方地区，立法机构和行政机构都制定了歧视性政策。革命委员会恢复运作，民兵在乡间搜索，法院准备好起诉，革命的胜利者们准备再次使用他们的压迫和恐怖手段对付国内的敌人。[15]

1783年9月，沃德·奇普曼似乎对留在这个国家已经不抱任何希望了，这里看似是一个国家，却又一次屈服于暴民统治。他决定永久定居在新斯科舍。不过，首先，他想要踏上一次告别之旅，去看望他的家人，他和家人已经分离了近10年。托马斯·科芬将陪伴他一同前往。奇普曼在日记中记录了两人的行程：从纽约经由康涅狄格前往波士顿，以及他的家乡马萨诸塞州的马布尔黑德，然后穿过罗得岛返回。从日记中可以明显感觉到奇普曼的焦虑。考虑到这个饱受战争蹂躏的国家气氛如此紧张，他和他的保皇派同伴都无法预料爱国者会如何报复他们。

**最后的旅程**

9月21日，奇普曼和科芬乘坐一辆敞篷马车离开了纽约，他们的手枪装上了子弹。不到一天，他们就在穿过维斯切斯特县的路上了，那里的强盗们控制着一片土地，整片土地“贫瘠、荒凉，没有一间房子有完整窗户，很多房子甚至根本就没有窗户”。当年早些时候，在这一地区，年迈的保皇派奥利弗·德兰西遭到了最残暴的殴打。现在，伊斯雷尔·霍尼韦尔手下的一伙人又一次去搜捕保皇派。艾萨克·福希以前是菲利普堡人，后来他把农场留给儿子威廉照料，然而威廉是站在爱国者一边的，于是艾萨克逃到了英国人的阵地里。在和平协议达成之后，艾萨克回到了他的农场；但是伊斯雷尔·霍尼韦尔表面上以委员的身份带领30～40名武装人员接近该地区，意图抓住老福希，“不论是死是活”。他命令威廉驾车运送他父亲到莫里萨尼亚，因为他父亲病得太厉害，不能走路或骑马。“剑在威廉头顶摇晃，命令他再快一点，把尸体运到新斯科舍。”威廉用一个木雪橇拖着艾萨克，然而他父亲已经开始吐血，几天后就死了。这种残酷的驱逐使得父亲死前受尽折磨，而身为爱国者的儿子对父亲的死难脱干系。在经历了多年的内战后，这一事件暴露出美国社会的严重裂痕。[16]

如果奇普曼和科芬转向西北方向，他们会在通往奥尔巴尼县的道路上看到一些柱子，上面写着恶毒的铭文：

美国独立战争的敌人
把下面的话看清楚了：
这是一个真实的故事，
土耳其人可以进入这里，
异教徒可以进入这里，
犹太人也可以进入这里，
唯有保皇派不可以；
他们犯下滔天罪行，
禁止他们进入此地。[17]

他们没有往西北走，而是进入了康涅狄格，在霍斯内克（西格林威治）偶然遇到了美国作战部长本杰明·林肯上将，这一偶遇暂时缓解了这两位旅行者的忧虑。林肯和科芬一边分享一瓶马德拉葡萄酒，一边聊起了波士顿的老朋友们，表现得平易近人又彬彬有礼。这一年早些时候，林肯曾表达过对波士顿媒体令人生畏的社论的担忧，他担心这会让保皇派逃离美国，从而损害美国的人口和经济利益。这些想法跟后来支持和解的爱国者们所提出的主张是一致的。奇普曼和科芬经过斯坦福，那里经历了英军的突袭，现在仍然受损严重。在那里，几名据称为英王而战的保皇派最近遭到了一群武装者的攻击，被用劈开的带箍杆子殴打。然而，正是在那个地区，他们目睹了劳埃德三兄弟的愉快重逢：爱国者商人约翰；保皇派亨利，他在1776年逃离；还有保皇派医生詹姆斯，他在波士顿度过了战争时期。



在美国最高法院当时所在的斯普林菲尔德费里，奇普曼第一次感到了一种不安："我唯恐我们会被人所知。有好大一群人聚在一起；如果他们发现了我们，我们很可能会受到羞辱。科芬觉得有个人围着他可疑地转来转去。我清楚地意识到暴力和怨恨是他们所有人的特征。"奇普曼和朋友们担心会惹上麻烦，决定早点离开，尽管他们"表面看上去都很淡定"。

当他们接近波士顿时，奇普曼变得越来越紧张，即使是小事情也让他感到不安。最终到达时，奇普曼得知叛军已经没收了他的导师休厄尔的房子。一时间各种滋味涌上心头："怜悯、怨恨、愤怒、悲伤……但是当我经过这所房子的时候，一些其他感觉对我产生了影响，这种影响并不会突然消失。"他现在真的很害怕，因为在 1774 年的秋天，他帮助保卫了休厄尔的住所，抵御了一群暴徒的攻击。科芬和奇普曼小心翼翼地从后门溜进一个老熟人的酒馆，"偷偷溜进小密室，带着那些罪大恶极之徒才会有的极端谨慎和罪恶意识"。黄昏后，他们冒险溜出去参观大学时常去的一些地方，与朋友边品尝葡萄酒，边小声谈话，就这样给宁静的夜晚画下了句点。白天的时候，在城里邂逅的都是彬彬有礼而非极端暴力的人，这一点让人倍感安慰。当奇普曼最终看到妹妹南希时，这是一个"值得用全世界来交换"的时刻，接着是他和母亲在马布尔黑德的深情团聚。

朋友们劝奇普曼返回马萨诸塞州定居，在那里重建自己的生活。纵观 13 个州，的确有许多保皇派恢复了战前的友谊，并利用与家人的联系来帮助自己回归故里。革命战争撕裂了诸多家庭，可还有许多地方，亲情和友情的纽带十分坚韧，这些地方甚至包括纽约这一英军驻扎的主要城市及其周边地区。1783 年以后，这些人际关系网帮助保皇派追回了被充公的财产，或者帮忙搜集证据，希望以后能获得赔偿。他们还借助关系网来获得赦免，获得居住权和公民权利。有一些保皇派得以与家人团聚，并找回财产，尽管常常需要缴纳高额赋税。但其他保皇派被听到的消息吓坏了，哪怕和平条约上有明文规定，他们还是连短暂返乡都不敢。

（直到 1784 年 8 月，还有波士顿暴民把一个返乡的保皇派身上涂满柏油，粘上羽毛。）沃德·奇普曼不顾朋友们的请求，下定了决心；他和科芬怀着沉重的心情前往纽约城，决定从那里出发流亡国外。

奇普曼和科芬从未拿起武器为英国而战，他们以前所生活的社区对他们也并不怀有特别的恨意，他们甚至也未曾计划过要永久地重返故乡。然而，即使是这样两位相对无辜的人，想要短暂返乡，却也为自身安全而担忧。由此可见，战争刚结束的一段时间内，对保皇派而言，整个美国环境有多么动荡和危险。奇普曼和科芬准备远走他乡，其间，关于保皇派遭受到来自爱国者的肉体与精神双重折磨的消息不断从各地传来。返乡者所遭受的暴力威胁一直持续到最后一批保皇派撤离美国之后。一份纽约报纸写道："一阵迅猛的风暴，将要降临在未能流亡的保皇派头上。"科芬与奇普曼一直坚持到 1783 年 11 月的最后一次撤退。奇普曼先途经哈里法克斯到达英格兰；然后到新斯科舍定居，继续从事律师职业，并帮助创建了新不伦瑞克。1783 年 11 月 25 日，科芬随卡尔顿将军一起驶出纽约港前往英格兰。[18]

1784 年 1 月，国会批准了最终的和平条约，与最初的版本相比几乎没有改变：涉及保皇派的关键规定的执行将由各州自行决定。许多州无视国会要求他们谨遵条约的命令，拒绝修改反保皇派计划。总共有 9 个州要么继续执行现有的没收法律，要么通过了新的违反和平协议的法律。新泽西州、弗吉尼亚州、马里兰州和北卡罗来纳州都在 1784 年 1 月之前颁布了歧视性的公民法律，现在却没废除它们。马萨诸塞州 3 月颁布了一项新的驱逐法令：所有那些加入了英国军队或在 1774 年 10 月（国会认可大陆联盟时）和 1780 年之间离开的人，都被看作非法入境者，将遭驱逐，其财产全部没收。这又一次违反了和平条约。当年 6 月出台的一项赦免条款引发了民众的抗议，政府收到警告说恐怖的争斗可能会随之而来。在弗吉尼亚州，直到 1786 年，法律都禁止保皇派投票或担任公职。[19]

尤其是在南方，战争的创伤仍然让人觉得刺痛。南卡罗来纳州最先命令返回的保皇派立即离开。该州的海军指挥官亚历山大·吉伦海军准将组建了海军反英社团，其成员鼓动民众抵制返乡的保皇派，并挑起了街头斗殴。一位诗人指出了当地（乃至全国）社会持久的分裂："谁能容忍反叛者皱着的眉头？或者让他的孩子们盯着看 / 在街上他们冲你指指点点，口齿不清地说：'一个保皇派？'"结果诗人遭到了攻击。拍卖没收的保皇派财产的活动在内地持续进行。甚至就在南卡罗来纳州的立法机构逐渐取消对保皇派的个人限制时，市民们仍继续恐吓他们的卖国贼邻居，绞死他们的模拟肖像以泄愤，还会威胁他们的家人，命令他们离开这个州。在其他地方，爱国者们经常夜间突袭保皇派的私人住宅，用刀剑威胁，同时洗劫他们的财产。[20]

对一些人来说，回家的旅程是致命的。在战争期间，马修·洛夫参与了南卡罗来纳州 96 区的保皇派突袭。当他在 1784 年返回该地区时，当地人认出了他，并指控他在战争期间谋杀了受伤的爱国者战士和囚犯。一些令人毛骨悚然的细节被揭露出来：在 1781 年的一场小冲突后，洛夫冲上前去用剑将对方刺伤甚至刺死，其中就有他以前的邻居。但是主持审判的法官阿德诺斯·伯克宣告这些指控无效，他认为在和平条约下，洛夫享有被免予起诉的权利。于是洛夫被释放了。然而，当地的民众却不那么宽容：他们把他吊死在一棵树上。[21]

一个地方对保皇派的态度是更倾向于接纳还是排斥，一个保皇派将面对的是敌意还是欢迎，都要取决于一系列因素。州和地方的政治领导人为排斥或接纳定下了基调。如果一个地区，战时保皇派占人口比例较低，这些保皇派与身为爱国者的邻居和家人在社会和经济方面保持紧密联系，并且被认为构成的威胁相对较低，那么这些地区的保皇派就更容易被接纳和重新融入社区。而在另一些社区，爱国者和保皇派之间的分歧更深，尤其是如果他们还经历了英国占领或更严重的军事暴力，或两者兼而有之，则情况更是如此。正如我们在马修·洛夫的例子中所看到的，社区考虑了返乡人员的战时记录。对保皇派的言论立场，尤其是对暴力冲突的记忆，夹杂着个人的怨恨，激发了最强烈的复仇欲望。

一些城镇采取了务实的方法，通过接纳那些能够提供当地需求的技能和服务的保皇派，来推进战后的经济复苏。但是，经济上的利己主义也可能不利于和谐的融合，特别是如果当地人把某个可能返乡的保皇派看作潜在的行业竞争对手，或者想要阻止一个战前的债权人回来。由于有如此多的因素在起作用，而且各州未能完全遵守和平条约来推动保皇派的重新整合，战争刚结束的这段时期对于美国各地的保皇派而言，依然充满了不确定性和不可预测性。

## 和解

伯克法官努力去营救洛夫，他直言不讳地提倡和解。伯克还用笔名发表评论，主张撤销反保皇派的措施，并从档案中删除法律歧视的记录。应该要通过一项特赦法案，就像前一个世纪的英国内战之后一样。伯克说，尽管英国人残暴镇压美国人民，犯下了严重罪行；尽管仅南卡罗来纳一个州就有 3 000 名白人死去，20 000 名奴隶丧生，还有巨大的财产损失，但是，美国人民必须要跨过战争期间的分歧，继续前进。英国内战更加激烈，如果幸存者都能够让撕裂之伤口渐渐愈合的话，那现在是时候让所有不同政治派别的美国人“如兄弟般握手言和”了，“因为你们注定要生活在一起”。和解，将“成为一座象征着民族智慧、公正和宽容的纪念碑，比黄铜或大理石制成的塑像矗立得更加持久”。[22]

伯克法官并非孤单一人。还有一群人，他们关心并维护革命理想，关心保持美国作为一个正直而遵守条约的国家的国际声誉，他们发出越来越强烈的呼声，推动和解的进展，这个群体中最显著的当属华盛顿将军。这些人相信，在打赢了这场道德战争后，美国还应遵守国际法的规定，遵守开明的道德标准，甚至是，或者说特别是在处理保皇派的问题上。伊斯雷尔·埃文斯曾在易洛魁的沙利文军队中担任牧师，他说，假如死去的爱国英雄们能再开口，一定会热切地请求你们宽恕你们和他们的敌人，而不是怀恨在心，沉溺于憎恨和复仇情绪中，因为这是不光彩的，而且无论如何，也是有损国家信誉和名声的。亚历山大·汉密尔顿是华盛顿从前的亲密助手，也是战后时期的关键人物之一。他在接纳保皇派问题上持强硬立场。汉密尔顿在赫迪和阿斯吉尔事件中也表达了对报复行为的反对。他在战争接近尾声时返回纽约，在奥尔巴尼学习法律，并很快取得律师资格。在这座寻求从战争到和平顺利过渡的城市里，年仅 29 岁的汉密尔顿，身材瘦小，举止优雅迷人，成为律师界一颗冉冉升起的新星。[23]

10 年前，就在战争前夕，汉密尔顿当时是国王学院（今天的哥伦比亚大学）的一名早熟的学生，他目睹了愤怒的人群在大学校长的房子里游行，他们怀疑校长领导着一个保皇派的组织。他们显然是想对他动私刑，浑身涂上柏油，粘上羽毛。汉密尔顿抵挡住暴徒，这样暴徒的目标就可以越过栅栏逃跑。随着民众暴力的持续增长，汉密尔顿警告说，在政治动荡时期，当人们的激情达到不同寻常的程度时，就会有致命的极端危险。[24]

当纽约和其他地方的保皇派再次被涂上柏油和粘上羽毛时，汉密尔顿拿起了他的笔。他选取了“福基翁”为笔名，可以说再恰当不过。这位福基翁是一名雅典士兵，曾为一名伟大的将军效力，后来又主张与以前的敌人和解。汉密尔顿警告说，迫害保皇派是要付出外交、政治、经济和道德代价的。面对暴力和法律歧视，他敦促宽容。汉密尔顿坚持要维护保皇派的权利：这是维护新国家自由和稳定的最好方式。他认为，心怀怨恨的美国人，如果放纵他们对“复仇、残忍、迫害和背信弃义”的渴望，那他们甚至会在没有陪审团审判的情况下，任意驱逐和剥夺公民权利。相反，法律、秩序和正义必须战胜少数人的那种“渺小的、报复的、自私的、卑鄙的情绪”。此外，“全世界都在看着美国”，这个新成立的合众国需要“用成果来维护革命的合法性”，甚至，特别是要接纳过去的内部敌人。[25]

这位未来的财政部长还担心，如果保皇派全部逃离，将造成资本流失，这会阻碍英美贸易的复兴：“我们的国家在今后 20 年内都会感受到这种民众疯狂所造成的影响。”此外，如果美国不履行合约规定的义务，那么英国会不会也这么做？果不其然，10 年后，英国跟美国就所谓的《杰伊条约》进行谈判，该条约旨在规范贸易，避免未来的战争，解决 1783 年以来未解决的问题。在谈判期间，英国政府援引美国剥夺保皇派土地的事例，来为自己违反 1783 年协议，一直在美加边境设有军事前哨的做法进行辩护。

战后，纽约人热烈讨论了复仇与和解的利弊得失。1779 年，州立法机关通过了一项《没收法案》，1782 年通过了所谓的《征用法案》，剥夺保皇派的财产，并剥夺了英国债权人回收爱国者债务的机会。1782 年和 1783 年，大量保皇派和爱国者难民多年来首次在纽约发生大规模冲突，逃离了英国占领区的爱国者现在要求归还拖欠的房租，并要求赔偿因破坏和盗窃所造成的损失。纽约的大法官（最高司法官员）罗伯特·利文斯通与汉密尔顿一样，对保皇派的离去及其对城市和国家的影响表示担忧。他将一些爱国者的“暴力迫害之心”归咎于一种“盲目的报复和怨恨之心”，但其实：“在更多的人身上体现的是最肮脏的私利。某个可怜的保皇派，有人想要霸占他的房子，有人想要减少一个贸易或商业上的竞争对手，还有人则是希望摆脱这个债权人，从而可以欠债不还，或者通过减少城镇的人口来降低生活的成本。”在和平时期，就像在战争中一样，美国人都打着爱国主义的旗号，公报私仇。汉密尔顿对这一情况感到失望，这在他于 1784 年 2 月写给古弗尼尔·莫里斯的信中可以很明显地看出来。汉密尔顿抱怨说，纽约人把精力集中在错误的事情上，而不是改善“我们的政治和商业，我们正想方设法来羞辱和惩罚亲英分子，并重新解释条约”。[26]

在1784年，一个富有的保皇派被一名爱国者的遗孀伊丽莎白·拉特格斯起诉，汉密尔顿担任他的辩护律师。该案后来成为判例案件，在美国法律史上十分有名。1776年，拉特格斯逃离纽约，放弃了家里的酒馆和啤酒厂。1778年，英国商人们以700英镑的价格重新装修了这家废弃的啤酒厂；从1780年起，他们向英国军队支付了租金。然而1783年的一场大火造成了4 000英镑的损失。战争结束后，拉特格斯回到纽约，根据纽约的新《非法入侵法案》，起诉其中一名英国商人，索要8 000英镑的滞纳租金，该法案允许爱国者向那些在敌后占领或破坏其财产的人寻求赔偿。爱国者们气势汹汹地回到了当初保皇派的大本营，他们要让所有人都知道这里谁说了算。[27]

汉密尔顿认为，战时的主人已经修复了被遗弃的房产，并按照英国的戒严法行事。他所阐述的内容日后变成了联邦主义的民族主义理论：国际条约和国家法律是所有成文法和州法律必须遵守的更高权威；若两者冲突，则国际法和国家法律战胜州法律。纽约的《非法入侵法案》违反了禁止惩罚性诉讼的和平条约。汉密尔顿清晰地阐述了司法审查原则的早期版本，并主张法院应宣布这一法案无效。在一份有分歧的判决中，法官批准了拉特格斯索要租金的请求，但是索要租金的年限只到1780年为止。这样做虽然没有直接宣布法案无效，但间接地支持了汉密尔顿的主张。在整个18世纪80年代，汉密尔顿的法律事务所生意兴隆，他为数十名保皇派针对《没收法案》《征用法案》《非法入侵法案》进行辩护。激进的爱国者媒体诽谤他为保皇派，还有谣言说他会遭遇密谋暗杀。但在1787年，纽约立法机构废除了《非法入侵法案》，议员亚历山大·汉密尔顿对自己作为该议案的联合发起人而感到满意。汉密尔顿言行一致，此后很快就任命宾夕法尼亚州的前保皇派坦奇·考克斯担任财政部的部长助理。[28]

随着美国社会从10年的内战中过渡，每个社区都需要调和各种相互冲突的不同需求：要解决对战争的不满与抱怨，要满足对和平与和解的渴望，还要追逐经济上的自我利益。康涅狄格州的纽黑文市就是一个很好的例子。1779年夏天，曾任纽约皇家总督的威廉·特赖恩爵士，曾对几个康涅狄格州的沿海城镇发动袭击，试图将华盛顿的军队从高地的防御阵地中引诱出来（并未成功）。特赖恩的英国军队、黑森佣兵和保皇派的军队袭击了纽黑文，这是当时的美国第六大城镇。英国人认为西康涅狄格是一个保皇派的大本营，而纽黑文的大部分人口，包括一些杰出、富裕的公民，以及耶鲁大学的学生和毕业生，都不支持革命。现在，爱国者、保皇派和未表态的当地人都被迫决定是否要表明立场，是要合作还是逃跑。在疯狂的抢劫、对妇女的性侵以及对一些手无寸铁的平民的无端杀戮中，政治忠诚和人际关系都受到了考验。当地一些人试图延缓英国的进攻，耶鲁大学的一名大四学生伊莱泽·古德里奇就是其中一员，他的腿受了伤。当他寻求医疗救助时，一名英国士兵刺伤了他。伊莱泽设法逃到阿拜亚瑟·坎普的家里，他虽然是一个保皇派，但也是伊莱泽父亲的朋友。坎普为伊莱泽治疗伤口，并收留了他，让他免受更多伤害。（他幸存了下来，日后成了国会议员和耶鲁大学法学教授。）一位当地爱国者军官的姑妈是保皇派，她勇敢地面对敌军的到来，而未受伤害。一名因妻子患病而无法逃离的男子自称是乔治国王的朋友，从而成功地保护了自己的财产免遭抢劫。但是，一位名叫肯尼迪的先生，也是一个知名的保皇派，据说对英国人的到来感到高兴，他的银鞋扣却被抢了。他对这意料之外的遭遇表示抗议，竟被当场刺死。[29]

入侵者撤离后，纽黑文遭受的财物损失约达2.5万英镑。然而，这些声称遭受的损失很大一部分涉及的是居民的个人财产，而不是房屋或公共建筑。至少有一半的损失是邻居抢劫的结果：保皇派打着英军入侵的幌子抢劫；后来爱国者们又洗劫并烧毁了被遗弃的房屋，然而其中许多房屋是那些逃离家园的爱国者所拥有的。几个月后，镇民们为归还财物而提供奖励，这些财物“被一些民兵掠夺”，或者，正如他们委婉地说的那样：“就在敌人离开这个城镇之后……立刻就不见了。”[30]

在突袭之后，纽黑文的居民想要知道，社区里面还有谁是可以信任的。不仅有人厚颜无耻地从邻居那里偷了东西，而且在突袭行动中，有相当数量的人留在了城里却毫无反抗。那年夏天晚些时候，城镇会议发起了一场旨在增进友好的问询调查。36 名男子对选择不逃离或不保卫这个城镇给出了令人满意的理由。另有 20 名男子犯了判断错误，他们留了下来，但并没有打算“把自己置于美国敌人的保护之下”，这样的错误可以原谅。然而，至少有 5 名男子对其在突袭行动中的表现没有给出充分理由。最后十几个人在突袭期间一直待在纽黑文，他们要么被英军俘虏，要么后来搬了家。事实上，一些保皇派家庭全家一起跟随英国入侵者离开了小镇，比如富有的耶鲁校友乔舒亚·钱德勒（爱国者之前曾因其为保皇派而将其囚禁），带着妻子和 7 个孩子，正是其中两个儿子带领入侵者来到了纽黑文。和那些战争早期的军事指挥官试图掩盖诺福克被摧毁的惨象不同，纽黑文的居民们敢于直面内战的混乱局面，尽管他们周围仍是炮火连天。[31]

正如一个典型的社区在战争刚结束时会做的那样，1783 年，纽黑文的城镇会议投票反对任何抛弃国家事业、加入敌军阵营的恶棍返回。但早在 1784 年，选举的结果就很复杂：市长、两名市参议员和 5 名共同委员会成员都是爱国者；两名市参议员和 8 名委员是保皇派；5 名委员立场灵活，但内心都是独立战争的支持者，也算是爱国者。当地保皇派的政治力量正在复苏，耶鲁大学校长埃兹拉·斯泰尔斯怀疑：“有一种悄无声息的努力，让保皇派获得与爱国者平等的地位，甚至是高出一等。”[32]

这些市政选举一个月后，1784 年 3 月 8 日，纽黑文的市民组成了一个委员会来“考虑允许那些在战争中与英国站在一起反对美国的人成为本地居民是否妥当与合宜”。实际工作显然已经完成，因为委员会在同一天发布了一份详细的报告。他们强调了国家的权利，并强调根据康涅狄格的法律，每个城镇都可以决定谁可以住在那里。一种“对待我们的（保皇派）同胞们的真正的和平和慈善精神”，引导了最终的和平条约，国会建议各州执行。因为让保皇派和爱国者发生分歧的“民族问题”已经以权威的方式得到解决，而且对美国非常有利。委员会建议纽黑文，只要判断一个保皇派品行端正，对社会有益、有用，是本州的忠实公民，便可接纳其为当地居民。但是，宽恕是有明确限度的：任何犯下未经授权的非法掠夺或谋杀罪的人，以及任何与美国进行战争的人、违反文明国家的法律和惯例的人，都不能获得居住权或公民权利。[33]

诉诸战争期间国会、军队指挥和战时宣传员常用的一整套说辞，委员会反复重申关于打仗也要品行端正的那些高尚言论：“在我们看来，无论一个国家军事多么强大，在战争中多么成功，除非坚持正义并且宽宏大量，否则就不算真正伟大。如果违反了最庄严的条约，那么没有人敢说自己还是坚持正义的；如果对战败投降的敌人还加以迫害，那么没有人敢说自己是宽宏大量的。”遭受过极大苦痛后，渴望复仇是能够理解的，但是必须放弃这个念头，采用更加慎重、有分寸的做法。考虑到城市港口和商业对纽黑文繁荣的重要性，对保皇派表示欢迎，这在经济上也是经过了深思熟虑的。一位怏怏不快的委员会主席斯泰尔斯在他的日记中记录道：“今天的城镇会议投票决定重新接纳保皇派。”[34]

即使在保皇派快速重新融入社会的过程中，当地的牧师也证实爱国者们对战时的苦难记忆犹新。在 1787 年的独立纪念日，大卫·达格特生动地回忆了特赖恩的突袭：

> 在那里，无情的敌人带着地狱般的恶毒，攻击了一个高尚可敬的老人，在他的身体里刺进了一把锋利的匕首，让他衰弱下去，奄奄一息，直到咽下最后一口气！在这里，你的一个邻居突然被打死了！在远处，你看到了一个人，你早就认识他，他在血泊中痛苦挣扎，直到一动不动成为一具尸体。这些场景我们亲眼目睹过，在其他许多城镇也都如此。[35]

与保皇派和解，同时心中牢记爱国者的牺牲，这两者并不冲突。事实上，前者是后者的必要组成部分，因为革命的胜利者提醒他们曾经的对手，他们能重新融入，要感谢他们道德高尚又宽宏大量的邻居。与此相反，建国的暴力冲突所带来的后果是，保皇派所承受的苦难，在未来美国的建国故事中，将不会为人铭记。

从新泽西到南卡罗莱来州，纽黑文支持和解的人提出的经济方面的论据也成为其他地方遵从条约的催化剂。各个社区意识到，他们饱受战争摧残的经济将受益于技术娴熟的专业人士和消费者的回归，尽管那些人战争期间都是保皇派。在商人的倡议下，新泽西州议会建立了珀斯安博伊和特伦顿作为自由港，免除了海关关税，并通过了自由公民立法，希望能吸引保皇派的难民和商人。但只有 20 多个保皇派商人积极响应，因此在 1789 年之后，自由港口被联邦法规禁止。在地方一级，无论是商人、店主、医生或者律师，总的来说，可以为社区提供特定服务的个人似乎能够更容易地重新融入进来。但是，塞缪尔·斯特恩医生，一位来自宾夕法尼亚州帕克斯顿的保皇派，于 1784 年秋天回到那里，结果被逮捕并监禁了近三年。并不是所有的专业人士回家都会受到热情欢迎。[36]

汉密尔顿等美国早期的领导人赞成与保皇派和解并重新整合的政策，提倡与各州合作，废除破坏和平协议的歧视性法律。新罕布什尔、康涅狄格、新泽西、卡罗来纳和佐治亚州允许许多保皇派在 18 世纪 80 年代回归。他们被没收的财产得到归还，他们也获得了公民权利。最终，甚至连担任宾夕法尼亚州最高行政会议主席（或准州长）的本杰明·富兰克林也支持对保皇派的重新整合，他之前在巴黎时可是强烈反对任何对保皇派的让步的。在宾夕法尼亚州，1786 年的一项公民法律允许那些曾经在独立战争期间拒绝宣誓爱国的个人可以通过宣誓效忠获得公民身份。然而，富兰克林宽恕了所有保皇派，就是不肯原谅自己的儿子。1785 年夏天，在从法国返回美国的途中，本杰明在英国的南安普敦与威廉一起待了几天。这对父子多年来第一次见面，父亲却迫使儿子把在美国的土地卖给他，以偿还欠下的债务。1788 年，本杰明实际上剥夺了威廉的继承权，原因就是“他在战争中与我立场敌对”。[37]

如果富兰克林从未接受和解的话，那么在许多州，一些残余的官方反保皇派政策至少会留存到新世纪到来之时。非官方的迫害也会如此。在整个 18 世纪 80 年代和 90 年代，人们都在“狂热地寻找叛徒，据称这些叛徒试图推翻战争的判决”，就像汉密尔顿的传记作者罗恩·切尔诺所说的那样。直到 19 世纪早期，反保皇派的情绪在选举中仍然是一种有用的战术武器。然而，尽管存在这样潜在的敌意，但开国者们确实逐渐整合了这个新国家。[38]

有些经历了和谐返乡的保皇派现在已经为人所遗忘了，比如玛丽·罗比。1784 年 7 月，她搬回了沃德·奇普曼的家乡、马萨诸塞州的马布尔黑德。“我们几乎没有独处的时间，”玛丽高兴地说，“不停地有老熟人前来祝贺我们。”她的家族从前的债务人有选择性地偿还了借款。玛丽鼓励丈夫托马斯也回来开一家零售商店，考虑到战时的不和已经“被完全遗忘了；每天都听说有人想要回来，却没有一个反对的人”，因为当地人都是“温柔而淳朴”的。到 1787 年，玛丽经营着自己的干货商店；托马斯也在 1791 年正式登记为当地居民。[39]

波基普西是一个在纽约郊区的社区，战时在效忠于谁的问题上存在分歧，而且摇摆不定、反复无常，那里至少有 27 名保皇派的财产被没收。还有 20 多人战争期间在监狱里度过了一段时间；另外约有十几个人流亡到了加拿大。1783 年 5 月，波基普西的居民组成委员会，有人描述了当时的紧张局势：“这是为了防止掠夺者和杀人犯（他们现在正大胆尝试藏身于同样卑鄙的人群之中，这些人迄今为止被认为是温和的保皇派）把自己混入到高尚公民之中。”一个劣迹斑斑的保皇派受到了死亡威胁，使他不敢回来当执业律师。但是，那些之前对革命公开表示强烈反对的人，以及没有自始至终支持革命的人，社区最终还是让他们中的大多数人和家庭、邻居们融合在了一起。然而至关重要的是，除了其中一个人之外，其他所有的人都在政治上遭到了排斥，再也没能获得哪怕是最底层的地方官职。[40]

在其他地方，那些被认为是过错不那么严重的保皇派，在战争结束后 10 年左右的时间里全面地重新融入了社会。1776 年，哈德逊河谷新帕尔茨小镇的店主罗洛夫·乔赛亚·埃尔廷奇，由于拒绝在他家的杂货店接受大陆货币，受到革命委员会的审判。在不同的监狱里待了两年之后，埃尔廷奇在 1778 年拒绝了最后一次宣誓效忠美国的机会，并被驱逐到纽约的英军占领区。1784 年 5 月，埃尔廷奇和另外 24 个遭到驱逐的纽约保皇派获准返回家园。埃尔廷奇从未拿起武器为英国人而战，他的财产也没有被没收，他重新开始了在新帕尔茨的生意。到 18 世纪 90 年代，他已经充分地恢复名誉地位了，通过选举在地方政府任了职。那时，纽约已经废除了 1784 年的法案，该法案规定，任何人只要曾在英国军队服役、装备船只、离开美国，或者以其他方式投敌，则被禁止投票和担任任何政府职务；1792 年，该州终于解除了对所有纽约保皇派的驱逐令。[41]

甚至是一些更为显赫的支持者也成功地重新融入了社会，并最终承担起了公共责任。安德鲁·贝尔是一名保皇派地主和律师，来自新泽西州的珀斯安博伊，他在革命期间曾担任亨利·克林顿爵士和盖伊·卡尔顿爵士的机要秘书。安德鲁还见证了包括 1778 年的蒙茅斯战役在内的很多军事行动。次年，安德鲁的妹妹科妮莉亚嫁给了新泽西州的司法部长威廉·帕特森。科妮莉亚的父亲反对她与一位爱国者领袖结婚，但帕特森和安德鲁·贝尔都承诺会包容科妮莉亚的社会关系；帕特森甚至为兄妹战时的非法通信提供了便利。与此同时，作为该州负责起诉保皇派的主要法律官员之一，帕特森在缺席审判中起诉了安德鲁·贝尔，并启动了财产没收程序，将安德鲁·贝尔从父亲那里继承的财产充了公。安德鲁和科妮莉亚似乎都没有动摇彼此对立的政治信念，但也没有试图改变对方。科妮莉亚最珍贵的物品之一是她哥哥送的一幅自己的微型画像：她紧紧地握着这幅亲密的肖像画，时时把它带在身边，因为它将科妮莉亚与安德鲁紧紧地联系在一起，同时也让她对兄妹分离感到痛彻心扉。[42]

当和平到来时，安德鲁为自己的选择踌躇不已。他是应该留在前途“非常渺茫”的美国，还是应该流亡海外，希望英国人对他的忠诚服务给予补偿？他权衡了个人的经济利益与“离开我亲爱的家人和朋友”的情感代价。1783 年 7 月，兄妹两人在分别 7 年之后终于团聚了。“这三天是我一生中最宝贵的时光。”安德鲁回忆说，他感谢妹夫允许他们见面。在安德鲁写给科妮莉亚的最后一封信中，他后来让妹妹恳求丈夫帮忙，以支持他获取向英国索求赔偿的文件；帕特森的确帮着做了一些估算。但几周后，28 岁的科妮莉亚在生下一个儿子后去世了。1784 年春，失去了科妮莉亚的帕特森（他将继续代表新泽西州参加制宪会议，并以参议员和州长的身份服务于该州）还鼓励安德鲁回到家乡新泽西州，与已故妹妹的孩子们见面。安德鲁真的重新定居在珀斯安博伊，他在那里经商非常成功。他快速地融入了当地社区，从 1806 年到 1842 年他去世为止，他甚至还担任了东泽西业主的测量主任。

其他保皇派重新激活了他们在战前的人脉关系，他们的朋友中有些后来在美国担任领导职务。纽约保皇派律师彼得・范・沙克在国王学院读书时的同学，有的成为日后的开国元勋，如约翰・杰伊、古弗尼尔・莫里斯和罗伯特・R. 利文斯通。1774 年之后，范・沙克首先帮助管理大陆联盟，但反对独立，就像他的朋友约翰・杰伊最初一样。1778 年，范・沙克拒绝宣誓效忠美国，随后流亡到了英国。1782 年，他向杰伊寻求和解，当时杰伊在欧洲担任美国外交官。（值得注意的是，杰伊自己的家人中也有保皇派。）杰伊向范・沙克解释说：“作为一个独立的美国人，我认为所有不支持我们的人，你，还有你们中的其他人，都是反对我们的人。但请放心，约翰・杰伊仍然是彼得・范・沙克的朋友。”当这两个人于 1783 年 10 月在伦敦重聚的时候，范・沙克已经确信英国的政治体制是腐败的；最后，他也接受了美国的独立。1785 年，当范 · 沙克回到纽约时，杰伊在码头等他；他们重新点燃的友谊将持续 40 年。随着范 · 沙克的公民权利和他之前被撤销的律师执照的恢复，他很快又重新开始了律师工作。范 · 沙克没有担任政治职务，不像一些著名的前保皇派获得了州级甚至是国家级的官职，比如坦奇 · 考克斯。但范 · 沙克建议纽约州官员不断完善司法系统，还在家中教出了几十名有抱负的律师，甚至在 1792 年失明后也不曾中断工作。1826 年，当这个国家庆祝独立半个世纪时，范 · 沙克获得了哥伦比亚大学的法学博士学位。[43]

然而，尽管随着革命的胜利者和越来越多的失败者帮助建立了战后的美国，独立的伤痕依旧标志着深刻的分歧，并在当前撕裂了美国社会。

## Epilogue
## 后 记

从纽约返回马萨诸塞的旅途中，沃德·奇普曼记录了战争对美国文化事业的摧残：从哈佛大学到罗得岛纽波特小教堂的图书馆。奇普曼对田园风光被破坏也深表痛惜，康涅狄格的费尔菲尔德“本应该成为一座美丽的城镇”，却被战火夷为平地。战争结束数十年后，这样的遗迹依然随处可见。在纽约城，沃尔阿布特湾时常会浮起美军战俘的骸骨，从岸上浅浅的坟墓冲刷到水里，有的骨架上最初还“带有小块的腐肉”。[1]

8年以后的1791年，当华盛顿总统巡视南方时，他忆起了在卡姆登和奥古斯塔战役中死难的将士。在萨凡纳，他也注意到了田园风景的变化，“树木都被砍伐了”。只是过了12年，当年法美要塞攻防战役中双方的界限早已模糊不清。白人居民和印第安土著居民被迫回迁饱受战乱的边疆地区，重新修建小木屋，等待果树桩上冒出新芽。同样，走在南卡罗来纳乡村的旅人也发现“炮火击中树干，树枝全部脱落”，静默的战场只余下“士兵和战马的未埋之骨”。直到19世纪40年代纽约城开始大兴土木之前，在街头玩耍的孩童还时不时能捡到糖厂囚犯的骨骼，也有当地居民在建筑拆毁之前捡一些木料雕刻成手杖，以示纪念。同样在那个年代，在沙利文战役中受尽印第安人折磨并惨遭杀害的博伊德中尉的遗骸也从杰纳西山谷挖出，又重新安葬在罗彻斯特。[2]

甚至在经过美国内战的肆虐之后，百年前独立战争的遗迹仍时有浮现。美国人注意到休·默瑟将军捐躯的“房间地板上，血迹宛在”。在贝勒大屠杀的一座建筑物中，“一些柱子和横梁上依然血迹斑斑，这是英军残暴的铁证”。（贝勒上校本人由于在英军袭击中受伤感染，于 1784 年去世，年仅 32 岁。）20 世纪初，工人们从 14 英尺厚的淤泥中挖出装载犯人的泽西号船架，来自各方的捐助为殉难的囚犯竖立了一座国家纪念碑，以示沉痛哀悼。[3]

战争双方，无论个人和团体都保留着这一场革命遗留下的伤疤。和平初期，爱国者不无炫耀地复述他们的革命故事。1793 年，曾任典狱长、后来出任国会议长的伊莱亚斯·布迪诺特曾颂扬“那凝在一起的鲜血，汇成河流，恰恰代表了血浓于水的兄弟之情”。暴力及其经历在国家构建过程中至关重要。在残暴的英国军队面前抛洒的热血也是美国人作为胜利者的深切记忆。[4]

革命后短短数十年，之前的老对手重新开战。在 1812 年的战争中，英国试图对美国加以限制，削减其贸易量，削弱其海上力量，并遏制其大陆扩张。而从美国的角度看，这是一场由民族自决引发的战争和冲突，事关“美国的主权，以及美国是否能被欧洲国家平等对待”。历史学家阿兰·泰勒写道：“从某种意义上说，这场冲突是另一场内战，关乎美国人的自我认同：有人仍旧效忠帝国，有人则拥护共和国而反对帝国。”在这场战争中，参与者们对独立革命的记忆尚未消退。1783 年后，若干保皇派移居上加拿大，而该地议会谴责“美国人将我们的妻儿从家园驱赶到丛林，甚至赶入地牢；他们的国土由于我们亲友的鲜血灌溉而变得肥沃”。有些美国作家借用贝勒大屠杀激励好战分子的军事爱国主义；另外有些人则将革命时期的保皇派和“当下的内部敌人”区别开来。然而在战场上，手足兄弟也可能互相残杀。一位之前的保皇派杀死自己的爱国者亲人后恨恨地说：“我们全家都为英王乔治而战，唯独他一人加入叛军，活该！”[5]

美国人一方面强调英军如何滥用暴力，一方面又竭力洗刷独立战争的记录，使之完美无瑕。1815 年，一位演说家不无自信地宣称：“其他革命都伴有血腥暴力，我们的革命却很节制。这是一场正义的事业，这是我们民族的特色。革命中的爱国者既富有勇敢精神又不乏人道主义。”可见当时已开始粉饰太平。[6]

在那时，美国人已开始关注退伍老兵问题。独立革命胜利后，从暴力中诞生的国家必须表彰将士们所做出的牺牲。在申请联邦抚恤金时，大陆军的老兵自豪地掀起他们的伤疤。一位名叫诺埃尔·巴特斯的人最具代表性：在布兰迪万他“只受了点皮外伤”；在日耳曼敦，火枪击中了他的膝盖，“让他瘸了好几天”；在斯托尼波因特翻越铁丝网时他遭到电击，但最终还是涉险过关。还有些人展示了令他们致残的创伤，如刺刀在手臂上留下的疤痕，或紧张工作造成的焦虑和呼吸不畅；庭上做证时，有些老兵干脆掀起衣服展示终生铭刻在他们身体上的刀伤或枪伤。[7]

公众对这场战争的纪念也凸显了英军的残暴。值得注意的是，独立战争的纪念碑最早在马萨诸塞州的列克星敦竖立（1779），接着是宾夕法尼亚的保利（1817），然后是康涅狄格州格罗顿的格里沃尔德堡（1826—1830），都集中在爱国者坚信不疑的英军暴行的发生地，这显然并非巧合。纪念碑上往往会镌刻某一些殉难者的英雄事迹。1825 年，在纪念丧生于 1781 年格里沃尔德堡屠杀中的爱国英雄的集会上，一位幸存者穿着防护衣四处走动，这件防护衣“最终被一枚火枪子弹打穿”。通过展示革命期间的创伤，美国报纸指出：“这些受人尊敬的英雄身上数不清的伤疤意味着战争的严酷，同时也表明了敌人的凶残。”在格罗顿纪念碑奠基仪式上，8 000 人向“年迈而残疾的大屠杀幸存者”鼓掌致敬。[8]

10 年之后，时常有人看见在布鲁克林渡口“一位贫病交加的驼背老人，拿着一张纸条，偶尔会向过往乘客乞讨”，纸条上写着：在格里沃尔德堡保卫战中，他“受了 13 处刀伤，并且失去了一条腿”。[9]

当爱国者将伤疤作为民族自豪展示时，保皇派只能悄然掩藏自己的创伤。主流的爱国话语将他们痛斥为不爱国的异见分子。在公共话语中，他们湮没无闻，对于爱国者所施加的暴力也集体失语。成千上万人蒙受的肉体和精神折磨以及无端囚禁在美国历史文献中几乎无迹可寻。通过历史书和纪念碑，通过革命纪念日游行和国庆演讲，爱国者主导了革命和战争叙事。当爱国者当众展示伤疤时，保皇派却未能像 1745 年叛乱后的詹姆斯二世党人或内战后的南方人一样编造出一则伤感故事来缅怀他们的往昔。少数保皇派试图以文字记录他们的感受，但在美国却无法出版，这些失败者想重新变成美国人，唯一的办法就是掩盖自己的伤疤。[10]

只有在英国，保皇派才能将烧焦的后背和前额向人展示。只有在这里，在这个避难之所，被放逐的保皇派才能为杰出的南卡罗来纳保皇派人士威廉·雷格在威斯敏斯特大教堂竖立一座纪念碑。他于 1777 年被放逐，“被迫放弃可观的家产，背井离乡”。英国最有名的教堂的碑文向游客讲述了他的惨痛遭遇。在取道荷兰前往英格兰的航程中，他在距离荷兰海岸仅 12 小时航程的地方不幸触礁遇难，他的奴隶汤姆·斯基恩拯救了他年幼的儿子。汤姆紧抱住一块木板，直到海浪将他们冲到岸边。纪念碑正面浮雕对此有生动的刻画。[11]

接下来英国人可以讲述约翰·马尔科姆的故事：体无完肤的他作为普利茅斯伤残军人的一员获得了一份不菲的年金。1782 年，当英国政府暂停发放保皇派的津贴时，军官们对马尔科姆深表同情：“他是第一个被插上羽毛和浇上柏油灼烧的人，饱受凌辱，九死一生。”而且“他看上去有几分疯癫”，因此他们决定仍足额发放他的年金。马尔科姆于 1788 年冬去世，至死也没能与远在美国的妻子萨拉及儿女见上一面。[12]

1783 年，英国议会成立专门委员会来调查评估保皇派在战争期间的财产损失。调查对象包括 3 200 余人，其中妇女近 500 人。面对调查委员会，他们出示的证物包括英国军官的书面证明，以及他们自身所受的肉体和精神创伤，据此要求国家赔偿。约翰·贝文思曾在北卡罗来纳州的一支志愿部队服役，“由于痛苦的遭遇，他几乎失去了听力，智力恐怕也遭到了一定程度的损伤”。罗伯特·帕尔默是北卡罗来纳州的一名英国殖民官员，在那儿还拥有一部分地产。战争期间他将家产交由儿子打理，但由于面临爱国者不时的骚扰和胁迫，他的儿子染上酒瘾，最后精神失常。还有关于博福特·史密斯的文件，他是北卡罗来纳皇家港口的前海军军官，他说，“被剥夺财产并被逐出军队”让他心痛欲碎。还有材料指控爱国者的暴力使得受害人失忆甚至自杀，使得妇女流产，生下又聋又哑的婴儿，简直令人发指。最终有 2 291 名保皇派获得财产赔偿，588 名获得年金。为了补贴海外流亡人士，展示史无前例的慈父形象，英国政府总共为此花费超过 300 万英镑，相当于 1782 年政府军费开支的大约 15%。[13]

帝国慈爱惠泽的对象不仅限于保皇派的白种人，战争结束时，英国表彰了幸存的数千名支持英军的黑人，将 3 000 名已获自由的黑人撤回新不伦瑞克和新斯科舍，另将超过 5 000 名黑人撤回英国。从 1784 年起任首相的威廉·皮特后来对约翰·亚当斯解释说，帝国保护黑人保皇派“纯粹出于高尚的人道主义”。正如历史学家克里斯托弗·L. 布朗总结的那样，“英国政府深知向解放的黑人展示仁慈有助于实现国家利益”，在战场被打败后借此可以赢得同情分。[14]

当然，在保皇派的索赔声明中，黑奴通常会被作为私有财产列出。另有 47 位黑人保皇派提出索赔。无权无势的白人保皇派要想证明他们在战时为英军服役本身并不是一件容易的事，因为资源渠道有限，而且他们通常识字不多；对黑人保皇派而言，种族歧视使得他们的索赔更是难上加难。只有一位黑人例外：西皮奥·汉德利曾是查尔斯顿的鱼贩，在萨凡纳包围战中丢了一条腿，获得了 20 英镑的赔偿。彼得·安德森经历了邓莫尔战役、萨凡纳和查尔斯顿战役以及约克镇战役，于39岁那年返回伦敦，却找不到工作："街上谁也不肯给我一口面包，我快饿死了。"后经邓莫尔勋爵的干预，安德森才成为20名受到赔偿的黑人中的一员，获赔金额不过区区10英镑。还有谢德拉克·弗曼，他在弗吉尼亚战役中双目失明，而且瘸了腿，被迫在伦敦街头卖艺为生，直到获得一笔18英镑的终生年金。[15]

如果说经历过战火的一部分非裔美国士兵至少还有可能改变命运，那么北美印第安人则承受了双倍的痛苦。殖民地时期的旧伤未愈，独立战争又给他们带来了新的创伤。无论是支持还是反对独立战争，他们的遭遇都像科林·G. 加洛韦哀叹的那样："到处是焚毁的庄稼和村庄，部落首领被谋杀，部落联盟瓦解，内部纷争剧烈……被迫流落他乡，城镇乡村尽是难民……经济崩溃，传统丧失，由于饥饿和疾病，输掉一场又一场战争，还被盟友出卖……"1783年的和平协议根本没有提及印第安人。但根据这一协议，英国同意将包括尼亚加拉和奥斯威戈在内的大湖要塞地区让渡给美国，由此一来，美国边境的6个印第安部落也未能幸免。1783年，经受沙利文战役严峻考验而幸存的3 500名易洛魁难民在尼亚加拉南部8英里的洛亚尔村，还有古法罗溪谷和伊利湖等地定居下来。英国继续控制上述边塞地区长达10年，部分理由是印第安人的暴力行径侵害了英国利益。（伦敦方面宣称是由于美国方面非法阻挠英国商人和保皇派索取财产赔偿而违约在先。）[16]

英国方面确实将一群莫霍克人迁徙到最西部的大河地区，并为这些战时的盟友建立了学校和教堂。但这样的保护措施未能持久，因为很快，美国定居者不断对印第安人聚居地进行蚕食。1794年，《杰伊条约》签订后，英国人最终不得不履行1783年条约的义务，从而放弃了大湖边塞地区及其邻近部落。紧接着，次年的《格林维尔条约》规定将今日俄亥俄州所在的印第安人土地割让给美国，对此华盛顿总统的作战部长亨利·诺克斯坦承："我们的殖民方式对印第安人造成了毁灭性的打击，其影响甚至超过墨西哥人及秘鲁人统治时期。”直到 1796 年，一名 8 岁的切罗基男孩在白人造访之际还禁不住惊恐地尖叫起来，因为他的亲友讲述过太多战争中的不幸遭遇。

扩张的帝国打着自由的旗号，迅速消除了边境的领土争端，确立了白人至上的地位。印第安人的伤疤又一次被揭开，易洛魁人更易遭受暴力、被剥夺财产，甚至遭遇种族清洗，其结果是：到 19 世纪中期，纽约的易洛魁人只剩下少数几个破败的定居点。其他地方的印第安人被迫化敌为友，与当地美国人和解，并眼睁睁地看着美国人鲸吞或蚕食他们的土地，然后被迫迁徙：俄亥俄谷的印第安人被迫向人烟稀少的西部和南部迁徙，而到了 19 世纪 20 年代，印第安人向着密西西比的大规模迁徙已拉开了大幕。[17]

在大西洋两岸，革命也促进了某种功利性的道德算计。对大英帝国而言，丢掉美洲殖民地引发了更广泛的改革。历史学家大多赞同下述观点，即此次失利“促使英国人反省，从而导致了一场道德革新运动”。用斯蒂芬·康威的话说，这也是“这一人道、开明而专制的”帝国出现决定性转变，转而面向东方、面向广大黑人群体的良好契机。英国与法国、西班牙在多个战场正面交锋，守住了自己的利益。在 1783 年秋签订的和平协议中，大英帝国不仅收复了加勒比海地区，而且通过在尼格帕塔姆增设荷兰海军基地巩固了对印度的掌控，这也预示着其在亚洲的进一步扩张。同时，战争的失利导致英国政府遭到前殖民地人民和英国本土怀疑派的强烈质疑：他们质疑政府为维护统治阶级利益而违背了人道主义原则，呼吁废除奴隶制，并抗议英国人对印度的残酷压迫和剥削。[18]

1786 年，作为孟加拉总督及驻印度英军总司令被派往印度宣示帝国威仪的不是别人，正是美国独立战争结束之际率部向美国投降的康沃利斯将军（战后他的名誉丝毫没有受损）。实际上，康沃利斯扮演了帝国救火队员的角色。不久，在 1798 年爱尔兰暴动时，他又被紧急派往都柏林。

当杰曼、格雷以及弗格森等将领都从美国独立战争中汲取经验，主张密切关注对方动向，采用严厉手段对叛乱予以镇压时，康沃利斯对爱尔兰由于宗教信仰引发的内战和冲突双方的暴力仅仅给予强烈谴责。在击败了法军的入侵，并帮助结束暴乱后，康沃利斯倡议除了少数几个叛军首领以外，大赦战犯，正如当初他在美国南方采取的策略那样。当时法国大革命的风暴席卷欧洲，英国人对和平益发渴望，反战的陈情书和批评美国独立战争期间英军不当行径的言论一时间大行其道。[19]

1807年，大英帝国决定终止奴隶贸易；1834年则进一步废除奴隶制。这是美国战争后英国人经过道德算计做出的历史性决定；而在美国，奴隶制仍在进一步蔓延和扩张。尽管成千上万的黑人曾与爱国者一道并肩作战，美国人却始终无法解决这场以自由之名发动的战争与黑人及其后裔饱受奴役这一矛盾。随着奴隶数量的增长（从1775年到1825年这一数字增长了两倍），南方妇女恳请当局宽恕她们遭到放逐的保皇派丈夫，其理由是他们曾帮助奴隶主收回英军占领期间逃亡的奴隶。辛西娅·基尔纳写道，他们的贡献在于帮助确立“白人至上主义”，以此“补偿他们所犯的政治错误”，这些妇女早就预见到美国将成为奴隶制国家，而1787年宪法已有明文规定。[20]

美国人当然也从战争中吸取了道德教训。交战双方以及平民所遭受的不幸使得美国革命是场文明战争的谎言被击穿。一方面他们不停地强调敌军的凶残暴虐，一方面又要表明这场战争中己方仍不乏人道主义色彩。事实上，英军的失败不仅是由于兵员不足，或远隔3 000英里重洋补给供应不上，也不在于英国在缺乏盟军的情况下全球四处扩张，无力占据人口多达200万、横跨半个北美洲的辽阔地带。重要的是，即便是美军在战争中遭遇的挫折，最终也促进了革命的胜利。通过在报刊辩论及法庭呈词中展示劫掠的城镇和农场，以及遭到屠戮的男人和女人的尸体，这些都成了独立革命的正义理由。关于受害人的叙述有助于美国人将叛乱合法化，唤起民族共同情感并赢得道义支持，尤其在遭遇失利之时。

与之相反，英国人在如何运用暴力以及在何种程度上运用暴力的问题上意见不一致，其战争叙事及辞令也难望美国人之项背，这使他们陷于两难的境地。

释放战俘是这场战争最为悲摧的场景之一。成千上万的俘虏占到爱国者阵亡人数的一半，也导致新生的美国各州大伤元气，短期难以复原。战争以后，对泽西号等船只上的那些殉难者以及那些恐怕已经死在亚洲和非洲的人的记忆促使美国人重新思考相关的国际法。1785 年，当美国与普鲁士签订友好通商条约时，双方便史无前例地为未来可能产生的冲突附加了优待战俘的特别条款。这些规定包括：交战国双方保证向对方战俘提供最低标准的食宿条件和通风环境，严禁将他们关押在囚船和地牢，并严禁将其转手贩卖到亚洲和非洲为奴。约翰·亚当斯满意地宣称，普鲁士腓特烈大帝和美国联手为“地球人上了很好的一课”。杰斐逊夸耀这是国际法中“人性的进步”。在这一点上，美国远超其欧洲父辈：刚刚从暴力中诞生的美国，却开始在国际舞台上扮演起道德楷模的形象。[21]

## 铭记，遗忘，再铭记

直到进入 19 世纪，对于英军的过分暴力和保皇派的背叛行为，美国人依然保留着鲜活的记忆。不论什么缘由，反英情绪很容易被煽动起来，从而为政客加分：诸如大英帝国对美国政治、经济施加的影响，它在废除奴隶制方面做出的表率，以及遏制美国领土扩张的举措，等等。亲法的民主共和党杰斐逊派通过陈列革命烈士的遗骸对纽约亲英的联邦党发起攻击。作为回应，联邦党则通过展示法国大革命骇人听闻的斑斑劣迹还击亲法派；此外，法国人还阻挠宾夕法尼亚通商口岸的税收政策。联邦党威胁将以暴力清除他们的政治对手。[22]

独立战争的记忆还有助于维护统一。正如这场战争本身是一则复杂的民族历史神话，关于战争的记忆也因为种族、阶级以及地区差异呈现出日益分化的趋势。美国内战期间，独立战争烈士的形象有助于唤起南北双方的爱国激情。1861 年，纪念 1778 年在宾夕法尼亚的克鲁克德比利特发生的爱国者大屠杀纪念碑落成典礼仪式上，主旨发言人严斥保皇派：他们的叛国行为与眼下邦联的分裂行为同样令人不齿。纪念碑的铭文也揭示了建国与联邦当下的危机之间的联系："1776 年爱国者取得了独立，他们的后人在1812年巩固了国家的独立，时至刻下1861年，我们依然为此而战。国家必须而且一定要统一。"正是在内战期间，德裔美国法官弗朗西斯·利伯编撰了战争守则，并由美国总统亚伯拉罕·林肯加以公布;《利伯守则》对囚犯及平民加以特别保护，严禁肉体和精神折磨。[23]

只是在第一次世界大战前的数十年间，大西洋两岸的历史学家和知识分子才开始在革命事业上超越党派之见，逐渐达成共识。摩西·科伊特·泰勒是耶鲁毕业生，后来坐了美国历史研究的头把交椅。19 世纪 60 年代，他在英国讲学三年，对达成这一共识做出了卓越努力。他认为自己的终生使命便是"向英国人阐释美国文明和向美国人阐释英国文明"。至关重要的是，泰勒认为保皇派也是美国的爱国者，只是基于他们独特的信念。泰勒的这一解读在世纪之交的盎格鲁－美利坚历史研究中得到了回应：东部沿海的精英赞助设立了诸如五月花学会、美国的大英帝国之女、美国英语联盟以及盎格鲁－美利坚学会等组织。第一次世界大战以前，伍德罗·威尔逊基金会的对外关系委员会等外交智囊也有助于维持这一跨洋合作关系。[24]

1914 年，在结束 1812 年战争的《根特条约》签署 100 周年之际，英美双方曾有计划在华盛顿特区竖立维多利亚女王雕像，同时在伦敦竖立乔治·华盛顿雕像，以此来庆祝和平。颇具讽刺的是，战争的突然爆发使得这一计划搁浅了。维多利亚雕像从未抵达美国。而让·安东尼·乌东所作的华盛顿雕像的一件复制品则最终被安放在特拉法格广场的国家美术馆外，其底座衬有一层弗吉尼亚泥土，象征这位革命将领终生未踏上敌国领土。也正是在这一时期，有超过 100 名美国女继承人与英国贵族成婚。历史学家致力于培育英美两国之间的特殊关系，她们则以暴力最少的和亲方式，以最为务实的姿态使得英美两国关系密切这一形象深入人心。[25]

1917 年 4 月美国参加世界大战以后，任何提及革命期间英军暴力的言论都成为禁忌，因为此时英美联盟对于打败德国意义重大。由于犯禁而遭严惩的是一位由服装公司老板转型而来的电影制片人罗伯特·戈德斯坦，他具有犹太血统，当时刚完成一部表现独立革命的剧情片《76 年精神》。电影首映时间被不合时宜地安排在 1917 年 5 月，地点在爱尔兰裔和德裔美国人占主导地位的芝加哥。就在电影公映前，芝加哥警方审查委员会的首席审查官梅塔卢斯·卢库勒斯·西塞罗·芬克豪泽上校要求戈德斯坦删除一些场景，以免引起英美两国的敌对情绪。为通过审查，戈德斯坦临时删除了这些场景，但在那年秋季影片在洛杉矶公映时，他又将上述场景重新加入。一位地区检察官收缴了长达 12 000 英尺的胶片，戈德斯坦本人被逮捕。[26]

在“美国诉《76 年精神》案”中，戈德斯坦依据伍德罗·威尔逊总统的《反间谍法》受审，违禁画面当庭播放。在长达两个半小时的电影中只有短短 4 秒，但通过慢镜头可以看到英军士兵用刺刀捅死婴儿、枪杀手无寸铁的妇女，并且凌辱少女。戈德斯坦最终被判煽动叛乱罪而非意欲叛国罪。法官裁定“该片旨在激发对英国和英军的仇恨”。在英美联盟对抗德国的关键时刻，该片极有可能影响到美国人对英国人的同情心，“大英帝国在这场灾难中付出了巨大牺牲，……理应受到同情”。戈德斯坦辩解称，影片中实施暴行的士兵实际上是德国黑森人，但这一无力的辩解并未获得法庭认可。不出意料地，他被判监禁 10 年并被处以 5 000 美元罚款；电影胶片被销毁，只有几幅剧照残留下来。

1918 年，伦敦《泰晤士报》以“电影业的德国特工造谣中伤英国士兵”为题报道了戈德斯坦的审判，但这一报道却错误地将该片描述为

“刻画1798年爱尔兰叛乱中英国士兵手刃婴儿，以及类似德国人在比利时犯下的令人震惊的暴行”。同一年，时任内阁军需部长的温斯顿·丘吉尔（他本人便是雄厚的美国资本与英国贵族头衔联姻的产物）号召以美国革命为表率，在战争中实施人道主义准则：“我们为之而战的信念是我们的准则，无论我们取得何等胜利，德国人民将始终受到保护。《独立宣言》及其谕旨也适用于德国人民。”但事实上，正如戈德斯坦所经历的那样，美国革命的诺言在实际操作中如何兑现，往往取决于选择性记忆或遗忘。[27]

战后，威尔逊总统将罗伯特·戈德斯坦的刑期减至三年，但这位制片人的职业生涯已然终结。1935年，他从纳粹柏林向美国电影学会写信乞求赞助他9美元更新护照。这一请求无人回应，这也是他在世上最后的遗言。[28]

如果说独立战争中英军的暴力在美国公众的记忆中会被逐步淡忘的话，同样，独立战争作为美国的第一场内战这一概念也会被淡忘。1930年10月7日，在国王山战役150周年纪念仪式上，人们便见证了这一幕。那一天，时任总统赫伯特·胡佛成为首个以三军总司令身份造访南方革命战争遗址的总统。胡佛对大约3万～7.5万名听众发表演讲：

这是一个唤起记忆的地方。受到自由信念的鼓舞，在这个战略要地，不到1 000人的队伍打败了人数众多的对手（事实上，双方人数之比恰恰相反）。这一支爱国者部队阻挡了敌方精心策划的意图瓦解殖民地联盟的侵略进攻。这支队伍很小，这也是场很小的战役，但其意义不同凡响。尽管缺乏史书记载，但今天看来，它的重要性完全可以与列克星敦和邦克山战役，以及特伦顿和约克镇战役相媲美，是我们争取独立的艰辛卓绝的斗争中一次至关重要的战役。

通过无线电，胡佛的讲话向经受“大萧条”打击的美国人民传递出一种决心和信念：“像在国王山战役中英勇奋战的英雄一样，人们必须对共和国的未来充满信心。”

这位总统没有提到的是，那一场战役是发生在美国人之间的。那场战役中的暴力场景，以及战役后枪决俘虏的场景也未被提及。事实上，就在胡佛讲话之后，当着英国使馆一位高官的面，人们为该战役中牺牲的英军上尉帕特里克·弗格森竖立了一座纪念碑。他曾遭到中伤，遗体在安葬前遭受凌辱，而现在则被授予“杰出荣誉士兵”的称号，并且作为“象征英美两国人民友谊的美国公民”被永久纪念。[29]

在1930年的国王山，关于内战的暴力以及国际之间的冲突似乎被遗忘殆尽。20世纪30年代末，随着另一场大战日益临近，一些作者如罗伯特·格雷夫斯开始将美国革命中的敌人由红制服的英军篡改为野蛮的印第安人和残暴的黑森人，间或也有少数保皇派；或者尽管承认双方都有战争暴行，但着重强调这样的暴行在英国不得人心。“二战”促使英国学者对美国历史中源于1776年革命精神的民主和自由的政治传统赞赏有加。正如英国研究美国历史最权威的哈里·克兰布鲁克·艾伦所说：“从某种意义上说，希特勒迫使我们所有人都拥护美国。”[30]

冷战期间，随着所谓的“共识派”历史学家以及反进步主义的视角从维护统一出发重新阐释美国历史，美国革命的暴力色彩日益淡化。对这一派历史学家而言，美国革命是“对英国当时挑衅行为的最为克制、最为保守的回应，事实上，它几乎不应该被称为一场革命”。它与现代其他国家和民族的革命，比如法国革命和俄国革命截然不同。照他们的看法，美国革命是一班政治精英为理想而战，因此暴力都被限制在可控范围之内。专家的解读顺应了政治潮流，却是对历史的肢解。战争中人们经受的严峻考验大都被摒弃在史书之外。[31]

20世纪60年代和70年代，在独立革命胜利200周年到来之际，社会、种族矛盾日益加剧，革命的暴力作为公共话题重新浮出水面。小马丁·路德·金称波士顿倾茶事件是“公民不服从的一次壮举”。林登·约翰逊总统将赛尔玛比作列克星敦，目的只是为了在200周年的庆典演讲中借机宣扬美军武装干涉东南亚是美国致力于全球民主化的使命职责所系。

理查德·尼克松就任后，非裔美国人领袖如杰西·杰克逊号召抵制总统就任庆典，而反战激进派则成立双百人民委员会抗议美国政府“不爱它就离开”的政策有悖于当年的革命精神和革命信念。这种对独立革命的另类纪念，也堪称是美国革命留给新左派的政治遗产。

在肯特州立大学一次抗议入侵柬埔寨的示威活动中，俄亥俄国民警卫队开枪打死 4 名学生，反战运动领导者抓住机会将运动推向高潮。由于对越战及征兵法案极其不满，他们引用美国革命者反对英军维持常备军的论点，展示了 200 年前雷维尔创作的波士顿大屠杀的招贴画。抗议活动蔓延至康科德和邦克山，越战老兵借助独立革命的民兵传统和主权在民的信念表达反战主张。1973 年，为纪念倾茶事件 200 周年，激进分子扮成革命斗士将茶叶倾倒在波士顿港口，并在理查德·尼克松总统的肖像上涂上柏油、插上羽毛，然后加以焚毁，并呼吁对这位总统发起弹劾。在危急时刻，美国人往往诉诸暴力抵抗的传统，不惜以合法及非法的方式通过武装暴力进行抗争。

随着自立国以来种族压迫长期存在的真相曝光，美国作为人权楷模的形象广受质疑，这一在 200 周年庆典上爆发的危机一直持续到 1976 年。那年 3 月，由南方种族隔离主义分子掌控的参议院针对双百人民委员会“盗取 200 周年纪念”事件举行了听证会。紧接着在 4 月的波士顿“自由乘车”示威活动中，一名白人少年想用美国国旗刺穿一名黑人的画面被定格。这幅获得普利策奖的照片深刻揭示出美国社会的严重分歧，这是任何政府组织的游行和庆典的烟花所难以掩盖和弥合的。200 周年纪念陷于左右两派的缠斗之中，大多数历史学家却袖手旁观，用吉尔·莱波雷的话说，他们无法“为急需解决方案的国家提供一个办法”。直到 21 世纪初，美国政坛的“茶党”兴起，众多美国人才意识到他们“仍为早期美国革命史而激动不已”。直到那时，一些历史学家如莱波雷，又拾起了专业历史学家早先的传统：面向更多观众，用深思熟虑的笔法讲述过去与现代的关系。[32]

我在2009年秋获得国会图书馆克鲁格研究员称号时就开始构思本书，茶党的积极分子（他们将拒绝全民医疗改革计划等同于1773年波士顿港口的抗议活动）时常在我去国会山的路上对我点头致意。最近我在研究和教授英国史10年后搬离了英国，但也时常跨洋举办学术讲座和探亲访友。国会图书馆的聘任使得我能够在这个国家首都的中心地带从事研究和写作。此时随着首位黑人总统的到来，全美上下洋溢着一股乐观气氛，当然随之而来的还有对现状强烈不满的抗议的杂音。

从接受聘任、踏上美国的那一刻起，移民局官员就我的访学签证追问不已：一位研究英国历史的德国专家为何要写美国革命？我们讨论的结果是：这是英国史和美国史（乃至世界史）的一个重要话题。然后他告诉我他有位亲戚是独立革命的信徒，盘查讯问便成了聊家常。一名与英美两国皆无瓜葛的外来者如何进行美国革命研究？我解释说，既不能单纯从爱国者角度来阐释独立革命，也不宜从英国立场将其定义为美洲的暴乱，而我恰恰试图发现两者都能接受的共同立场，弥合民族主义乃至民粹主义阐释引发的分歧和争端，从而破解那些双方各执一端的不朽神话。[33]

自从我2001年在美国获聘长期研究员以来，包括“9·11”期间和事后居留东部海岸时，一种赤裸裸的带有国际霸权主义色彩的“美国例外论”推动新保守主义势力将美国民主自由的优越性传布全球。与美国试图在全球范围施加影响的举措相反，对独立革命时代的暴力进行反思在学界也得到了回响。针对第二次海湾战争的背景，“非常规的行动”增添了公众对“未经授权的军事行动”的质疑。国会内外人士皆以乔治·华盛顿坚持以人道主义对待战俘为例，强调坚持美国核心价值观的重要性。美国在国际舞台到底扮演何种角色引发的争议也曲折反映出独立革命兼具积极和消极的意义。[34]

在全球反恐战争中，美国人将独立战争的形象塑造得更为浪漫：美国国父的传记持续畅销，爱国者视角的叙述成为主流话语。但是，正如我在本书中揭示的那样，美国革命作为第一场内战，我们对它的暴力本质及其内在的复杂性必须充分加以认识。对喜好介入别国革命和内部冲突，并喜好在一些偏远地区扶持亲美势力的当代美国人而言，并非纯洁无瑕的美国暴力诞生的故事颇具警示意义。它会使我们越发真切地意识到美国自立国之初业已存在的矛盾冲突，对通过暴力手段实现道德目标的潜在危险性和复杂性也应该有所警惕。正确的方法应该是以更加积极同时又更加节制的态度来谋求全球领导者的角色，不偏不倚，一视同仁。[35]

当美国人开始直面痛苦的社会现实和真相时，或许他们已做好准备，重新认识这个国家的诞生。如果美国人能够抛弃他们对于战争不切实际的浪漫幻想，也许就可以抛弃美化或遗忘独立战争暴力的策略，转而以更为理性、更为坦诚的态度铭记战争的暴力：美国独立革命既值得满怀自豪、满怀感激地庆贺，其自相矛盾、含混不清的理念和后果也需要深刻反思。

## Notes & Index
## 注释与译名对照表

尊敬的读者，由于《美国的伤痕》一书史料详尽，注释部分涉及大量参考文献，篇幅较长。为了节省印张，也出于环保的考虑，特此制作了注释与译名对照表的电子版，请用微信扫描下方二维码查阅。

Translator's Words
# 译后记

去年暑假前后，出版社友人邀我审读《美国的伤痕》一书电子版（当时纸质本尚未入手）。万料不到一年半后的今天，我会成为它的译者。

感觉犹如炒房炒成房东。

由于工作原因（配合出版社引进之前的把关），每年审读的书稿不在少数，感兴趣的也非止一二，但真正下决心接盘无疑需要极大的勇气——至少要有充足理由说服自己。

反对的理由倒是现成的。前年冲动之下，施施然接手30余万字的美国历史著作《永不消逝的墨迹》。尽管该书已于去年年底由东方出版社推出，但其中过程一波三折，至今心有余悸。其间已不止一次私下立誓，在手头国家项目大限（deadline）将至之前，绝不轻许诺言，惹火烧身。否则剁手。

言犹在耳。但花费半月时间通读该书之后，意志动摇。

架不住一番劝诱，瞬间人设崩塌。

记得当时给编辑的审读意见有如下三条：

1. 这是一部关于美国建国史的颠覆性杰作。美国人有自己的“国家神话”，以美国革命为起源形成了一整套英雄主义叙事，奠定了今天美国人关于自己的国家及其历史的深刻观念。本书则“冒天下之大不韪”深入研究美国革命（本书作者认为美国独立战争事实上是英国内战）中滥用暴力的问题，指出美国独立及建国的历程，本质上是包括美国国父在内的奴隶主从害怕革命到利用革命并最终独享革命成果的历程，其最终结果造就的是社会不公和种族阶级仇恨——19 世纪 60 年代的南北战争，乃至 20 世纪 60 年代的民权运动，都是当年这一粒仇恨的种子结出的恶果。作者的目的就是要撩起这一道道疤痕（scars）以警醒世人。

2. 作者生于德国，在英国求学执教，此前曾出版多部英国史研究著作，备受学界赞誉。他历时 7 年多撰写本书，在以英国为主的 20 余个图书档案馆查阅海量资料，可谓呕心沥血。作者自谓他试图表达的观点是：人类总是倾向于牢记自己遭受的暴力，而忽视他人忍受的暴力。

3. 作者文笔流畅，故事生动形象，相信本书是专家学者和普通读者都会感兴趣的历史读物。

其实总体评价只有一句话：“本书堪称解构美国建国神话的一部杰作。”因为一提到、想到美国独立战争，我们就会想到英勇的爱国者们（如“自由之子”）奋勇反抗专制，捍卫崇高理想；还有“无代表不纳税”“不自由毋宁死”，多么激动人心，何等慷慨激昂。但本书作者告诉我们，历史真相是复杂的：革命不只是高尚的，还是暴力的——交战的英美双方皆难辞其咎。两个多世纪以来，美国的主流话语建构并粉饰了这段血腥的革命史，而《美国的伤痕》一书则让我们以更加坦诚的态度重估那段历史，还原事实真相，并对当下美国的内政外交政策进行反思。

作为著名历史学家，本书作者霍尔格·霍克以手术刀般的犀利与精准揭示出隐藏在故事背后的暴力。美国的爱国者折磨保皇派，把他们囚禁在康涅狄格矿洞；英国军队烧杀抢劫，强奸妇女，令人发指——他们还惨无人道地把濒死的囚犯驱赶到疾病肆虐的囚船上，甚至遣送到加尔各答黑牢房；英美双方都征募非洲裔美国人，用他们做炮灰或诱饵；华盛顿军队发动种族灭绝的战争，旨在消灭与英军结盟的易洛魁人；等等。不仅如此，在生动翔实的文字中，霍克教授还阐发了这种无处不在的暴力所引发的道德困境：英国人发现自己在镇压殖民地叛乱和屠杀手足同胞这一两难选项中进退维谷，而爱国者则巧妙地记录并彰显英军的战争罪行，以此增强国族的凝聚力，进而成功实现国家统一大业，与此同时，却刻意掩盖并最终抹除了保皇派在独立战争期间所遭受的凌辱和伤害。当然，在人类历史的长河中，类似的悲喜剧，照黑格尔的说法，总是反复交替一再上演。被噤声的一方永远只能保持缄默：众所周知，历史总是由胜利者书写。

这令我联想到 250 年前因言获罪的纽约印刷商约翰·彼得·曾格，更联想到 400 年前以思想罪被控异端的科学家布鲁诺。他被宗教裁判所判处火刑，为确保他在最后几分钟内保持沉默，他的舌头被钢钉刺穿。

或许正是这一点让我怦然心动。

然而，承诺是慷慨的，交稿是困难的。

一把辛酸泪。仅以本书第一及第十章两度出现的“Regualtor Wars”为例，初译为“调解战争”，然始终内不自安。后经多方查证（甚至惊动海外友人），乃定名为“自订约章者战役”。译名颇为拗口，但非此不足以准确传达原文之意。所谓异化策略，往往是不得已而为之。文中诸如此类强扭之瓜，在在皆是，尚希读者诸君明鉴。

本书翻译工作一如既往得到所在单位、家庭以及各种微信群群众和朋友圈圈友的鼎力支持，在此一（zhi）并（ming）谢（bu）过（ju）。一方面因为每年要拜读不可胜数的论文 Acknowledgements（致谢），大多浮皮潦草言不由衷，难免产生审美疲劳；另一方面（更主要的原因）还在于，这一片谢忱是平素点滴累积、发自内心的感激，因此宁愿让它积压在心底，像戴望舒笔下羞怯的诗人——“你（们）的名字我不敢说出”，以此珍藏永久鲜活的记忆。

年关将至，后山神学院一年一度的新年钟声近在眼前。像惊恐万状的小学生，明知手中答卷破绽百出惨不忍睹，还得要硬起头皮交卷——从而将更头疼的点窜订正，转呈编辑老师去完成。

是为记。

杨靖

2018 年岁末于金陵依山苑